藏北历史文献辑注丛书

藏北游历文献辑注

赵书彬
政协那曲市委员会办公室 辑注

四川民族出版社

图书在版编目（CIP）数据

藏北游历文献辑注 / 赵书彬，政协那曲市委员会办公室辑注. —— 成都 ：四川民族出版社，2021.9

ISBN 978-7-5733-0040-9

Ⅰ. ①藏… Ⅱ. ①赵… ②政… Ⅲ. ①西藏－文献资料 Ⅳ. ①K297.5

中国版本图书馆 CIP 数据核字（2021）第 187649 号

ZANGBEI YOULI WENXIAN JIZHU

藏北游历文献辑注

赵书彬
政协那曲市委员会办公室　辑注

出 版 人　泽仁扎西
责任编辑　张宇明　陈　光
责任印制　刘　敏
出版发行　四川民族出版社
邮　　编　610091（四川省成都市青羊区敬业路 108 号）
照　　排　四川胜翔数码印务设计有限公司
印　　刷　成都双流鑫鑫印务有限公司
成品尺寸　185 mm×260 mm
印　　张　25
字　　数　465 千
版　　次　2021 年 9 月第 1 版
印　　次　2021 年 9 月第 1 次印刷
书　　号　ISBN 978-7-5733-0040-9
定　　价　108.00 元

《藏北历史文献辑注丛书》编委会

前　言

文史资料承担着“存史、资政、团结、育人”的重要社会功能，进行文史资料的征集、研究和出版工作，是人民政协履行职能的重要方式。

那曲市政协文史资料办公室自1989年成立以来，在市委、市政府的高度重视和关心关爱下，在自治区政协文史委的指导帮助下，在历届政协领导的积极推动、精心策划下，我们深入贯彻全国政协关于加强文史资料工作的意见和全国政协文史工作座谈会、自治区政协文史资料座谈会会议精神，充分发扬文史工作优良传统，积极适应时代发展需要，不断探索文史工作“为人民政协事业发展、推动文化大发展大繁荣”服务的方式和途径，时刻发挥政协文史工作独特作用，先后策划推出了《那曲爱国人士目录》（藏文）、《第七届那曲地区政协文件摘要和七个县政协组织史》（藏文）、《那曲地区文史资料选辑·那曲近代历史卷》（藏文）、《那曲地区老干部回忆录》等系列“三亲”史料，搜集整理了《那曲民间谚语集》（藏文）、《相马驯马》（藏文）、《婚庆赞歌》（藏文）、《那曲地区文史资料选辑·那曲寺庙历史卷》、《那曲羌塘赛马艺术节》（藏文）、《那曲地区藏族姓氏宝典》等多部文化专辑，撰写出版了《绮丽的羌塘　独特的资源》（藏汉文）、《羌塘——神奇的聚宝盆》（文史系列丛书）等研究著作。累计30多本文史资料成果从不同侧面和角度展示了藏北的昨天和今天，既为历史研究提供了丰富的素材，也为参政议政提供了有益的借鉴；既为团结各界人士提供了交流的平台，也为弘扬民族文化、构建和谐社会提供了宝贵的精神动力。文史工作已经成为那曲市政协工作中独具特色、不可或缺的重要组成部分，已经成为宣传推介那曲、进行爱国主义教育的一张亮丽名片。

中国特色社会主义进入新时代，政协文史工作大有可为、大有作为。我们始终把握正确的政治方向，加大工作力度、创新方式方法，坚持不懈做好新时代政协文史工作，坚持不懈开展文史资料征集编纂，以文史履职，持续发出政协“好声音”。一方面，充分发挥政协文史办专门人员职能，策划推进“三大回忆录”“羌塘——神奇的聚宝盆”“那曲山水文化”等系列文史征集编撰工作，创办内部资料《那曲政协》，建设文史资料室，搭建文史平台和阵地；另一方面，积极联络那曲市文史资料特邀研究员和文史工作爱好者，发挥社会力量以积极推动文史资料挖掘，有效丰富了文史资料稿源线索，扩大了撰稿队伍，推动那曲市政协文史工作呈现出队伍多元、创作活跃、成果迭出的新局面。

此次推出的《藏北游历文献辑注》，是那曲市政协文史办积极探索建立特邀研究员队伍形成的一项重要成果，也是作者赵书彬十几年专注藏北、持续积累资料形成的学术成果。《藏北游历文献辑注》是作者“藏北历史文献辑注丛书”的第一本（《嘉黎驿道文献辑注》《三十九族文献辑注》《藏北地理历史文献辑注》将陆续完成），该书系统收集整理历史古籍、档案资料、新旧版书籍中有关藏北的史料内容，辑注了西藏和平解放前游历者有关藏北的第一手文献资料 54 例。本书价值主要体现在：一是揭示了历代中央王朝对西藏地方的有效治理。三世嘎玛巴、四世嘎玛巴进京拜见元朝皇帝皆由藏北军站出藏，五世达赖喇嘛进京、七世达赖喇嘛在清军的护送下进藏亦走青藏，藏北驿路交通见证了中央王朝对西藏地方有效管辖所发生的诸多重要历史事件。二是反映了藏北文化是中华文化不可分割的一部分。着汉装、说汉语，关帝庙、内地商品等案例常见于藏北游历者记录中，是各民族交往交流交融、中华民族一家亲在藏北的生动体现。三是记录了不同区域地理、气候状况。道路记程反映各段路程的水源、草场、氧气、气候等基础条件，西方人的地理考察在地貌描绘、气温测量、动植物标本收集、纬度观测、地理勘探、湖泊测量等领域都进行了一定程度的研究。四是展示了当时藏北政治社会的基本面貌。霍尔三十九族、申扎宗、朗茹宗、那曲宗、索宗、嘉黎宗等的管理运行情况都有涉及；还有牧人衣着、村镇面貌、部落状况、宗教信仰、娱乐活动等也都留有记录。五是呈现了藏北的许多事件、地点和人物，还原了当时所见所听所感的历史场景，具体、细致、鲜活，透露出很多不为现代人所知的历史内容，游记里形形色色的藏北人物可以串联起藏北社会的一般面貌。总之，从系统文献史料整理的角度来看，该史料辑注在藏北还是首次。这些多侧面、多角度的原始记载，是我们今天了解藏北过去真实面貌和实际情况的宝贵材料，是进行藏北研究、藏学研究的第一手素材。

鉴古知今、学史明智，历史是一面镜子，是最好的教科书。全面系统、真实生动地收集整理文史资料，供学术研究，作历史留存，是政协文史工作者的政治责任和历史担当。我们将在那曲市委的坚强领导下，按照市政协的安排部署，深刻把握新时代那曲政协文史工作的要求，拓展工作领域和渠道，完善协作参与机制，打造文史精品力作，增强政协文史工作合力，不断提升我市文史资料的工作水平。

那曲市政协文史办

序/藏北路史与游历

赵书彬

一

平均海拔 4 500 米，漫长的寒季长达九个月，位于昆仑山脉、唐古拉山脉和冈底斯山脉、念青唐古拉山脉之间的高寒草原地带，是地球上人类生活居住的最高地理单元。这片草原被称为“羌塘”，意为“北方高原”，也叫作“藏北”。狭义的藏北按今天的行政区划，以那曲市为主体，辐射周边牧业区域。广义的藏北地区则地域辽阔，占西藏自治区三分之一以上的辖域。

对恶劣生存环境的精确认知和过度感受、经济文化地理形成的地域差异，遮蔽了人们对藏北高原的全面理解，也常常让人对其望而却步。事实上，在历史长河中，藏北一直具有重要的战略地位，其高亢不仅不是地理阻隔，反而是沟通高原及周边的通达之地，被称为“青藏高原的十字路口”。今天的那曲市是西藏自治区毗邻地市最多的区域，青藏公路、青藏铁路、国道 317 线穿境而过，素有“西藏的北大门”之称。

藏北临新疆、青海，直通河西走廊；南接雅鲁藏布江流域，紧连卫藏核心区；东临三江流域，位于藏彝走廊源头区；西入阿里象雄故地，可通克什米尔。在象雄文明辐射北部草原、吐蕃政权东向发展、蒙古铁骑经略西藏等西藏高原被纳入中央王朝的各个历史阶段，藏北都是连接高原与中原的重要交通廊道和高地，并形成了多条固定的官道、商道、巡边道以及带有鲜明旅游印记的旅道。

苏联藏学家罗列赫 1928 年行抵藏北交通重镇那曲卡，曾梳理了五条当时进出藏常走的线路：第一条为大北线，从蒙古经柴达木至拉萨；第二条，从西宁、那曲至拉萨；第三条，从松潘厅经甲昆多（玉树结古街道）、那曲至拉萨；第四条，从打箭炉（康定）经昌都、那曲至拉萨；第五条，从拉达克经阿里、那仓、朗茹、那曲至拉萨。这些主要线路表明了藏北在青藏交通中的十字路口地位。

如果以主要交通路线的形成过程来看，藏北历史大致可以分为如下几个时期：细石器文化通道时期、象雄草原通道时期、唐蕃古道时期、蒙元驿道时期、明朝贡道时期、清代官道时期、商道旅道交纵时期。

细石器文化通道时期。位于申扎县错鄂湖畔、海拔 4 600 米的尼阿木底遗址，是青藏高原腹地首次发现具有确切地层和年代学依据的旧石器时代考古遗址，其年代距今三万多年。人类登上高原创造的藏北石器文化遗存几乎遍布唐古拉山南北、草原中西部，古人的迁徙扩张证明，早在青藏高原人类文明萌起之初，藏北便跨越高山阻隔与华北、西北有着文化原点上的紧密联系。尽管这一时期的通道基本是自然状态，但已经是人类迁徙、文明传播的重要走廊。

象雄草原通道时期。藏北形成具有确切交通意义的古道源于象雄的崛起。象雄是雅砻部落统一各小邦国前，青藏高原上最大的一个邦国。所辖地域有里象雄、中象雄和外象雄之说，势力范围俨然包含从阿里至昌都覆盖唐古拉山南北的整个游牧地带。内部各区域中心之间的紧密联系，使横贯东西草原的自然通道具有了政治、文化、经济等交流功能，进而形成了相对固定的交通线路。这条路线西起象雄的穹窿银宗，经当惹琼宗直至丁青协力加嘎，是象雄联盟内部各部落东来西往的重要交通要道，可以称为“象雄古道”，也可以称为“草原大通道”。这条通道既是维系象雄联盟政权一体性和文明整体性的交通动脉和政治象征，也是后来苏毗崛起与象雄拉锯的战道。今天，在象雄苏毗通道交界的色尼、班戈、当雄一带还留有大量的墓葬群。因此，该通道后期也可称为象苏道。随着苏毗、象雄先后被雅砻征服，草原政治中心向拉萨河流域集中和转移，该通道逐渐衰弱。

唐蕃古道时期。吐蕃统一高原东向发展，唐王朝和吐蕃建立了经常性的政治经济文化交流，原有的内部交通和高原至中原的交通线路得到空前发展。这条连接逻些（今拉萨）与长安的线路被后世称为“唐蕃古道”或“唐蕃驿道”。唐蕃古道的开拓、发展、定型，让原来连贯东西的藏北高原实现了纵贯南北的战略跨越，藏北高原在青藏高原的“十字路口”地位正式形成。从高原内部来看，雅砻从南向北进踞草原，形成了象雄、苏毗、雅砻三足鼎立的局面，当雄、色尼一带成为高原的战略三角区；从高原外部来看，唐蕃古道的形成使藏北成为吐蕃王朝前出西藏的战略基地，“军粮兵马，半出其中”便是其义。同时，唐王朝来使入藏必经藏北，“鹘莽驿，唐使入蕃，公主每使人迎劳于此”“突录济驿，唐使至，赞普每遣使慰劳于此”正为写照。唐蕃时期，双方使臣往来 200 余次，关于文成公主、金城公主入嫁西藏的历史事件，至今在藏北流传着许多佳话。南北道路的畅通也加强了藏北与藏南的经济联系，以盐粮交换为主要内容的农牧交换商业关系更加深入。

蒙元驿道时期。从约1240年蒙古将领多达奉凉州王阔端之命，率军经藏北进入乌斯藏，到1264年忽必烈派出官员自青海到萨迦建立驿站制度，藏北草原成为蒙古管辖西藏的重要通道和基地。索、夏克、孜巴、夏颇、贡、官萨、甲哇等大站均位于藏北，初由乌斯地方各个万户驻站支应，后来宰相桑哥入藏，命令军士留驻藏北，对驿站进行直接管理。驿站设立后，各派高僧于此往来，影响最大、次数最多者当属八思巴。同时，三世嘎玛巴活佛、四世嘎玛巴活佛入京拜见元朝皇帝，也留有在藏北游历的只言片语。此时期，藏北东部的索县、巴青一带成为安多、卫藏、康区的重要分界，正如《萨迦世系史》所言："从上部阿里三围至索拉甲波以上为圣教法区；索拉甲波以下至黄河河曲以上为黑头人区；自黄河河曲以下至汉地白塔以上为良骥马区。"

明朝贡道时期。明朝在沿用蒙元驿道的同时，规定川藏一线为乌斯藏贡使入京之道，故川藏一线亦称"贡道"。明朝贡道在藏北一段基本沿用元朝进出西藏的路线，只是在康区地界分道，一路经玉树向青海，一路经昌都向四川。

清代官道时期。进出西藏的官道在清朝更加规范、定型，最主要的两条就是川藏官道和青藏官道。这使藏北交通战略地位更加凸显。在清朝治理西藏之初，北线为主要通道，固始汗进藏，五世达赖、六世班禅进京，驱逐准噶尔，七世达赖、福康安进藏，都选择北线，尤其是在驱逐准噶尔的过程中，喀喇乌苏之地连续发生多次战事，引起康熙的注意。他提出"黑河考辨"议题，由此藏北之事进入庙堂。到雍正时期，三十九族地区、达木地区由驻藏大臣管理，成为驻藏大臣直辖的"特区"。而川藏一线地位的上升则始于乾隆时期的廓尔喀战役。随着驿站制度的完备，川藏官道成为清代进出藏的主要路线，也是驻藏大臣进出、各级官员往来、奏折文书上传下达的规定线路，故有"汉藏金桥"之称。藏北古道在藏北途经嘉黎，连接卫藏、藏北、康区、工布，由此嘉黎的交通地位迅速上升。这两条主要官道线路的使用一直延续到20世纪50年代。

商道旅道交纵时期。随着茶马贸易的快速发展、中西旅人游历的增加，藏北形成了以清朝的青藏、川藏两条官道为经脉，以商道旅道为网络的多元交通面貌。与官道和商道的相对固定不同，古伯察（1845年）、普里热瓦尔斯基（1879年）、邦瓦洛特（1889年）、柔克义（1892年）、崔比科夫（1900年）、斯文·赫定（1901—1907年）、寺本婉雅（1902年）、罗列赫（1927—1928年）等西方旅人从周边各个方向进入，以藏北作为进入拉萨的旅行跳板，把藏北"青藏高原十字路口"的作用体现得淋漓尽致。我们今天视为高寒缺氧的藏北、羌塘无人区以及一些偏远的角落，几乎都留下了游历者的脚步和文字。

对道路历史的简单梳理，清晰地展现了藏北通达东西、连接南北的交通面貌以及藏北在西藏历史发展中的重要地位。相比于“治藏必先安康”的经验，“得藏北者得青藏”也是事实。

二

游历藏北是一个广义概念，泛指到过藏北。历史上，游历藏北者不计其数，有记录的也很多，而留下详细确切游历信息的就屈指可数了。本书辑注的藏北游历文献有 54 例，时间是从唐朝一直到西藏和平解放前。这些藏北游历者有来有往、身份多元、目的不一、时间不等、路线不同、生死不定，有的以藏北为目的地，有的穿行而过，有的是赴拉萨受阻道中徘徊于此，有的是在藏北被迫改道，还有的魂断草原。

历史上，清代以前的游历记录较少，清代以后的游历记录较多。在清代以前，汉文史籍记叙入藏之作本不多见，加之藏北地广人稀、处于政治文化边缘地带，往往被书写者忽略。比如唐刘元鼎的《使吐蕃经见纪略》，全文本就粗略，描述进藏情形时，仅记“度悉结罗岭，凿石通车，逆金城公主道也。至麋谷就馆。藏河之北川，赞普之夏牙也”，对藏北地域一笔带过。藏文史籍也有此种情况，但情况稍好，如莲花生、绛求浙桂、热译师、三世嘎玛巴、四世嘎玛巴、四世红帽系活佛、三世达赖等人的藏北游历，但记录也不多，只保留对藏北的一些只言片语或蜻蜓点水似的描写。至清代、民国时期，西藏方志、藏族史等文献书写进入高潮，西方兴起的西藏考察热潮使藏北路线更加热闹，诸多因素叠加，藏北游历记录开始增多，在篇幅、内容以及详细程度上都远远超出前代。

身份上，不论是中国的游历者，还是英法美俄日等国家的游历者，都具有一定的官方身份或较高的社会地位。如莲花生、拔绒·达玛旺秋、江贡·丹增旺波、五世达赖喇嘛等，分别是宁玛、萨迦、噶举、格鲁各派的高僧大德；大司徒绛求坚赞、颇罗鼐、多喀夏仲·才仁汪杰、丹津班珠尔等，是西藏地方的上层官员；焦应旂、福康安、有泰、陈渠珍、朱绣、黄慕松、杨质夫等，是当时中央政府的官员（其中一些还是朝廷大员）。西方游历者或为传教士，或为军官，或为驻华特使，身份不一，但皆是觊觎中国西藏的“先行官”。游历者的身份使他们留有记程之作并得以流传，也为了解藏北的历史保存了不少鲜活的第一手文献资料。

目的地上，只有较少一部分游历者为藏北而来，更多的是过路客。具体又可分三种情况：一是径向藏北，二是中途受阻，三是穿行而过。以藏北为主要目的地，必定带着特定的任务。如拔绒·达玛旺秋在藏北拔绒谷创建拔绒噶举；颇罗鼐多次赴藏北立下征服霍尔四部、那仓边境巡防、奉命出征那雪、收服霍尔余部等功业；英国地质学家亨利·海登游走那仓、朗茹进行地质考察和狩猎等。西方游历者经藏北进入拉萨少有成功者，大多在那曲受阻或被迫改道，但依然留下不少反映当时政治、经济、社会、文化等情况的记录，如俄国普里热瓦尔斯基受阻那曲卡、法国邦瓦洛特受阻纳木错、美国柔克义受阻聂荣、英国汉密尔顿·鲍威尔受阻申扎等。据留下来的资料显示，他们被阻于藏北的时候，一方面记录了与藏北地方官员谈判的具体场景，一方面在改道前进的过程中游历了藏北的大部分区域。穿行而过的有进京的朝觐者、进藏的中央官员，也有少部分成功进入拉萨的西方人，五世达赖、六世班禅进京返藏皆走藏北，吴廷伟、福康安先后走青藏线参加或指挥驱逐准噶尔和廓尔喀战役，还有致祭专使黄慕松较为详细地记录了站程情况。

路线上，既有沿当时官道行进者，也有从阿里方向穿越者，更有从羌塘无人区进入者，这些游历者几乎走遍了藏北的每个角落。翻越唐古拉山，传统上有拜都岭（今安多县拉协嘎山口）、当拉岭（聂荣康格拉）、阿克达穆楚帕里（聂荣查吾拉）三个山口，除了这三条常规路线，也有从玉树和双湖木孜塔格峰进入者。索县江达有吴廷伟的足迹，三十九族腹地巴青乡有柔克义的旅迹，当惹雍错湖畔有罗列赫的行踪，比如县那若沟的夏那寺、普宗沟的桑达寺是黄慕松的旅宿之地，无人区里威里壁、斯文·赫定先后穿行，纳木错西南是亨利·海登进入申扎地质考察的入口，经嘉黎至那曲为陈渠珍出藏的线路……藏北游历者行迹所至，远超出现代交通所涉及的区域，其覆盖面和偏僻度也远超今人想象。因此，游历者的第一手记录蕴含了丰富的藏北历史地理、社会文化、人文风情等信息，具有很高的参考价值。

三

游历者记录了在藏北的真实感受和亲眼所见，描述了当时的社会文化面貌，呈现了藏北的环境、人物、事件等，揭示了历代中央王朝对西藏地方的有效治理。这些多侧面、多角度、非常精彩又弥足珍贵的原始记载，无疑是我们今天了解藏北过去真实面貌的宝贵材料，是推进藏北研究、藏学研究和当地经济社会建设的第一手素材。藏北游历文献的重要性无须多言，大体言之，其内容和价值主要体现在以下几个方面：

其一，揭示了历代中央王朝对西藏地方的有效治理。西藏自古以来就是中国领土不可分割的一部分，其自元朝时期开始就成为中央政府直接治理下的一个行政区域。藏北地域的历史生动且有力地印证了这一点。三世嘎玛巴、四世嘎玛巴进京拜见元朝皇帝皆由藏北军站出藏，五世达赖喇嘛进京、七世达赖喇嘛在清军的护送下进藏皆走青藏，藏北驿路交通见证了中央王朝对西藏地方有效管辖所发生的诸多重要历史事件。关于汉藏关系，一名藏北向导向汉密尔顿·鲍威尔介绍：很多年前有三个兄弟，一个把佛教传入中国内地，一个传到了中国西藏，另一个却是流浪者，从那时起内地和西藏之间就友谊长存。清朝时，三十九族和达木地区皆由驻藏大臣直接管辖，柔克义游记中记载了霍尔三十九族一个部落的头人诺尔坚参，这些头人从中国政府获得一个元宝的年薪。清朝灭亡后，三十九族人对驻藏大臣的管辖依然十分留恋。罗列赫记录了一位三十九族人的忠告："在驻藏大臣的治理下我们生活得非常幸福。"

其二，记载了中华民族文化交流交融的诸多案例。关帝庙、内地商品等案例常见于游历者记录。古伯察写道："所有来自北京的东西都受西藏人，尤其是那些尚过着游牧生活之人的喜爱。所以，那些随使节团而来的商人，总是非常注意在他们的所有包裹上写上'北京商品'。鼻烟在西藏人中特别盛行，所有牧人都问我们是否有北京的鼻烟。"古伯察经嘉黎出藏时，曾在嘉黎关帝庙住宿。斯文·赫定这样描写申扎宗本："第二天早晨，哈拉杰·策林走进我的帐篷，炫要性地穿一身清朝的官服，戴着清朝的官帽，帽子上面饰着一根花翎和一枚白色的朝珠。"邦瓦洛特写道："他的小眼睛有病，视力极差。为了看清楚我们的面孔，（他）要凑到眼前来，结果他把多德坎看成是汉人，用汉语叫了一声老爷。"这些鲜活的事例在藏北游历者的讲述中还有很多，是藏、汉、蒙、满、回等各民族一家亲在藏北的生动体现。

其三，记录了不同区域地理、气候状况。所经区域的自然地理情况是游历者多多少少都要描述的，从专门考察的角度看，游历文献主要体现了两个方面的内容。一是道路记程，反映各段路程的水源、草场、氧气、气候等基础条件，一定程度上成为清人游藏记程的范式。如吴廷伟所记"过三道土山，一漫坡，长七八里，东边山上有三处泥水塔子头，路还好走，小河草好"；黄慕松所记"宿雨未已，六时半骑骡出发，即上加拉山。坡势不急，乱石碍步，山无树，草不茂，无人烟，果是穷站气象"；等等。二是地理考察，西方人游历藏北的同时进行了所谓的"科学考察"，在地貌描绘、气温测量、动植物标本收集、纬度观测、地理勘探、湖泊测量等方面都进行一定程度的研究。如斯文·赫定对昂孜错、错鄂、色林错等湖泊进行了深度测量，并于1907年在那仓观测了日食天文现象；亨利·海登在藏北西部专门进行地质考察以及狩猎活动。西方人考察藏北的动机不一，多数都是帝国主义侵略中国西藏企图的一部分，但留下的一大批实地考察资料还是颇有参考价值。

其四，展示了古代藏北政治社会基本面貌。历史上，霍尔三十九族的地位一直比较特殊，现在相关资料多源于后人的整理，而藏北游历文献中保存了不少关于三十九族的原始信息。如颇罗鼐的游历反映了三十九族划归驻藏大臣前的情况，柔克义深入三十九族核心区，罗列赫记录了霍尔基巧建立后的有关情况，特别是朱绣由杂多县入藏经巴青、那曲进入拉萨，其对霍尔三十九族、那曲卡周边部落做了专门的介绍，还有其他游历者也有所记录。藏北的申扎宗、朗茹宗、那曲宗、索宗、嘉黎宗等，游历文献对这些地方政府的建筑、宗本及其管理运行等情况都有涉及，尤其是游历者有很多机会与各类官员打交道，记录更加详细深入。如杨质夫记录中的那曲堪布："先往堪布处，由其随侍引见，其室为礼拜堂、卧室兼客房者也。小门在东门隅，门对面为堪布高座，以次两边均设座位，座前置短腿桌，西墙根设高桌，桌上橱内供佛像、经卷之属，桌上献各种供品，西北隅搁置零星物品。东面开窗二口，均镶以玻璃，窗外有小畦，内种白菜之属。"其他如牧人衣着、采盐活动、乌拉使用、村镇面貌、部落状况、宗教信仰、娱乐活动等也留有记录。

其五，呈现了藏北的一些具体事件、地点、人物经历。游历文献最突出的特点就是还原了游历者当时所见所听所感的历史场景：一方面把已知的大事呈现得更加具体、细致、鲜活，另一方面也透露出很多不为今人所知的历史内容。如罗列赫记载：霍尔基夏季在聂荣草场驻牧，冬季回比如寺办公；三世嘎玛巴授记修建索曲桥，七世嘎玛巴在索地吩咐建造一座大桥和一座铁桥；夏尔巴祖先迁徙中在羌塘狩猎了一头野牦牛；陈渠珍出藏在那曲卡与一队骑兵发生冲突；七世达赖喇嘛在鲁贡拉经历了一场山火；汉密尔顿·鲍威尔在索县碰到了一个穆斯林；柔克义记载霍尔地区修缮寺庙的木材来自索曲河下游，流入藏北的哈萨克头人病故在班戈草原；等等。同时，游历文献里记载了许多人物，如官员、部落头人、僧人、士兵、强盗、商人、牧民、小孩、妇女、流浪者等，这些人物的言行可以勾勒出藏北地区复杂的社会面貌。

总之，通过展现他们的记录，藏北游历者正把我们带入他们当时经历的精彩故事中。与此同时，全景而纵深的藏北也立体而婀娜地扑面而来。

目 录

编 例 …… 001

莲花生游历情形 …… 003
夏尔巴先祖游历情形 …… 005
绛求浙桂游历情形 …… 007
热译师游历情形 …… 010
拔绒・达玛旺秋游历情形 …… 014
直贡觉巴・仁钦白游历情形 …… 016
多达那波游历情形 …… 018
绛求坚赞游历情形 …… 021
三世嘎玛巴游历情形 …… 024
四世嘎玛巴游历情形 …… 025
直贡第十一任住持游历情形 …… 028
四世红帽系活佛游历情形 …… 029
七世嘎玛巴游历情形 …… 031
三世达赖喇嘛游历情形 …… 033
直贡第二十任住持游历情形 …… 036
直贡第二十二任住持游历情形 …… 037
直贡第二十三任住持游历情形 …… 039
五世达赖喇嘛游历情形 …… 041
江贡丹增旺波游历情形 …… 047
六世达赖喇嘛游历情形 …… 049
颇罗鼐游历情形 …… 052
焦应旂游历情形 …… 072

吴廷伟游历情形 …… 074
七世达赖喇嘛游历情形 …… 079
多喀夏仲·才仁汪杰游历情形 …… 084
丹津班珠尔游历情形 …… 087
直贡第二十七任住持游历情形 …… 091
六世班禅游历情形 …… 093
福康安进藏情形 …… 103
松筠游历诗作 …… 105
古伯察游历情形 …… 107
普里热瓦尔斯基游历情形 …… 119
邦瓦洛特游历情形 …… 125
汉密尔顿·鲍威尔游历情形 …… 189
题润藩游历情形 …… 224
芮哈特游历情形 …… 232
崔比科夫游历情形 …… 245
斯文·赫定游历情形 …… 256
莱斯顿夫妇游历情形 …… 278
布克游历情形 …… 287
布鲁克游历情形 …… 291
陈渠珍游历情形 …… 296
李国柱游历情形 …… 301
朱绣游历情形 …… 308
亨利·海登游历情形 …… 321
根敦群培游历情形 …… 352
黄慕松游历情形 …… 354
杨质夫游历情形 …… 363
九世班禅灵柩回藏情形 …… 369
其他人物游历情形 …… 371

后　记 …… 381

编 例

1. 藏北自然地理高亢，交通地位重要，人文历史独特，但相关研究不足，文献资料零散。兹辑注历史上中外藏北游历文献54例，汇编成书，以供参考。

2. 所辑各例多为游历之一段、著述之散章，出处类别亦多，内容长短不一，不经辑录难以引起读者注意。辑者遍寻资料专门辑录，方便对藏北感兴趣的读者和研究者进行阅读、研究。

3. 本书所辑游历文献涉及地域范围以今那曲市行政管辖区为主，同时涵盖传统上称为藏北的地域。具体为北至昆仑山、唐古拉山的江河源，南至念青唐古拉山麓的当雄羊八井，东至康卫安多交界的丁青，西至阿里与那仓交界处。

4. 游历涉及藏北多个区域者，录于本辑。单独涉嘉黎、三十九族地区者，因另专门辑录于《嘉黎驿道文献辑注》和《三十九族文献辑注》，兹不录。此外，两次驱逐准噶尔战役有关藏北地区的资料颇丰，将在《藏北地理历史文献辑注》中集中体现。

5. 资料多为汉文，已出版藏、英、法、俄及其他主要汉译文献者，均尽力辑录在内。

6. 藏文和外文资料已正式翻译出版者，进行原文摘录；未出版者，择要对游历概况进行介绍。

7. 游历时间截至西藏和平解放前。历史上，往来游历者虽多，但留下记录者较少。唐宋元明时期游历记录亦有，清代及民国时期资料稍多。

8. 一例之中，分人物简介、游历概况和文献原文三部分。摘录之作，既有新近发行之著述，亦有过去刊印之旧籍。凡有个人记述和文献档案能相互佐证者，同人而不同出处的资料皆汇辑于一例。

9. 摘录内容力求保持原貌。所辑西人游记间有与藏北没有联系以及表述不适当之处，予以相应删减。

10. 由于历史变迁、地名流变，藏北历史地理知识较为冷门，各例同地记名翻译不一等原因，辑录时加以注释，以增进读者理解。注释工作本难，对藏北历史地理注释更是如此。不足之处，尤盼方家指正。

11. 排序以游历时间为先后。

12. 因资料来源不一，翻译表述会出现同一名词有异写的问题，除对现今已统一的名称做了相应修改外，本书不做统一要求。敬请了解。

13. 所辑各例基本呈现藏北游历全貌，但由于学识所限仍有未录入者。期盼读者提供资料帮助，以便增补。

莲花生游历情形

（约 8 世纪[①]）

一、人物简介

莲花生（8 世纪），天竺乌仗那国人，佛教密宗大师、藏传佛教主要奠基者之一，被尊称为古如仁波切、乌金仁波切。8 世纪中叶，应吐蕃赞普赤松德赞迎请入藏弘法，以密宗咒法收服本教神祇为佛教护法神。在赤松德赞的支持下，创立了西藏第一座佛、法、僧齐全的佛教寺院——桑耶寺。

二、游历概况

藏北的念青唐古拉山神是莲花生弘法过程中的主要征服对象之一。莲花生征服念青唐古拉山神经过三次降服三次立誓护法，其故事十分离奇，折射出莲花生在藏北弘法的曲折经历。

三、文献原文

莲花生一行来到北部纳木错湖边，在念青唐古拉[②]山脚下扎帐休息，一条巨形蟒蛇头顶莲花生的胸口，尾巴搭在康区的雅玛塘，设障阻挡，雷声响彻天空。莲花生念咒加持白帐粗毛上的水珠，试图制伏，却没有成功。蟒蛇发出九霹雳射入湖中，致使湖里的生灵全都死亡。莲花生建立净恶趣曼荼罗（坛城），向宝瓶施入净恶趣咒，然后把宝瓶放进湖里，使死去的生物复活。莲花生很气愤地说："以前，你造罪被逐至此处，应该驱逐到北拘卢洲（北俱芦洲）。"用手抓住自己的顶髻向后抛出，蟒蛇感到惧怕，化成一位五髻玉面童子站在莲花生面前说："我是龙王托噶尔（白顶），也叫寻香五髻者、萨达多纳帕果（土地神黑腹猪头），我听你使唤。"莲花生留

---

① 8 世纪：标题下的时间为游历者在藏北游历时间，下同。

② 念青唐古拉：亦称念青唐拉。唐拉雅秀，是山名也是神名，意为"草原大念神"，为山神之祖沃德贡杰之子，创世九神之一。在西藏宗教和民间叙述中，其经历了天神之子、世间山神、佛教护法、地域之主、一家之长等多种身份的转变。

下其他三人和马夫，他自己像射出的箭一样离去，不一会儿带来足够一尖路程用的美味食品。据传，那里的雪山岩洞中有寻香秀波神。

——《弟吴宗教源流》，弟吴贤者著，许德存译，西藏人民出版社 2013 年版，第 169—170 页。

翻越喀达山口时，堪布又道："前有一条恶龙，系白龙之子，居于一处畜牲阴间，是佛法大行于蕃地之敌，发慈悲之心，将其调伏之。"说着及至宁冲①。此地的"狂风"要与堪布比试法力。堪布将一头驴尸煮于铜锅，而后一脚踹去，便把锅口朝底。时值冬季藏历十一月，只见唐拉雪峰之顶云团飘忽，雷声夹着闪电大作，冰雹、雪粒狂然而降。从此，其地变得平静驯服，即便有斗法之事，亦无往日之惨烈。堪布在此地专做法事三日，把"多玛②"掷入宁冲泉水③中，断水气，消沸水。

——《〈韦协〉译注》，韦·囊赛著，巴擦·巴桑旺堆译，西藏人民出版社 2012 年版，第 12 页。

① 宁冲：即今当雄县宁中，意为"心脏平坝"，位于念青唐古拉山山脚。宁冲是吐蕃时期常见的古老地名，敦煌本吐蕃历史文献记载有"……怒……于宁钟……均……（尚囊）叛离""大论东赞于夏日前往宁钟之那仁地方"等。旧时设有白仓宗，1950 年后归黑河基巧办事处，1959 年划归当雄县，由拉萨管辖。

② 多玛：意为"食子"，由糌粑捏成用以祭祀的神圣食品。

③ 宁冲泉水：指宁中温泉。位于今当雄县宁中乡曲才村，是当地重要的温泉旅游地之一。

夏尔巴先祖游历情形

（约 11 世纪）

一、人物简介

夏尔巴人，生活在中国西藏陈塘和尼泊尔。关于夏尔巴人的来历，主要有三种说法：其一，从中国康区经西藏迁徙至尼泊尔，后又从尼泊尔昆贝乃、巴岗、比贡、劳不及等地迁徙至中国西藏陈塘；其二，夏尔巴就是混血儿的意思；其三，成吉思汗灭亡西夏政权后，西夏人为躲避蒙古人，来到了中国西藏和尼泊尔的边界。夏尔巴人有自己的语言，但无文字。

二、游历概况

尼泊尔籍的夏尔巴喇嘛桑杰丹增在《夏尔巴先祖世系》一文，把夏尔巴的先祖追溯到居住在多康赛姆岗的董族先祖格杰。因格杰的后代大多定居在木雅日芒，又被称为木雅巴。这群人因受格萨尔发动战争的影响，经羌塘来到西藏定日；后又因与当地人存在差异和矛盾，来到雪山的另一侧尼泊尔境内，并将新住地命名为“昆贝乃”（新发现之地）。而陈塘一带的夏尔巴人也是由“昆贝乃”迁徙而来。

在这一迁徙过程中，夏尔巴人的先祖在羌塘桑顶曲林（疑为今桑丹康桑雪山一带），集体狩猎野牦牛，并按照传统狩猎习俗分配猎物。在选文中，夏尔巴先祖在羌塘狩猎野牦牛，是漫长的迁徙过程中唯一被着重表述的故事情节，凸显出羌塘在迁徙中的重要性，给他们留下了深刻的族群历史记忆。

三、文献原文

木雅巴分衍出的其他家族是夏尔巴、希扎尔、多珠巴等等。当他们在那里定居一段时间后，林格萨[①]率兵到霍尔、蒙古和兑域（即鬼域）等地。因长期打仗，故上述米钦扎巴等西康人大部分逃跑。出生于西康木雅的米钦扎巴的所有亲属，出生于西康洛查扎啊的喇嘛衮巴前辈的所有亲属，出生于西康夏姆堆冬的喇嘛衮巴后辈所有亲属，出生于西康岗木妥或色达的喇嘛色尔巴的所有亲眷，出生于西康聂东佳娃的所有亲眷，以及出生于西康乌尼的塔美的所有亲属，都抛弃了各自的故乡，经由羌塘[②]一带向拉萨方向而来，到了一个叫桑顶曲林的羌塘地方时，喇嘛衮巴喜金刚家赶来一头羌塘的野牦牛，此时，英雄的木雅人抓住野牦牛的面部；勇敢的塔美人抓住野牦牛的粗毛；英武的色尔巴人抓住野牦牛的舌头，遂将野牦牛杀死。当杀死野牦牛的人把肉分完之后，佳娃人的先祖们才赶到，已在这里的人们就对佳娃人说："牦牛的各种肉和骨头等都被分光。你们已得不到肉份子，你们佳娃人的肉份子，就是去捉那白色的大鹏。"随后，温巴的祖先也赶到此地，已在这里的人们又说："你们温巴人没有分得肉份子，给你们的有些肉和皮已被喜鹊衔去。"他们就随便将有些骨血拿去，气愤地煮食，故称他们为温巴（猎人）[③]。

此后，这些康巴人逐渐到达西藏的上部地区，在定日朗阔等地住了若干年……

——《从略谈世界之形成渐次阐述夏尔巴先祖世系》，［尼泊尔］桑杰丹增著，张国英译。转引自《藏文史料译文集》，中国社会科学院民族研究所历史室、西藏自治区历史档案馆，1985 年版，第 224 页。

---

① 林格萨：即格萨尔王。

② 羌塘：意为"北方高地""北方草原"。一般指唐古拉山脉以北的草原地区，今阿里地区东部和那曲市中西部地区被认为是羌塘的核心区域。

③ 野牦牛狩猎分配：在长期的狩猎和驯化野牦牛过程中，民间一些约定俗成的习惯在吐蕃时期形成了固定的法律制度，并长期影响野牦牛的狩猎和分配。吐蕃三律之一的《狩猎伤人赔偿律》，规定了不同身份陷于牦牛身下救与不救的奖惩办法，以及根据箭数先后分配猎物的方式。如：一头牦牛以射中六箭计算，头名射中者，得右侧下部肉并朝左一拃之肉，弧形割下，右侧皮子、肋骨、尾、心、胸脯、舌、一半牛血、牛筋也归头箭射中者；第二名射中者，得左侧下部肉、皮子及一半牛血，内脏、膀胱和四肢之筋等亦归第二箭射中者；第三名射中者，得右侧上部肉；第四名射中者，得左侧上部肉；第五名射中者，得后肢；第六名射中者，得前肢。这一份狩猎分配方式是相互协作、见者有份原则的延续。传统上藏北狩猎野牦牛，在坚持猎物平分基础上出力多者也可多分得一份，在野牦牛胸前的肉或者尾巴割下前，如果遇见路人，也要分给数量相等的一份。

绛求浙桂游历情形

（时间不详）

一、人物简介

绛求浙桂，帕木竹巴政权创始人绛求坚赞的先祖，宁玛派瑜伽大师。原名拉斯多吉，因证道神通无碍，法力无边，能驱神役鬼，遂更名绛求浙桂。在充满神奇色彩的关于绛求浙桂的描述中，他一生浪迹浮踪、飘泊不定，往来奔波于印度、尼泊尔以及中国的阿里、卫藏、康区、安多、丽江、汉地，与格萨尔交往密切。

二、游历概况

绛求浙桂生活的时代大致在 11 世纪末到 12 世纪后半叶，他一生飘泊不定，但仍有一个相对集中的区域，主要在噶雪、索雪、那雪一带。这些地方一般被认为是苏毗的核心地域。绛求浙桂在藏北的重要活动轨迹有：8 岁后，朝拜纳木错后驻锡索雪；在与格萨尔分别后，接受噶雪、那雪、索雪施主的布施和馈赠。88 岁后，来到索雪、噶雪，与妻儿相见，在当地讲解密乘经籍。临去世前，向子侄分配家产和封授索那、索噶、那雪等土地，并授记在其去世之时，那雪、索雪二地会出现像他一样的证果者。

三、文献原文

前往前藏拉萨时，众空行母来迎接，当智慧空行母用一个外白内红的颅器给他呈献悉地时，彭域人达玛旺秋[1]说道："您是不讲究清洁的瑜伽师，这些麻风病患者断了炊，便宰食拉萨所有的死尸，颅器盛过人血，所以呈红色，不能以这些人充任

① 达玛旺秋（1128—1187 年）：彭域人（今拉萨林周一带），拔绒噶举派创始人，祖寺为今色尼区卓玛峡谷拔绒寺。通过绛求浙桂与达玛旺秋之间的不和谐交往来看，同在藏北传法的宁玛派和拔绒噶举派之间存在激烈的矛盾。关于绛求浙桂生活的年代，《朗氏家族史》中明确记载为火龙年 11 月份，而绛求浙桂见过林格萨，又与达玛旺秋有过交集，可见其生活年代应在 11 世纪至 12 世纪。

眷属。”（达玛旺秋）说了这些话遭到智慧空行母的惩罚，鼻子流血，死在北方。（绛求浙桂）又前往念青唐古拉山神的颈部——纳木错湖畔，世间的所有鬼神云集在那里迎接他，被役使为具誓，围绕着他前往康区的索雪[①]地方，并驻锡于那里。

——《朗氏家族史》，大司徒·绛求坚赞著，赞拉·阿旺、佘万治译，陈庆英校，西藏人民出版社2002年版，第29页。

前往松矻[②]地方。施主璋氏赠献了噶雪[③]地区的贡吉塘、素工谷尾、加秋、布烈巴如等地方，请求充当应供喇嘛。贝尚敬献了《甘珠尔经》和那雪[④]地区的萨矶地方。东虬馈赠了索雪地方的蔡钦寺，拉敦赠献了有金顶的瑶那寺、印度人建筑的塔院寺、琮都羊巴地区的竹西寺。

——同上，第36页。

随后以风作坐骑，须臾之间到达拉萨，向拉萨的释迦佛像请求加持。中午时刻前往索地，又前往索雪地方的蔡木林寺，继而前往北方的盎兀、南方的雪积贡秋，考察三个儿子，他变幻各种身形前往。

——同上，第38页。

复次，他认为应考察在噶雪贡钦地方的妃子嘎丹玛……当到达长侄之地时，立刻被迎至噶雪噶如……当刚刚居住在噶雪贡钦塘时，就向岭国的施主、朗氏父系兄弟、侄子年尚、近亲达尚、父系兄弟贝尚和施主璋氏等人讲解了许多密乘经籍……在留居噶雪噶鄂期间，向子侄们做了本质的教诫。

——同上，第39—42页。

---

① 索雪：索曲河流域，指今索县县城所在地。

② 松矻：传统地名松域之雅松，可作为苏毗（孙波、松巴）的三个地域来理解，其中心为嘉雪达巴园。文中噶雪、索雪、那雪与此形成了对应关系。也可理解为松多，有“三岔口”之意。

③ 噶雪：绛求浙桂家族的居住地。一般认为在今索县加勤乡一带。

④ 那雪：今比如县怒江流域传统上称为那雪；也说因是那曲河流经之地，故称那雪，为苏毗旧地。吐蕃统一高原后，设置苏毗如，那雪小东岱或那雪小千户为苏毗如11个东岱之一。那雪既指流域，也是吐蕃时期的一级行政单位，是地缘与血缘、军事与行政相结合的部落组织。吐蕃“中勇部”任那雪之官和将，新疆出土藏文简牍多记载有那雪，如“那雪部落……两突地，内有如本农田一突和零星地一突，为军帐长官耕种”“那雪水中草坪之田两突”“男伙夫为那雪部落之拆通玛”“那雪部落之阿郭包尔赞”“那雪部落二十名汉属突厥人派往布拉林去替换”“那雪部落之江保冲木玛”“那雪部落之野拉顿”等。

仲答·达玛杰波贡献前藏苏毗[①]地区自己的花金屋……璋供养噶雪地方……

——同上，第46页。

① 苏毗：初为小邦之一，渐成与象雄、雅砻齐名的部落，后被雅砻部以“有如种羊领群之方法”收服，并设置苏毗如。《贤者喜宴·吐蕃史译注》载：东至聂域朋纳，南至弥地曲纳，西至叶晓丁波切，北至纳雪斯柴，以仓甲雪达巴园为中心，以上为苏毗如。现在研究认为那曲东部一直为苏毗领地。

热译师游历情形

（约 11 世纪末）

一、人物简介

热译师（1016—1198 年），全名热琼巴·多杰札巴，出生于西藏贡塘。10 岁时尊米拉日巴为师。他曾三进尼泊尔、二赴印度求法，四处云游，讲学布道，译经收徒。

二、游历概况

热译师在藏北霍尔地区的活动范围，主要集中在当雄、拔绒和林周的达隆一带。其间，热译师做了调解纠纷、超度亡灵、取信头人、向念青唐古拉山神传法、在拔绒传法等一些利乐众生的事情。

三、文献原文

应藏北方面的邀请，热译师及徒弟们到那里去弘法。他们先后经过古浪等金矿地区①，最后到达北方。一路上，要求出家者、受比丘戒者不计其数，对他们进行灌顶，现身说法，都得到了解脱；发誓行善抑恶者也难计其数。

之后，应当日、奴日、达日、阿日和索日等村落的邀请，走遍北方上中下所有地区。大转法轮，使大家心生敬仰，各地出现了把生死置之度外（指出家为僧）的学生至少 200 名，新出家的和受比丘戒的始终在 400—500 人。在俗家男女弟子中，有念六字真言一亿遍的，有放生的，有赎命的，有拜佛转经的，有读写佛经的，等等，没有一个不一心向善的。

得到了数以百计的马、鞍具、牛羊、盐、羊毛、金子等，都用来斋供当地僧侣

---

① 金矿地区：藏北很早就有采挖金矿的历史，藏史里记载玛尔巴到宁冲、当雄募集金子，恰值羌塘金矿甚旺，筹得不少黄金。玛尔巴看着这些黄金和供养物，心中甚为满意，就往印度求法去了。

和上师们，修葺旧寺，向代表身、口、意的佛像添加油灯、法衣等。惠施争执各方，使他们言归于好。在各地布置封山令、封河令、封路令，出现安泰祥和之兆。

在霍达[①]期间，一个名叫布吉朝加的牧民死去，热译师进行净荐仪式，招魂之时，死者立即复生，站在大家面前，与生前一模一样。他对家人说："你们向上师报告我的七期，非常感谢！否则，我会坠入恶趣的。"超度之时，从热译师胸口升起一道光芒，无阻无碍，倏地射向上方整个世界。霎时，文殊佛国朗然显现，那死者的灵魂燃烧起来，形体消失，灵魂呈现白吽字模样，流星似的逝去，隐入文殊佛的胸口。最后，佛国也消失。大家对此惊叹不已。因此，慕名学法之人纷至沓来，人头攒动。所献供品堆积如山。

一位名叫仁钦的人前来报告父母的七期，热译师说："这不需要净荐，他们早已往生极乐世界，正在无量光佛前听法。"那人说："所谓'业果无欺'，看来是真的。我的父母生前在这北沟一带享有大善人的美名，因为他们对哪怕一丁点孽障也很在意。因此，大概与此功德有关了。"说罢，高兴而去。

热译师发现一个狩猎者已坠入地狱，欲拔济拯救，只见木牌上光点闪亮，因说道："现在没事了，已经脱离了地狱。"如此变幻，不胜枚举。

在裕固，江格尔[②]头人为了试探热译师，故意说："我家有个病人，你看一下好不好?"热译师说："你家没有病人，你是在试探我!"头人先是一怔，后又想道，这大概是他早已知道我家没有病人，现在问一下谁也不知道的事，（便）问："那么，我有怎样的奇珍异宝呢?"热译师说："在你的那个盒子内，装有一个松耳石，无眼，漂在水面上。它是产自吐谷浑的珍宝。"

头人大为吃惊，说："我的这个松耳石不属于别人，连我的贴身伴侣也从未发觉过。上师您真可谓是活佛。此前我故意试探您，（实属不恭）望乞恕罪!"说着头面礼足。连续三个月，他对上师进行了服侍和斋供。最后说："请上师授予教诫!"热译师授予许多了义不了义之法，尤其授予吉祥大威德之往生法和六道习处。他临死时，躯体不留，驾虹仙逝。

---

① 霍达：即霍尔，不同的时期，所指的民族不同。唐、宋时指回纥；元代时指蒙古人；元明之间指吐谷浑人；现代指藏北牧民和青海土族。仅就藏北而言，霍尔含义也有不同的指向。在元朝及固始汗入藏期间，大量蒙古人驻留藏北，霍尔因此专指藏北牧民。随着历史变迁、文化交融，蒙古人融合于当地藏族，霍尔的所指逐渐变窄，一段时间专指霍尔三十九族。在现代的语境里，霍尔指代藏北牧民、三十九族、巴青及其他地方的情况都存在。

② 江格尔：多识仁波切所译版本写道："在维吾尔地区有个准噶尔汗。"联系上下文可知，江格尔指准噶尔汗不甚贴切。江格尔，也译作金格尔、琴柯尔。旧时黑河宗巴尔达部落的首领为蒙古人后裔，称为"巴尔达金格尔"。金格尔被认为是蒙古语边防官的音译名，也有说是"成吉思汗"的藏语音译，借以表示"成吉思汗后裔"的意思。

之后，热译师来到当曲[①]一带，广弘善业，多次宣讲显密佛典，使许多人得以成熟解脱。在那些男女信众当中，有的了却此生，专心修炼；有的出家；有的受比丘戒；有的拜佛转经；有的戒杀生命，乐善好施。他用那些人所呈供的金子、马、鞍具、牛羊做了宏大誓愿。他前往念青唐拉神[②]山时，念青唐拉神亲自带领随从前来迎接，说："请光临我的宫殿！"热译师表示同意，由神带路，片刻来到山脚下。

这山有一道门，进入门内，发现里面是空荡荡的，只有像盾牌一样的台阶伸向高处，拾级而上，到达顶峰，有一座三层水晶宫，五宝门楼焰火斑斓，金檐斗拱，其底部甘露海潋滟，旁边五色彩虹弥漫，上端烟雨蒙蒙，周围花团锦簇，广袤无垠，华严异常。

唐拉神摆下宝座，用珍馐美馔进行斋供，并请受灌顶和教诫。他在这里住了三夜，向唐拉神授予有关甚深吉祥大威德法……唐拉神一行听到这里，心生欢喜，多次绕匝顶礼。

在热译师返回之际，唐拉神贡献了金子七升、黄色神驹百匹、青色龙马 300 匹、花白神牛千头、白色龙羊万只，并亲自送到驻地后才返回。

听说热译师得到了人间罕有的财物，许多劫匪前来抢掠，赶走了热译师的那些牲畜。热译师的得意门生热·确饶就此事向唐拉神责问道："我的师父从你的地盘丢失了东西，难道你不管一管吗？"

是夜，那些强盗染上了疔毒，猝然死亡。牲畜失而复得。有人询问其故，热译师说："只为自己的一点小事，无须大动干戈。不过，我可以使他们复活。"说着向那些尸首植入灵魂，（使他们）重新复活，强盗们心生敬仰，皈依门下。后来听说他们在各地专心修禅，个个得到成就，饶益民众。

之后，热译师来到跋绒[③]地方，为民众做了极大善事。一次，他在给当地的男女僧俗民众和从甲绒来的许多学生同时授予灌顶和示教之时，他全身虹光缠绕，只见从光团中显出五位肤色深蓝的瑜伽师，胸挂骨饰，腰系蛇索，如日辉煌，进行灌顶。

最后，一个个依次隐入对方身体，飘向天空，并说道："世间万法，盖如此矣！"

---

① 当曲：即当雄县当曲河。《当雄县志》介绍：公塘盆地（曲登—纳龙）中的河流长约 50 千米，谷底海拔 4 300 米左右，该盆地在曲登处下切与宁冲盆地相连，称作当曲，在麦灵村汇入那曲河。

② 念青唐拉神：其形象是日月莲花为垫，打扮考究的白马为骑，着白衣、戴白绸、顶火焰宝，面带微笑露獠牙，三眼闪烁有金光，右手举饰五角金刚的马鞭，左手执白红青三色拐杖，年轻英俊。主要神职：第一是财宝守护神，代表山神的丰产功能；第二地方守护神，代表山神的战神功能；第三是掌雹神，这属于山神的附属能力。

③ 跋绒：也写作拔绒、巴荣等，拔绒噶举主寺所在地，在今色尼区古露卓玛峡谷境内。《青史》等藏文古籍只说达玛旺秋在"羌地方建了拔绒寺"，并没有指出具体地点。刘立千、王森、王辅仁等认为在拉堆羌——今日喀则地区昂仁县境内。《那曲县各寺庙简史》《噶举历史新编》《西藏佛教史》等著述皆认为是在那曲桑雄地区。热译师的游历进一步佐证了拔绒在藏北为真，在拉堆羌之说为误。

听到这话，聚拢于此的所有人都同时觉得世界万物不过瞬间一闪。

这样，热译师向狗、猫示禅；向房东的羊群也如法炮制，近600只羊都能感应功法，唯独一只没有感应。有人问这是为什么，他说："它的前生破坏了与上师之间的三昧耶戒。如果它是人的话，还有补救的办法，可惜它已经成为畜生，这就不知道了。但是，它的肉献给僧伽，脂肪点灯，骨头作为土食子。这样，后世得到人身后，会有修法的命运。"

那时，有个名叫元丹札巴的善知识前来辩法。他说："若要修行，首先要得到暇满人身。畜生，是非暇之处，不可能感应功法。你的这个做法是假的。"热译师说："一般来说应该如此，但也不一定。这暂且不说。《胜乐本续》云：'如果金刚师具有能力，可以把灌顶慧植入土石。'这个道理是一样的。"他产生敬信，成为其学生，后来被授予教诫，并让他修炼，得到成就。

——《热译师传》，益喜桑格著，曲甘·完玛多杰译，青海人民出版社2015年版，第101—110页。

拔绒·达玛旺秋游历情形

（12 世纪）

一、人物简介

拔绒噶举派创始人拔绒·达玛旺秋（1128—1187 年），出生于拉萨林周。21 岁时前往达拉岗布寺师从塔波拉杰。26 岁时来到藏北拔绒地区，并于当年兴建拔绒寺，创建拔绒噶举派。

二、游历概况

拔绒·达玛旺秋在藏北建立拔绒寺后，其活动的中心区域便在今那曲市色尼区一带。但由于历史文献缺乏，目前还没有看到拔绒·达玛旺秋在藏北活动的具体情形。

三、文献原文

第五辈，拔绒·达玛旺秋（拔绒噶举派开创者），羊年（金太宗天会六年，1128 年）生于彭域热贝窘乃地方，父亲名叫顿巴·洛追窘乃，母亲名叫觉姆穷玛。7 岁时，出现了这样一件事，一位具有空行因相的妇女说："我也是塔波拉杰[①]的弟子，这位上师和你有业缘。"他曾梦见东方一道白光融入心脏。8 岁时，他跟从堪布达玛僧格和轨范师旺秋宣努受戒出家，取两位师长全名的各一半，命名为"达玛旺秋"。旺秋宣努传授了秋布译师所传的怙主哲古玛朵玛灌顶，并告诉他说："除了我以外，这位护法对你最重要，其救护很大。"11 岁时，格西恰域哇到他的弟子新建的寺院参加佛塔开光典礼时，他请求恰域哇传授了噶当派四尊的修行教诫；跟从格西博多哇的亲传弟子珠布隆哇学习了《慈氏五论》《集学论》《入行论》，掌握了全部内容，领

① 塔波拉杰：塔布噶举派的祖师，祖寺为加查县的塔拉岗布寺。

会了“三士道”的教导，对以前在堪布身前所学的《律经》又进行了很好的温习。当时，他从孩提时的欢喜心态中觉醒后说：“以后，我不需要任何东西，只想见上师塔波拉杰，请教修行口诀。”由于这种强烈的愿望，他去到各种山、崖寻找，遇到一名不知从何处来的像雪山瑜伽师那样把头发扎成橛子形的青年。他上前询问，那青年说：“我从塔波①来，是上师拉杰的弟子。”他说：“那么，请你领我前去。”那青年说：“顿琼，你是我的上师的应化弟子，很快就会见到他的。”那青年说毕，即消失得不知去向。于是，他受此鼓动，于21岁时来到上师塔波拉杰的身前，在初十日会供时拜见了上师，塔波拉杰把他叫到里面进行了面谈，使他不由自主地生起了多种明乐禅定。上师塔波拉杰说：“你以前已修完了教授，未指导传授修行而生起，命名你心中证法为‘探求独明’。”坛城中所供颅碗内盛满了酒，塔波拉杰取此授给达玛旺秋，他考虑到成就，即全部饮下。上师说：“对你不需要授灌顶亦可得到，我的本尊红色小金刚亥母今后会护持你。”说完后，把自己所有的此本尊灌顶教诫传授给了他。那时，他虽然身患重病，仍一心礼敬上师，故疾病痊愈。有一天，上师塔波拉杰骑邀请者的马出行，遇到疯狗，他比其他随从僧人更拼命地保护，将他背着的上师的手杖、竹笔，如绳索绞合，捆住疯狗脖子，投入水中后，由于上师的慈悲，疯狗恢复了理智，这样的稀奇故事很多。后来，塔波拉杰说：“你需要的一切教法已经传授，现在你去北面拔绒②静修地修行。”言毕，给了他一两黄金和书籍等所需财物。他请求道：“那么，在三十天之内我们师徒共住，以后你可在禅院修我的丧葬佛事。”在他们共住期间，塔波拉杰去世了。从28岁开始，他按照上师的指示，去北面拔绒地方进行长寿修行，除了会见送口粮者之外，专心修行谁也不见。由于其慈悲之力，他受到了野兽飞鸟的恭敬，且受到达隆巴、止贡巴等大德们的侍奉，得到了空行母的经常摄受。他于羊年（南宋淳熙十四年，1187年）二月二日子时伴诸异兆圆寂，享年73岁③。

——《觉囊派教法史》，阿旺洛追扎巴著，许得存译，陈庆英校，西藏人民出版社1993年版，第48—49页。

① 塔波：也写作达布等，西藏传统地域，位于今加查县、朗县一带，常与工布、娘布联系在一起出现。吐蕃及以前主要为琛氏家族领地，与雅砻王室保持通婚关系。

② 北面拔绒：也作羌拔绒。因对羌地理解不一，曾被认为是日喀则市的昂仁县。现在学界认为北面拔绒指藏北那曲一带，具体应在那曲市色尼区古露镇卓玛峡谷内。

③ 达玛旺秋生于1128年，逝于1187年，故应为59岁。

直贡觉巴·仁钦白游历情形

（12 世纪）

一、人物简介

直贡觉巴·仁钦白（1143—1217 年），出生于多康邓科，直贡噶举派创始人，1167 年从康区来到丹萨替寺，1177 年出任丹萨替寺住持，1179 年来到直贡地方开创直贡噶举一派。

二、游历概况

仁钦白出任丹萨替寺住持后，由于僧众涣散，难以管理，而其本身又是一个外来的贫穷僧人，缺少支持，声望不高，僧人不服，他被迫离开丹萨替寺，前往藏北草原游历，在当雄等地讲经说法，得到了许多供养，后至直贡，开创直贡噶举一派。

三、文献原文

此后像众生怙主所授记，在所有主要弟子的祈求下，担任邓萨梯寺①住持。雅拉香波神②也前来向他致敬行礼。当至尊担任住持，护理寺院时，某日来了几名自称是至尊米拉日巴③之徒孙的僧人，他们在法会上饮酒作乐。至尊仁钦白批评了他们，他们讽刺诬蔑说："你做僧人吧，长期做僧人吧，要做一个心地善良的僧人，不要加害于其他僧人。"此时，至尊帕木珠巴④真实出现在前方天空，说："你放弃这锦缎的旧坐垫，到乌如⑤羌去，那里可以为众生做广大事业。"按上师授记，至尊仁钦白来到北方羌地，受到念青唐古拉神的迎接。此后来到羌囊惹地方，赞魔王囊惹主仆请求

---

① 邓萨梯寺：亦写作丹萨替寺，位于山南市桑日县江乡日岗村北的山腰上，1159 年由塔布噶举创始人塔布拉杰的著名弟子帕木珠巴·多吉杰布修建，是帕竹噶举派最早的寺庙，也是该派的主寺。

② 雅拉香波神：居地在山南雅拉香波神山，传说为山神沃德贡杰之子，是吐蕃王室的重要守护神。

③ 米拉日巴：藏传佛教噶举派第二代祖师，西藏最著名的密教修行者之一。

④ 帕木珠巴：帕竹噶举创始人，塔布拉杰之徒弟。

⑤ 乌如：也译作伍如、卫如，为"卫藏四如"之一。

至尊传授居士戒，对至尊十分敬信。至尊对天空飞翔的雄鹰作观修，能使雄鹰生得禅定，随便说一句话，就能使奔跑的马领悟其意而跑回来。……某时来到当雄讲经说法，所得供养多得不可思议。讲经时能让白昼时间延长许多，如有时刚讲完经太阳就落山，没多久天就蒙蒙亮了，这就是至尊让白昼延长，制止太阳落山的结果。有一次，驻锡在羌囊惹山的时候，大梵天王请求至尊仁钦白为有情众生转动甚深甚广的法轮。他前往直贡时，受到拔拉大神的迎接。

——《直贡法嗣》，直贡·丹增白玛坚参著，克珠群佩译，西藏人民出版社 2013 年版，第 76—77 页。

多达那波游历情形

（约 1240 年）

一、人物简介

多达那波，也写作多答那波、道尔达、多达、开尔达、开得柯，为蒙古军队将领。奉阔端之命，约 1240 年率军经藏北一带进入乌斯藏，骑兵前锋抵达热振寺，并攻打了热振寺和杰拉康。这是蒙古军队首次进入乌斯藏，亦即首次进入藏北地区。

二、游历概况

蒙古大汗窝阔台之子阔端在征服西夏故地和甘青地区的过程中，通过和甘、青的藏族僧人接触，了解到西藏地区的山川地理和政治、宗教情况。为了巩固对西夏和甘青地区的统治，保障蒙古军队在南下四川时的侧翼安全，阔端决定对西藏采取军事行动，把整个青藏地区纳入蒙古汗国的统治之下。经过短期准备，阔端派部将多达那波带领一支蒙古军队，从甘、青地区出发，前往西藏。进入西藏，侦察道路和当地的政治、宗教情况，在可能的情况下将西藏纳入蒙古汗国的统治之下，这就是多达那波军队所担负的使命。

三、文献原文

蒙古人多答那波任将军，率部在藏北热振寺[①]屠杀僧人 500，全藏为之震惊。其

① 热振寺：创建于 1057 年，是噶当派第一座寺庙，坐落在拉萨市林周县唐古乡境内。

后，多答在蒙古[①]与热振之间设置驿站（以马匹传送公文）。当京俄大师[②]前往拉顿塘地方时，多答逮捕贡巴释仁[③]，准备杀害之，（京俄）祈祷度母，天空降下石头之雨，多答说道："托因（蒙古语对僧侣的称呼），您是好人。"说罢，向京俄大师顶礼，放免了贡巴。京俄把西藏装有木门的户口名册献给了他。（多答）接受了，（对京俄）照看情面。

——《朗氏家族史》，大司徒·绛求坚赞著，赞拉·阿旺、佘万治译，陈庆英校，西藏人民出版社 2002 年版，第 69 页。

从凉州阔端那里派出的以多达那波为将军的蒙古军队首次到达吐蕃。……蒙古军在朵思麻、朵甘思、索曲[④]、热振寺等地方见人便杀，给热振寺造成了重大损失。达隆寺[⑤]被雾罩住，没有看见，杰拉康寺被焚毁，索敦等五百佛教僧人被杀。止贡寺的京俄扎巴迥乃降下石雨，故止贡寺未遭损害。

——《贤者喜宴》下册（藏文），巴俄祖拉陈瓦，民族出版社 1986 年版，第 1416—1417 页。转引自《西藏通史·元代卷》，陈庆英等主编，中国藏学出版社 2016 年版，第 18 页。

蒙古军队在热振寺和杰拉康杀死许多僧人的事件……此后不久，蒙古之王就对清净教法生起信奉之心，派遣杰门和大臣多达来到吐蕃，在索曲地方设立驿站。京俄仁波且避往顿塘，派贡巴释迦仁钦前去接待。当蒙古人要处死贡巴释迦仁钦时，京俄仁波且向度母祈祷，降下石雨，所以蒙古人敬奉京俄仁波且。

——《西藏王臣记》（藏文），五世达赖喇嘛，民族出版社 1980 年版，第 90 页。转引自《西藏通史·元代卷》，陈庆英等主编，中国藏学出版社 2016 年版，第 19 页。

---

① 蒙古：陈庆英《1239 年蒙古军进入西藏的杰拉康之战》引用原文时翻译为"在热（振）、索（曲）等处设置驿站"。索，也为蒙古之意。余大钧《关于"阻卜"的语源、对音及语义》认为，藏语 Sog－po，是一个起源很早的词，唐时意为西域"胡"；在 13—18 世纪的藏文文献中意为"回族"。从 16、17 世纪起，这个词才被藏族用来称呼蒙古族，现今仍是藏族称呼蒙古族的一个藏语词。蒙古为何会有霍尔与索两种称谓是一个值得研究的学术问题。不管如何，索地是元代入藏的一个重要交通节点，该处驿站的变迁经历了多达进藏初步设立、答失蛮正式设立和桑哥改为军站等几个阶段。

② 京俄大师：京俄·札巴迥乃（1175—1255 年），帕竹地方朗氏家族子弟，18 岁时来到直贡寺，师事直贡觉巴·仁钦白。后任直贡寺第三任住持。

③ 贡巴释仁：全名释迦仁钦，贡巴是直贡噶举的官职名，专职政务，相当于萨迦之本钦。

④ 索曲：亦称索曲、沙克曲、索克占旦滚河，怒江上游的重要支流。发源于唐古拉山脉南，流经聂荣、巴青、索县，汇入怒江。这里专指索曲河一个重要渡口。

⑤ 达隆寺：位于拉萨市林周县境内，为达隆噶举派的主寺。

一个叫开得柯的凶恶霍尔王带领军队来到当雄，把卫藏地区的所有善知识和官吏召集起来，准备惩办，至尊迥仁波且[①]也在其中。当至尊由500名骑着雪白骏马的弟子引路，并由众多弟子相随，浩浩荡荡，威严非凡地到来时，霍尔王显得忍无可忍，在至尊之旁筑起与至尊的法座一样高的御座，坐在上面看着迥仁波且，见到至尊迥仁波且是真实胜乐金刚，告其大臣说："今天的这位喇嘛有三只眼睛和獠牙，真可怖。"达隆寺的住持桑杰雅均，虽然正在患病，但也被强行召集，为此迥仁波且对霍尔王说："如果硬要迎请达隆巴，他定会圆寂，请不要迎请他。他的一切心愿，我可以完成。达布噶举的噶玛拔希、桑杰雅均和我不分彼此。"如此为桑杰雅均求情。某夜，桑杰雅均梦见大成就者底洛巴对自己说："我已替你说情，你不必去见霍尔王。我是印度底洛巴的化身，是西藏的迥仁波且。"并表现出很欢喜。于是桑杰雅均请求迥仁波且大悲摄持。至尊说："不必这样，你也是我的化身。"说完就不见了。桑杰雅均醒后对徒众说："我大概可以不去当雄了。"并详述其原因，还为至尊迥仁波且作了27首赞颂道歌。最后，霍尔王及其随从都皈依至尊迥仁波且，雪域西藏也从水深火热的恐惧中得以解救。

——《直贡法嗣》，直贡·丹增白玛坚参著，克珠群佩译，西藏人民出版社2013年版，第105—106页。

① 迥仁波且：迥·多吉扎巴（1210—1278年），直贡噶举第四任住持。

绛求坚赞游历情形

（14 世纪上半叶）

一、人物简介

大司徒绛求坚赞（1302—1364 年），帕竹政权的第一任第悉。1322 年，任帕木竹巴万户长。他一方面在辖区大力发展农牧业；一方面在十三万户间合纵连横，先后打败萨迦政权支持的雅桑、蔡巴、直贡等万户的进攻。1358 年，他利用萨迦拉章内部争权之机收缴了萨迦本钦的大印，并遣使到元大都入贡，获得皇帝支持，被封为大司徒，正式取代了萨迦政权。

二、游历概况

大司徒绛求坚赞足迹最远到过藏北的当雄（达木），他请求驻扎在那里的元朝官员调解冲突。这里辑录的原文主要有三段：一是帕竹与直贡在争夺多热、文地谷顶等地发生的军事冲突。此次冲突从侧面反映出直贡政权与藏北之间的紧密联系，主要体现在军站供应以及与那雪地区联合、与藏北部落联合等方面。二是绛求坚赞到藏北为援助后藏的部队送行。三是委托埃山旬杰负责护送拉康巴至索地。

三、文献原文

我在充都扎喀地方时，止贡堪布的侍者仁钦贝从直贡前来做客，我说道："你们抢占多热时是何等威风！"他说："现在（你们）在文地的扎玛塘竖起风旗使贡巴懊恼不已，目前直贡替寺所属的全体僧俗人民全都像土石山崖动摇了，因此直贡法主说，你前去对方，请表表贡巴的劳苦，请求宽恕，接受（对方）提出的任何条件。"我回答说："……请您转告贡巴衮仁说：'你管理止贡以北藏民百姓，待在自己的地方。'是他人不让我生存我才不得不这么干的，我被迫应战。你们直贡人口出狂言，要我截断河水，让你们捉鱼。你们对薛禅皇帝揭开箭袋，我是为薛禅皇帝提防揭开箭袋的人。我尊崇萨迦派为师长，直贡你却视为仇敌，我说你同我教派相异，你却听不进，反而扰乱达陇人、藏北的军站[1]和彭域等地的百姓，侵占我所管辖的拉江、绛扎地方，驱逐忠实于我的旬努僧格之喽啰，军站之众截断商旅们的道路，扣留我从雪地购买十只牛皮船的铁矿石。

……

释迦尚波驻在孜喀，他集结彭域人和孜喀的军队，蠢蠢欲动。我遂派贝仁率部攻陷孜喀，关押多人，前后总共监禁 363 人。此时，止贡宝师的侍者、扎西雄地方的阿阇楚僧和堪布的侍者阿阇黎仁钦贝等人前来，请求释放被关押的人，要求谈判。我说道："若要求谈判，那么，那雪人的首领——长官仁钦卧[2]本系贡巴的心腹，他应该前来。"仁钦卧来了。我们给以长老喜饶贝、脱洛和多热人楚杰为首的在孜喀被俘的人和关押在此的以旬努仁钦、乍玛瓦、纳梅和仁钦杰波为首的亲随等所有在押的人穿上牧马人的服装，交还他们手中，让其写字据和具结。

……

王子（即镇西武靖王搠思班）、本钦绛巴和衮释三人预先盟誓，决定王子、绛巴和雅桑等进兵羊卓，攻打我们，贡巴释迦征集止贡以北的藏兵和娘波、塔波的兵力侵犯魏喀。其后，他们为进攻院巴[3]的法庭而攻击藏北，弑杀颂北王呼宾，软禁院巴，并押解至吾宇地方。

——《朗氏家族史》，大司徒·绛求坚赞著，赞拉·阿旺、佘万治译，陈庆英校，西藏人民出版社 2002 年版，第 142—145 页。

不久，钦波瓦所部抵达雅隆，我立即说："钦波瓦所部应出发追击囊巴（扎旺）和协助实施法律。"于是征召部队，部队开动。我亦前往羌塘为部队短程送行，并给以训示。然而，本钦和香巴畏缩不前，派扎温来羌塘，给我捎信说，现在以勿动武为宜，请后撤部队。我让扎温迅速返回上部地方，带去回复说："现在所征集的部队

---

① 藏北的军站：指元朝在藏北设置的由军队管理的驿站。主要有索、夏克、孜巴、夏颇、贡、官萨、甲哇等大站。初由乌斯地方各个万户驻站支应，后来元宰相桑哥人藏命令军士留驻藏北，对驿站进行直接管理。《汉藏史籍》记载："在藏北的驿站，如索、夏克、孜巴、夏颇、贡、官萨、甲哇等大站，由吐蕃乌斯地方各个万户的站户连续驻站支应，十分艰苦费力，乌斯地方的人又不适应藏北气候条件，故一再逃亡。驿站所在之地奇寒难忍，蒙藏来往使臣、商客，沿途得不到乌拉供应，须得自己照料。按照众人的请求，大臣桑哥命令卫普尔巴、拉克等军留驻藏北的部队，拨出一部分人负责驿站事务。并规定乌斯地方各个万户，以达果为单位，将马匹、驮畜、乳畜、肉羊，供给驿站的青稞、褐布、帐篷、马鞍、坐垫、绳具、炉子、卧具、医药费以及人员统统交给蒙古人。从此，乌斯地方之人不必在藏北驻站，而是每年派人把应交付给驿站的物资运送到藏北交给蒙古军，驿站常有乌拉供应，对众人俱有利益，这也是桑哥的恩德。"

② 仁钦卧：指那雪地方首领，其与直贡关系紧密，在直贡与帕竹的冲突中，是直贡重要的盟友。

③ 院巴：元朝宣政院在达木设有驻藏机构和人员，为首者称为院巴。

已到达此地，不宜撤兵，已做出部队继续前进的决定。”我叮嘱以多尔仁为首的俗官、老少撒巴们说：“今后你们要礼敬钦波瓦，要像敬重我一样尊敬他、服从他。”说罢，部队出发了。

——同上，第 151—152 页。

拉康巴从达木[①]启程时，我委托埃山旬杰负责护送至索地。

——同上，第 188 页。

① 达木：当雄一带，意为沼泽地或选择出来的好地方。由两种词义引申出两种说法：一是根据藏文古籍《贤者喜宴》记载，吐蕃松赞干布时期规定了西藏的十八种部落，其中就有“鸟类和山羊居住的沼泽地”，被认为是达木的最早来源。二是说明末清初，固始汗挑选了当雄之地作为所属蒙古部族的驻牧之地，这一说法目前较为流行。从这里看，达木一词应早已有之，其词义在历史变迁中也不断改变。

三世嘎玛巴游历情形

（1329—1336 年）

一、人物简介

三世嘎玛巴活佛让迥多吉（1284—1339），生于拉堆地区芒域贡塘。受元文宗图帖睦尔之邀，让迥多吉 1332 年前往内地，1335 年回到西藏，1336 年再次受邀到北京，1339 年圆寂于内地。

二、游历概况

三世嘎玛巴活佛让迥多吉先后两次到北京拜见元朝皇帝，进出西藏路线基本因循元时驿站路线，但相关史料十分粗略。同时，三世嘎玛巴活佛也多次经藏北在康藏、卫藏之间往来，也留下了朝拜念青唐古拉山、架设索曲桥等少部分资料。

三、文献原文

（18 岁时）此后他从多康到卫地，受到念青唐拉山神等许多西藏地方神祇的欢迎，楚普护法女神前来迎接他，他为拉萨释迦牟尼像奉献金伞盖时，显现共奉十方如来之幻景……

藏历蛇年（1329 年）一月，因护法神授记他架设了索曲桥①……

猪年（1335 年）八月二十五日他到达当雄地方时，受到卫藏首领们的欢迎，住了三天，又见到还须往东方利益众生之征兆……

鼠年（1336 年）八月起身，十五日离开当雄，在前往元朝皇宫的路途作利益众生之事，直到施主与福田相会。

——《红史》，蔡巴·贡嘎多吉著，东嘎·洛桑赤列校注，陈庆英、周润年译，西藏人民出版社 2002 年版，第 81—84 页。

---

① 索曲桥：索驿站附近的一处重要交通桥梁。索即今索县，在元朝时为朵甘思与乌斯藏交界处。

四世嘎玛巴游历情形

（1358 年）

一、人物简介

四世嘎玛巴活佛若必多吉（1340—1383 年），出身于工布与多康之间阿拉荣地方的古觉家族。1350 年被迎请至楚布寺。1358 年，接到元顺帝诏书后，前往内地，经过两年的时间到达元大都。1362 年，启程回到西藏。

二、游历概况

1358 年，四世嘎玛巴活佛若必多吉时年 19 岁。这年闰四月二十日，活佛受元顺帝之邀请从楚布寺启程前往内地。其赴元大都北京的出藏路线，一直沿着元朝在藏设立的驿站，由军站保障。在藏北一段，先后经过了当雄、盖加尔、拉龙莫且、桌子山、那曲、夏颇、觉日俄、古尔、索、德隆塘等地。这些地名记录和关于路途状况、乌拉供应、人群生活的记载，展现出细致鲜活的历史情境，有利于进一步了解元朝在藏驿站的设置及管理等情况。

三、文献原文

此后居于密宗院，当雄的人都来贡献重礼。此后居于盖加尔①，十一日在拉龙莫且②地方扎帐住宿，远方居住的弟子们在梦中见到他。一路上以宣慰司③派来的人和楚噶囊巴为主所有的保镖和仆人来请示事情时，还未说话法王就知道他要问什么，

① 盖加尔：似为元在藏北设置的驿站“官萨”。

② 拉龙莫且：也作拉龙噶木。现位于当雄县乌玛塘乡纳龙村，当地建有藏北八塔。

③ 宣慰司：元朝时期的行政管理机构。《西藏通史·元代卷》言“设在河州的吐蕃宣慰司都元帅府属于元朝中央的帝师掌领院事的总制院管辖”“八思巴圆寂后，对藏族地区的行政管理做出一项重要调整，即从吐蕃宣慰司中分出乌斯藏和阿里地区，设置了乌斯藏宣慰司”，全称是“乌斯藏纳里速古鲁孙等三路宣慰使司都元帅府”。

他嘱咐说："以后有事，不需要多商量，就说我到外边去了。"上桌子山[1]时，从人问曰："最近一两天下了大雨，黑河[2]水大，能过河吗?"他答道："河水会小的。"虽然当天晚上雨特别大，但河水还是小了，故第二天平安地过了河。众人都说这真是奇迹。法王说："此地地方神向我请求教法，作为报酬把河水减小了。"从夏颇[3]地方起，金字使者请求征集乌拉、乘畜等，他回答说："不能危害生灵，你们也不能骑乌拉的驮畜。"以后他把驮畜、乘骑都让人牵回家，因此驿站站户们十分高兴。此后，他依次受到三湖地区[4]的军站站户们的供奉承事，奉献无数布施。在所有的筵宴上，他只准用酥油奶酪，不准当面或背后食肉，因而他的福泽广大而名声远扬。此时出现北部的全体领主欢迎他的预兆和许多瑜伽师。五月二十九日，从觉日俄到古尔地方，在古尔地方对众生说法时，天空出现彩虹，并降下花雨。六月八日，他到索曲桥头[5]，住了十八天，此地的黑脸龙王最初运用神通使河水泛滥。他投放施食后，降伏了黑脸龙王，使河水干枯，他对朵、卫地方[6]的僧众讲了许多教法，得到无数布施。天空降下花雨。七月八日，到达喀日地方住了十多天。于十三日，到萨玛岗，喇嘛贡丹日仓巴前来迎接，邀请他到贡德寺。从八月九日到十八日，在巴喀如地方利益众生。九月十二日到恰拉喀，十八日到噶玛寺，当天天空中出现彩虹、降下花雨。

——《红史》，蔡巴·贡嘎多吉著，东嘎·洛桑赤列校注，陈庆英、周润年译，西藏人民出版社2002年版，第91—92页。

十九岁即藏历土狗年（1358年）一二月间，被迎请至拉萨贡塘地方，蔡巴与止贡巴皆大加供奉。又从楚布寺经过赤拉，来到工寺[7]、昂寺、开噶、罗隆莫钦[8]等地，做了比前世法王还具细微及增持之大事。当得知楚噶之患者商讨治病之方法及事佛之事后，曰："汝等勿要多加商讨，跟在我后面即可。"在姣寨[9]地方，因上方雨大，传说不能通过黑河，（法王）说："明天雨会小一些的。"翌日，雨果真变小。遂

---

① 桌子山：音译，也作久孜拉。位于当雄与那曲交界处，过藏北八塔不久即翻越此山梁。此山梁也是那曲桑雄部落的南界线。

② 黑河：即那曲河。

③ 夏颇：元朝时在藏北设置的一个驿站名。《西藏通史·元代卷》认为其意为"公鹿"，应在那曲河之南，与香茂（鹿多的地方）接近。

④ 三湖地区：译者注释为"三江流域"。即下文"嘉措雅"，翻译之异。

⑤ 索曲桥头：索驿站附近的一处重要交通桥梁。

⑥ 朵、卫地方：即朵思麻和卫地。在索曲一带为朵、卫一带的僧俗讲法的记载，说明索曲一带是元代时期朵思麻和卫地的重要分界地带。

⑦ 工寺：似指"贡萨"，意为"新的寺庙"。为元朝时的贡萨驿站所在地。

⑧ 罗隆莫钦：上文译为拉龙莫且，也作拉龙噶木。

⑨ 姣寨：音译，也作久孜拉，即上文"桌子山"。

曰："是对土地神之供施而使雨水变小的。"在夏颇地方时，金字使者请求征集乌拉、乘骑等。（法王）说："勿要有损于牲畜，汝等也不要征派乌拉、乘骑等。"由于所有驮骑及食物都从（法王）自己家中拿出，故不用提供食物及乌拉差役，沿途所有驿站的人们都异常高兴。嘉措雅三地[①]军站以及大小驿站皆对（法王）进行侍奉及敬献无数礼品。无论当面或背后，皆要求（僧人）在寺院立下不食肉之誓言，从而使无数牲畜免遭屠宰，因而其美名遍传。从六月八日由索萨卡出发至十二月一日抵达德隆塘期间，卡日寺、热仓瓦、却拉卡、噶玛、司衮等寺给予无数供奉。在噶玛寺之法会上为数万信众讲法时，金字使者看到天空之日月间法王坐于水晶佛塔上，并长久显现。

——《贤者喜宴·噶玛岗仓史》，巴卧·祖拉陈瓦著，周润年译注，青海人民出版社2014年版，第143页。

某时，（第十任直贡巴曲吉杰布）率部分明慧的徒弟，前往北方野外传法，在绛尼玉错[②]湖畔遇到第四世嘎玛巴若必多吉，从之听了佛法史话和一些显密教法及诗歌、声律学等。互赠厚礼后敬送嘎玛巴。把北方羌地的众化机引入成熟解脱道。

——《直贡法嗣》，直贡·丹增白玛坚参著，克珠群佩译，西藏人民出版社2013年版，第105—106页。

---

① 嘉措雅三地：上文作"三湖地区"，应为翻译之异。

② 绛尼玉错：藏北的尼玉错湖，在此地，第十任直贡巴曲吉杰布（1335—1407年）遇到四世嘎玛巴若必多吉，应为有意相送。《聂荣历史》有记载："尼热错格湖位于聂荣县北的永曲乡，是密宗中北方仙女的居所。因其形状犹如仙女坐骑白牦牛的足迹而得其名。"不知两地是否相同。

直贡第十一任住持游历情形

（约 1413 年）

一、人物简介

直贡第十一任住持顿珠杰布（1369—1427 年），44 岁被明朝皇帝封为灌顶大国师。

二、游历概况

约 1413 年，在那雪、嘉雪等地传法。

三、文献原文

为了慈悲行化北方众化机，至尊莅临纳续[①]地方，当地众生奉献无量财物以表示无限敬信。某天，太阳即将落山，可是众人的心愿未满足，事情未做完，为此众人祈求至尊让太阳延迟落山。至尊装作惊讶状，用眼怒视天空，手结期克印，使太阳原地不动。当众人办完各自的事，都得到各自所需时，至尊说："时候不早了，赶快做夜间要做的事。"说毕，收回结期克印的手，太阳也奔驰落山，不久天就亮了。在场人对至尊产生无限敬信，泪流满面，向至尊祈祷。至尊把众人引向解脱之道。此后，来到扎松地区，成熟解脱众化机，当时，至尊所在地的上空，不分昼夜，都遮盖着虹帐。此后，返回直贡寺。

——《直贡法嗣》，直贡·丹增白玛坚参著，克珠群佩译，西藏人民出版社 2013 年版，第 128 页。

① 纳续：即那雪。

四世红帽系活佛游历情形

（1478—1503 年）

一、人物简介

四世红帽系活佛却吉扎巴益西贝桑波（1453—1522 年），出生于多麦康区之斋雪康马地方。1462 年，七世嘎玛巴却扎嘉措为其削发，赐法名为却吉扎巴益西贝桑波，并赐夏玛巴之宝冠及封书。1490 年创建羊八井寺，从此红帽系活佛的主寺由乃囊寺迁至羊八井寺。他多方学习佛法，结交上层人士，尊七世嘎玛巴、桂译师循奴贝等数十位上师为师，来往密切，并与仁蚌巴的领袖顿月多杰等地方人士建立福田与施主关系。

二、游历概况

四世红帽系活佛却吉扎巴益西贝桑波游历广，行迹遍及卫藏、工布、康区、藏北等地。其在藏北的游历主要有三次。一是 1478 年藏历三月在当雄、纳木错一带拜谒圣地、弘扬教法。二是 1493 年藏历七月后经过拔绒、桑雄、麦地卡、比如嘉雪，做利他之事。三是 1503 年元月从丹萨替寺出发，经热振到达当雄，弘扬教法、勘察寺庙方位。

三、文献原文

藏历土狗年（1478 年）三月，其经过哲古庄园，而后从札堆抵达拉萨大做供养之事，并于乃囊地方随从轨范师喇嘛坚赞处闻习有诸多佛法。其驾临楚（布）、那木雄、达木、纳木错与秋摩扎西多沃且之间的地方，使僧人、营官等得以满意之佛法。其在热振寺做有供施，后被迎往达隆……

——《贤者喜宴·噶玛岗仓史》，巴卧·祖拉陈瓦著，周润年译注，青海人民出版社 2014 年版，第 386 页。

后来，其又抵达拔绒、朗林拉①、玉那泽等北部地方，做了很多利他之事。其经过了吉曲②之源头米第曲③河后，翻越过了恰琇④，抵达娘、隆、札等三地之娘卡地方时，众人皆恭敬拥戴并大加侍奉。在佐丹寺⑤其任命了上师。

——同上，第 400 页。

藏历水猪年（1503 年）新年的元月二十八日开始出发，法王将其短途护送至惹擦卡地方，其驾临藏北各地并为两万余人行利他之事；其莅临当雄等地，并供奉了月贡寺的十万佛塔；其看见护法神前来迎接以及示现庄严美丽之姿。其抵达增顶之后，（由于）一切顺缘，大王（顿月多杰）经常供奉。在考察寺庙方位之时，其正好看到了八神山中间的名为心形食子山以及位于念青唐古拉叫东方的大乐山……

——同上，第 409 页。

① 朗林拉：意为“大象疲累的地方”，今称桑雄拉，是今桑雄与古露之间的一道山梁，是桑曲和母各曲的分水岭。传说有一次印度送给中原王朝的大象走到这里因地势太高就走不动了，故得此山名。又有说是文成公主带来的大象死在这里。

② 吉曲：拉萨河的古称。

③ 米第曲：麦地藏布，拉萨河源头，流经嘉黎县错拉乡、林提乡等地，下游为色荣藏布、热振藏布。该地名最早出现在吐蕃时期，《贤者喜宴》载：“苏毗如东至聂域朋纳，南至弥地曲（米第曲）纳，西至叶晓丁波切，北至纳雪斯柴，以仓甲雪达巴园为中心。”

④ 恰琇：似为麦迪藏布与比如七曲流域之间的界山。或指代“甲雪”，今比如县白嘎乡、羊秀乡一带。

⑤ 佐丹寺：似为今比如白嘎乡多登寺。位于比如县白嘎乡染若村南一公里，始建于 1420 年。

七世嘎玛巴游历情形

（1461—1462 年）

一、人物简介

七世嘎玛巴活佛却扎嘉措（1454—1506 年），出生于藏北名为吉拉的地方。其一生游历四方，足迹遍及康区、卫藏、工布各地，还到过果洛、甘孜等地。他讲经说法，建立寺庙，广泛接触各地方政权和僧俗民众，并出面调解各类纠纷和争斗等。

二、游历概况

七世嘎玛巴活佛却扎嘉措在藏北活动较清晰的一次记载，是 1461 年从康区边坝过来，经过索地、那雪，转而前往康区噶玛的一次游历。这次藏北游历大约半年，约为藏历蛇年（1461 年）十月至藏历马年（1462 年）五月上旬。其间进行了噶钦法事集会、那雪会师传法、索地建桥布施等。

三、文献原文

噶举派所有上师来到了索地之噶钦[①]，（法王）赞颂曰："在智慧界之坛城，自体本性知一切，大金刚持仁波切，祈请灭生老病死！众生威严之宫殿，智慧身系知一切，底洛三摩般若经，噶举上师之吉祥！"

于此地奉上《相续般若经》之时，（法王）遂颂道："吾乃幻化之身利他事，证得解脱威严之利他，泱忤离戏勤做众生事，已他二利圆满与吉祥。"

欢度藏历马年（1462 年）新年之时，抵达那雪地方，并在那雪、朗塘[②]、扎西顶、森塘、郭宗等地大做利他之功业，多次亲见本尊而且作了许多赞语，并且做了

---

① 噶钦：即今索县加勤。索县传统上分为日雪、嘎雪、索雪三个区域，其中的噶雪为现在的加勤乡、嘎美乡一带。在该地，二世嘎玛巴活佛建有琼科寺，为该地域嘎玛噶举教法中心。

② 朗塘：译者注释其在林周地方，为朗塘寺所在地。为误。

四大马头明王勇士神之现观。在扎西顶与上师仁波切白嘎瓦初次相见，其考虑在加持者手中的无量寿与莲花生的佛像，该向哪一位供奉呢？随即言道：“因为敬献了无量寿的佛像，仍然要敬献莲花生的佛像。”故此（法王）开始得到了众人虔诚顶礼。在索地，（法王）吩附建造一座大桥和一座铁桥，并吩咐了向赞丹寺[①]众比丘赐予食物。

——《贤者喜宴·噶玛岗仓史》，巴卧·祖拉陈瓦著，周润年译注，青海人民出版社 2014 年版，第 289 页。

① 赞丹寺：据《索县文史资料》载，赞丹寺 1232 年由嘎玛噶举始祖都松钦巴的弟子觉沃岗嘎创建，后二世嘎玛巴、三世嘎玛巴经此前去内地，因此得以扩建。五世达赖喇嘛时期，固始汗进藏消灭沿途的噶举和本教寺庙，并将索地作为灌顶供奉给五世达赖喇嘛，于是将该地附近宁玛、本教、噶举三个教派的五座寺院合并，大规模扩建了赞丹寺，尊奉格鲁派，并由五世达赖喇嘛命名为“甘丹杰林寺”。

三世达赖喇嘛游历情形

（16 世纪中后期）

一、人物简介

三世达赖喇嘛索南嘉措（1543—1588 年），出身于拉萨堆龙河谷的一个贵族家庭。1547 年被迎请至哲蚌寺供养。1578 年，索南嘉措与蒙古土默特部俺答汗在青海湖会晤，俺答汗赠予其“圣识一切瓦齐尔达喇达赖喇嘛”称号，由此格鲁派的活佛转世系统得到了“达赖喇嘛”这一称号。

二、游历概况

1558 年，三世达赖喇嘛索南嘉措应生活在藏北的蒙古部落邀请，到达木地方传法，这是其在藏北的主要活动之一。1577 年底，应俺答汗之邀，三世达赖喇嘛索南嘉措动身前往青海湖，沿途经过藏北。

三、文献原文

在此之前，蒙古首领塔尔本曾多次派人前来迎请索南嘉措去蒙古地方①，这次他又派人来致礼延请。他们启程之前，大护法神现身对蒙古人说：“北方食肉之种，产生行善之念，对佛法及说法者产生信仰，迎请像同哇端丹（指索南嘉措）那样的上师，这确是一件福泽很大的事情。请不要违背我的忠心。”护法神又在索南嘉措身前说：“今年去蒙古地方就会成为关系无数生灵的大事。不过这次停留不要超过 20 天，当一个面目奇特的人出现时，就请回到这边来。”由于再三坚请，索南嘉措遂向谷地达木进发，顺路朝拜了拉萨大昭寺的释迦牟尼佛像，并发誓祈愿。经过郭拉山②行至

---

① 蒙古地方：这里所说的蒙古地方指藏北牧区。元朝为设置通往萨迦的驿路，曾在藏北留驻军队，后来这些蒙古人定居在藏北，有的与当地藏族牧民部落融合，以游牧的形式散布在藏北草原，西藏称他们为霍尔人。明代中期后也有蒙古部落迁到藏北。此处指的是哪一支蒙古人尚待考证。

② 郭拉山：由拉萨夺底沟进入，翻越此山进入林周县。

朗塘川[①]地方，蒙古的迎请人员赛马助兴，索南嘉措显得十分高兴。第巴主仆前来迎接，一起前往邬坚谿卡。当时正值继承遍知一切布敦仁波切法座的大堪布遍知一切、讲习吉祥萨迦派大密教法的大学者察尔钦·洛色嘉措扎巴坚赞贝桑布在该地驻锡，他们师徒举行会晤。察尔钦·洛色嘉措说："我是你的前辈（根敦嘉措）的弟子，今日在此相聚，实在祥瑞美妙。"并请求传授《上师瑜伽法缘》。当晚，索南嘉措在察尔钦身前听受了《宝帐怙主随许法》。师徒俩促膝叙谈，显得格外欢愉。

此后，索南嘉措渐次抵达沃觉多地方。按照当地乡俗，有上千身披牛皮甲的蒙古骑士前来迎接。蒙古头人首先前来拜谒，从内心深处对索南嘉措产生信仰。然后将索南嘉措请到首领夫人岳科萨的私人庄园，奉献供养。达隆寺卸任住持亦来斟茶，献礼致敬。此后到达错勒冈地方，蒙古头人以此地吉祥请求索南嘉措在此首先结成法缘。于是，次日早晨，传授了预备灌顶。当旭日升起时，霞光万道，降下花雨，蒙古人弹起琵琶，献辞赞颂。接着，蒙古首领先行返回其地，喇嘛师徒们随后前往，途中受到蒙古人差遣的行茶侍者们的迎请。索南嘉措答应给予他们无畏布施，他们方才松了一口气。抵达当雄地方后，索南嘉措被迎进首领家的白蒙古包内，受到优渥的礼遇。索南嘉措在从前果钦巴益希喇嘛的寺院的遗址上扎帐居住，大转法轮。索南嘉措告诫蒙古人今后不能伤害过往的行茶旅客，所有蒙古主仆都点头答应……首领的夫人、公子、臣下们也分别将索南嘉措请去侍奉敬礼。喇嘛丹贝坚赞的侄子罗桑巴师徒也对索南嘉措亲近承事，请求传法。当时虽然是冬季，但是冰雪消融，草原披上了绿装，堪与夏日相匹敌，（这）使人们惊诧不已。霍多巴车加本和噶玛贝修行寺的囊钦等人也来信表示敬仰之情，愿意承担供养。当时有天晚上，索南嘉措在点燃供灯的地方说："这里的蒙古人 15 岁时能骑马，你们觉得奇怪，而我是在 3 岁时骑住马的！"人们问道："除此之外，还有许多奇迹吧？"索南嘉措说："当然有，我在 11 岁前，诵读了 2 000 万遍《勇猛宝帐怙主陀罗尼咒》。7 岁前念诵了 13 万遍《无量寿陀罗尼咒》，另外还念诵了《妙音天女念修法》500 万遍、《皈依法》40 万遍。13 岁时在曲科杰寺念诵《智慧黑鹏陀罗尼经》10 万遍。今年在哲蚌寺念诵《目则玛》40 万遍。"

有一天，索南嘉措从所居帐幕骑马前去南面的一个山谷中，路上遇到一条很宽的河，索南嘉措纵马一跃跳了过去。众人皆惊呆，说："可不能这样，前辈喇嘛也未曾这样骑马跳越过河。"索南嘉措说："前辈喇嘛们没有做过调停纠纷保护地方的事情，而我却办到了。我要做许多前辈喇嘛们没有做过的事情。在色拉绒，我骑马跳

---

① 朗塘川：位于今林周县城附近。

过了一块大磐石。在泽当寺，乘骑受惊，跳过了一道约有 15 步宽的断岩，我却没有受伤，那是佛和上师的慈悯。这次则是我自己的骑术。还有更大的跳越，可以跳到诵经僧的蒙古包的门前，那至少有 25 步。”

蒙古首领对索南嘉措说：“我对噶玛巴和止贡法王也很敬仰，他们这次却没有来。你是我最终的皈依处，请给我私下传授一种本尊修习法并建立寺院。”于是，索南嘉措给他传授了怙主随许法。据说首领当时看到了怙主现身的情景。还在选定的寺址上撒了青稞，创立了二十五日晚燃灯敬神的习规。

此后，索南嘉措渐次前往热振寺，亲眼看到觉卧秦噶哇前来迎接……

——《一世—四世达赖喇嘛传》，五世达赖喇嘛阿旺洛桑嘉措著，陈庆英、马连龙译，中国藏学出版社 2006 年版，第 187—189 页。

（1577 年）当索南嘉措一行离开热振寺时，萨均扎西饶丹拉住索南嘉措的马镫念了两句祝愿辞：“祝教法的弘扬者健康长寿，高僧大德将会遍布大地！”他在吟唱这两句祝愿辞时热泪盈眶，泣不成声。索南嘉措在马背上答道：“愿教法的施主财势增盛，佛法永存吉祥如意！”索南嘉措将那尊精美的释迦牟尼赤金佛像和一大块黄金交给了近侍群则巴，并谆谆告诫。后来，这些黄金被襄佐萨均瓦素南饶丹用作火虎年塑造三十五尊贴金佛像的资金。索南嘉措还向曼唐乃做了如何精细地绘制威严怙主及其众侍从画像的指示。那幅唐卡画（卷轴画）曾经一度散佚，现存于甘丹颇章的官康小寝殿中。拉尊索南贝桑、仁波切贡桑孜巴班钦、近侍群则巴、曼唐乃罗桑巴等人都由此处打发回去。霍尔上部的勒松、下部的噶玛贝[①]等当地游牧部落的头人都向索南嘉措呈献丰厚供养，广做大圆满回向。此后，索南嘉措一行继续夜住晓行。有一天，遇到恶鬼作祟。一头野牛冲进帐幕，只见一个婆罗门模样的人手持利剑，将野牛逐出帐外。索南嘉措因此撰写了《向吉祥怙主献供次第》。

土虎年（1578 年），新年过后，索南嘉措继续踏上行程。由于鬼神制造的灾异，通天河水势猛涨，波涛汹涌，实不可渡。这使索南嘉措感到恼怒。他稍加恐吓，使人畜咸享安然，冬春之际的寒气荡然无存，出现了夏秋之交的温和天气。

——同上，第 231 页。

① 噶玛贝：《直贡法嗣》记载直贡第二十任住持曲杰平措扎西也受到霍尔噶玛白（噶玛贝）父子的邀请，多次前往藏北。其生活地域据推测应在当雄一带。

直贡第二十任住持游历情形

（约 1570 年）

一、人物简介

直贡第二十任住持曲杰平措扎西（1547—1602），其在任时发生“直贡内乱”，直贡派由此走向衰落。

二、游历概况

曲杰平措扎西在藏北时期主要经历了拔绒寺避难和藏北传法两件大事。

三、文献原文

马年（1570 年），摄政第巴·衮布白久被天空中射来的花箭所中，多方阻碍至尊的事业，甚至准备伤害至尊的性命。至尊事先预知这一切，前往藏北拔荣[①]躲避。直贡地区动荡不安等不好的消息到处传播，至尊说：“我再也不回直贡。”然而，直贡替寺等我方的贵贱上下一致恳请至尊，因此，在黄道吉日被授封为直贡大寺座主。

——《直贡法嗣》，直贡·丹增白玛坚参著，克珠群佩译，西藏人民出版社 2013 年版，第 188 页。

应霍尔噶玛白父子邀请多次前往藏北。某次前往藏北时，在背拉母依的山顶，为制伏和阻止外寇塑有一些石头神。至尊在神像上放着青稞，走到离神像很远的地方，从坐骑上抛花，恰好落在石像上，使霍尔蒙古都产生信仰。

——同上，第 190 页。

---

① 拔荣：也写作拔绒、巴荣。止贡住持能够到藏北拔绒避难，说明当时拔绒寺在藏北还颇具影响力。其主要的施主应该就是霍尔嘎玛白父子。

直贡第二十二任住持游历情形

（17 世纪早期）

一、人物简介

直贡第二十二任住持贡觉仁钦（1590—1654 年），19 岁受比丘戒，1615 年任住持，1626 年将住持之位传给弟弟曲吉扎巴。后还俗娶妻，但并无子嗣。

二、游历概况

约 1610 年、1615 年、1628 年，贡觉仁钦在藏北地区多次传法。

三、文献原文

不久途经藏北前往霍尔各部和那续[①]等地，把一位叫米龙东的凶残王入了佛道，向集聚的信徒赐示灌顶及教法。

——《直贡法嗣》，直贡·丹增白玛坚参著，克珠群佩译，西藏人民出版社 2013 年版，第 201 页。

（任住持）不久，被霍尔本噶玛玉杰[②]邀请到藏北，获得了丰厚的供养和广大承事，至尊也从世间、出世间两个方面满足众人。为了给诸祖师的岩画像开光，前往包拉母依山顶时，念青唐拉（神）变化成大雕前来恭迎。之后返回直贡。

——同上，第 203 页。

（贡觉仁钦）应邀来到藏北，声明不办肉筵，霍尔人也立誓今后长时间不杀生，封山禁杀，接受六字真言。这样，至尊把本地众人引入解脱道。返回直贡不久，又

① 那续：即那雪，今比如县一带。
② 噶玛玉杰：推测为噶玛白父子中的儿子。

被贡木[1]地区诸部和寺院邀请，首先来到位处中央的霍尔部，得到各部供养，至尊也赐授各自所需教法。前往俄藏的途中，从蒙古传来了至尊那若尼巴[2]收摄化身影像的消息。于是召集亲族诸寺的比丘五百多名，举办了续部丧葬仪轨和供养布施法会，达七日。在一个叫扎高的地方，至尊在修持圣究竟宝七生丸中进行传授灌顶，使所聚广众得到成功解脱。途经俄地诸寺来到达衮寺，向所聚信徒赐示金刚鬘曼荼罗四十五尊灌顶，修复了佛殿和护法神殿等，并建立了在法会上吟唱觉巴仁钦白道歌的传规。其后被迎请到囊谦，朝拜了桑杰叶巴圣地后，在益古扎朵，向噶尔·丹增平措和囊谦地方官洛珠杰布等施主，传授了珍珠海灌顶；在杂西向所聚十万多信徒，传授闻解脱灌顶，有许多人立誓要弃恶从善，又朝拜了东叶普寺。囊谦地方官等人向至尊奉献无量供品，至尊也回赐了教法及财物，使众人得到满足。途经达纳寺来到那续，向所聚众人传授俄氏七曼荼罗和那若六法等，给予因材施教，以佛法之甘露，使众人得到满足。修造了至尊觉巴仁波且的绢像，并与寺院的经塔像一同举办开光，调解了白贡两地之间的纠纷。

——同上，第 204—205 页。

① 贡木：具体不详，推测系囊谦一带。

② 那若尼巴：即直贡第二十一任住持扎西平措札巴坚参（1547—1628 年），因被称为那若巴的转世、第二那若，故称那若尼巴。其时，直贡内部和外部争斗不断，《直贡法嗣》载：有人联系厄鲁特蒙古辉特部军队从藏北向直贡而来，受到以霍尔本噶玛玉杰为首的直贡万户大军的阻击。之后格鲁派的施主吉雪第巴利用直贡内部不和，内外相互勾结又调来辉特部军队，把那若尼巴迎请至北方，后到蒙古，1628 年于蒙古圆寂。

直贡第二十三任住持游历情形

（1613 年）

一、人物简介

直贡第二十三任住持曲吉扎巴（1595—1660 年），任内向五世达赖喇嘛和格鲁派表示臣服。

二、游历概况

曲吉扎巴受比丘戒后，前往当雄、纳木错，后经藏北前往囊谦、理塘等地。

三、文献原文

来到霍尔本玉杰[①]的部落，福田与施主一道朝拜了纳木错，湖中清晰显现出莲花生手印。在噶洛洞中夜修时，净相中，大阿阇黎莲花生给至尊传授了罗睺罗长寿法，念青唐古拉神也前来敬礼。会集霍尔藏众多人，驻锡朵孜时，一个身着湖药天神装束的人，手持装满各种宝物的盘子，供奉一条大如小丘、佩饰有鞍辔、驮有如意宝的金鱼。当至尊从远处看斯母时，忆起曾经转生为京俄西迥的往事。在杂德，向毗沙门天神之子满贤药叉传授近住戒。在当雄改加下部，福田和施主一同安营扎寨。在直贡和霍尔的福寿法事上跳了四臂护法神的朵玛食子回遮和八大法行善逝集的噶尔羌姆舞。彼时，还授记霍尔本将有两个公子。

此后，由霍尔本诸贤人陪同来到俄地。在杰扎杂，向下部俄地人传授八大法行善逝集的修行大灌顶时，某日有些师徒巡礼曼荼罗，不倒灌顶刚要完成，至尊向师徒进行介绍，这时，不倒瓶在至尊头顶跳跃肘长，旋即稳稳地落在架子上。同时出现了天降花雨，彩虹飞舞，咒语声自然响起等许多奇异的征兆，使在场的有缘众人

① 霍尔本玉杰：即霍尔本噶玛玉杰，直贡噶举在藏北的重要施主。曾邀请直贡第二十任住持前往藏北传法，并庇护其在拔绒避难，阻击过辉特部对直贡的侵犯。

大饱眼福。有一夜黎明，梦见在普贤宫中，尊父曲吉杰布身成善逝集大曼荼罗主尊神，在静猛天神725尊以及诸持明随从中，向至尊传授如伏藏所示的广泛灌顶，转动法轮，最后真实显示曲吉杰布身给予无量教诫和授记。此后来到岗续。在上俄地人面前，修白玛林巴所掘伏藏，上师罗布加措的灌顶修行和婆罗门七生圣物时，出现了药丸不断增长诸异兆。修缮了衰败的俄地诸寺。在朗杰寺中，有一夜出现了具身形的凝衮谢章，讲了许多至尊曾转生为东松乃久和凝氏弟子时的历史。来到达衮寺，向所聚众人解说那若六法教导时，某夜在光明中，来到清凉大寒林，在净相中获得了吉祥那若巴的脐轮火教授。并被迎请到嘉顿德丁[①]，向所聚的家居和外行众徒赐示诸灌顶教法。彼时，从工布医生贡觉杰增处学习了医方明诸大论。

——《直贡法嗣》，直贡·丹增白玛坚参著，克珠群佩译，西藏人民出版社2013年版，第216—217页。

---

① 嘉顿德丁：疑为加登宗一带。旧时位于比如、索县、边坝三县交界地带，其中心在今比如县姐曲河流域。

五世达赖喇嘛游历情形

（1652—1653 年）

一、人物简介

五世达赖喇嘛阿旺洛桑嘉措（1617—1682 年），出生西藏山南琼结地区。1622 年，在四世班禅额尔德尼洛桑确吉坚赞的主持下，迎入哲蚌寺坐床，兼任哲蚌、色拉两寺法台。1642 年，固始汗将五世达赖喇嘛迎请到日喀则，决定效仿元朝忽必烈对八思巴的供奉，将卫藏的十三万户献给五世达赖喇嘛，这标志着格鲁派和蒙古和硕特部在西藏联合政权的正式建立。（1652 年）三月十五日，五世达赖喇嘛启程进京朝觐，清朝正式册封五世达赖喇嘛为"西天大善自在佛所领天下释教普通瓦赤喇但喇达赖喇嘛"，颁发金册和金印。

二、游历概况

五世达赖喇嘛 1652 年进京朝觐，1653 年离京返藏。其出藏和返藏路线走的都是青藏一线，路线大体上与清朝青海至西藏官道一致。

其出藏路线及行程大致如下：（1652 年）四月二十一日离开桑珠德庆，途经夹堪、羊拉、巴布隆、克屯西里，于五月初一抵达那曲。此后渐次经过仲杂、夏克、噶嘉等一些地方，翻越唐古拉山，七月十一日到达青海湖。在那曲宿营时，颁发路途所需的简规。

返藏路线及行程：（1653 年）九月初一从通天河启程，十九日翻越唐古拉山。后渐次经过夏克、肖莽苏穆拉、那隆噶摩、羊拉，于十月初五到达热振寺。

三、文献原文

（1652 年）四月二十一日离开桑珠德庆。菩萨化身的卓马隆温泉具有同放血相似的疗效，我们一行去那里小住三天。因雪很大，我们暂住时不大愉快，然而这是五髻乾达婆王（寻香王）喜悦的征兆，显现了吉祥福运，但考虑到大雪对牲畜等危害很大，我还是做了煨桑祭祀，天即放晴。那个温泉的水很凉，那些洗浴过度者，其舒服的结果，都患了寒气病，经受腹鸣一月的痛苦。这暴露了他们愚昧的本性。

有个被称为“乌金大师修行处”的地洞，我看除了像个独脚鬼的修行地外，并无壮观之处，可见这不是乌金大师的修行处，虽然到达该地的那天天空飘着彩云，但仍难以使人相信。那个低矮破败的佛塔，原是乌金大师为镇压外寇而建，后因置于旷野无人管理而衰败，但塔的主体基本完好，我写了《藏地黎民安乐颂》，连同一面神幡一起竖于塔上。

行至夹堪[①]时，我给吉雪台吉措吉多杰传授了杰冈传承的马头明王四灌顶加持法。行至羊拉，第巴主仆一行也赶到那里。有位被称作“温布囊索”的天资不高但很虔诚的蒙古僧人，死心塌地地追随热振的山居修行者学法。他对我说要把我当作在远处念诵名字的加行上师，我说我自己没有功德却狂妄自大，正如谚语所说“猫头鹰佯装修行者相”，所以我只给他传授了宗喀巴加行二十颂。达孜台吉多杰南杰从那隆噶摩[②]返回，我为他传授了六臂观音四灌顶加持法。

我们抵达巴布隆[③]时，护送礼品者从巴康赶来，祈请我承许达扎济仲活佛阿旺却吉旺秀转世，我做了使他们满意的祈愿。善巴活佛阿旺彭措身体瘦弱，但是很有毅力。他想试试能否跟我去汉地，虽努力随行到巴布隆，但已无能力从这里继续前进，遂返回自己的住所。

行至那丈摩[④]时，嘉拉阿布阿旺等许多人看见从桑隆沟口的枯山上突然冒出水来，想到这可能是吉祥之兆，遂将绿色箭连同求神偈颂一起插在那里。

四月的最后一天，在朗宁[⑤]山口，当扎仓为甲索仁哇咱日山的地方神咱乌玛波举行各种祈愿供奉时，我献了写有愿文的敬神哈达。

五月初一日，行抵肖莽苏穆拉[⑥]。达赖巴图尔[⑦]身染微恙，我为他传授了长寿灌

---

① 夹堪：亦为夹藏堪，宽河渡口，位于今林周县旁多乡。《西藏志》载：达隆四十里过铁索桥至夹藏堪，六十里至羊拉，六十里至达木东边。下文的杨喇，亦写作羊阿拉，山名、山口名，位于当雄县与林周县旁多乡交界处。

② 那隆噶摩：也作拉龙噶木。

③ 巴布隆：即拔绒，应是拔绒寺所在卓玛峡谷谷口的一片草原。光绪年间的《西藏全图》把流经桑雄注入热振藏布的河流写作巴布隆河。

④ 那丈摩：佐藤长在《唐代青海拉萨间的道程》中注为：“意为‘寒冷的草地’，完全与克屯西里一致。”《西藏全图》显示，那丈摩位于桑雄桑丹康桑南麓，今古露镇一带。《西宁志》载为堪布蒙古驻牧之地。

⑤ 朗宁：也作朗林拉、朗录拉，也称桑雄拉，位于今桑雄与古露之间的一道山梁，是桑曲和母各曲的分水岭。

⑥ 肖莽苏穆拉：佐藤长《唐代青海拉萨间的道程》解释为“收关税的地方”，其地在那曲河北岸。

⑦ 达赖巴图尔：固始汗第六子，驻牧于达木。

顶法和怙主朵玛灌顶除障法，次日即告痊愈。在集会上，霍尔查巴尔达[①]的首领噶玛索南盛情款待我们并向我奉献了以约 100 匹马为主的布施，我给他传授了珠杰派无量寿佛依止一尊一瓶的灌顶法。随后，又给几位在巴布隆的山居修行者念诵了六字真言。

在曲那卡[②]，我们同直接前往家乡的厄鲁特左翼的阿克曲库尔相遇，他按蒙古礼节奉献了大量供养。白居寺堪布额尔德尼在此有属民多人，他们前来拜见我。我给喜饶卓玛夫人授了居士戒。应该寺两个扎仓的请求，我颁发了路途所需的简规，又撰写了曲科林寺的僧人们所需的向乃穷护法神奠茶一类的祭文。在霍尔安多人未移居卡须丁恰之前，因为施主阿玛那布措坚的缘故，将所有属部结集在措摩、拉巴、扎西三条山谷里。在该地，以布玛尔、鄂博、嘉巴日、赞果达、旺杰、衮则一干人为首向我奉献了 260 匹良马。

初九日，在拉那尔冈地方设立的土台法座上，我向聚集在此的 3 000 多名霍尔安多人传授了珠杰派的依止一尊一瓶的长寿灌顶法，当时风和日丽，彩云飘浮，这些都显示了三昧耶清净的缘起。霍尔麦巴拉杰向我敬献了带犊母犏牛 100 头、公犏牛 20 头。嗣后，第巴前去察看是否按名册安置好了帐幕。此时，曲科林寺的僧人们正为右侧帐篷发生争执，他们企图将那顶帐篷单另抽出。第巴一怒之下，遣达尔罕囊索没收了帐篷、灶具，我令他送还，消除了争执的根由，制伏了他们，暂时制止了这种粗暴行为。此后，好像第巴又请车臣温布去好言劝导。这些情况，据自己扎仓的几位僧人说，似乎已写进第巴自己的传记和秘传里去了。

十二日，行至仲杂。随行的上下密院、热堆奇、阿里扎仓、达布扎仓各有僧人 30 名，按他们的请求，我撰写了他们各自所需的规章，并应热绛巴嘉央扎巴之请，作善金刚朵玛回向祈愿文，又依穷结囊索欧珠之愿，写了一篇偈颂体祈愿文。

十四日，行至夏克[③]。次日，第巴对随行的人们做了如此取舍的教诲，并收取了他们不违规章的甘结，并且在布施僧茶时，在僧俗人众集会处宣读了规章。当初，我曾打算让宰桑第巴和强佐诺尔布两人担任我的代表。但是，正如谚语所说“八面柱上的刻纹，好看不实用；尼泊尔的酸李，好看不好吃”。宰桑第巴不能在强佐那里议事，所以我按照应该让曼仲才旺达吉辅佐的请求，任命了他们三人，（这）有益于

---

① 霍尔查巴尔达：巴尔达，旧称巴尔达九部，毗邻那曲卡西，其地域大概为今色尼区那么切乡一带。巴尔达头人在诸部中地位最高，称之为金格尔。《藏北牧民》调查到：20 世纪 50 年代中叶的巴尔达金格尔彭措旺多亲口介绍，其先祖是四世达赖喇嘛的亲属，随四世达赖喇嘛从蒙古来藏，起初住在拉萨，后因不适应迁至此地。据说金格尔家族世袭四品衔，所藏封文和官印均为汉文，直至民主改革前还保存有祖传印信一方，印文为“王堂之印”，且与拉萨大贵族霍康世家为“同宗同族”。

② 曲那卡：即那曲卡，黑河渡口。

③ 夏克：也称为夏曲卡，元朝藏北军站之一，一般认为是今比如县夏曲镇。

不出大的纰漏。在贝[①]地方，囊索[②]欧珠和阿里仲巴二人请求说："不论大小，也需要赐一块有'达赖喇嘛亲赐'名义的封地。"这种事我拿不定主意，一般说来，这种话人们难以相信，但为了不伤情面，（我）就同第巴相商，做出了"赐予少许封地"这样使他们高兴的决定。

十九日，我们一行提前抵达噶嘉[③]。我给第巴主仆传授了杰东玛的长寿灌顶和马头明王加持法。当初，我曾考虑让萨迦、噶举和宁玛各派无立身之地，并让他们逐步改宗。对此，本派的许多贵贱僧人也曾赞同并鼓动。这对我们本教派如果有利，或许还有一定的道理，但是这最终会对人有害，与己无利，同"造何种业，得何种果"的道理一样，阻力大而必要性小，故不必使各教派改宗易规，不应效尤强者难容弱者，断其财路僧源的坏榜样。所以，我把修复镇肢寺、镇节寺等为藏族百姓的平安幸福应做的一般和具体的经忏法事、色拉哲蚌寺兴建金顶和佛像、新建经堂、热浪寺绘制壁画等各种事项都按照所说的那样记在备忘的纸卷上。

努克拉[④]山中麓山脚附近有两个湖，水如白牛奶，呈右漩状。二十三日，我们在离湖不远处用午餐。前些天已详尽地谈论了眼前、日后乃至久远的未尽之事，所以除当天的情况外，也无须做多余的重复，而且外出的和在家的人们彼此思念，大家满面愁容，更无言以对。尤其是仲尼仲巴和达尔罕囊索等几位软心肠的人，更是眼泪横流，以披单蒙头而坐。但是，第巴诺尔布却一反常态，面露欣喜之色，这是因为在汉地热病等疾病传播很广，他好像自信去那里的人们不能返回，故而喜形于色，正如《二常论》中所说"心中有所想，焉能饰于色"，又如后藏谚语所说"数念珠的人未成佛，近旁的人已悟道"。此后，我们乘马前行，前面彩云满天，细雨霏霏。到达山腰时，按照第巴的吩咐，仲尼仲巴等人挂吉祥拂巾，旅人们也将马头勒转一次，做了圆满的返归缘起。在前往山顶的途中，雨停雪起，飘零的雪片与大地连成一线，大多数人异口同声说显现了八瑞相，这同仲麦阿素克在备忘录中所记载的是一致的，是吉祥的征兆。

当晚行至努克达曲参卡[⑤]。虽然唐古拉一带的地方凶神对行人的骡马危害极大，但是或许是因为我们向诸鬼神做了煨桑祭祀，献了顺财，就如同交了买路钱，所以根本没有出现这类危害。

① 贝：似指本或本曲，应在本曲河一带。

② 囊索：清初那曲卡一带设有堪囊一僧一俗两名地方官员。

③ 噶嘉：霍尔三十九族地区有噶嘉家族。佐藤长注为"悬崖、险岸"之意，在本曲河渡口附近。

④ 努克拉：本曲与索曲之间的一道山岭。似为今巴马拉，《西藏全图》中，努克拉岭在布穆楚喀以北。

⑤ 曲参卡：在三世班禅游历中作则楚卡，意为"温泉"，位于唐古拉山南麓。古伯察等游历者翻越唐古拉时对其有所描述。该地为今则不查卡，位于康根拉山口南侧。

此后，我们经过了蒙古人称为察罕额尔克，藏语称为盖巴噶波的地方，又顺次渡过努克曲、阿克达木河[①]，至曲郭扎西奇巴附近的噶尔巴拉则雄。贝日多达玉杰和曲珍兄妹等人献马70匹、铠甲9付、牛150头。虽然没有满足他们请我们停下赴宴的心愿，但是我们接受了他们奉献的一些酥油和奶酪，不使遗留在空地上。随后，我给头面人物和上层僧人传授了四臂观音随许法。想到所有随许法中，谬传的朵玛灌顶法做得太多，故所谓施食朵玛，除灌顶朵玛外并无适当的，所以曲珍争辩说："在我们头面人物的头上将此朵玛弄得噼啪响，会怎么样?"我又给这些头面人物传授了杰冈派的马头明王加持法，并给200多人念诵了六字真言，抛撒了鲜花。曲珍请我务必作一发誓很快从汉地返回的祈愿文，当晚索南巴桑也如此劝请，我依各自的愿望写了祈愿文。随后，我依照却本、翁则二人的请求做了新奇的茶供，并应仲尼玛尼巴之请传授了大威德之灌顶传承，又依照墨尔根噶居巴和色钦温波的请求写了煨桑文——吉祥漩等。

六月初二日，到达雅克逊。我写了《八大名号赞》，供香察官却南杰念诵。行至扎宁噶布时，坎卓的使者额尔德尼和硕齐从通天河边赶来接应，说另有康区的大批僧俗百姓带来许多正在绑扎的皮船。根据这一情况，我的三位代表派喇嘛甫哇和察麦巴二人绑扎皮船，囊索欧珠和代本乌尔巴两人也前往拉敦玛一带去做安排。我们渐次渡过被称为托勒乌苏的河流。从阿克达木到这里，其间据说有许多大河，但是除了不能指望河滩干涸外，渡河也并不困难。

——《五世达赖喇嘛传》，五世达赖喇嘛阿旺洛桑嘉措著，陈庆英、马连龙、马林译，中国藏学出版社2006年版，第215—220页。

(1653年)九月十九日，在唐古拉山上，我按普贤菩萨心传秘藏所示的威严的仪式，反复地降伏诸部鬼神，虽然在潜意识中，似乎已感觉到诸业已获成就，但这怎能使人相信。曼卓班钦从代噶至西宁一直被魔鬼所侵扰，心力不济，到青海湖后虽已痊愈，但是到了二十日，生命垂危，猝然故去。焚化他的尸体的那天，天空晴朗，没有一丝风，出现了奇异的宝帐状的彩云。此后，额尔德尼达赖巴图尔主仆一行300人、迈达拉杰和囊索欧珠、霍尔布玛尔等人陆续前来迎接。我给拉杰传授了四臂观音随许法，给布玛尔等300人传授了杰冈派的马头明王随许法，给达赖巴图尔传授了青、绿色秽迹金刚随许法，使他们如愿以偿。在夏克，行营部众做了一天的总体

① 阿克达木河：清代也作伊克阿克达木河，在清《西藏全图》中其地在唐古拉山以北，应为今聂荣县永曲乡境内的当曲。

仪轨。大护法降临后指示，现在不在这里附体，将亲眼供物送往山头。往楚木拉[①]的途中，我给达赖巴图尔的夫人等 100 人以及 1 000 霍尔安多人传授了观音菩萨主从三尊随许法。

十月初一日，在肖莽苏穆拉，我给达赖巴图尔的属民等 1 000 个蒙古人和 100 多个霍尔人做了加持法事。

初五日，我们行至那隆噶摩。因为在此处可能望见念青唐古拉山，所以做了盛大的祭祀法事。此后，第巴主仆一行抵达。在此歇宿的三天当中，以色华钦布为首的大小喇嘛数人、两位吉雪第巴、吞巴、仲孜巴、霍尔察巴尔德[②]头人等许多人聚集在此，以油炸面食和礼品侍奉款待。霍尔仓曲杰阿旺彭措去西藏朝佛后返回，向他传授了以上师供奉、陀罗尼咒念诵法为主的几部经典以及察尔钦法王所著的《大梵天现观经论》和俄尔钦官却珠龙所著的《青绿色摧破金刚修行法》等教法。在扬喇路口，色华钦布以蒙古习俗设盛宴款待。他属下的大部分僧俗部众都来拜见。扎西津曲杰、第巴彭多瓦、扎巴尔扎仓的喇嘛等人前来。从措列当湖到波仓河时，达隆温仁波且阿旺南杰勒珠来迎，奉茶叙谈。第巴向达隆温仁波且奉献了以银茶筒、绸缎为主的大批见面礼，对此我的仲科尔们高兴地开玩笑说："这老僧若能设法将达隆曲杰的头卖掉，定能收回本钱来。"

当天下午我们在僧人们的迎接下，来到噶当派的发源地，仲敦巴甲哇迥乃的静修地热振寺……

——同上，第 262 页。

① 楚木拉：清代也作楚木拉池，今作措莫绒，位于那曲镇附近。
② 霍尔察巴尔德：即上文之霍尔查巴尔达。

江贡丹增旺波游历情形

（约 17 世纪末）

一、人物简介

江贡丹增旺波，法名贡嘎索朗扎巴才旺多吉，出生于萨迦孜东拉让，为萨迦孜东拉让法嗣继承者。

二、游历概况

江贡丹增旺波在藏北的活动主要是一次纳木错朝圣之旅。

三、文献原文

八月（室宿月）初五日启程前往北方朗措[①]一带，胞弟金却仁波切，家族昆季，母亲等主仆和僧俗前来送行，使去的人们纳入成熟解脱道，在色萨圣地等做长寿灌顶，渐渐来到切嘎普。后来，随从们感到困惑时，尊者很苦恼，因此面朝东北眺望，做各种顶礼祝愿。在铁关狱东宁之沐浴门做沐浴。而后做圆满祈祷，当时天空出现各种吉祥之兆，全面引生信念。然后前往扎西多窝切[②]，朝拜师长三卧穴及著名的萨迦洞窑前面的足迹，岩上天生的长寿瓶和长寿水等，见到了许多洞窑里的手迹和足迹。据圣地解说者讲，日波岩上的手迹系噶玛巴之手迹。随从认定说是师长的手迹之后而进行祝愿祈祷，来到沐浴门跟前做祈求第七品和顶礼。在湖上四次看见手迹，据说是左手的手迹，并看见金刚亥母和各种坛城。此后在香纳中心俗人的集会上做加董玛长寿灌顶和轨范师的喇嘛瑜伽。接着在内部住室外面以荞麦胜利金刚等进行供养，并做各种回向。到达拉根[③]山脚时，土地们横加阻拦态度粗野，因此做金刚橛

① 朗措：即纳木错。
② 扎西多窝切：位于扎西半岛上的寺庙名。
③ 拉根：也作那根拉，当雄与纳木错之间的一处重要山口。

生起次第，献胆量和生命，充当奴仆，并为让顶玛和查嘎瓦的众多僧伽和林嘎宗本等召集来俗人降下法雨。总之，为北方听不到佛音的牧民点燃了佛灯，弘扬了佛法。

——《萨迦世系史续编》，贡嘎·罗追著，王玉平译，西藏人民出版社 2002 年版，第 66 页。

六世达赖喇嘛游历情形

（1706 年）

一、人物简介

六世达赖喇嘛仓央嘉措（1683—1706 年），出生于西藏门隅地区，6 岁时被桑结嘉措（达赖系统的第五任第巴）选定为转世灵童，1697 年被迎请至拉萨坐床。随着拉藏汗（卫拉特蒙古和硕特部首领固始汗的曾孙）与桑结嘉措权力斗争的公开化，仓央嘉措受到拉藏汗“行为放荡”的指责。1706 年，清廷诏令执“假达赖喇嘛赴京”。仓央嘉措在赴京途中，于更尕瑙尔地方病故。①

二、游历概况

六世达赖喇嘛被押解赴京时走青藏一线。后世记载十分简略，尤其在达木当雄和衮噶瑙尔之间的过程基本没有记载。

三、文献原文

此后纷争愈演愈烈。皇上知道了，派遣恰纳喇嘛与安达卡来处理第司和拉藏间的纠纷②。但他二人尚未到达之前，拉藏已将第司诛戮了。钦差抵藏之时，正逢战乱的浪潮汹涌之际，拉藏鬼迷心窍，在御使前巧言令色，使得二人十分为难。

因此，尊者 25 岁，时当火猪年（1707 年）秋，被迎往内地。那时路经羊八井，走到念青唐古拉山前，山神恭迎如仪。

（原注：以下为作者转述六世达赖喇嘛之语。“我”即尊者。）

迤逦行来，经北路，走到冬给错纳湖畔，皇帝诏谕恰纳喇嘛与安达卡两使臣道：

---

① 一说其从青海湖边云游四方，于 1746 年圆寂于阿拉善旗。

② 第司和拉藏间的纠纷：第司，即第巴。1705 年，因争立六世达赖喇嘛，第巴桑结嘉措与拉藏汗不合，桑结嘉措毒之不遂，谋以兵逐之，反被所杀，以拉藏汗为首的和硕特汗庭恢复了固始汗以来在西藏的实力统治，废黜其拥立的六世达赖喇嘛仓央嘉措。

“尔等将此教主大驾迎来，将于何处驻锡？如何供养？实乃无用之辈。”申饬极严。圣旨一下，众人惶恐，但有性命之虞，更无万全之策，恳求道：“为今之计，惟望足下示状仙逝，或者伪做出奔，不见踪迹。若非如此，我等性命休矣！”异口同声，哀恳再三。

我道：“你们当初与拉藏王是如何策划的？照这样，我不达妙音皇帝的宫门金槛，不觐圣容，决不回返！”此言一出，那些人觫惧不安。随后就听到消息说是他们阴谋加害于我。于是我又说道：“虽则如此，我实在毫不坑害你们，贪求私利之心。不如我一死了之。但这也得容我先查查缘起如何再说。”如此一讲，他们皆大欢喜。

此后，有许多到湖边来朝拜的人。有一日，我让他们带一根木头到住宿的地方来。他们拿来一根支布帐的柏杆子，我插到地上，次日便成活了。

继续前进，到了一处，名叫更尕瑙尔。在帐篷门口和外围的布幔之间，有一个蒙古老汉在探头探脑地窥望。我让人把他叫了进来，令卓尼·毕都尔温布当翻译，问他：“这是什么地方？你叫什么名字？”答道：“此处名叫更尕瑙尔。小老儿我名叫阿尔巴朗。”

闻听此言，我思忖道：“这名字在蒙古语中是狮子的意思。这里有着共喜、财富及无畏的缘起。我就满足他们的心愿，施展一下神通法术便了！”又向三宝祝祷，结果征兆也都吉祥。尤其以吉祥天女的授记更为明显。

依照以上的授记，当天夜晚，除了毕都尔温布等索、卓二内侍及汉人首脑以外，更不使一人知晓，于初更时分登程上路。那天我里面穿着黄色氆氇衫，外罩红色氆氇大袍，头戴博朵帽，足登蒙古靴。随身携带的物品仅有未生怨王的护身宝贝——一只大如鸡卵的舍利母；一挂紫檀念珠；挂包内有一个镌有标记的图章；腰间有一日增·戴达岭巴所赐的古降魔橛。除了这些，别无他物。

登程之前，对索、卓二侍者叮咛嘱咐了一番。他们二人也是泪流满面，无限悲伤。

话别之后便遽然上路，朝着东南方向行去。刹那间，如天摇地动一般，狂飙骤起，一时间昏昏然方位不辨。忽然，见风暴中有火光闪烁，仔细一看，原来是一位牧人打扮的妇人在前面行走，我尾随她而去，直到黎明时分，那妇人悄然隐去，风暴也停息下来，茫茫大地，只剩下了无垠的黄沙尘烟。

——《仓央嘉措秘传》，阿旺伦珠达吉著，庄晶译。转引自《六世达赖喇嘛仓央嘉措诗意三百年》，中国藏学出版社编，中国藏学出版社 2011 年版，第 457—458 页。

行至桑托洛果河[①]之此岸，该地一滩中央有小石山一座，喇嘛曾每日去此山，眼观东方，言说苦衷。驻锡当雄时染病，且日渐加重。途中有一日，向却本阿旺班巴道："吾未竟之文卷勿令散遗，后复交于吾。"预示其转世不久降生。一路上，虽病势加重，仍接见数万汉、藏、蒙古信徒，使彼等能见闻忆触，各个意足。又，青巴图尔来迎之日，病势尤重，反复言说："空行母来迎也。"

渐次行至衮噶瑙尔，诸使催请喇嘛继续前行，喇嘛回言："从此地起，尔等只能驮吾尸骨，吾再也无法行走了。"并云："吾一旦殡天，称为'噶'者吾之转世不久降生，凡重要内供神物切勿令散失，务交于彼。"做如此诸多未来安排教诲。鉴此，众侍从恳请喇嘛为了佛教有情利益，足莲永固，切勿离世。喇嘛安慰众人道："时间已至，命运难以违拗，然不久即可重会。"其先，却本和蒙古人尼玛二人为近侍，总不离喇嘛左右。但是夜喇嘛修供本尊时，因却本和尼玛二人过于辛劳，由索本罗哲旺秋和额木齐桑结司柱在身旁侍候，是为以后转世降生，彼二人长期服侍之预兆。至深夜亥刻时分，当喇嘛临终时，索本通知所有内侍齐聚喇嘛尊前，祈请"为圣教众生吉祥，愿我佛留驻。若决意要去别土，为了圣教和全体众生利益，速作转世"，个个悲痛祈祷。喇嘛则言："临终无须多，牢记吾平时所言，必有善报。"语毕，摇首三次，口通《大悲心咒》，显出生命的最后时刻状。少顷，即去清净佛土。其时，众侍从忆念喇嘛之功德恩情，莫不悲恸欲绝，语不成声，齐声祷告祈愿。

——《七世达赖喇嘛传》，章嘉•若贝多杰著，蒲文成译，中国藏学出版社2006年版，第5页。

① 桑托洛果河：流经羊八井的河流。

颇罗鼐游历情形

（1714—1728 年）

一、人物简介

颇罗鼐（1689—1747 年），出生于西藏江孜。颇罗鼐是 18 世纪上半叶西藏历史的中心人物，原为拉藏汗的旧臣，后因与康济鼐联合讨伐准噶尔有功，雍正元年（1723 年）被清朝封为扎萨克台吉，升为噶伦。康济鼐被杀后，雍正六年（1728 年）五月底，颇罗鼐领兵攻入拉萨，擒获阿尔布巴等人，向驻藏大臣报告，听候皇帝处置。后，雍正皇帝授权其总理藏政。

二、游历概况

颇罗鼐经历康熙、雍正、乾隆三朝，其时正值清朝与准噶尔部落多年战和不定。在驱逐准噶尔侵藏、藏北驻防抵御准噶尔、处理内部纷争以及平定罗卜藏丹津之乱等重要历史事件中，颇罗鼐克尽忠诚、实心效力。其政治生涯也多与藏北发生紧密的联系，主要如下：

其一，征服霍尔四部。当时，拉藏汗与岱青和硕齐察罕丹津不睦，而靠近西藏的霍尔四部拥戴察罕丹津而背离拉藏汗。因此，处于矛盾斗争最前线的霍尔四部，成为拉藏汗首先要征服的地方。1714 年，拉藏汗派出金字使颇罗鼐率军北征，以武力征服霍尔四部，迫使第十代霍尔王觉吾吉就范。撤兵时，颇罗鼐牵走了该地区的 50 匹好马作为霍尔俯首的信物。

其二，当雄阻击准噶尔。康熙五十五年（1716 年）十一月，准噶尔将军策凌敦多布等率军经阿里、那仓，穿越荒凉的藏北高原，艰难跋涉一年多挺进西藏。这时，拉藏汗仍依然坚持每年春夏游猎的习惯，在当雄与族众幕居。拉藏汗与准噶尔在当雄对峙过程中，颇罗鼐竭力奋战，足部负伤。后来，拉藏汗抵抗不住，准噶尔攻入拉萨。

其三，那仓边境巡防。清军驱逐准噶尔势力出藏后，在准噶尔来路方向特别是阿里、那仓、唐古拉山一带的隘口设立关防，加强巡边，防止准噶尔势力再次侵扰。由于那仓一带是准噶尔进藏的主要通道，加之当地多为分散的游牧部落，地位十分重要而防务力量又十分空虚，在康济鼐驻防阿里的同时，颇罗鼐便主要承担巡视纳木错至那仓边防一线的重要任务。那仓巡边一般在七八月间，俟雪后返回。目前所见资料，颇罗鼐于1722年、1723年、1730年等年份亲自率军巡边。

其四，奉命出征那雪。1723年，青海和硕特部蒙古首领罗卜藏丹津公开作乱，反对清朝政府。隶属青海蒙古部落的霍尔三十九族和玉树等地区一时纷乱四起。为了平息叛乱，1724年，颇罗鼐率藏军与清军一起经那曲卡前往进剿，先后招抚了那雪、玉树、霍尔以及琼布的一些部落。

其五，收服霍尔余部。阿尔布巴戕杀康济鼐后，颇罗鼐与阿尔布巴等进行抗争。约在1728年三月后，颇罗鼐从后藏出兵羊八井，利用拉藏汗旧臣的名望号召，收集散落于羊八井、当雄、那曲的霍尔蒙古余部，劲旅扩至2 000人，逼近拉萨。

三、文献原文

出征霍尔四部[①]

不久，颇罗鼐偕同少数随从，骑马上路，徐徐而行，来到须弥山顶似的秀古拉[②]。在这一眼看不到头的山顶上，颇罗鼐供奉地方上的神灵，并且虔诚祝祷，烧起各种香荷包。烟雾像云海一样飘浮。这时在西藏十二女护法神之一的冈葛霞墨玛所嬉戏的雪山中，来了12头野牦牛。它们悠然自得，姗姗走来，昂首阔步，仿佛是在转经。尽管颇罗鼐本来爱放火铳，射击的技术也很高超，随从们也都喜欢猎取野兽。然而，一见这12头野牦牛便知道是西藏十二女护法神常常爱变的化身，所以主仆都不去伤害她们。

随后，继续启程，在辽阔的当雄——吉祥草长得十分茂盛的坝子上，掩映着藏王拉藏汗及随从们的帐篷，仿佛是一座座孤零的雪山布满了四处。颇罗鼐来到这里，叩拜汗王，暂时在汗王这里住了下来。

青海湖畔的蒙古王爷岱青和硕齐[③]要来攻打藏王的消息，在四周叽叽喳喳地传开

① 此处小标题为辑注者所加。

② 秀古拉：也写作雪古拉，位于羊八井与尼木县之间，是藏北通往日喀则的一个重要山口。

③ 岱青和硕齐：又称察罕丹津（？—1735年）。固始汗第五子为伊勒都齐，伊勒都齐次子为博硕克图济农，博硕克图济农第三子为察罕丹津。博硕克图济农管理康区、绒区、热贡、卓尼以上松州以下的多康地方，其去世后，第三子察罕丹津袭位。察罕丹津被康熙封为多罗贝勒。一般认为其名分虽然不高，但政治上很重要，是当时青海和硕特蒙古事务的实际掌控者。

了。藏王命其长子率领1 000人马，开往黑河，同时，召其金字使[①]嘎台吉和颇罗鼐起草调动卫藏大军的命令书。汗王的金字使嘎台吉才写了一份命令，颇罗鼐就写好了五份，真像要魔术一般。呈给汗王过目之后，拉藏汗王十分高兴，下谕道：

“你年轻轻的，竟然如此娴于文书，实在太好了，今后，任命你为我身前的金字使。”

颇罗鼐拜曰：“当遵王命。”

接受委任之后，颇罗鼐自然十分卖力。

……

颇罗鼐公子随时随地跟随着拉藏汗王，尽力当好侍从，夏天住在北方[②]，冬天住在拉萨。

……

东方霍尔四部[③]的百姓，不遵拉藏汗王法令，像扔掉枯树似的般背弃汗王。他们拥戴蒙古王爷岱青和硕齐。为了惩处那群歹徒，并且绳之以法，拉藏汗王命令颇罗鼐公子和金字使拉孜·吉甫巴两人前往霍尔四部。临行时，大臣们亲切地嘱咐道："你们就要走了。所要做的事情，非同小可，责任重大。听说青海湖畔，左翼右翼诸王，全都同心协力，善于制敌，敬信第七世达赖。我们的拉藏汗王的蒙古军队势单力薄……因此，务必稳重，善用计谋。”

颇罗鼐公子言道：“诸位大臣如此赐教，我们一定牢记心间，自不待言。为臣颇罗鼐，除了能够独当一面之外，并无权势，不为他人重视。现在，托汗王的洪福，所到之处，众人敬服。原来比我威风得多的人，也都满眼敬意，态度和顺。我达到这种地步，并不是凭借自己的能力。正如莲花盛开，清香扑鼻，蜜蜂有蜜可采，这是太阳的恩赐一样，我的幸福也无疑是拉藏汗王的恩典，应该酬谢。愿今生来世，报答他的恩情。另外，我只担心今后会犯过失，所以才想完成这一重任，别无他求。”

随后启程上路，抵达喀喇乌苏[④]。当地百名骑兵，前来接受差遣。于是，又徐徐

① 金字使：拉藏汗身边主管文书工作的一个职务。颇罗鼐当时也被拉藏汗授予此职，掌管印信，是拉藏汗身边的亲信。

② 北方：此处指当雄。拉藏汗部族保持春夏游猎的习惯，每年此时便与族众在当雄暂居。

③ 霍尔四部：指本塔、益塔、朱雪、竹居四部落，位于今巴青县境内。

④ 喀喇乌苏：也作喀喇乌素、哈拉乌苏等，蒙语称谓，即那曲。那曲的蒙古语称谓为“喀喇乌苏”，始出于准噶尔侵藏特别是清军两次驱逐准噶尔的战役中。关于第一次战役，《圣祖实录》载：总督额伦特同侍卫色楞俱统兵至喀喇乌苏地方，与贼众遇，屡败贼众，相持月余。至是，复率兵进击，射死贼人甚众。矢尽，额伦特犹力战，殁于阵。清军在藏北驱逐准噶尔先败后胜，使喀喇乌苏声名鹊起，战略地位不断上升，如奏折中提及“会商得喀喇乌苏乃西海要隘，不可不慎加防范”。康熙皇帝还专门考证喀喇乌苏即为禹贡黑水。清代官方文献提及那曲大多为“喀喇乌苏”，而不记“那曲”或“黑河”。

而行。他们假装向多康进发，直奔特巴夏曲河[①]。来到特巴夏曲河岸，赓即不分昼夜，疾速而行。到半夜，全军突然包围霍尔四部的首领乌嗔台吉[②]那座矗立在荒原上的黑塔似的帐篷[③]。然后，在天将破晓时，颇罗鼐的随从日莫瓦·策丹和切钦达罗葛等人被派去见乌嗔台吉。他们走进帐篷，乌嗔台吉吓得手忙脚乱，像折了翅膀断了脖子的黑乌鸦，摇摇晃晃，颠颠倒倒，露出畏惧的眼光。随从们传下颇罗鼐公子之言，说道：

“你这暴君听着：因为你们不守古制，满肚狡诈，既不按时献上年贡，又不俯首听命，现在我等才率军而来。你们是服从命令还是违抗命令，尽管直说好了。如若不言，当即惩处。”

乌嗔台吉双膝跪地，两手抱拳，拜道：“我们受一些蒙古王爷的欺骗，就像被水汽蒙蒙的幻影所迷惑的野兽。今知过错，此后一定小心在意。除了汗王，不归服他人。现略备薄礼，以表悔意，恳请谅解。还望众位体谅边民，向那宽宏的王爷，代为禀明。”

一连七天，乌嗔台吉在他的大帐篷里，执礼甚恭，宴请颇罗鼐及其随从，吃吃谈谈，好不痛快。然而，身在敌境，没有心情欢畅的时候，昼夜六时，巡逻放哨，不睡不眠。正如打坐的沙门，行窃的盗贼，贪色的男人，总是打起精神时刻守候着一样。

颇罗鼐驻扎在此，过了七天，其他官员也前来叩拜。他们跟首领乌嗔台吉说得一模一样，都说我们一同归顺。并且，年贡如数备齐。但是由于怠慢自己的君王，投靠了其他主子，违犯了法度，所以仍然要稍加惩罚，颇罗鼐决定向他们征收骏马50匹，把那些官员带去朝拜拉藏汗王，正如船主去大海取宝满载而归一样，大功告成，胜利返回。最后，来到当雄拉藏汗王的驻地。

——《颇罗鼐传》，多喀夏仲·才仁汪杰著，汤池安译，西藏人民出版社2002年版，第99—102页。

---

① 特巴夏曲河：似为流经夏曲卡一带的河流。

② 乌嗔台吉：亦作武京台吉、觉吾吉，为第十代霍尔王。关于霍尔王，那曲政协《霍尔三十九族简史》写道：元朝第九个皇帝图帖睦尔之弟古润乌伦台吉在带领六名蒙古骑兵去后藏萨迦寺的途中，穿越荒无人烟的藏北旷野时迷了路，最后来到了一个叫作索那拉库的山沟。在那里，他们遇见了几位猎人，便相伴沿河下行，直到索格玛尔地方。由于他们箭法高超，骑术精湛，骁勇无比，遂被当地人奉为首领。从第一代霍尔王古润乌伦台吉到1916年噶厦地方政府在该地区设立霍尔基巧，使“霍尔王”系统瓦解，霍尔王共传21代。从第一代霍尔王到第十一代霍尔王次本南杰，隶属于青海蒙古王，故称“蒙属时期”，这就是《卫藏通志》所谓“昔为青海、蒙古奴隶”；从第十二代霍尔王赤加吉钦到第二十一代霍尔王次旺丹增，该地区为驻藏大臣直接管辖，并委任霍尔王为总百户自主管理，故称“汉属时期”，因此该部落在清朝文献中又被称为“嘉德三十九族”；自1912年清朝大臣和清军被逐起，霍尔三十九族便属于西藏噶厦政府，1916年噶厦政府设立霍尔基进行直接管理，霍尔王的传袭制度被废止，这一时期被称为“藏属时期”。

③ 黑塔似的帐篷：指霍尔王所居帐篷十分宽大。

当雄阻击准噶尔

这时，被委为阿里首领的康济鼐，派信使向拉藏汗王上书，曰："我们接二连三听到叶尔羌传来的消息，说有五千鬼迷心窍、好战爱斗的准噶尔军队从那仓[①]往阿里开来，是敌是友，尚难分辨。我阿里军队已整装待命，该不该开拔到敌人出没的地界上去，请下命令。"

群臣全都犹豫起来，一个个歪着脖子。大臣布穷向大德们言道："这些准噶尔人，经常争斗，所作所为与魔鬼无异。可是，他们没有理由来攻打我们。一来汗王的姐姐许配给策旺阿拉布坦了；二来汗王已经打发长子与他的女儿婚配，这是亲上加亲，不必多虑。不过，可向大梵天王问卜。"

一席话，说得群臣一致同意。

时梵王附身，授记曰："茫茫之中起漩涡，边境险地有战祸。"然而，大家却不以为然，毫无警觉。

准噶尔的 6 000 兵丁，行进在一条荒僻的新道上[②]。他们声称是护送拉藏汗长子夫妇[③]回藏的随从。痴愚的那仓人受了欺骗。他们在自己的牛毛帐篷里，同准噶尔兵丁安闲自在地吃吃喝喝，不分彼此。

那时，拉藏汗王及其属下正在当雄的吉祥草原游憩。高贵的小公子苏尔扎娶了青海汗王的公主为妻，一同来到父王跟前，以解新妇离家之愁。王臣偕同女眷，设宴数日，游玩作乐，尽情欢娱。

住在以牛毛帐篷为室的那仓部落里的那些身份不明的大军即将来到的消息，接二连三地传到拉藏汗王耳中，给欢乐的汗王心中投下一道阴影。

---

① 那仓：旧时那曲西部的一个部落联盟，大体包括今尼玛、申扎、双湖。象雄时期属于中象雄；吐蕃时期属于阿里三围的象雄赤德；五世达赖喇嘛前不属于任何宗豁；森巴战争后归后藏日喀则管辖一段时间；桑结嘉措和拉藏汗夺权时，再度成为区地。准噶尔进藏前，那仓有八个部落，在准噶尔经那仓侵入西藏的过程中，这里遭受深重灾难，其中两个部落不复存在。颇罗鼐执政时期，那仓地区剩余六个部落建立了由两位"阿觉"和四位"波布"组成的机构，叫作"那果珠哲"（那仓六部联合首脑），从此那仓六部之称逐渐闻名。到民主改革前，几经变迁的"那仓六部"有 16 个小部落。

② 指准噶尔进藏事件。中国历史第一档案馆馆藏宫中朱批奏折有精要总结：泽妄阿拉布坦（策旺阿拉布坦）潜派贼兵五千前往劫藏，系由克里呀一路行走至一年有余，已极疲乏，甚至徒步始能抵藏边界，因佯言送喇藏汗（拉藏汗）之子媳回藏，喇藏汗堕其诡计，全未防备，反将马匹口粮前往接济，以致策凌敦多布得借其接济，一路掳掠至藏，遂将喇藏汗劫杀。

③ 拉藏汗长子夫妇：卫拉特蒙古之间有相互通婚的习惯，准噶尔策旺阿拉布坦欲将其女嫁给拉藏汗的长子噶丹丹增。联姻之举双方各有打算，策旺阿拉布坦别有用心，拉藏汗出于拉拢同族。这桩婚事，策旺阿拉布坦有两个条件：一是拉藏汗出银 10 万两；二是男方须到女方所在的伊犁完婚。起初拉藏汗并不愿意，无奈其长子痴心要娶此女，甚至以婚事不谐则自杀来威胁。1714 年 10 月，其长子带 300 随从，经藏北，走青海噶斯一路前往伊犁成亲。1715 年，清军打退准噶尔对哈密的侵扰，要求将拉藏汗长子夫妇送回西藏。当时，清朝与准噶尔关系对立，青海蒙古、拉藏汗相互争夺达赖转世，这四个方面互相纠葛，使时局更加错综复杂。矛盾丛生中，1716 年，策旺阿拉布坦派出将军策凌敦多布挺进西藏，一路以护送拉藏汗长子夫妇回藏名义混淆视听。于是蒙古王室的一桩婚姻反而成为准噶尔颠覆拉藏汗、破坏西藏地方秩序的契机。

汗王生疑，不知来者是敌是友，于是派蒙古探子阿细达率部前去探明情况。他急急而去，在那碧空般的纳木错湖畔与对方的斥候[①]相遇，双方厮杀起来，顿时又见滚滚大军，料定是前来攻击之敌，因此急速返回，如实禀告汗王。

汗王立即下令，派颇罗鼐台吉向卫藏军队传谕，向附身的慧眼护法诸神问卜。然后，又派颇罗鼐从当雄连夜赶到拉萨。颇罗鼐到拉萨同大臣们商议后，下令军队火速开赴当雄。

附身的沃登噶布战神授记曰："罗刹法王之子来到北方，未曾问及恶魔，现难预卜取舍，然而增强军队，迫在眉睫。"

螺顶梵天授记曰："打头阵，要勇猛。"

而珠玛布授记曰："红嘴乌鸦，其巢倾覆。"

授记虽多，但大都如此。不是语意含混、不甚了了，就是祸福茫然、疑惑不解。最后，祸兮福兮，尚待应验。

颇罗鼐台吉在拉萨很快地处理了公务，赶忙返回当雄，来到汗王跟前，受命架设鹿寨，挖掘壕沟，以御外敌。工事安排得井井有条。所属骑兵、步兵，也源源开来。颇罗鼐台吉巡查了一番，但见当雄库堆山，宛如巨人盘腿打坐，山后有掩蔽的洞穴，山前是开阔的地带，周围水草丰美，树木茂盛，是一座天然的坚固城堡。便向拉藏汗王和大臣们言道：

"汗王和大臣们呵，看这座库堆山，像座坚固的城堡，敌人是攻不下来的。我军炮手，不正好安置在此吗?"

拉藏汗王王妃的父亲塔巴额尔克台吉带着讥讽的眼神言道："颇罗鼐台吉，你是生长在西藏的孩儿，不是能征善战的蒙古人。你什么也不懂，闭上嘴待着吧。我曾跟随阿巴勒、车臣汗和勃肖吐汗等将领上过阵，打过仗，久经沙场，深知敌人攻来，只有迎头痛击，绝无死守山岩之理。"

这样，只好胡乱准备起来。真知灼见，如针刺耳，听不进去。对那些瞎说八道，倒听得津津有味，像蜂蜜似的甜在心中。因为不重视颇罗鼐台吉的主见，所以事事松懈。

不久，风尘仆仆的敌军，身穿皮子、羊毛和牛毛毡缝制的破烂衣裳，戴着像半截衣袖的布套子一样的高帽，手执长矛、火枪、弓箭、大刀、短剑等各种兵器，骑着尾巴打结的高头大马，浩浩荡荡而来。

巡视完了整个当雄，最后，颇罗鼐台吉登上驮子似的库堆山，默默坐下。

---

① 斥候：侦察兵。

……

敌军驻扎在山上，拉藏汗及其军队在草坝安营下寨。汗王与文臣武将们商议，说我们不应该像羊群似的关在圈里，应当出阵厮杀。一经商定，立即下令全军，明晨早起，列阵打仗。

次晨，拉藏汗王亲自上阵。按蒙古人的作战阵势，走在主帅前面的武士，称为柯雪齐；跟在后头的称为克图克；身前左右的称为侍卫，彼等忠君勇敢。当天，颇罗鼐台吉即被派为侍卫。

军队步步进逼。战旗遮天蔽日，大地为之颤抖。在远处，火镰点燃火枪，发出一阵阵雷鸣般的响声；到近前，张弓射箭；紧接着，枪来刀往，杀成一团，不可开交。

……

这时，自愿走在拉藏汗王前面的一些不配武士称号的胆小鬼，抵挡不住凶猛的敌人，掉头而逃。拉藏汗王震怒，命跟前的侍卫上前。颇罗鼐台吉毫无惧色，冲向敌军。火枪命中了一个武艺高强的敌将，他近旁的兵丁全都纷纷逃散。中午，战事结束，各自回营。

拉藏汗王非常欣赏颇罗鼐台吉的武艺，宣称道："诸位家将，这第一仗，给战事打下基础，正如盖房先要奠基一样。今天全靠颇罗鼐台吉的武艺，否则，我军就会惨败。现在，我任命颇罗鼐台吉为全军主将。"于是，按照这一命令，颇罗鼐台吉负起指挥作战之责。

过了几天，两军继续列阵作战。先是武将阿绒巴率其部下，按照预定部署，向准噶尔军队驻地的背后高山山顶秘密潜行了一整夜。哪知奸细将这一行动报告了敌方，并发出暗号。因此，准噶尔人事先埋伏在山顶上，就像大鹏等着吃蛇一样。只听火枪一响，可怜耿直聪明的将领阿绒巴就一命呜呼了。战场上只要大名鼎鼎的战将一阵亡，手下兵丁自然畏缩不前。那天上午，其他军队也来不及赶去支援。

从山林起伏的塔工[①]而来的兵丁们，知道英明的主将已经战死，再也不信任其他将领，因此阴谋倒戈。拉藏汗王立即命令颇罗鼐台吉前去统辖，塔工人就像木轭压在背颈上的耕牛一样，服服帖帖，听从驱使。

前藏的乌如、约如，后藏的耶如、如拉克各部，恰、塔、工三地，以及霍尔蒙古[②]的兵丁，全都效忠拉藏汗王，乐于死战，不怕牺牲。但是，准噶尔人惯于玩弄权

① 塔工：塔布、工布的合称，在雅鲁藏布江中下游一带。

② 霍尔蒙古：原文译者注为："当雄县境内的蒙古人游牧区。五世达赖喇嘛为酬谢固始汗，任其挑选草场，选中当雄后，蒙古人就在此游牧，后称为达木蒙古八旗。元朝时，蒙古人也在这里留下牧民。"

术，使出骗人伎俩，释放了一批俘来的藏民，告诉他们说："我们不是因为嫉恨和破坏拉藏汗的幸福才来打仗，而是为了无依无靠的西藏百姓。青海的岱青和硕齐率领军队，从多康迎来雪域的观世音化身达赖喇嘛格桑嘉措[1]。经活佛同意，并且为了你们藏民，我们才诚心诚意前来朝佛。你们内心应该愉快幸福，难道还不返乡归家吗?"甜言蜜语，蛊惑人心。这些话传得尽人皆知。藏民生长在佛教昌盛之地，能够辨别是非，懂得善恶果报。但是，也有邪恶不虔之徒，正如透明的水晶石，不论在里面涂上什么颜色，外表也就跟着变了色彩，完全失去它原来灿烂的本色。因此这些人听了胡说八道之后，自己也跟着胡说八道起来。许多没有主见的人，被准噶尔人的花言巧语所蒙蔽，于是作战敷衍，射箭应付。总之，打起仗来，除了装模作样，再也不愿出力。然而颇罗鼐台吉、卫藏各将领、蒙古阿细达等官兵和南藏的勇士，则使出浑身力气、全部武艺，个个大胆无畏。

过了数日，大军往重峦叠嶂的群山前进，向敌军驻扎的山上杀去。颇罗鼐台吉与被旗手举着的标志王徽的白黑二色战旗一同勇敢地冲进敌阵。正如雄师扑进象群，毫不迟疑地猛攻，一层一层杀向准噶尔五将之一的曲沛所防守的地盘。接近军营的中心，双方伤亡惨重。

英勇果敢、忠心耿耿、豁达开朗的随从索朗扎巴被杀死。将军甫唐巴与颇罗鼐台吉并肩冲杀，不幸腹部被火枪击中，跌下马来。亲兵们将他就地背走。颇罗鼐台吉匆匆赶到将军甫唐巴跟前，一看伤势，知道他不能活了。将军甫唐巴已是气息奄奄，他双目失神，吐字不清，声音低沉，言道：

"我承法王恩佑，获得了名誉和声望，死而无怨。长子与长老大臣结了亲，倒是可以放心。小儿洛桑达吉，在与南方不丹和这次战争中，英勇善战，却不为人所知。想我就要死去，只盼汗王护持。吾何惧死，武功长存!"

将军甫唐巴说了最后一字，看了最后一眼，愁肠寸断，被抬上担架送走了。

……

当天，敌人傲气十足。颇罗鼐台吉知道，这时若能努力奋战，定能打败骄兵。他派人向拉藏汗王禀告，说现在只要全军一致奋战，敌人势必溃散。汗王兴高采烈，跨上骏马，准备冲入敌阵厮杀。王子苏尔扎与塔巴额尔克台吉等不肯出战，抓住马缰，拖住马身，使汗王无法用刀背和马鞭抽打坐骑奔驰，所以没法子上阵，只好收兵。

---

① 格桑嘉措：七世达赖喇嘛（1708—1757 年），理塘人。1716 年青海诸台吉迎请七世达赖安住于塔尔寺，后得到清朝承认。1720 年，康熙帝第二次用兵西藏，成功驱逐准噶尔，同时护送格桑嘉措入藏，并在布达拉宫举行坐床典礼。

那以前，蒙古人还讥笑詈骂卫藏兵丁只知烧香拜佛，不懂打仗杀敌。但是从这以后，土生土长的西藏军队获得武艺高强和能征善战的声誉，反转来唾骂蒙古人。

过了几天，滚滚大军，伴着号鼓声，向前冲杀。颇罗鼐台吉身先士卒，朝着敌军五将之一的都噶，就是那个性情残暴、牙齿脱落、眼皮下垂、自以为英雄无敌的沙场老将的营盘猛攻。双方军队伤亡惨重。颇罗鼐台吉的脚被火枪击中，疼痛难熬，几乎摔下马来。为了不至于动摇军心，颇罗鼐台吉一言不发，强振精神，指挥若定，使得士气倍增。

……

打了一天仗，不分胜败而归。

颇罗鼐台吉的亲戚朋友向他言道："你为汗王英勇作战，大显身手，堪为表率。所向披靡，舍生忘死，这全托汗王的洪福。只要各处战场的官兵能稍稍做到你的样儿，拉藏汗王则必获全胜。现在，战事被拖得艰苦疲惫，你脚又受伤，行走不便，仿佛鸟儿断了翅膀，忍受着疼痛。敌军一天天强大，我军一天天疲惫、厌战。根据这种情形，谁知事情最后会弄成什么样。你既然脚已受伤，借此躺上担架，正好返回故里。"

颇罗鼐台吉对这些劝说很不以为然，答道："请亲友们想想呵，你们对我的一片好心，虽然领情，但不可行。世界上，所谓主仆，乃是前世因缘。忠心为主的人，可以涤罪，获得幸福。那虚伪、狡诈、欺诳的奴仆，今生来世，无疑要受痛苦，遭灾罹祸。再想想吧，拉藏汗王秉性善良，纯如赤金，对我厚爱，重加信任。有人要拼命挑拨离间，也是枉然。如今，正当汗王心情郁闷，许多恶奴就像扔弃枯枝似的丢开主子，我怎能学坏蛋们的行径？再说，我敬信佛法僧，一定会得到好报，汗王洪恩浩荡，我受点伤算不了什么。只要一息尚存，必使尽力量和一身武艺，奋勇作战，决不回转！"

一席话，羞得那些人黯然不语，无地自容。

……

过了数日，双方又开始厮杀。颇罗鼐台吉指挥各路兵马，不顾疲劳，不辞艰辛，生死置之度外，奋勇杀敌。无数英勇事迹，那时被许多人记在心中，现在不可能把他们所讲的全部记述下来。总之，当时就在这刀剑丛中，绝不是拼杀一两个回合，而是一再混战。成堆的兵丁扭在一起厮杀，犹如一团卷云，飘浮不定。如果战败了，也丝毫不想想会受到什么报复，而是满腔热血，投入恶战。哪怕被对方砍得七零八落，只要皈依三宝，就不会遭灾罹祸，这是千真万确的。另外，对那些懦弱的胆小鬼，守舍神是不爱亲近的。而英武的勇士，却会受到巴登马本、吐钦扎都、朗扎珠第和扎则掩白等九位战神的亲近、保护和宠爱。

不久，准噶尔军队像响尾蛇似的从山上溜了下来，沿途安营扎寨，经当雄草场，逐渐朝拉萨推进。

随从们向拉藏汗王禀告："神王容禀：敌军正向拉萨移动，意在占领拉萨。我军不可能在荒原上攻打他们，汗王当率领全军返回拉萨，以便死守卫藏一带坚固的城堡，然后等待北京和青海发兵援救，打败敌人。"

意见被汗王采纳了。颇罗鼐台吉经过一番深思熟虑，言道："睿智的大臣们请好好商议。我虽然说不出良言妙计，但是言之坦率。如果我大军驻防拉萨，止如雪猪钻洞一样，不能发挥威力，故决不可行。历来的战争，总是一方胜利，一方失败，别无他途。恶敌在荒原中悠闲自在地走着，骆驼载物，马匹负重，牦牛羊群相随，行走缓慢，怎能容许他们走得那么轻松？首先得攻打他们，然后再根据情况而定。派王子苏尔扎去防守拉萨，汗王亲自率军在此驻扎。那么，进可以攻，退可以守了。"

听了此言，群臣摇头摆脑，都不同意。最后，认为颇罗鼐台吉的说法行不通，所以，就在当天晚上，拉藏汗王立即率领大军，急急忙忙向拉萨而去。

——同上，第 126—136 页。

那仓驻扎巡边

过了 11 天，曾经在桑珠则宫侍卫过活佛的那仓头人桑丁巴，急忙赶来报告，说准噶尔部往阿里去了。颇罗鼐台吉得到这个消息，亲自率领人马追赶。后藏南部军队和阿克达、柯都玛噶等的蒙古及阿里军队，集结在香地的艾玛岗，在那里安营下赛。

刚刚驻扎下来，从准噶尔军队里，像破网的逃兽，跑来一个蒙古兵丁，他言道："我们的雄师从那仓的额莫库隆过来了……"

——同上，第 181 页。

次年，颇罗鼐台吉率领少数兵丁通过那仓[①]，最后来到茫茫旷野[②]。那儿没有喝的水，也没有牲畜吃的青草。从这一展无垠的青石地望去，河流模模糊糊，阳焰朦朦胧胧。顺着这无草无水的地方走到近处的察拉夏，那里有座又高又大的石头土堆。颇罗鼐台吉把冠冕插在上面，又从箭筒抽出箭来，在箭头上系上彩绸，箭笞涂上白酥油，然后将箭插到石头土堆上。

离家乡还很远。官兵们的糌粑和酥油都吃完了，大家的身体又累又乏，没法弄吃的找喝的，一时不知所措。颇罗鼐台吉心想："现在是给大家做好事的时候了。"于是，骑上骏马，带着火铳向四面八方仔细察看，宛如大鹰寻食，张眼远望。这时只见一头黑帐篷似的野牦牛[③]在不远处游动。颇罗鼐台吉心中大喜，思忖着："我杀生是为了饥饿疲惫的兵丁。"一时勇气倍增，慢慢靠近野牦牛。那头野牦牛非常可怕，见到他立即扬起锋锐的头角，口鼻喷出股云烟似的气来，发出威胁的吼叫。吼声震动了大地。颇罗鼐台吉毫不胆怯，用火镰打燃火，点燃火铳，瞄准射击，弹丸击中了野牦牛的心窝。野牦牛的心窝虽被击破，它仍然朝颇罗鼐台吉猛冲，快要扑到颇罗鼐台吉的跟前时，才倒地死去。随从们大声喝彩。那头黄牦牛的头角，可以让人们盘腿坐在上面。另外，颇罗鼐台吉又和其他几个士兵杀死了 40 多头野骡[④]。兵丁们拼命大吃了一番，将剩下的野牦牛和野骡的肥肉，熬了打茶的油。

茫茫旷野，群山似乎都隐藏到大地的背后去了；太阳仿佛从大地升起，然后又好像沉入了大地。阳焰炫耀，幻景欺人，分不出东南西北，辨不清道路。大家垂头丧气地坐着。这时，颇罗鼐台吉向三宝起誓发愿，并且向诸护法神敬献神饮。祝祷完毕，当晚就在那里住下。睡梦中，听到一说话声：你们就朝这个方向走吧。乌鸦

---

① 通过那仓：即那仓巡边。驱逐准噶尔出藏后，与准噶尔接界的藏北成为当时清王朝在西藏的重要边防之地。为了防范准噶尔再次入藏，清王朝在藏北与青海、新疆的一些关口建立了巡边及驻防制度。其中准噶尔侵藏经过的那仓是每年巡边的重要方向。《西藏志》载：自西藏至纳克产（那仓）计 24 站，共程 1 570 里，沿途俱有瘴气。又自纳克产分小卡四处：特布托洛海离纳克产 14 日，约程五百余里，其地甚冷，瘴气甚；拉克擦离特布托洛海 7 日，约程 300 余里，其地草微无柴，有瘴；库克擦离纳克产 13 日，约程 500 余里，有柴草水，俱微，有瘴。此三处俱派兵防哨。札克钦离库克擦 8 日，约程 400 余里，其地柴草水俱无。同时《西藏志》记载：雍正八年（1730 年），准噶尔侵犯西北两路军营，颇罗鼐奏准，夏初冰雪全消，青草萌时，派驻藏大臣一员，绿旗官兵 1 500 名；其次子台吉朱米纳木查尔带拉萨兵 1 000 名，前赴打木腾格那尔地方驻防；派长子辅国公朱尔吗特策夏初带蒙古番兵 2 000 名，赴门里、噶尔、波鲁多克三处驻防；每年派其弟诺彦和硕气赴哈拉乌素训练该地兵马 2 000 余名，即统领驻防；约至九月，雪封山径后撤回、休整，次年仍往，又设要卡数处。

② 茫茫旷野：那仓地处高寒，地域辽阔，很多地方荒无人烟，被称为"无人区""藏北荒原"。

③ 野牦牛：人们认为野牦牛是最勇猛凶悍的动物，能够成功狩猎牦牛是英武勇猛的象征，是力士之所为。藏语中习惯用"虎口牛角"比喻最危险的事情，用"牛蹄下脱险"比喻逢凶化吉，用"牛胆"表示勇敢。《敦煌吐蕃历史文书》中记载，724 年，赞普赤祖德赞夏天驻白那，常去羌塘狩猎。他喜好斗牛，时常以生擒野牦牛为戏。还说吐蕃出了 7 位勇士，其中头一位叫焦若仲学，他力大无比，可以将下山的公野牛往上拽。从这些记载中可以看出好男儿猎擒牦牛为勇武的表现。此处描写颇罗鼐狩猎野牦牛的情景正是体现了其勇武的一面。

④ 野骡：藏野驴，奇蹄目，马科，马属，青藏高原特有种，国家一级保护动物。野驴叫时，上唇翘天仰望，牧民说这是野驴在做驱云避雨的法术。藏北传说，公野驴口腔内含有一种能传唤太阳、驱散乌云的如意法宝，藏语叫"母朵"。用此物照向天空，立即云开日出。

会来带路。早晨，颇罗鼐台吉向随从们讲了昨晚的梦。刚说完，一只黑油油、聒噪噪的乌鸦来到颇罗鼐面前，旋即飞走。大家不再犹豫，跟着乌鸦而行，再也没有迷路。

那时，后藏将军努玛瓦[①]和蒙古阿卡德驻扎在那仓，他俩借口扎什伦布寺属下的游牧部落没有前来助战，于是对他们进行抢劫掠夺，还挑拨是非，向扎什伦布寺的大管家说，他们这样做，是奉了颇罗鼐台吉的命令。

班禅活佛心明眼亮，辨得清诚实和虚伪，因此对颇罗鼐台吉没有一点隔阂。但是，手下的侍众们却没有那么明智，他们愚昧狡诈，一副凶相。后来，管家吉钦则瓦把奴玛瓦给他的信，原封不动地交给了班禅活佛。事情的来龙去脉，终于一清二楚。班禅活佛从这封信的字里行间，得知奴玛瓦挑拨离间和诡谲狡诈的勾当，并对颇罗鼐台吉的行为极为敬服，两人的感情更加亲密了。

世界上的愚昧之徒，妄图挑拨离间，中伤他人，不想反而害了自己。这便是因果报应。欺世盗名的奴玛瓦、阿旺云丹、衮噶、若恰吉仲等歹徒，意想不到，自己竟然落了个悲惨可耻的下场。

……

严冬来临。那仓的高山平原，银装素裹，河流结冰，草场萧条。颇罗鼐台吉率军而回。徐徐而行，来到香地[②]的南木林寺。

——同上，第 194—196 页。

不久，定西将军护国公策旺诺尔布[③]向颇罗鼐台吉言道："喂，你很有胆识。昔日，克服长途行军的艰难困苦，来往巡逻，十分出色，我们在这里可以高枕无忧。现在，请台吉带领军队到准噶尔强盗入侵时路过的那仓去。我们已将情况奏明皇上，皇上下旨嘉奖，赏你财物。"

护国公给了颇罗鼐台吉一匹不值钱的普通缎子。额驸贝勒不但不愿致送程仪，而且还对颇罗鼐台吉说："给我送来 30 匹阿里骏马。"颇罗鼐台吉应允道："悉遵诸位首领之命。"

……

出兵远征，心情欢畅，就像鹅群来到莲花池。大军通过森则[④]、若错、谢南，在

① 努玛瓦：也写作后藏代本奴玛瓦。康济鼐被杀后，居住在后藏的颇罗鼐也遭受攻击。颇罗鼐在 1727 年呈送奏折反映此次事件、请求皇帝派兵时，再次提到代本奴玛瓦："我等进行了交战，虽杀伤俘虏了无数卫、工、索波的士兵，但后藏代本奴玛瓦和山南地区之兵仍投降了敌人。"

② 香地：香曲河流域，位于南木林县。

③ 策旺诺尔布：蒙古王公。1720 年，随平逆将军延信护送七世达赖喇嘛入藏。1721 年，佩定西将军印驻藏。

④ 森则：似为申扎。

满是帐篷人家的辽阔的那仓安营扎帐。颇罗鼐台吉向四面八方派去机灵的探子，摸清了情况，不再担心敌人会乘机而入。

颇罗鼐台吉对后藏的官员、定本、兵丁，爱护备至，像亲兄弟一样相待，吃的喝的，共同分享。因此，得到贵贱人等的一致拥戴，纷纷称颂。他们知道，不能懒散地闲住着。每天，兵丁们集合起来，有的苦练弓箭，有的勤习炮术，有的骑在飞驰的骏马上射箭、放火铳、刺长矛，把武艺练得十分娴熟。

那时，由于巡逻等军务繁忙，额驸贝勒要的30匹骏马还没有着落。额驸贝勒的亲随，即那个有权有势的夏惹僧便向额驸贝勒进谗言，说颇罗鼐台吉对上司不恭。

秋季来临，天空像被雨水洗刷得清澈透明，蜿蜒的河流也像蓝宝石一样洁净，草原仿佛涂上了一层黄金的溶液。早上，大地被霜覆盖，犹似白雪使者光临。这时，颇罗鼐台吉率军返回珠颇拉府[①]。

——同上，第197—199页。

就在那时，文殊皇帝有旨：命康济鼐去阿里地区。那一带的那仓、萨噶等地，因疑为准噶尔贼军出没之处，故命严加防范，勤于巡查。得到圣旨，康济鼐赓即驱骑登程。颇罗鼐台吉也一同前往。遇河坐船，策马过山，驰骋荒原，就这样徐徐前行。

——同上，第211页。

奉命出征那雪

佛父、康济鼐和其他噶伦在侍郎鄂赖[②]的府邸墨仲聚会，鄂赖言道："青海湖畔的汗王罗卜藏丹津，受皇帝恩佑，赐袭亲王，以数万两银子充实了他的宝库，对他像对太子一样的爱护。他却知恩不报，居心叵测违抗圣旨，全力抗争。不仅如此，还从许吉德攻打钦差大喇嘛相卡，侵扰地方，不得安宁。因此，应捉拿当地首领额尔德尼吉隆、诺颜朗索和墨岱齐扎桑等，平定霍尔四部。披坚执锐，驱骑掩杀，这是各位噶伦的职责，理当前往。"

康济鼐言道："我自然要去，请下命令。"

钦差侍郎鄂赖道："如果罗卜藏丹津来，或有其入藏消息，那么，我们都要同去抵敌。然而，康济鼐已经被委任为统领，只须坐镇拉萨。现在就让颇罗鼐台吉独自

① 珠颇拉府：位于江孜县，为颇罗鼐家族府邸。

② 鄂赖：雍正元年（1723年）三月，擢理藩院郎中鄂赖为内阁学士兼礼部侍郎，前往西藏办事。雍正二年（1724年）三月，命内阁学士鄂赖自藏至西宁，办理蒙古事务。

去吧。”

噶伦颇罗鼐台吉并不拒绝，连称遵命。

……

噶伦颇罗鼐台吉在众多悍将的簇拥下，渐渐行近念青唐古拉山。当时晴空万里，而突然之间那座犹似五髻干闼婆王王宫的雪峰旁边，顿时烟雾沉沉，一左一右，两列骑士，滚滚卷来，淹没了噶伦颇罗鼐台吉和他的猛将勇兵。显然这是念青唐拉山神前来出迎大军。

后来在朵那同其他军队会合。颇罗鼐大人将全军指挥得井然有序：黄昏熄火安歇，黎明起身开拔。放火铳三响为号，大军列队出发。领队的举着具誓法王和欲界自在母像的军旗，走在前面。其次是炮队。后面跟着弓箭刀斧手。再后面跟着长枪队。接着是噶伦颇罗鼐大人及其仆从亲兵。殿后的是手执各种兵器的骑兵。五起人马，依次排列，雄赳赳好不威武。滚滚大军，如狼似虎，浩浩荡荡而行。

噶伦隆布鼐及其500人马，驻扎在雅脱卡勒。同噶伦颇罗鼐台吉一起来的钦差索罗耶及其15名随从心想，这驻地外面会有专人前来迎候，可是谁也没有出来。他们十分气恼，怒形于色，恶语中伤说：“噶伦隆布鼐本不懂内地规矩，虽然无过，但是颇罗鼐台吉却不能原谅。”

过了两天，在那曲河畔安营下寨，发给军队茶叶、酥油、糌粑等粮饷。

走瘸了的马匹、病弱的兵丁都留在当地。壮丁快马，披坚执锐的武士共500多人马连夜赶路，走了三天三夜，进入敌区。横路挡着索曲河，但见赤色的波涛在翻滚，在怒吼。于是洛桑达吉代本等大多数人言道：“这里过不去。远处有座索桥，往那儿去吧。”颇罗鼐台吉命令道：“我决不准许往回寻路。”

有些人主张用绳子把木棒拴成排筏，四角扎上牦牛皮皮囊，吹胀起来，人马可以坐这种筏子过河。有的人提出，把枪托和架火铳的两角叉等拆来绑成船架，蒙上皮子，做成牛皮船过河。而大多数人却茫然不知所措。

噶伦颇罗鼐台吉不愿他们受苦，于是向神通巨大的土地神供上洁净的神饮，抛撒达赖喇嘛诵经后蘸过唾液的粮食。就像变魔术似的，一个夜晚，河水下降了一庹半深。军队过河，骑在马上，水不及腿，因此很容易涉水过去。军队刚过完河，河水立即上涨，涨得又跟原来一样深。大家心中万分惊异，谈论不已。

走在前面的尖兵是一些蒙古人和西藏人，他们同那霄[①]人交战片刻，抓了20名敌人，用粗绳反绑双手，押到颇罗鼐大人跟前。

① 那霄：也作那雪、那秀、纳克书、纳克树等。

队伍立即下马，围着喝茶，也给俘虏松了绑，让他们吃饱喝足。噶伦颇罗鼐台吉用温柔的语言、甜蜜的口气、清晰的声音，向他们面谕道：

“聪明人听着！你们的情况是这样的：现时这个蒙古部落，不可否认，深承五世达赖喇嘛活佛眷顾之后，已是噶丹颇章政府的属民。然而，考虑到青海湖畔的汗王们，本是金刚手菩萨化身法王固始汗的优秀子嗣，因此达赖活佛施恩，汝等差税从轻。然而，噶丹颇章政府在所辖地区派来的官员，有一些是恶吏，他们不遵古制，多征岁贡，执法不公，汝等不胜其苦，所以归附了青海湖的汗王们。这不是你们的罪过。如今，罗卜藏丹津亲王图谋不轨，与大皇帝为敌。正如所宠爱的儿子，竟然反抗父母。似此大逆不道，王师统帅大将军，不能容忍，大发雷霆，派遣雄师，要把那些该杀的青海湖畔的汗王和百姓，置于死地；把那些该抓的一一捉拿；对那些该护持的则予以眷顾。罗卜藏丹津亲王及其小撮随从，就像禽鸟尸首的羽毛，被狂风刮得四散飘零，奔往准噶尔人的地方去了。而我们因为遵循古训，倍加怜爱汝等无依无靠之人，所以特地来到这里。我们不是来抢地盘、争高低、动干戈的。你们应该永远归顺，恳求皇帝和达赖庇佑，以便安居乐业。如果忠言逆耳不听劝告，那么，北京的军队、蒙古的军队和西藏的军队就在眼前，后面还有源源而来的兵丁。……现在放汝等回去，汝等老老实实把这些话一五一十地讲给你们的父母、亲戚朋友和地方头目。”

言毕，给这 20 人的脖子上，个个绕上哈达，并且恩赏上等氆氇。他们连声说道：“从命。”于是拜谢而去。回去后，召集家乡群众，如实诉说了一番。这样，大家再也不想谋反，消除了敌对情绪。过了三天，那霄六部[①]的头目百姓都来归顺。

一天，颇罗鼐大人派使者告诫额尔德尼吉隆，言道：“你是如此弱小无能，无法苟安，快快归顺皇上和达赖。”他立即听从。霍尔四部的百姓也同时归顺，并且立誓说：“今后不再违抗噶丹颇章政府，遵守旨令。”头目额尔德尼吉隆被送往拉萨。

后来，抓住了危害万民圣主大皇帝的金字使大喇嘛相卡的头目诺颜朗索和梅大齐等，收回了他们抢占的金字使的财物，用掉了的则折价赔偿。两个坏头目被押往拉萨。

霍尔族的贡吉，妄图以拳击刀图谋反叛。于是，天刚黎明，军队就开到他安营下帐的地方，不顾疲劳，霎时就将其击溃。他搜刮来的财物，全被兵丁们瓜分了。

---

① 那霄六部：清代亦写作纳克书六族，其地在今比如县怒江流域。《西藏图考》载：纳克书贡巴族，百户一员，住牧洛克地方。纳克书毕鲁族，百户一员，住牧泌体牙冈地方。纳克书奔盆族，百户一员，住牧巴尔达穆地方。纳克书达格鲁族，百户一员，住牧盆索地方。纳克书拉什族，百户一员，住牧纳克沙地方。纳克书色尔查族，百户一员，住牧盆沙尼牙冈地方。

对其他的人未加伤害，始终用好言好语抚慰，使他们感到满意。这一带大小各地，诸如那霄、玉树、霍尔四部，上下仲巴、多需、白黑黄三穷布等 2 万余户，全都归附了皇上和达赖。蒙古部落谋反者的坐骑、护身铠甲、作战兵器，尽行收缴。对这一带文武并举，开导有方，彻底完成了征讨大业，如愿以偿。就这样，正如帝释天王在遍入天神的簇拥下，战败了阿修罗，高举战旗胜利而归一样，军队浩浩荡荡，返回拉萨。

以往，被征服的敌方的财物，归战胜的将士们据为己有，从未听说过要上缴国家。然而，噶伦颇罗鼐台吉却绝非贪财小人之辈，他大公无私，把所有的缴获，一概送入噶丹颇章政府的库房、马厩、牛栏和羊圈。这些财物计有：骏马 1 600 余匹；牦牛 4 100 头；犏牛 150 头；绵羊近 2 万只；黄金百两；白银 500 两；火炮 300 座；刀箭长矛 300 件；酥油 300 驮。

——同上，第 214—221 页。

遵照皇上圣旨，钦差侍郎鄂赖从多康返回；大将军周大老爷[①]与康济鼐率军从噶仓科查追杀叛贼罗卜藏丹津，西宁也派出大军剿贼。智勇豁达之士，向来渴望结交贤友，周大老爷同康济鼐商议之后，向噶伦颇罗鼐台吉言道："无论如何，请与我们同行。"噶伦颇罗鼐台吉满口允诺，曰："遵命。"

随即，大军出动。军旗蔽天，马蹄震地。走过大荒原，翻过高山峻岭，前行了很长的路程。然而，罗卜藏丹津像挣断罗网之鸟，投准噶尔而去，已经无法追赶。

严冬季节，寒骨冰心，大地披着银装。这时节，马要吃的青草，烧火做饭的柴薪，都很难找到。刺骨的寒风刮到人的脸上，眼睛鼻子，滴水成冰，须髯凝着冰凌，肢节难伸难缩，人像虫子一样缩成一团，十分劳苦。噶伦颇罗鼐台吉却毫不介意，骑着骏马，腰佩战刀，带着火铳，时而驱马行猎，射杀跑兔；时而燃火放铳，轰毙黄羊和野驴等走兽。在 5 000 多汉人、蒙古人和西藏人的军队中，没有哪个比得上噶伦颇罗鼐台吉。正如大鹏是鸟中之王，他的威名声震四方。

——同上，第 223 页。

① 周大老爷：即周瑛。清代名将，康雍乾时期人，曾先后于康熙、雍正年间任守备、游击、副将、总兵、都督佥事、骑都尉、四川提督、銮仪使、散秩大臣等职。终雍正一朝，周瑛多次跟随朝廷重臣年羹尧、岳钟琪等人转战于四川、西藏、青海、新疆等地区，立下赫赫战功，其间多次领军进藏，参与藏事处理，向朝廷进呈藏事奏稿 31 折之多，为西藏地方政局的稳定和川康青藏四省区边界的划定做出了突出贡献。

收服霍尔余部

随后，进抵拔绒。噶伦颇罗鼐台吉向当地那位无所畏惧、威慑四方的头领阿觉言道："康济鼐王被嫉妒的狂人杀害了，他们还要对我下毒手，只是没有找到机会。如今，要为康济鼐王报仇。你这位老友，要调集军队，让我们同心同德去讨伐对方吧！"

阿觉答道："噶伦颇罗鼐容禀：早在木龙年（1724 年），在纳木错湖畔，你就有言在先，料到现在噶伦们会发生内讧。那时，听说你要做我的朋友，这正是你的远见。佛爷的谕旨，噶伦们全不理会，只顾互相残杀。似此，我们后藏和阿里的百姓们已无宁日。我要亲自去征集百名骑兵。我年纪老了，身体笨拙，虽然行动十分困难，但是在大人需要用人之际，不辞一死，决不违背你的命令。"

——同上，第 256 页。

这时，颇罗鼐王爷控制了羊八井一带的霍尔蒙古人。他们的首领名叫喇嘛嘉，是个奸诈之徒。康济鼐一遇害，他立即向其他噶伦说："我们愿作你的顺民。"因此，对这个最早降敌的家伙，审讯了很久，最后，处以鞭笞，把他打发到下世去了。

颇罗鼐王爷骑着马，一整夜都在桑托罗科[①]转来转去。那一带的蒙古人都很高兴，说道："我们失去怙主和救星，不知所措，在敌人面前无法安居。现在，愿跟着颇罗鼐王爷，忠心效劳。"

大家喜形于色，高兴得不得了。

有消息说，噶伦阿尔布巴率领 2 000 人的军队，通过坡多，前来攻击。听说就要打仗，颇罗鼐王爷十分高兴，宛如热得难受的大象，急不可耐地奔向莲花池。他率领 2 000 藏蒙军队，卡住当雄的一条深谷。两天一夜，不食不饮，像大鹏守候着吃蛇。然而，消息只是谣传，结果谁也没有来。

就在后藏打仗时，大活佛吉瓦色布、大圣森巴钦布、拉莫的螺顶梵天神师都从北路派来使者。大圣森巴钦布派人送信说："歹徒们因为嫉妒他人富贵，杀害了推崇黄教的康济鼐。不顾皇上的王法，发动大战。今后，不管是福是祸，如果不能很快加强军力，那么显而易见，无数的黎民百姓一时要受苦受难，所以务必尽快地分出胜负。现在，送上十匹骏马，以供驱使。如果还需要的话，我这一带的马群，完全可供驱使。"

后来，步步推进，轻而易举地控制了颇仓松多的蒙古人，他们是佛父属民。同

① 桑托罗科：也作桑驼洛海，位于羊八井一带，在清代是连接羊八井、纳木错和扎什伦布的一个重要路口。

时也控制了那曲的蒙古人。正好比转轮王七宝生辉，千子俱在，大显神威。金轮宝开路，四军随后，一来就战斗，就进攻，就厮杀。四洲、天界的天兵神将，全都无心争抗，满口称颂，顶礼膜拜，曰：“我等臣民，恳请庇佑。”就这样，颇罗鼐王爷的军队所到之处，万众叩首，口称老爷来得好，我们归顺您。大家谈着心里话，没有人出来作对。

随后，颇罗鼐王爷和部下仔细商量作战事宜。有的说：“现在打胜仗的第一个吉兆已经出现，不用冒险了。因此，把蒙古人的财物以及妇女、小孩和老头子老太婆都迁到那仓去。王爷率领军队暂时驻扎在纳木错和当雄等地。在这期间，东方大皇帝的军队一定会来主持公道。至于那三个为非作歹的噶伦，自然是头击山岩，不会不来这里的。到时候，只要同心同德迎战，我们就会打胜。”

虽然说了很多，但是，颇罗鼐王爷并不把这些话放在心上。不管是福是祸，绝不能苟且偷安。因此，他斩钉截铁地说：“打到拉萨去!”于是，向当雄进发。

——同上，第 290—291 页。

不久又发生纠纷，传说颇罗鼐率军巡游藏北，因此我和公隆布鼐等长途跋涉（从浪卡子）返回拉萨。不久，后藏军队已逐渐占领纳木错、那曲等地区，临近拉萨，沿途驻军。

——《噶伦传》，多喀夏仲·才仁汪杰著，李凤珍译。转引自《藏文史料译文集》，中国社会科学院民族研究所历史室、西藏自治区历史档案馆，1985 年版，第 47 页。

最后，佛爷（七世达赖喇嘛）言道：“不久，我要在哲蚌寺的衮噶惹瓦园一心习经学法。届时，台吉（颇罗鼐）消灭那霄一带的恶徒，可以带来许多财物。正如我答应过的，直到证觉成道，时时护持台吉。时至今日，还没有一点不喜欢你的地方，以后也不会改变。不仅这一世，就是到了证觉成道的时候，也会加以亲切护持。”

——《颇罗鼐传》，多喀夏仲·才仁汪杰著，汤池安译，西藏人民出版社 2002 年版，第 303 页。

周瑛奏在藏防范抚绥诸事折

雍正二年（1724 年）六月二十九日

镇守四川松潘等处地方总兵官都督佥事臣周瑛谨奏，为恭谢天恩事。

……

于学士兵臣鄂赖抵藏时，臣谨遵圣训，会商得哈喇乌苏乃西海要隘，不可不慎加防范，虽派唐古忒兵八百名，令隆布奈带领在彼防守，恐不足倚重，又派参将郭寿域、笔帖式纳孙额尔克图、千把二员，带臣所领之兵一百名，偕往协同防御。又派贝子康金鼐、宰桑阿旺云登带伊部属二百名，远行侦探。又因哈喇乌苏起至木鲁乌苏止，内有纳克树、余树等一带住牧番彝，多有罗卜藏丹津部属，设其被大兵杀败，逃匿前来，在此哨聚，亦大有关系，随派委参将赵儒带把总二员，领臣所领之兵一百名，又派噶隆颇罗奈带唐古忒兵一千五百名，贝子康金鼐委其部属台吉初柯拉等领其部兵二百名前往相机剿抚，并确查罗卜藏丹津踪迹。臣等随一面遣发，一面报明抚远大将军公臣年羹尧在案。

今仰仗圣主恩威远播，纳克树、余树等处土目图尔古特、台吉额尔得尼吉隆丹仲等，咸皆倾心投诚。臣等又会差笔帖式博德、千总段起贤前往确查，均属真诚投顺，共计一万三千六百余户。臣等造册呈送抚远大将军定夺汇奏外，其参将郭寿域等于哈喇乌苏亦招抚部番四百余户，并于要隘处所数起盘查拿获西海潜逃来藏之逆党阿额正沙不隆等二十余名，及罗卜藏丹津于去年差来西藏之宰桑虾谆他喇等九名，又吹拉克诺木齐差来之委正台等四名，均遵大将军令谕臣等会同悉行正法示众；其中有牵连之唐古忒蛮人更敦尔吉兔等数名，亦分别轻重惩处……

臣复饬令参将郭寿域同隆布奈等，谨慎隘口，严加盘查，远行确探外，再臣先因遣发参将郭寿域、赵儒等带兵前赴哈喇乌苏一带防查去后，驻藏官兵，似觉颇单，况奉抚远大将军令谕行知，青草起时，西宁大兵出口进剿……

——《元以来西藏地方与中央政府关系档案史料汇编》（第二卷），中国藏学出版社 1994 年版，第 360—361 页。

岳钟琪奏报阿尔布巴等潜行迎见周瑛窥觇情形折

雍正六年（1728 年）六月十四日

陕西总督臣岳钟琪谨奏，为汇案奏闻，恭请圣鉴事。

……

随于六月十二日准驻藏副都统臣马腊、学士臣僧格咨称：为知会事，内开：本副都统等为奏闻事。五月初五日臣等见达赖喇嘛，据达赖喇嘛窃向臣等云：闻得颇罗鼐从达木地方派兵三百，往哈喇乌素一路去了。他们迎着大兵，捏造言语，告诉领兵大人，亦未可定……

——同上，第 408 页。

岳钟琪复奏驻藏之师不宜撤回折

雍正七年（1729年）四月十八日

陕西总督臣岳钟琪谨奏，为遵旨议奏事。

……

更请皇上密饬驻藏之迈禄及颇罗鼐等，俟明年七八月间，令颇罗鼐带领阿里番兵在那克禅[①]一带，凡通谆噶尔[②]要路，预为严守，更属有益。

——同上，第458页。

谕僧格颇罗鼐所领巡防兵于雪后撤回并赏官兵银两

雍正八年（1730年）七月十一日

议政王大臣等议奏：学士僧格、贝子颇罗鼐所领巡防兵，应令于降雪后撤回，俟明岁进兵时仍往腾格里脑儿[③]驻扎。

得旨：今年大兵既停进发，著行文与僧格等，令伊等酌量于未降雪之前撤回，明年著僧格仍旧带往。其绿旗官兵照今年赏给之例赏给。再发银一万两，著颇罗鼐明年酌量赏给唐古特等之兵。

——同上，第458页。

① 那克禅：即那仓，又写作那克产等。

② 谆噶尔：即准噶尔。

③ 腾格里脑儿：蒙语，天湖之意，即纳木错。

焦应旂游历情形

（1720 年）

一、人物简介

焦应旂，生于康熙朝，自称泾阳县（隶属陕西咸阳）知事。著有《藏程纪略》，被认为是清代最早的进藏记程之作。

二、游历概况

康熙五十九年（1720 年），清朝大军第二次入藏驱逐准噶尔，并护送七世达赖喇嘛进藏。焦应旂奉调押运，转运粮储，于 1720 年 4 月从西宁出关，至通天河大将军胤禵驻地。之后，他又接到新的任务，为已经启程的平逆将军延信随后押送牛羊，接济粮饷。由于行走在后，加之旧站改移、塘站撤去，焦应旂一度失去前方踪迹，唯有自觅进藏之路，所携骡马在唐古拉山一带多次遭遇抢劫。返回时，他经嘉黎一线东归。

三、文献原文

于八月十一日启程，十七日渡七岔河，其处乃微行小径，无人迹往来，无番夷住址，深山穷谷，罔识道途。惟相其形势，审其方向，指西南以行，虽早夜奔驰，而心中茫然，不卜所之何地也。既而得归大路，会官兵安塘其地，忧方稍解。计木鲁乌苏至此仅六七日之程，而失路迁延已半月余矣。正欲倍道兼驰，奋力前往，不期旧站改移，中途多阻。时将军延（信）[①] 因前军战捷，虑贼截后粮路，令撤旧塘，改于山南[②]。由是觅向导，达新台，入无人之境，艰辛苦况，较日前倍甚。塔子头[③]

① 延信：清太宗皇太极曾孙。其在抚远大将军、康熙十四子胤禵坐镇青海指挥下，率军入藏征讨准噶尔，并护送七世达赖喇嘛进藏。

② 山南：此处指唐古拉山以南。

③ 塔子头：蒙语塔拉的汉语俗称，意为“草甸”。

上，帐冷毡寒，水草滩中，人颠马仆。入深谷则乱石参差，爪牙争错也。越打班[①]则层峦峭壁，手足伏行也。又况番夷狡悍，剽掠成风，百十为群，潜匿幽僻，昼则夺物，夜则劫营。余甫过哈喇乌苏，而骡马抢去已尽，即我同事诸公，亦鲜有不受其累者。如此凶顽，是又不待教而诛者也。仲冬朔日，方抵西藏，至则我师告捷，逆贼败走，而达赖喇嘛已入座矣。

……

值大兵凯旋，随之东归。是时裘敞金尽，骡马不能置，惟购牛数头，仅载帐房衣被，轻骑以从，他物悉屏弃，仆从步随。逾墨竹以长征，向江达[②]而就道，穿林入泽，履险蹈危，或步石级，或缘木栈。阅二十余日，望拉里[③]之山，高耸插天，自山下起行，尽日乃及山肩，天晚不能过。其地皆乱石险窄，平不满丈，且烟瘴甚大，无片柴寸草，虽勺水难觅，乃坐卧一夕，人马俱冻馁。次日，陟其巅，则坚冰滑雪，万仞崇岗，如银光一片，俯首下视，神昏心悸，毛骨悚然，令人欲死。不得已，乃铺毡坐雪上，腰系以绳，仆从前拖后曳，盘旋而下。行李什物，凭空而掷，牛马则缚足下坠，伤毙者大半，是诚有生来未历之境，未尝之苦也。夫何行动正艰，口粮告绝，且番地又不产米，惟日食青稞以充饥腹，如此者半月，当除夕佳辰，元旦令节，求粒米沾口不可得，困顿至此，其何以堪。厥后行至察木多[④]……

——《藏程纪略》，焦应旂著。转引自《〈西藏志〉〈卫藏通志〉合刊》，《西藏研究》编辑部编，西藏人民出版社 1982 年版，第 62—64 页。

① 打班：即达坂，“垭口、山口”之意。焦应旂被征调西藏之前，在新疆一带从军，故文多此用语。
② 江达：今工布江达县。
③ 拉里：今嘉黎县。拉里之山即拉里大山，今写作奔达拉。
④ 察木多：今昌都市。

吴廷伟游历情形

（1720 年）

一、人物简介

吴廷伟（1676—?），字端人，扬州高邮人，历清代康熙、雍正、乾隆三朝。任陕西同州（今渭南市大荔县）知州时，值康熙第二次出兵西藏驱逐准噶尔，被推荐随军督运粮草，出藏后任陕西洮岷道员。

二、游历概况

吴廷伟于康熙五十九年（1720 年）四月二十八日，由西宁启程，七月十四日至木鲁乌苏。后与延信将军同行，经当拉、那曲至拉萨。此线路即为延信进军路线，之后因袭成为清朝西宁至拉萨主路。其回藏路线与其他游历者有所不同，是经墨竹工卡至嘉黎、白嘎、索县江达乡，再到丁青、类乌齐、察木多。此条路线也曾记于光绪三十年（1904 年）《西藏全图》，但不见于其他藏北游历者记载，故所记路程颇有价值。

三、文献原文

木鲁乌苏沿通天河向南，走过四个土山岗，好走，沙土路，草甚好，河东岸新建一土城，周围四百丈，高一丈，名为闻喜城，立有一小石牌，城西北五里，为大将军[①]作牛皮筏子渡兵之处。河西岸有一石砌小塔，三丈高，两边有小庙名睐经台。顺河东岸向南走三百多里，过二十二个土山，大小不等，有好走处，也有不好走处。看见山口向西走，乃是七岔河地方，因此处水分七岔故名，要过河，先令人骑马于辰、巳、午时试看，水不过马腹深，未、申、酉时水必长，不可过。过河西岸，向北走一百余

① 大将军：抚远大将军胤禵，康熙帝十四子，指挥清兵第二次进藏驱逐准噶尔。

里，仍归库库赛[①]，过河走来之路，草好。平逆将军延公信在河西岸住八日。一队火器营，七月二十四日在七岔河过，八月初二日与将军同行，计程五十里至库库赛。

向南大偏西走，有些塔子头路，水草俱好。计程三十里至土股儿佗罗海[②]，入南山口，过一土山，一漫坡，上下三里，有些塔子头泥水路。此站不甚好走，草好有河，计程六十里，至东不勒兔[③]。向西走过四道土山岗，一大土山，好走。先有塔子头路，后宽平好走，水草俱好。计程七十五里至大牙拉浩秦茶罕哈达，向西南走过两道河，过三四个土山岗，好走。入山口内路窄，有石块，塔子头泥水河不好走，出山口往西走，过三四个土岭，有些塔子头，草好有河。计程六十五里至塞音库本[④]，向西走入山口，有塔子头石头泥水，走山边坡路。过一山，二里有石，下山路甚窄，不好走，出山口路宽。过二土山岗，有河草好。计程七十里至多伦必兔立[⑤]。向西走过二土山岗，一道河，有干塔子头，路宽。下营处有泥水塔子头，草好，有河。计程八十里至不哈色立，一直向西南走，从此尽是往西南路，至此路过一道小河，二三个山岗，好过路宽，干塔子头路多，泥水塔子头路少，有河草好。计程六十五里至阿儿个忒门他拉，走两个平土岭，好过，此站干塔子头路多，泥水塔子头路少，河草好。

计程七十里至阿克大母果儿东边，亦是干塔子头路多，泥水塔子头路少，过一大岭，一漫坡，上下三里，名巴颜喀拉拉大八罕，上边有些泥水塔子头路，好过。又过阿克达母[⑥]河。水清东流，马腹深。又过一坡，草好，有河，计程六十五里至拉八忒门他拉[⑦]，过一岭，有漫坡，上下三四里，有些塔子头泥水路。下岭路宽好走，过一道大河，一小河，水草好。

计程七十五里至以可挪莫浑五八士岭[⑧]东边，有几处塔子头混水路，过一平山，上有石块难走，下山过一河，四五股水，又上 坡，下营处有塔子头，水草俱好。

计程八十里至西挪莫浑岭中间，过以可挪莫浑五八士岭，又一漫坡，上下四五里，塔子头泥水难走，岭上有一大堆石。有石头砌的两间破房子[⑨]。过三道河，此站干湿塔子头路多，有河草好。

---

① 库库赛：也记作苦苦赛尔桥，为通天河上的一个重要渡口。

② 土股儿佗罗海：也作土乎鲁托洛海。蒙语。土乎鲁，被解释为不满周岁的小犊。托洛海，《同文志》谓“首也、头也”，比喻山。

③ 东不勒兔：山名。

④ 塞音库本：也写作赛柯蚌、赛柯奔。佐藤长注为“美好的湖岸”。

⑤ 多伦必兔立：《西藏全图》写作多伦巴兔儿，为今杂多当曲河北的山。

⑥ 阿克达母：亦作阿克达木。《同文志》解释为水不能饮，多泥淖。应为今当曲河。

⑦ 拉八忒门他拉：亦作忒门塔拉。蒙语。塔拉为“平甸”之意。为当拉岭北山脚下的大草甸。

⑧ 以可挪莫浑五八士岭：蒙语。也作伊克诺木罕乌巴什。伊克，意为“大”，即藏语中的唐古拉山。为当拉山口所在山脉。其翻越山口为今聂荣县康根拉，青海称为“果优拉”。

⑨ 两间破房子：今康根拉，即“山口有房子”之意。当地群众言在以前，山口有房屋，现墙基尚存。

计程六十五里至八罕挪莫浑五八士岭[①]东边。东边过五个土岗，都是塔子头泥水路。后稍平，过六七道河，一大平岭，有些泥水塔子头，大小水池子，不好走。下营处草好，有河。

计程七十五里至不母出果儿[②]，过三四个土岗，过八罕挪莫浑五八士岭，又有一漫坡，上下四五里。岭上有泥水小石头，过三个山岗，三道河，一大岭，一漫坡，此站泥水塔子头多，难走。干路只有十里，草好，有河。

计程七十里至白克果儿[③]，过七个岭，都是平岭，前四岭塔子头泥水路难走，后三岭路干好走。过二道河，水草好。八月十五夜，大兵住此，有贼来偷营，打仗贼败。

计程八十里至沙克果儿[④]，过一道大河，一平岭，漫坡好走。下营处干湿塔子头俱有，水草俱好。

计程五十里至闷赞西主[⑤]，入山沟，中间有塔子头泥水，两边有小石，过一平岭，上有塔子头，泥水甚深，多大石，兼多水池子。约十里，甚不好走。下营处有大小水池塔子头，水草俱好。

计程六十里至棹挪果儿[⑥]，向山沟内走山边路，干湿塔子头多，连过四道土山，好走。过山后路宽，过四道河，有泥水塔子头路，草好，有河。八月二十日夜，大雪，有贼四更时来偷大营，放炮枪打败。

计程七十里至厄不出[⑦]，走塔子头泥水路十余里，过一土山，东边有泥水塔子头，不好走，下山沿边好走。中间有泥水塔子头，草好有河。八月二十二日夜，有贼又来偷营，打仗贼败。此地瘴气更甚，兵丁人等得病，吐淡红血水，不过两日必死，百无一生。

计程六十五里至杵乌拉克[⑧]，过四个山岗，又过一大岭，一漫坡好走。此站有塔

---

① 八罕挪莫浑五八士岭：蒙语。八罕，意为“小”，可理解为小唐古拉山，是从青海方向翻越当拉岭后不久又见到的一个山脉，其山口对照今地图，似为孜锐拉。

② 不母出果儿：也作巴木汉。不母出，藏语，似为今彭曲或彭帕纳曲。在今聂荣县桑荣乡北，为本曲河上游。果儿，蒙语，滨河之意。

③ 白克果儿：也作卜克河，似为今白曲河。《清实录》载：“平逆将军延信等率领大兵，于八月十五日，驻扎卜克河地方，是夜策敦多卜等率众来犯，击败之，夺其马匹、器械。”

④ 沙克果儿：《同文志》解释“沙克”为蒙古语河流湍急之意。在《西藏全图》中，沙克河在索克河之南，应为今夏曲或下秋曲。其地在今聂荣县城北。佐藤长注为下克曲。

⑤ 闷赞西主：清代也作蒙咱，在《西藏全图》中位于沙克河与博克河的交汇处。根据文中水草俱好的描述，应为河滨一牧场。今聂荣县牧场即在其地。

⑥ 棹挪果儿：清代也作齐嫩郭尔、绰诺果儿、楚那克果儿，在喀木哈拉山口与达占拉山口之间。应在今聂荣县色庆乡曲那卡村一带。《清实录》记载：“二十日驻扎齐嫩郭尔地方，三更时，有贼兵二千余人来袭我师，我师严整备御，贼众久持不能抵敌，遂奔北。”

⑦ 厄不出：为注入错莫绒的一条河流。《清实录》记载：“二十二日驻扎绰马喇地方，是夜五更，又有贼兵千余劫营，因营中四面哨兵，枪炮矢石齐发，贼兵被伤身死者甚多，余贼皆望风而遁。”

⑧ 杵乌拉克：也作楚莫拉克，在错莫绒附近。

子头五六处，过三道小河，下营处泥水塔子头，草好，有河。

计程五十五里至喀拉乌苏东边[①]，过二道河，一漫坡，好走，有三处塔子头路。此站平正好走，下营处有些小塔子头泥水。草好，有河。

计五十里至喀拉乌苏西边，向西走五六里平路，过黑河，水不过马腹深，淡黄色，东南流，好过。河西边有大小池子，草好。

又走四十余里，共计五十里至不鲁儿乌占[②]，过一土山，漫坡好走，此站有两处泥水塔子头路，宽平好走，下营处潮湿，草好有河。

计程五十里至不奈莽奈，过三道土山，一漫坡，长七八里，东边山上有二处泥水塔子头，路还好走，小河草好。

计程五十里至哲隣佗罗海[③]，过一平土山，一漫坡，长七八里，东边山上有二处泥水塔子头，两边山下有一塔子头泥水大，塔子头处，不好走，连过三个土山，一漫坡，三道河，好走，水草俱好。

共计程六十里至义罕乌苏[④]，过三个土岗，三道河，河内有石头，此站宽平好走，有河，草少，有薪。

计程八十里至达母[⑤]，过一大河，又长土坡六七里，好走。坡西有一石砌塔，二丈高，坡下有泉，又过一坡，上有石砌塔八座，又过一河沟，三个土坡，草好，有河。

共计程七十里至羊阿拉，入南山沟，有几处石头路窄些，下一大坡，五六里长，好下，有河，草好。

计程五十里至雷东庙，顺北山边走向西，上一山，上下窄些，至顶上一漫坡，下三四里长，好走，下南山边，仍有一路不好走。下山顺沟走，窄路多，多小石，沿沟有河。走二十里向西南转弯，有两三处破石房，有田地，沟宽。从此起有人家，上坡草好，有河，天气渐暖，此一带是唐古特居住。又进西南山口，走山边坡边路五六里稍窄，有石头，沿沟有大河，过此山边路宽多石，走三十里，乃是铁索桥，有两根极长极粗的铁索，钉在两岸山石上，皮条编网兜住，铺板于皮兜上。

……

自藏回经拉萨，东西洋阿渡口，过藏莫立河，计程五十里至彩□，计程五十里至得秦宗[⑥]，计程六十里至取也取喀，计七十五里至冲右立宫，以上经过俱有村庄树

① 喀拉乌苏东边：今那曲镇附近。

② 不鲁儿乌占：《西藏全图》作波鲁楚，流入那曲河。

③ 哲隣佗罗海：推测指桑丹康桑雪山。

④ 义罕乌苏：蒙语，即白色河流。

⑤ 达母：即达木。

⑥ 得秦宗：德庆宗。今达孜县德庆镇。现达孜县为原达孜宗和德庆宗合并而成。

木，草好有河，计八十里至擦儿库塘。过刚葛儿岭，水草好，有薪。八十里至立公堤[①]，有庙近人家，水草俱好。

八十里至索喀，一路有草薪，近河。七十里至紫起那，过公噶儿山[②]。计七十至郭拉辫那，过子起兑岭，有河，柴草好。计程七十五里至果拉那莫那果，过果儿拉岭。计七十里至出库公喀，过稜兰拉萨岭[③]，俱有水草。

计七十五里至稜兰拉萨。计六十里至拉里[④]，过河有庙及村舍水草。六十里至果新[⑤]，八十里至噶拉农，过加拉素母多浓岭[⑥]。八十里至古囊，以上俱拉里所辖，俱有草、有树、有河。

计程六十五里至结书冰噶儿[⑦]，有大村庄。七十里至羊阿多[⑧]，七十五里至林达[⑨]，六十五里至拉公塘[⑩]，过扎母拉噶岭，七十里至甲母达[⑪]，七十五里至中定。以上俱结书冰噶儿所辖[⑫]，俱有草、树、河。

八十里至输怎马，过拉萨出浓岭，七十里至龙布记罗[⑬]，过巴拉尼窿岭，七十五里至班达苏母多[⑭]，七十里至马能，过雅塘岭，计七十五里至龙宗萨母，以上俱索儿赞旦公[⑮]所辖。俱有草、有树、有河，间有庙。

八十里至旱多，六十五里至错千个，七十里至落满多，七十里至果记，过沙鲁个衣岭。七十里至噶母顺，以上俱胡户挪儿[⑯]所辖。

过刚达拉尼巴岭，八十里至文秦扎多，过莫克塘达克党岭，计七十五里至类伍齐，有大庙。

——《定藏纪程》，吴廷伟撰。转引自《川藏游踪汇编》，吴丰培辑，四川民族出版社 1985 年版，第 25—32 页。

---

① 立公堤：也作直贡、直孔、必立公等。

② 公噶儿山：《西藏全图》记作岗噶拉山。为今墨竹工卡县与嘉黎县之间的山岭。

③ 稜兰拉萨岭：也作冷拉山。位于今嘉黎县夏玛乡和嘉黎镇桑前松多村之间，西藏和平解放时，张国华率领军直机关经过此山。

④ 拉里：即今嘉黎镇。

⑤ 果新：即今鸽群乡，也作郭欠松多。

⑥ 加拉素母多浓岭：也作嘉拉松多。位于今鸽群乡与羊秀乡普宗沟之间的山岭。

⑦ 结书冰噶儿：也作嘉雪奔噶。即今比如县白嘎乡。

⑧ 羊阿多：也作雅安多。姐曲河形成的一个大平坝，位于今白嘎乡与边坝县尼木乡交界处，是索县经嘉黎至拉萨一条古道的必经之路。

⑨ 林达：位于比如县白嘎乡，旧时有林达宗之称。

⑩ 拉公塘：也写作拉贡洞，位于今边坝县尼木乡所在地一条沟谷之内。

⑪ 甲母达：今索县江达乡。

⑫ 结书冰噶儿所辖：此地设有加登宗，辖白嘎、古西、忠唐、加如、孔如、秀昂、江达、秀曲、秀珠九地。文中所述概为此意。

⑬ 龙布记罗：似为绒布。

⑭ 班达苏母多：为巴达松多，即今丁青县巴达乡。

⑮ 索儿赞旦公：即今索县赞丹寺。该寺由五世达赖喇嘛授意扩建。固始汗进藏将军巴、绒布、索雪等部落作为接受金刚灌顶大法的灌顶供奉，由赞丹寺管辖。

⑯ 胡户挪儿：即霍尔，为霍尔王所辖。

七世达赖喇嘛游历情形

（18 世纪前期）

一、人物简介

七世达赖喇嘛格桑嘉措（1708—1757 年），理塘人。1716 年遵康熙之命，青海诸台吉迎请七世达赖喇嘛于塔尔寺。1720 年，康熙帝第二次用兵西藏，成功驱逐准噶尔，同时派人护送格桑嘉措入藏，并在布达拉宫举行坐床典礼。1728—1734 年，清朝为消除准噶尔的威胁，将格桑嘉措从拉萨移居到康定西北的惠远庙，并对其进行保护。1735 年，准噶尔威胁解除后，又将其送回拉萨。

二、游历概况

格桑嘉措在藏北的游历与其人生两次大远行紧紧联系在一起。1720 年，他随清军入藏，走青藏当拉岭一线。该线路后为清代拉萨与西宁之间的主要道路。1728 年，他前去康定惠远庙，经嘉黎走川藏一线。1735 年，由类乌齐经三十九族地区返回拉萨。这三次行程基本覆盖了清代藏北的主要进出藏路线，沿途所记，折射了当时藏北的社会样貌。

三、文献原文

当格桑嘉措一行越过东吾拉①、唐古拉和普肖时，遭遇厄鲁特准噶尔正在返回故乡的部队，但未遇到麻烦。接着经过错木拉②、那曲和热振、达隆到达拉萨。

——《青海历史·梵音新雅》，松巴·益西班觉著，汪什代海·彭措译，青海民族出版社 2017 年版，第 19 页。

① 东吾拉：应为通普拉。
② 错木拉：也作卓木拉、措毛拉、楚木拉池。今写作错莫绒，为那曲镇北去聂荣行经的一处小湖泊。

行至东布热地方，送行喇嘛的特固代克雅和噶利达两人返回时，舍不得喇嘛，泪流满面，喇嘛慈悲教诲并赠物遣回。行至阿旦木[①]，接见博硕图岱青等首领及其属民，为清朝将军等率兵返回提供顺缘。行至当拉[②]，南杰扎仓的八名僧人祈祷供养，献盔甲等物。此后，行至波合[③]地方，一天快到一部分准噶尔兵的驻扎地时，众人担心会出现情况，喇嘛安慰众人说："无妨。"由于众护法本尊护佑，未发生任何骚扰。此后，喇嘛向济农头人做长寿灌顶。跟随侍候喇嘛的诸王族首领、清朝官员献供养财物，喇嘛为之授法。渐次行至措毛拉巴[④]，索噶丹派林寺[⑤]的上师僧人献金、银、绸缎、马牛等大批财物，接见扎什伦布寺派来迎接的译师拉尊，并亲切问询。行至那曲，为译师拉尊送行。此时，行帐附近地区疫病蔓延，为禳灾祛病，新旧南杰扎仓向三界主母等众护法神祷告，讽诵《长寿陀罗尼》《叶衣佛母明咒》等，大做佛事七天，喇嘛自己亦目缘本尊，疫病遂息。渐次行至布哈芒尼，那曲地区的两千信仰者来献大批财物。行至巴戎[⑥]，卫藏各寺院、贵族僧俗来献信函礼物。行至雍热拉昂，噶伦隆布鼐、襄佐濯浦瓦、扎尔鼐、避世大善知识夸多本洛、热振寺堪布罗桑达吉等前来拜见。此时，奉大护法授记，众侍从及南杰扎仓做祈寿顺缘法事。

——《七世达赖喇嘛传》，章嘉·若贝多杰著，蒲文成译，中国藏学出版社 2006 年版，第 48 页。

(1728 年）此后行程中，于格萨塘有奥噶宗其寺僧，于司京塘有达布琬仁曲代寺僧，于贤巴塘有干布活佛、东噶活佛、娘布桑森、日卡寺，于江达有厄绒巴、加果畦、姜格庄巴、恰那巴等，各按财力献礼。行至擦秋卡[⑦]，赞布诺们汗之化身返回。驻锡鲁贡拉[⑧]山下时，北山林区失火，火势烧近营地，喇嘛心缘火势，祷告护法，火舌回转，住地遂安。

——同上，第 96 页。

(1735 年）行至布托湖[⑨]，奉献金银、绸缎等，祭海祷告。行至扎西塘时，扎西

---

① 阿旦木：清代也作阿克达木，为翻越当拉山口前的一条河流。今杂多县当曲河。

② 当拉：清代翻越唐古拉有拜都岭、当拉岭、阿克达穆楚帕里三个山口。当拉山口为最主要的通道，位于另两个山口之间，今在聂荣县一侧称为康格拉，青海省一侧称为果优拉。

③ 波合：清代也写作泡河老。

④ 措毛拉巴：即今错莫绒。

⑤ 索噶丹派林寺：应为今赞丹寺。格鲁派寺院。

⑥ 巴戎：拔绒。

⑦ 擦秋卡：也作擦曲卡，位于嘉黎县，为清代一处塘站，附近有地热泉水，故名。

⑧ 鲁贡拉：今作鲁公拉，为一大山。经擦秋卡过鲁贡拉，进入边坝县加贡乡。

⑨ 布托湖：位于丁青县，为两个湖泊的通称。

曲林寺[①]僧人等从琼布赛擦柯的完德扎仓排仪仗迎喇嘛至行幕。拉布坦加果齐[②]因病中途耽搁，此时赶至，喇嘛摩顶问话。达贡寺、拉德、玛贡寺、宗噶俄果、扎隆、雅勒、达囊静房喇嘛、邬静房喇嘛、拉东静房僧、夏多布德寺、扎西林寺、噶丹三珠林新寺、那雪布如寺、多贤达吉寺、热柔寺、派吉林寺、摩仁寺、恰仓巴、果贡寺、本布日香巴、噶松林等寺喇嘛僧徒各献财物晋谒，喇嘛授所欲之法，向皇帝之官员福钦差和加果齐及士兵五百人赠良马、白银、茶叶等大批赏赐。林宗扎仓、拉旦寺、赛擦头人等五百人献物晋谒。此时，本教神祇显凶险状，猛降暴雨，雷声剧烈，堪钦持金刚亦云其梦兆险恶。喇嘛以此为所缘境，由堪钦持金刚祷祀土地神祇，遂天气放晴，山洪减小。第二日，行幕、众人平安过河。此后，擦瓦扎仓、超仓头人、麻绒头人、鲁达、都哇头人、仲巴头人、南擦邦玖寺等各献财物，喇嘛分别授各种所欲之法。

此后，渐次行进，拉旦林寺[③]上师执事僧人来迎，喇嘛向绒布[④]等附近数百众生摩顶赐福。坚达寺、加敦沽佛、德伦珠丁巴、加敦庄园主热孜巴和塘玛巴、达宗宗本者保、绒本等奉献供养物谒见。噶雪群科林寺[⑤]僧奉献大批布施祈寿，喇嘛以所欲之法使之满足。图切曲河水湍急，作迎驾准备的人员于河上架桥，桥身一度不固，又遭雷击等，多有凶兆，自喇嘛于类乌齐礼佛后，水流变缓，桥身遂固，此时平安渡过，咸觉神奇。索噶丹派林寺之属寺、领主所属百姓和直贡寺所属百姓、霍尔曲本头人、君巴[⑥]拉达等奉献财物谒见，喇嘛为彼等授法。

此后行至哇哇塘时，索噶丹派林寺来迎，喇嘛接见附近牧民及噶雪巴等僧俗千余人。驻锡旃檀寺[⑦]附近时，西藏贝勒颇罗鼐所派仲尼穆浦巴和济仲罗桑达吉、绛巴等 3 名僧人，弟弟衮噶丹增，公子贡却等来迎者 100 人至，献上信札、坐骑、鞍具、乐器等，喇嘛为彼等摩顶、赐茶、交谈，接见掘藏师尼玛扎之转世等一些僧俗，授《麻尼药丸悉地略明》的经文传承。此后，由僧众以仪仗迎入索噶丹派林寺，作牧民式承侍，献身语意所依等实物，念诵祈寿吉祥真言。同时，蒙古牧民公众或私人皆奉献马、牛、酥油等大量布施，喇嘛授《麻尼药丸悉地略明》的教诫等数种所欲法，

---

① 扎西曲林寺：位于丁青县色扎乡。

② 拉布坦加果齐：即郎中拉布坦，《世宗实录》卷载，雍正十一年十一月壬寅（1733 年 10 月 30 日）谕理藩院："照看达赖喇嘛之都统鼐格在彼居住有年，年亦老迈。一等侍卫福寿，著赏给副都统职衔，同理藩院郎中拉布坦前往更换。"

③ 拉旦林寺：似为绒布热登寺。

④ 绒布：今索县荣布镇一带。

⑤ 噶雪群科林寺：位于索县加勤乡，全名嘎秀噶丹琼廓林寺，由噶玛巴二世活佛创建，后尊奉格鲁派。

⑥ 君巴：也写作军巴，为索县军巴区。

⑦ 旃檀寺：也作赞丹寺。

向佛堂和护法殿献哈达祈愿，礼拜《甘珠尔》经。于行幕中，霍尔邬藏台吉[①]主仆、头人者吾本、索南东珠等各献财物谒见，喇嘛接见那雪的来迎者上师扎巴群觉和邬安坚赞、18位长者、那雪秀塘寺和色塘寺等寺僧俗2 000人，向他们摩顶，为各蒙古人寺院散发布施，勉励他们恪守律戒。此时，派吉林寺许多僧人向喇嘛立誓要闭关念修本尊一月或数个七天，喇嘛甚喜，祝愿其善行回向三菩提。贝勒颇罗鼐通过仲尼穆浦巴要求喇嘛将其人员留用为近侍，说在当今乱世，这对于不起是非、消除分歧皆有必要。按是请，留用济仲罗桑达吉为森本、绛巴为索本、扎西库巴·益希南杰为寝宫侍卫、擦德哇·罗桑桑布为司膳。然后来部分人福分浅薄，品行不规，未能侍候到底。喇嘛为弟弟衮噶丹增、舅父之子贡却和穆浦巴等赐赏送别。此后，琬噶喇嘛达浦哇奉献大批财物，喇嘛与之共茶、交谈、问话。此外，堪巴古吉、布如寺上师、包达古典巴、代央喇嘛之化缘僧、布如和包达扎仓、达周寺、官贡新寺、那雪达梅、拉丹和若青等寺的喇嘛僧徒、噶丹涅绒寺之卸任喇嘛、琬喀、那雪达东寺、叶查寺、群科林寺、新寺等寺院僧人献财物谒见，喇嘛为彼等授所欲法，向那雪地区的一切寺院散发布施。

渐次行至厦曲帕日山，扎萨克台吉诺颜和硕齐、霍尔擦瓦达之4位台吉、穆俄脱之6名小头人、雍索之15位达若卡、安多4名头人等500人前来迎驾，喇嘛摩顶问话。包俄和隆务寺[②]之喇嘛僧徒谒见，喇嘛授所欲法。派专人去当拉奉献具有祝愿之词的经旗和供品。喇嘛接见达若卡索南才让等僧俗千余人，摩顶赐福，复函贝勒颇罗鼐将于热振停留三日，然后于七月十一日抵达拉萨。

驻锡那曲赤达多时，达赖巴图尔居美南杰主仆等大批人员来迎，喇嘛摩顶，一起饮茶问话。在此前后，喇嘛每日接见数千僧俗。此时，扎萨克台吉诺颜和硕齐向喇嘛及其随从献饮食面点果品供养，那曲所属霍尔和蒙古人、安多的上师头人、所有部落庶民等均献马牛等大批布施。青海和喀尔喀数部首领之额齐至，尼塘夏茸和日若德钦寺之执事僧人亦从西藏赶来迎驾，谒见喇嘛。来时那曲河水上涨，此时水位突降，由父尊领头，骑马过河。达赖巴图尔去当雄准备迎驾事宜，喇嘛为彼摩顶，派扎仓僧16人去向念青唐拉神奉献铠甲、五色题词哈达及金银、茶叶、绸缎等供物。

行至巴绒[③]，热振人来迎，僧华代等数千僧俗晋谒，献马牛等布施。此后逐渐行进，由达赖巴图尔主仆多人迎至原名叫邬玛多，因是年因缘，故易名为扎西塘地方

① 霍尔邬藏台吉：也作武京台吉、觉吾吉，第十代霍尔王。
② 隆务寺：翻译有误，应为绒布寺，指今夏绒布寺，位于今那曲市色尼区孔玛乡境内。
③ 巴绒：古路镇拔绒寺附近。

的行幕。在此，甘丹赤巴仁波且坚赞僧格、三位活佛、夏尔巴曲结及三大寺上师执事等、贝勒颇罗鼐索南多吉、噶希公、噶伦多喀哇·才仁旺杰、吞巴司觉才旦、仲则哇等为首的西藏要员共数千人前来谒见喇嘛。会上，贝勒颇罗鼐手捧银制大曼遮，赞扬喇嘛功德，叙述喇嘛去噶达后雪域藏地一切尊卑祈愿返藏之情和今日复见尊容之福分，祈祷喇嘛永住世间，弘法利众。喇嘛回说："自己虽无教证功德，然受历代文殊大皇帝法王之恩抚，委以持理黄帽圣教和藏地十三万户之重任，倍加赞扬，自己亦祈祷三宝，尽力于圣教众生。但浊世之藏地尊卑民众，魔迷心窍，多出事端。今藏地安乐全仰赖你我施主福田，自己依然虔诚祈祷三宝，为弘扬以格鲁派为首的佛陀圣教，置藏地众生于安乐而勤勉不息。足下亦矢志不渝，心地清净，尚望永远如此，勉之。"喇嘛言辞中肯，语意动人，当日向贝勒颇罗鼐赏赐无量寿佛像、皇帝所赐银器多种、黑狐皮帽、珍珠大耳坠、珍珠念珠、全套缎子服装等大批赐物，喜筵丰盛，且作歌舞供养。会后，三大寺上师又献果品，私谒喇嘛。喇嘛与彼等相谈，并向当雄蒙古族及来自各地的 4 000 信徒摩顶。第二日，喇嘛与来迎的嘉色活佛、贝勒颇罗鼐诸上师、头领一起行进，达垅活佛、林周宗所属各寺来迎。从这里至拉萨，沿途民众歌舞相迎，各大小寺院僧众皆持供器，以仪仗迎驾，人人争观喇嘛仪容，到处是一片祈祷之声。

此后，行至热振寺僧设灶郊迎处，喇嘛接见迎迓者。

——同上，第 132—134 页。

多喀夏仲·才仁汪杰游历情形

（1747—1750 年）

一、人物简介

多喀夏仲·才仁汪杰（1697—1763 年），又名伦色杰贝洛丹，法名央坚噶瓦才汪杰，清代史籍称为策凌旺扎勒。生于林周达隆，曾任日喀则税吏、日喀则宗宗本、加孜哲古宗宗本、噶厦地方政府噶伦等，著有《颇罗鼐传》《噶伦传》《勋努达美》《梵藏词辞典》等。

《噶伦传》是作者的自传，成书于 1763 年，是研究 18 世纪前期西藏历史不可缺少的文献。

二、游历概况

多喀夏仲·才仁汪杰的藏北游历主要有三次。一次是护送准噶尔进藏熬茶。1747 年至 1748 年，准噶尔首领策妄多吉那木扎勒奏请乾隆入藏熬茶，一行约 300 人。才仁汪杰奉命带兵 300 人至那曲迎接，并将其送回那曲，一路护送并加以约束。二是率领军队在藏北狩猎。1749 年底至 1750 年初，卫藏军队在藏北巡视时，狩猎了大量野生动物。三是受命迎接青海亲王之女。经乾隆允准，珠尔墨特那木扎勒迎聘青海亲王旺淑克之女。1750 年 10 月，才仁汪杰受命前往那曲迎接，待青海送亲队伍到达那曲之时，才仁汪杰收到珠尔墨特那木扎勒被驻藏大臣用计诛杀的消息，遂返回拉萨。

三、文献原文

厄鲁特准噶尔部军官策妄多吉那木扎勒（为噶丹策凌之子，于 1745—1750 年任准噶尔部汗位）为已故之父噶丹策凌[①]积善业，派代表入藏朝佛熬茶[②]，其代表有索本喇嘛、喇嘛翁则、昆摄喇嘛（寺庙燃年师）、索本旬巴喇嘛、宰桑柴、巴耶古浪、梅格齐拉多、克雅柴、热布吉颇布布让和苦压齐等。另外又有许多官员的代表、奴仆等人。清朝派来的代表有：乌阿巴汗安办、仲本、梯压、夏郭齐、伯齐齐和许多满洲、西宁的人。按照他们将要到达的情况，令我和诺云公班智达前往迎接，奉命前往，于那曲地方（黑河）等候月余。当他们到达时，我们向汉、蒙官员们献上哈达，并换上交替的乘马、骆驼、驴，以及已准备好路上用的粮食、草料，一切无误，迎至拉萨。

阳土龙年（乾隆十三年，1748 年）二月，我陪同蒙、汉官员们往扎什伦布寺，途中准噶尔人患了天花，令人甚为担忧，但庆幸没有蔓延成灾。在谒见班禅大师后，多有获益，继之返回。另外，蒙、汉官员从拉萨返回时，我护送至那曲，蒙、汉官员们彼此间怒目而视、语言粗暴的仇恨行为，使我在他们中间不知所措，但没有发生争吵，高兴地各自返回，我完成了任务。

——《噶伦传》，多喀夏仲 · 才仁汪杰著，李凤珍译。转引自《藏文史料译文集》，中国社会科学院民族研究所历史室、西藏自治区历史档案馆，1985 年版，第 56 页。

自此后，王[③]通过秀林和噶达孜到拉萨后，他准备去达孜的时候，命令我和卓尼尔巴查才让两人去黑河迎聘青海亲王之女桑朱布卓玛。当王准备动身离开拉萨去达孜的早晨，我们到了噶丹康萨，向他朝拜并告辞时，关于去迎聘之事他一句话也未说，一眼未瞧[④]。当天下午我们到达那曲，住有月余，因我俩被阻于住地，得不到亲王之女何时到达的消息。总之，由于有不允许和黑河头人达如相会的禁令，因此我们的饮食用具都很困难，只好暂时动用了敬献的礼品。这时，卓尼尔巴查才让言道："王毁灭了所有业果，进入了为所欲为之途，对他人善意相劝，他不信赖，若依此观察，所谓业果全是虚伪。"我回答说："业果岂能不真？佛之教导不会骗人，但由于业果报应有快有慢，有后世享受到的业果，有前半世所积累的业果而到后半生才能享受。由于有各种领受的业果，因此，由业力所积累之业果，是不会有错的。对业果报应怎能怀疑？"但是观察目前时势，最后想到只有一死。此时应弥补不足之誓

① 噶丹策凌：准噶尔汗策旺阿拉布坦长子，1745 年染病去世。

② 熬茶：一种向藏传佛教寺院发放布施的宗教活动。其中以蒙古各部为最，史称"进藏熬茶"。

③ 王：指珠尔墨特那木扎勒。

④ 此时，珠尔墨特那木扎勒与才仁汪杰产生较大嫌隙。就在此前的一次狩猎中，珠尔墨特那木扎勒还以箭射伤了才仁汪杰。

言，但是找不到进行灌顶的金刚轨范师。因此我自己会按照自入坛场的情况进行念修，从拉萨带来的有自入金刚怖坛场的法器，坛场的佛像、瓶子、祭品、灌顶物品等等，我完整地做了自入坛场的三种法，在黑河期间不断念经，多有获益。

亲王女儿桑朱布卓玛将立刻到来，又派来了扎萨克台吉旺都、卫地代本达吉扎西和森本布巴以及许多随从，他们很傲慢地来到我俩帐篷附近。就地安置帐篷、坐垫，扎萨克等三人居上位，我和卓尼尔巴查才让等居下位，尽量招待，住在黑河是按照王的指示，并做适当安置。不久扎萨克等三人往黑河怕热地方营帐，对我们俩在此该做什么没有表示。第二天，我们曾考虑是否应当与他们合并结伴。但次日黎明时，收到了从拉萨先后寄来的两封信，第一封是噶丹康萨强佐写的，其内容是："汉官没有恶意企图，故你和军队等要立刻返回。"另一封信盖有王印，内称："因汉官有极大的恶意，故你等不应停留彼处，蒙、藏军队应立即返回。"我立即与卓尼尔巴查才让商议，认为盖有王印的信是伪造的，现在看来，王已死。我心中暗自欢喜，稍加议论后，便前往黑河怕热代本、扎萨克等人驻地，在此对于上述信件内容进行了很有趣味的交谈，正如所谓："青草颜色已枯黄，只有兽类闻香草。"于是立即决定于十五日午前，从黑河返回。这时，接到盖有达赖喇嘛印章的命令："王达赖巴图尔被清军所杀，钦差大人亦被王之奴仆所害。"情况已明，消除了怀疑。

——同上，第 58 页。

丹津班珠尔游历情形

（18世纪中后期）

一、人物简介

丹津班珠尔（1760—1808年），出身自噶锡家族，康济鼐之侄公班第达的儿子，著有《多仁班智达传——噶锡世家纪实》。

二、游历概况

丹津班珠尔一生三次行经藏北。

一是宁冲温泉沐浴。1764年，丹津班珠尔五岁时，随同家人朝拜热振寺和达隆寺，并去宁冲温泉沐浴，途中发生其与念青唐古拉山神化身的狮子相见的奇遇。

二是护送活佛进京。1786年，三世章嘉活佛圆寂后，一世策墨林活佛阿旺楚成奉旨入京，接替掌管驻京喇嘛之职。噶伦丹津班珠尔护送其启程至通天河后回到拉萨。

三是因罪解往京师。1788年，廓尔喀第一次侵藏，丹津班珠尔出面与廓尔喀私定合约。后因未照前议，1791年廓尔喀再次入侵，指名令其前来讲和，借机将其诱擒。1792年，清军入藏，驱逐廓尔喀，获释被免职解京。此行走川藏一线，记载十分简略。乾隆免其罪，故于1793年经青藏一线又返回西藏。

三、文献原文

沿乌如谷到宁冲，温泉沐浴养身数星期，经达隆返回时，来到拉多卡，厩吏达珍骑马抱着我，见到念青唐古拉雪山[①]岭上待着一头狗那么大的动物，活像画上的狮子，一身浅蓝色毛，满颈黄褐色鬣，伏卧着往回看。我用手一指，告诉主仆们："快

① 念青唐拉雪山：即念青唐古拉山。

看那头动物。”大家掉转马头仔细观望。有人一无所见，有人顺着我望着的方向，仿佛见到风雪，再也未见他物。然而在我的视线中，不仅见到大小、颜色、形状等都像上述一样的动物，而且还看到它缓步款行，回头张望着走到雪山背后去了。我说：“现在到那边去捉来！”厩吏达珍却说：“那是捉不到的。”于是我大哭起来。至今仍记忆犹新。那时骑马抱着我的达珍今尚健在。当时，以恩主公班第达为首的主仆们都说：“今天孩子见到的狮子，是兴高采烈的念青唐拉山神。”大家喜形于色，当天就要在拉托卡山顶祭神。

却本·策仁先走一步，在祭神石垒上原有的一些小旗旁再插经幡。主仆一行来到山顶，全体下马。我的恩母在离鞍时，旗林被风吹得摇摇晃晃，倒下来正好落在坐骑班巴卓玛的头上，马惊诧走，母亲摔下鞍来，脚套在马铠被拖了大约四绳长的距离。头和全身多处负伤，特别是右臂关节脱臼。是夜就在夏蒲宿地治伤。

先是接臼，再行火灸、剖刺，多方医治，虽无性命之忧，但右臂已经不能弯近脸面，只好像纳若空行母手印中之左手的那副仪态。这或许是我乱看一通，胡来一气，不明主何凶吉。

——《多仁班智达传——噶锡世家纪实》，丹津班珠尔著，汤池安译，郑堆校，中国藏学出版社 1995 年版，第 57—58 页。

这时，命总理雪域政教的噶勒丹锡呼图克图额尔德尼诺们汗·阿旺族勒提木[①]速回北京京城接替去世的章嘉活佛的皇帝圣旨已到，传谕我、孜卓、吉德瓦和噶仲·甲仓巴代表政府为摄政诺们汗主仆一行赴内地送行，要送到西宁办事大臣安排好打尖投宿的前站通天河。

于是派人送信，内写瘟疫已不流行，且随从马驮也都不够，要去后藏的家人一行在我没有动身前能回到拉萨。夫人母子们从香扎什孜打北路而来。尊父台吉·巴桑策仁主仆们从噶锡到了达竹卡，然后在沃玉卓塘会合，主仆全都平安抵达拉萨。

不久，我即启程去送赤钦摄政诺们汗主仆北上北京……回京第一天住宿的地方要图个吉利……于是在桑德林卡住宿……然后徐徐而行，在那曲营地逗留三天，得怙主摄政诺们汗·阿旺族勒提木所传兜率上师瑜伽之讲授和长寿佛马头明王合一灌顶。强佐·强巴多登等西藏官员们从那曲返回。

徐徐行至多曲巴都和江曲卡交界处，一一与北京堪囊等下方而来的旅客们相晤。

① 阿旺族勒提木：即一世策墨林活佛阿旺楚成。1762 年任雍和宫堪布，1777 年任西藏摄政，1778 年任甘丹赤巴。1786 年乾隆下召入京接替三世章嘉活佛职位。

为了安然渡过大小阿当河[①]和通天河等，西藏派来三名船夫带着坚固的牛皮船同行。

是年大雨滂沱，道路虽遭水淹，但是没有遇上土匪强盗，没被雨水困住，平安送过通天河，到了对岸的宿营地。怙主摄政诺们汗非常高兴，亲切教诫，赏了一份厚礼。我等孜卓、噶仲主仆一行徐徐返回西藏。多仁府家人们派随从罗布达结到那曲夏梯[②]前来迎接，相见后徐徐回到拉萨。

——同上，第 231 页。

朝拜曲朗巴喀这处固始汗·丹增曲吉营地的当方神之后，来到名叫公额克的地方时，途遇廓尔喀王向内地大皇帝进贡的两头大象[③]和五六匹底比加良马。

行至阿齐杜唐嘉莫的中央，遥拜并祷祀玛沁波热[④]那座大雪覆盖犹如直冲天空的水晶山。

经哲曲鲁古饶屯，一到洞柯朗和洞朱扎，为了让恩母仁钦吉卓为首的全家主仆们放心，及早报个平安，赶紧派去我的随从色角七哩和去世的扎什伦布协本的随从聂朗扎什二人去送书信。说我从尼泊尔一路赶赴内地，没病没死。到北京京城觐见了文殊大皇帝的龙颜，得到供佛剩下的神馔的赏赐和准予回乡等等佳谕。虽患天花但却安然无恙。今与扎什伦布贡使堪布一同回藏。如此等等，联想前后甘苦之情，命笔回书，赓即作了一首 46 偈《奇异语鬘》。

行经名叫班库彭的地方和江曲卡，来到叫多洛巴都[⑤]的地方时，拉萨多仁的亲人们所派的第一批前来迎接的随从策丹朗吉一行五人已经到了。他们禀明情况说：除了莆赤吉姆像是患了水肿，身体日益病重，于 6 月去世外，其余恩母仁钦吉卓和夫人朗吉卓玛母子等主仆全都安康。特别是儿子敏珠尔素诺木班珠尔受奉天承运大皇帝敕谕，承袭蒙语为特尔固吉格台吉，按藏语说就是一等台吉。同时又谕，丹津班珠尔从敌人手中释放出来所献充作军饷的颇拉等卫藏五处庄园，业已收纳。其余大小领地，无论汉藏尊卑谁都不得争夺骚扰，永远留给丹津班珠尔后裔。另外，现公班第达去世，丹津班珠尔又出远门，在北京患了天花，路远未能入藏。他家中除小

① 大小阿当河：大阿当河，即伊克阿克达木河，今当曲。小阿当河，应为流入当曲的一条支流。

② 夏梯：或译为孝登或霞登，即今那曲镇孝登寺。

③ 大象：廓尔喀被打败后向清王朝进贡了四头大象等，其中两头分别赐给达赖和班禅，剩余两头送至京城。《钦定廓尔喀纪略》载："其余马匹、象只，若由察木多、打箭炉一带进口送京，山岭重叠，路径险巇，断不能行。应在前藏喂饲一两月，于四月间冰雪渐消、青草萌生时，派员由青海一路，缓程从西宁进口。"《西藏图考》载："廓尔喀进贡象、马过哈喇乌苏，入三十九族界，总百户派拨各族牛马，送至多伦巴都尔止，有西宁差员接护。"

④ 玛沁波热：即阿尼玛卿雪山。

⑤ 多洛巴都：即多伦巴图尔。

孩妇女别无他人。自家奴仆等内外各方皆不可趁机相欺。需保家人小孩们生活安定。历任驻藏大臣务必遵此行事。大皇帝这些谕旨都由福康安中堂大人详细告诉了驻藏大臣和家人们。这些情况都听说了。

抵夏梯时，那曲的堪囊和我领地的牧民等前来迎迓。在领地巴都[①]逗留了五天。其间曾赴堪囊的营盘做客。至桑雄[②]时，以怙主三巴活佛[③]的管家噶丹孜巴为首的桑雄百姓设宴送礼，如此等等，盛情款待。

徐徐行至上当雄扎什塘，嫡亲世子台吉·敏珠尔素诺木班珠尔主仆们特来迎我。迎面相见，交换吉祥如意图案的洁白哈达。那天，儿子台吉主仆设盛宴接风，招待我和玉陀及仆从一行。

——同上，第 446 页。

① 领地巴都：即拉萨多仁家族的领地，也被称为多仁茹瓦，为那曲格尔瓦八部之一，在那曲镇北巴尔达草原。

② 桑雄：地界相当于今古露镇和香茂乡。乾隆时期为森巴拉让的领地。

③ 三巴活佛：也作洛森巴活佛。《多仁班智达传》记载："恩主公班第达还曾说从前第穆呼图克图摄政时，众噶伦前去请示公务，在丹吉林面见上师三巴活佛。活佛戏言：'诺颜班第达并不度诚敬信我三巴这样满脑疯念的喇嘛，而是以王爷颇罗鼐父子为榜样，生在西藏，却倾心蒙古。我们承担供佛油灯的桑雄牧民同当雄蒙古部落多次发生水草纠纷，需要执法时却一味偏袒蒙古，而不支持我们。然而世间之事，无奇不有。敌我颠倒之后，就不得不反过来帮忙。究竟会怎样。可拭目以待。'"

直贡第二十七任住持游历情形

（1772 年）

一、人物简介

直贡第二十七任住持贡觉丹增曲吉尼玛（1755—1792 年），出生在云南丽江府，1766 年任住持，1788 年让位。

二、游历概况

1772 年，受邀经热振、那曲，前往那雪传法。

三、文献原文

完成每年举办的八大法行大修后，就被那续贡村落和寺院迎请。为了在北方有情众生心中播下菩提种子，于此年心宿月（五月）下弦的空行集会大节日，至尊率 100 多名随从途经隆续前往，朝拜热振寺诸殿堂，应邀莅临达隆，受到遣马郊迎。达隆寺屋顶香烟缭绕，旗幡飘扬，寺内传出阵阵乐声，迎接场面隆重热烈。至尊与达隆寺朱古·阿旺·丹增平措·朗杰桑布相见并就世间、出世间各方面作了交谈，得到丰厚礼品。至尊及随从朝拜进香达隆寺各殿堂后继续前行，途中乾达婆王①降落霖雨以示迎接至尊。此后，至尊朝拜了纳木错之扎西夺沃寺后继续前行，受到考察、杂玛尔、那曲等各村落的邀请并得到无量供奉，至尊亦对机行化，施以佛法和财物，使众人得到满足。八月上弦二日，与那续众村落和寺院遣马相迎者一道来到曲科强巴林寺，受到众僧夹道欢迎。至尊向寺院赠送礼品，给众僧发放布施。应村落和寺院共同恳请，为给当地众人打开成功之法门，至尊传授年氏传承的八大法行善逝集之大灌顶修行，从加行、取土加持仪轨到最后收拾号桩，一切遵照历代先师实施法

① 乾达婆王：指念青唐古拉山神。

规。传法既详广又隆重，内外都出现了许多奇特征相，把当地所有有情众生引入大乘之道。如此传法，在一个多月内完成。至尊还为当地寺院的经像塔等给予开光，得到公私各方面的丰厚礼品。九月内启程返回。

——《直贡法嗣》，直贡·丹增白玛坚参著，克珠群佩译，西藏人民出版社 2013 年版，第 269 页。

六世班禅游历情形

（1779—1781 年）

一、人物简介

六世班禅额尔德尼·洛桑巴丹益西（1738—1780 年），出生于南木林扎西则地方。1741 年，被迎请至扎什伦布寺坐床。1762 年，为八世达赖喇嘛在布达拉宫举行坐床典礼。1766 年，乾隆遣使到扎什伦布寺册封其为六世班禅，颁给金册金印。1779 年，受邀来到承德与乾隆相见。1780 年 11 月 2 日，在北京西黄寺因患天花治疗无效圆寂。

二、游历概况

六世班禅 1779 年 6 月从扎什伦布寺启程，当年 10 月到达青海塔尔寺。其出藏和灵柩金塔回藏路线皆为清朝时期青藏官道。具体来说是由查吾拉一线进出西藏。

三、文献原文

二十九日，达赖喇嘛与班禅大师从羊八井扎西通门启程，并辔同行，合并双方之卫队骑士、歌舞队，长约 300 步弦远。左右有以驻藏大臣为首的汉藏大小官员及兵士不计其数，使大地变得狭窄起来，行至纳查莫打尖小憩。夜宿乐神菩萨闭居及鸟类栖息的大雪念青唐古拉山峰之下的大滩夏布地方。于此，师徒二人莅临由两方 80 名僧人举行的酬补护法法会，诵经酬劳。班禅大师特派四僧于草滩祭祀念青唐古拉山神，施予四僧黄金各 1 两、白银 50 两及供品、哈达作为酬补费用。当四僧开始供祭时，雷声大作，天降冰雹。稍时，一切都处于正常。

是时，皇帝降旨说明青海贝赛及其随员、马队于长江口迎接情况。

七月一日，在白苍[①]拉曲河畔，十八法王、白苍头领献礼迎接。羊八井头领从此返回，大师予以赏赐。尔后，乘皮筏横渡宁日河，暮宿古噶尔玛合流处，师徒双方之80位随僧酬供吉祥天母，祈求保佑。赤钦额尔德尼诺门汗向大师与达赖献礼，为僧会施放僧茶。堆隆曲桑寺派人前来献礼。

二日，驾临班玛窘乃（莲花生）上师所建之镇防疆界塔东侧草场用午膳，当噶寺、热振寺活佛阿琪图诺门汗·洛桑益希·丹巴绕杰、嘉赛活佛、扎西窘活佛等拜谒献礼，大师茶待问安，为嘉雪头领及200多人摩顶。

是日，大师为盖仓禅院卸任师、下密院领诵师等600多僧俗人众摩顶。

三日，莅临达木多扎西滩休息两日。西藏地方政府于大帐内设宴迎请大师及其随行人员，会上诸位格西立宗辩论，表演歌舞为宴会添彩。尔时，向大师所献礼物有：哈达、曼荼罗、佛像、佛经、佛塔、日用器皿1套、银轮、银翅白海螺、各包三两黄金包3个、马蹄银15锭、尼泊尔银19石量、白青稞1包，绸缎等共46件。另有贶礼铜制释迦大佛像1尊、日用器皿1套、合金铜佛像50尊、银翅白海螺1对、银笛、银饰铜号筒、旗幡5面、大伞、柄、长腰袜1双、象牙、藏红花150两、红黄香808束、绸坐垫25对、宽哔叽50匹、南方红黄色氆氇披肩各5件、红黄色棉布各300匹、各种颜色棉布200匹、黄僧帽100顶、黄色细褐百匹、黑色香10包、白香10包、藏枣、巴塘葡萄、汉绫、哈达、糖果、白水晶石等共73包、马鞍3副、马镫3副、骏马100匹，白缎9匹等。

摄政王额尔德尼诺门汗献曼荼罗1具，大师予以回赠。大强佐与其他随员亦得到不同赏赐。之后，赤钦额尔德尼诺门汗再向大师献曼荼罗1具、佛像、佛经、佛塔、日用器皿、马蹄银5锭、尼泊尔银10石量共18件。贶礼有：尖顶僧帽70顶、氆氇100匹、细褐36匹、毯帽、香料、骡子2头。

诸噶伦、达赖喇嘛侍卫、孜雪各位官员、哲蚌寺、廓芒扎仓、洛萨林寺、德央扎仓、密宗学院、哲蚌寺哈尔东与三木洛康村、色拉寺、协巴扎仓、曼巴扎仓、俄尔盖扎仓、南杰扎仓、木鲁寺、噶丹寺、噶丹东北二寺，上、下密院，以及驻藏大臣杭一禄等敬献礼物。

噶伦托巴与札萨喇嘛格桑南杰、三木智殿公丹杰朗巴、卸任噶丹赤巴等献贶礼多件。

班禅大师赠送给达赖喇嘛噶丹派要著《弟子问语录》一套。王子贡却邦献给大师《空行母秘密慧迎请论》一套。

---

① 白苍：即宁冲一带，1951年前该地设有白仓宗。

当时，大师为东科尔活佛等 10 人授近圆戒，为僧俗多人摩顶。达赖喇嘛为密院僧人讲授《集密根本续》第一章及第十章。尔后，师徒二人于寝帐会谈，达赖送给班禅大师银制胜乐、集密、大成德护法像各 1 尊，七世达赖所用衣服、坎肩及水果 3 绸袋、1 小箱，大师回赠曼荼罗 1 具、银子 1 大升、缎子 2 匹，诵经祝寿。继而达赖又送曼荼罗、黄金 3 两、银子 15 石量及其他礼品共 21 件，听大师讲授宗喀巴全集中之《明然那僧规阎罗害教诫阿勒噶勒论》。

行至那曲时，管家霍尔康萨札萨与略伦托巴、达尔罕堪布等返回，大师予以赏赐，并捐供品供祭热振寺与四世班禅洛桑确吉坚参修行地达木江热天母像。

六日，师徒于大帐就座谈心，互相顶礼，赠送哈达，极其悲伤地告别。班禅大师启程东去，达赖喇嘛之随员挥动哈达致意。

……

是日，夜宿觉泽拉山西麓的八法塔[①]近旁。经师与司钥格勒窘乃派仲然巴格西旺堆从扎什伦布寺前来慰问，向大师呈送书信礼物。驻藏大臣杭一禄与噶伦格桑南杰以及噶厦政府几名官员从此返回，大师赠礼，表示感谢。

八日，额尔德尼诺门汗稍送后返回，大师以厚礼相赠致谢。普布觉活佛洛桑强巴、色拉寺协扎仓喇嘛、哲蚌寺夏郭喇嘛、达赖喇嘛侍卫格桑丹达尔医师、随行官格桑丹达等护送大师到那曲地区。在西藏管辖的地界内，大师受到十分周到的供养，向八法塔献哈达供祭。

是日，夜宿巴绒草场两道河地方。普布觉活佛献礼告别。

九日，先后渡过巴绒诸河流及玉隆河、皈隆河，夜宿那章莫。窝卡藏协巴代表拜谒献哈达，向法会施放僧茶，赠送梵天顶饰。嘉赛活佛从此返回，大师为其及 500 僧俗摩顶。

是日穿越朗朗山口，平安抵达尤克曲河畔，嘉拉活佛额尔德尼班智达呼图克图主仆 50 人于尔时拜谒献礼，大师茶待问安，并传授《无量寿佛修行法》。应哲蚌寺噶居勒智丹増请求，新作《隆多喇嘛阿旺洛桑长寿启白》。尔时，三木华活佛因不能面谒，特派使者呈书慰问，大师回赠，表示感谢。

十日，渡过尤克曲河，经美多前后山谷，后经朵隆达巴，再渡江木曲河，夜宿夏巴尔图，达尔扎西窘活佛拜谒献礼。

在夏巴尔图休息的两天时间中，大师先后为 1 300 多名蒙古族信徒摩顶加持。

十一日，翻越噶尔琼噶尔钦之拉琼山岭，莅临曲噶尔莫河畔设帐休息，为 500

---

① 觉泽拉山西麓的八法塔：藏北八塔。

信徒摩顶；为达隆寺十五僧传授《兜率上师瑜伽论》与《大慈悲经》。

十二日，班禅大师一行先抵那曲的格瓦，一部分随行人员沿古官道抵那曲嘛呢地方。东噶尔活佛拜谒献礼，班禅大师为其及那曲地区僧俗官贵赐茶问安，为1 000多僧俗人众摩顶。

十三日，夜宿那曲巴尔布，在此停留五日。当时，负责护送大师到金沙江的噶伦札萨多卡巴拜谒献礼。达木喇嘛噶钦洛桑热周、那曲堪布、驻藏大臣联络员丹增嘉措等僧俗均按自己财力献礼。

尔后两日，大师为5 000信徒摩顶。

十四日，举行会供曼荼罗法会，禀请拉毛护法授记。拉毛护法说："要毫无懈怠地成就事业，两三年内必须返回。"大师向随行人员颁发守戒手册。

尔时，青海隆务寺、鄂尔多塔林寺派人前来献礼，大师为两寺代表传授《兜率上师瑜伽论》，为普布觉活佛与嘉绒顷则授谁许法。当时普布觉活佛对大师说："尊师于汉地不要居住太久，早日返藏。"言毕与霍尔康札萨、仲孜格桑丹达尔、副医师、上层僧官返回，大师予以回赐。之后，寺僧举行投掷60食子与白伞盖佛母大遮法会，诵经祝路途平安。

十八日，驾临措毛若[①]之扎西松多地方休息两日。其间，会见了指挥昌都地区琼波尔、纳、色三札群众于野牛山开山劈道回来的常住拉萨的加果琪，表示感谢，加果琪献礼祝安。在接受下那曲头领赞嘉之献礼后，大师为600多僧俗摩顶；赐物为拉毛达尔汗额尔德尼及其子萨尔嘉饯行，传授《度母四曼荼罗仪轨》。

觉扎唯举行大梵天酬补仪式，通经为大师祝寿。驻藏大臣联络员孜仲丹增嘉措告辞。

密院僧人举行火祭施食仪轨法会，诵经消除人畜疾病。

从此开始，大师乘坐骡载八抬轿，左右有数名赤足汉人护驾。西藏地方政府官员洛桑茨旺，商人曲达杰仲洛桑顿珠、帕宇杰仲洛桑扎西、让雄杰仲洛桑扎西、拉堆阿旺坚参、夏仓杰仲、蒙丹格勒、康钦杰仲洛桑达结、日卡哇洛桑格敦9人护送。

二十日，莅临查苍山脚下膳宿。联络员噶伦托巴父子、护送者色拉寺协喇嘛、哲蚌寺廓芒扎仓喇嘛、那曲寺代理堪布、50名士兵等从此返回拉萨。大师书信赠礼请噶伦托巴转呈达赖喇嘛、赤钦诺门汗、两位驻藏大臣、诸位噶伦。

二十一日，翻越查苍山之时，噶伦托巴与色拉、哲蚌两寺喇嘛等立足山顶挥动哈达告别。

---

① 措毛若：也写作错莫绒。

百户长拉卡丹嘉、热协百户、贝布百户，军官茨程巴丹、琼结香雄嘉、巴佐、哇呼布钦、诺赤等 40 余人迎驾。夜宿曲那甘，百户丹增旺嘉拜谒献礼。

二十二日，驾临夏波俄若休息，止贡噶举喇嘛、琼波阿札、杂玛尔、阿扎等百余人拜谒。

二十三日，夜宿肖奇里。纳雪达顿寺活佛代表、东巴百户、盖赛百户、纳雪噶丹绕杰寺僧人、仲那寺代表拜谒献礼。西藏地方政府官员格桑默兰从此返回，大师分别予以赏赐。

二十四日，夜宿扎噶尔莫。当时，进京朝贡的洛桑丹巴格西返回，按钦差抵藏之例，宣旨赐皇帝御像。旨曰："班禅额尔德尼与朕会晤之地将御像呈献，等同朕迎接。"尔时，大队人马已临近唐古拉山顶，诸随员皆感高兴。有诗赞道：

> 造福人类金色轮，
> 光芒普照遍寰宇。
> 奉天承运大皇帝，
> 为迎大师赠御像。
> 钦差大臣到此地，
> 所有随从皆欢喜。

蒙古却图台吉、纳雪百户茨旺扎巴与丹嘉扎巴等迎接。

二十五日，夜宿崩曲河畔。会见京使及青海贡却王之子达赖呼图克图主仆 65 人，以及其他地区 30 人。达赖呼图克图转呈贡却扎西王之慰问品。

准噶尔台吉茨仁、纳雪达普活佛代表前来拜谒，大师茶待，回赠礼物。

二十六日，夜宿牛拉山西麓。杂玛尔、阿扎等从此返回。

二十七日，驾临牛拉山东麓，会见达颜都拉代表。

二十八日，来到唐古拉山西麓的伦珠布地方，休息三日。

北京堪布随后抵达此地，大师派仪仗队迎接。会面后京使向大师呈献皇帝御像及圣旨。谕曰："班禅额尔德尼贵体安康否？达赖喇嘛身体可好？达赖喇嘛习经进程如何？明岁班禅额尔德尼即来京入觐，朕以五世达赖入觐之例接待。现已谕令热河度地建庙，明岁即建成，其庙无异于扎什伦布寺。班禅额尔德尼因明岁始能抵京，故朕心实为焦灼。朕在加紧学练藏语，届时朕将派遣王公大臣往迎。届至与朕会晤，畅谈政教大事。朕因一睹班禅额尔德尼之慈容而获万千之福也。"宣旨完毕，班禅大师于大皇帝肖像前供奉多种供品，虔诚祝愿大皇帝吉祥万岁。

驻藏大臣等官贵向皇帝像敬献吉祥哈达。尔后，大师宴待汉藏官贵、北京堪布、结伴同行的噶丹呼图克图洛桑尊哲等。

鄂尔多斯官员扎西达结派杂兰护送老喇嘛归藏而抵达此地，向大师献礼祝安。献礼者还有：贝赛喇嘛噶钦洛桑茨仁、大王与贡嘉多杰公、噶丹呼图克图、丹玛活佛、泽布贝日顷则、蒙古百户拉卡丹嘉、索朗巴增等人。

尔时，大师派人经驿站进京向皇帝上书献礼，并为京使与北方客人赐物饯行。

八月一日，起驾翻越唐古拉山时，于山顶供放五色八瑞相顶饰、菩萨兵器。大师与诸僧施食供祭胜乐、大威德二护法神，行阎摩罗护法与夜叉王、长寿王、姊妹护法、永宁地母十二尊酬补法会，祈求保佑。

唐古拉山空气稀薄，气候变化多端，仿佛考验远方的客人，大师因行酬补仪轨，施食土地神，使人畜无害。稍时，风停雪息，天气晴朗。有诗赞道：

高峻雪山着雪衣，
遍地夜叉更凶恶。
狂风暴雪虽可怕，
大师神力使平息。

当时，蒙古百户丹窘扎西、北京南赛扎巴主仆于唐古拉山下候迎。夜宿唐古拉山东麓温泉边。西宁大臣派人运送来了所需物品及慰问信。

贡却扎西王及其子索朗多杰、京使、达颜都拉、蒙古却图台吉献礼，受大师回赠。

二日，莅居巴巴龙宇地方，玉树头领嘉措及德格商人晋谒。

三日，渡过敖丹木河，夜宿敖丹木山南麓。

四日，夜宿扎噶尔琼瓦。这天天降雪花，大师认此为祥兆。

五日，夜宿扎噶尔切瓦。

翌日，莅居多伦巴图尔，休息一日。察甘诺门汗所派代表台吉拜谒，表示慰问。

八日，驾离多伦巴图尔，行宿10日，途经琼曲河、美多滩、森库奔东面草场、东周札、顿库、那茂切、霍尔钦珠果、查苍松多等地，十七日抵直果拉山南麓休息。

——《六世班禅洛桑巴丹益西传》，嘉木央·久麦旺波著，许得存、卓永强译，祁顺来、李钟霖校，西藏人民出版社1990年版，第377—385页。

留保住[1]奏报赴扎什伦布传旨商议启程日期路线并班禅谢恩折

乾隆四十四年（1779 年）二月二十三日

班禅额尔德尼告称：据我所闻，前赴西宁途中有诺门浑乌巴什[2]等岭，每年八九月大雪，即不能通行，须俟雪融，至来年四五月方可行走。倘我于来年四五月启程，恐误瞻仰文殊菩萨大皇帝[3]圣颜，小僧诚望尽早瞻仰文殊菩萨大皇帝圣颜，拟趁诺门浑乌巴什等岭未降大雪前通过，于本年六月自扎什伦布启程，俟抵西宁……班禅额尔德尼拟定提早于六月十七日启程，以避诺门浑乌巴什岭大雪之处，兹奉旨据章嘉呼图克图所告，诺门浑乌巴什岭雪大，若令班禅额尔德尼于七月十五日自扎什伦布启程，越过诺门浑乌巴什岭，即可避雪之处，虽属甚是，然途中喀喇乌苏、木伦乌苏[4]等大小河流泛滥受阻，均未可预料，奴才等望仍照班禅额德尔尼所定，提前于六月十七日自扎什伦布启程，（朱批：甚善。似约提前一个月矣。）以期畅通无阻。

（一史馆藏宫中朱批奏折）

——《元以来西藏地方与中央政府关系档案史料汇编》（第二卷），中国藏学出版社 1994 年版，第 586 页。

（1779 年 6 月）二十九日以后，班禅大师的行辕马队与达赖喇嘛的行帐及马队编集一处，福田（师徒二尊）与施主（摄政）等一起出发。这时大地也变得狭小了，大队伍走过时都被震得直颤抖。在朗普或叫“象鼻”的地方，至正午时，师徒二尊为朝觐的信众三百三十人摩顶。当来到莲花生大师的守护神、卫藏四如的主宰念青唐古拉山乾闼婆王帕泽宫殿雪峰的脚下稻夏普搭帐宿营时，在噶厦政府酬补诵经僧和扎什伦布喇章酬补祈祷僧，以及一百一十名持戒僧的法会上，师徒二尊、摄政共同举行护法的酬补和大自在天文殊菩萨的祭祀求福仪轨。为作酬谢，师徒二尊互献斋金厚礼。当时，天气险恶，降下冰雹，佛爷对班禅大师前往内地，心里非常焦虑。

……

初六日，师徒二尊主仆聚在拜会大帐[5]中，举行（出行）开光缘起仪式。师徒主仆双方互相祝福，互为牵挂，依依不舍。无量光佛化身的班禅大师随即起驾向东方皇帝王宫进发。这时佛爷的随从们挥动着哈达，班禅大师的队伍朝西藏方向绕了三

---

① 留保住：蒙古正白旗人，乾隆四十年（1775 年）赏副都统衔，派藏办事。乾隆四十三年（1778 年）谕留保住亲往后藏照料班禅启程。

② 诺门浑乌巴什：即唐古拉山。

③ 文殊菩萨大皇帝：指乾隆皇帝。

④ 木伦乌苏：也作木鲁乌苏，即通天河。

⑤ 拜会大帐：此处为八世达赖喇嘛送别六世班禅之处。《八世达赖喇嘛为班禅赴京亲赴扎西塘相送并在热振等寺广作佛事奏书》言及此处为扎西塘。

圈后离去。

那曲堪囊[①]的代表以及哲孟雄活佛、扎什伦布当雄喇嘛、那曲府蒙古百户长拉莫次仁、当雄汉营府等奉献银一百两、母牦牛一百头、马七匹。那曲府蒙古两郭巴（头口）献上迭部马三十九匹。那曲科热土司玉杰、仲欧喇嘛等作单独叩拜。[②]

——《八世达赖喇嘛传》，第穆·图丹晋麦嘉措著，冯智译，中国藏学出版社2006年版，第89—91页。

寄信谕留保住传旨班禅嗣后领旨赏物无须跪接

乾隆四十四年（1779年）八月二十六日

领侍卫内大臣尚书忠勇公寄信护送班禅额尔德尼之副都统，乾隆四十四年八月二十六日奉上谕：据留保住奏称，七月二十八日已护送班禅额尔德尼越过诺门浑乌巴什岭，平安行进。等情具奏。朕欣览班禅额尔德尼平安越过诺门浑乌什巴岭，甚属吉祥，自此留保住护送班禅额尔德尼东行，所有路途风顺情形，料必相继奏闻。兹将降给班禅额尔德尼之旨，译成唐古特文，连同赏赐时钟一并寄给留保住，至时祇领，转赏班禅额尔德尼。

（一史馆藏军机处满文班禅寄信档）

——《元以来西藏地方与中央政府关系档案史料汇编》（第二卷），中国藏学出版社1994年版，第592页。

阿旺楚臣为班禅金塔回藏自治曲至搭玛之乌拉请由青海备办事奏书

藏历铁牛年（1781年）正月五日

按以往惯例，扎什伦布至黑河地界察仑拉[③]，系达赖喇嘛辖区，行程二十九日，前番班禅额尔德尼赴京之际，由达赖喇嘛之内库及其属民出资，备办乘马、驮畜等沿途迎送。察仑拉至多伦巴图尔[④]，系蒙古三十九族[⑤]辖区，行程十三日；多伦巴图尔至治曲[⑥]，系西宁办事大臣辖区，行程十日，总共行程二十五日，班禅额尔德尼赴

① 那曲堪囊：堪布和囊索一僧一俗官员共同管理，隶属达赖喇嘛。

② 此处指拜见八世达赖喇嘛。

③ 察仑拉：应为察仓拉，位于今聂荣县色庆乡曲那卡之南的一处山口。历史上为达赖喇嘛所属牧区和三十九族所属牧区的一处重要分界。

④ 多伦巴图尔：《西藏全图》中有多伦巴图尔和多洛巴兔尔两处相近而又不同的地点。多伦巴图尔在查吾拉一线，过伊克阿克达木河一站之距离，清朝时为青藏的交界。多洛巴兔尔在当拉一线。

⑤ 蒙古三十九族：原隶属青海蒙古管辖。雍正十年（1732年），川、陕、藏三方派员勘界，划玉树等四十族归青海，喀剌乌苏地方之三十九族归西藏，始有三十九族之说。

⑥ 治曲：也作直曲，通天河的藏语称谓。

京时，达赖喇嘛之属民，未曾筹办乌拉、杂役等。凡班禅额尔德尼本人之驮畜不足之数，由蒙古三十九族、西宁大臣属部多伦巴图尔至治曲间之百姓供给饲料、柴薪、乌拉和牛马差等。班禅方面曾提出从达赖喇嘛马匹驮畜中借用骡子、骆驼的要求，虽因达赖喇嘛所属黑河之驮畜中，骡子、骆驼和毛驴为数不多，未能借给骡子等，但答应借给马百匹、驮牛八百三十头，最后只借去驮畜三百三十头。向治曲送行者，有噶伦多喀尔瓦、扎萨克索南旺结、随行者二十人、达赖喇嘛之仲科三人，以及西藏牛皮船十只、船夫十人、船役十人等。因从黑河地界察仑拉至治曲间，并无达赖喇嘛之属民百姓，故未派乌拉、杂役。昔日之为文殊大皇帝康熙登基、祝寿请安、进呈贡物，往返经五世达赖喇嘛辖区，以及上世持金刚达赖喇嘛由塔尔寺迎往布达拉宫时，所需马匹驮畜等，除虔诚施主供给一定数量外，主要为达赖喇嘛自己的牛马差。

（西藏馆藏　原件藏文）

——同上，第 610 页。

博清额[①]等奏报照料班禅灵榇安抵藏境情形折

乾隆四十六年（1781 年）七月初八日

奴才博清额、留保住、伊噜勒图谨奏，为奏闻照料班禅额尔德尼灵榇安抵多伦巴图尔情形事。

……七月初六日安抵藏境多伦巴图尔地方，千户、百户等感戴皇恩，每日率兵前后护卫，夜则设哨巡察，极为勤敏，故奴才等赏给伊等绸缎、布匹、荷包、茶烟、银两等物，以示鼓励。

奴才等行抵多伦巴图尔，达赖喇嘛、驻藏办事大臣等派噶伦伊喜旺堆、员外郎舒兴等，将驼、马、骡、牛、柴薪等项，皆一一备齐，仲巴呼图巴图、岁本堪布等再行查明其包裹，奴才等率员督换驼马骡牛，住二日办妥，初九日照料灵榇启程，再前行四程，即至诺门浑乌巴什岭。舒兴等称此处[②]坡缓，亦无雪，极易通行等语。俟奴才等抵达喀喇乌苏，将另行奏闻。

（一史馆藏宫中满文朱批奏折）

——同上，第 616 页。

① 博清额：满洲镶黄旗人。六世班禅圆寂，其护送舍利金龛至扎什伦布寺。事竣任驻藏大臣。
② 诺门浑乌巴什岭是唐古拉山脉概念而不是具体的山口。舒兴等所称的“此处”应为今康根拉山口。

博清额等奏护送班禅灵榇已过诺门浑岭喀喇乌苏河等情折

乾隆四十六年（1781 年）七月二十九日

奴才博清额、伊鲁勒图谨奏，为奏闻照料班禅额尔德尼舍利越过诺门浑岭，安渡喀喇乌苏河情形事。

奴才等将抵藏多伦巴图尔，更换马畜起行之处业经奏闻。达赖喇嘛、驻藏大臣等所派员外郎舒兴、噶伦益西旺堆等携来驼马骡牛及藏属三十九族番子等捐助马牛，均皆丰足，又有肥膘。是以，奴才等加速逐程行进，自多伦巴图尔前行四程，至诺门浑岭，此岭山峻，长数百里，四季积雪不融，番众称之为当拉达巴[①]、米克拉达巴。奴才等所经大道，顺山而行，并未翻越山岭，极为平坦，行四程，安越当拉、米克拉。据仲巴呼图克图、岁本堪布告称，而今险道皆已通过，再往前行并无阻搁之项，查我等之朱尔海经[②]，八月二十二日为大吉之日，是日，将班禅额尔德尼舍利供于大圣皇帝御赐金塔，计其祥瑞，可于八月二十二日抵达扎什伦布。等语。故奴才等与仲巴呼图克图等商酌，诚如是，大皇帝恩赏金塔、匾额，自西宁起行时，为省内地脚力，皆拆而驼负携来，理合预先遣往扎什伦布，对棱合缝，妥为料理方是。等因。遂派原先督拆官员、通事、喇嘛等，好生照料先往扎什伦布。至御赐仪仗，蒙番地方仪仗难找，若每日陈列仪仗，则须一路祭祀，故携裹而来，将此亦应先行遣往修理整备。至遣往何处，经与仲巴呼图克图等相商，据称距扎什伦布四程思兴卡地方有大村，由彼前往扎什伦布，路坦无阻，便于仪仗车辇通行，可将仪仗先行遣往思兴卡地方整备。等语。是故，奴才等将御赐轿辇、仪仗、衣物，仍饬派原先督拆官员、通事、喇嘛等，好生护送至思兴卡地方，应修者修之，一一备齐。随后照料舍利逐程行进，七月二十八日安渡喀喇乌苏河，二十九日恭折拜上，即行启程护送舍利。为此谨具奏闻。

朱批：知道了。

（一史馆藏宫中满文朱批奏折）

——《六世班禅朝觐档案选编》，中国藏学出版社 1996 年版，第 385—386 页。

---

① 当拉达巴：当拉即唐拉，为藏语。达巴为蒙语，意为“山岭”。

② 朱尔海经：原文注为“天文历算书”。

福康安进藏情形

（1791 年）

一、人物简介

福康安（1754—1796 年），满洲镶黄旗人，大学士傅恒第三子。受乾隆皇帝殊宠，历任云贵、四川、闽浙、两广总督，官至武英殿大学士、军机大臣，封贝子。参加过第二次金川之战、保卫西藏的廓尔喀之役等。参与制定了《钦定藏内善后章程》和金瓶掣签制度。

二、游历概况

乾隆五十三年（1788 年），清朝针对廓尔喀入侵西藏进行了第一次对廓尔喀的征讨战役，并派遣钦差大臣巴忠到拉萨主管善后事宜。但是巴忠善后处置极其不力，导致廓尔喀于乾隆五十六年（1791 年）再次侵入西藏，抢掠班禅喇嘛驻锡的扎什伦布寺。于是乾隆发动大军进行彻底征讨，委以福康安统兵重任。福康安时为两广总督，接到命令后急速赴西藏任职。刚开始，福康安打算从四川路线进藏，但是乾隆帝谕旨，认为从青海方向入藏更快，令福康安从青海一线速至。1791 年，福康安轻装简从，仅带 30 余人于 12 月 1 日从西宁出发，经查吾拉、三十九族、那曲一线于正月二十日抵达拉萨，前后只用了 50 天。紧随其后，海兰察及 100 名侍卫，乌什哈达、岱森保吉所率 1 500 名索伦达呼尔兵也经此线入藏。

三、文献原文

福康安奏现抵前藏并筹办进剿事宜折

乾隆五十七年（1792 年）正月二十二日

臣福康安跪奏，为沿途行走平宁，已抵前藏，即日驰赴军营，并筹办进剿事宜，恭折驰奏，仰祈圣鉴事。

窃臣于正月初二日至多伦巴图尔地方，曾将沿途行走一切情形奏明在案。查自过玛楚喀[①]以后，一路雪山层叠，路径崎岖，驮马俱形疲乏，就此牧放，以及冰大难行之处，绕山行走，共计耽延七日。前闻一交藏界，气候即可渐和，不料自过多伦巴图尔后，至西藏所属三十九族番地，连遇风雪天气，更觉严寒。程站亦愈加穹远，兼之粪草缺乏，必须沿途捡拾，始足稍供炊爨。冒雪前进，尚无阻滞，惟马匹疲乏，无可更换，因在察珠喀[②]地方停驻一日。次早勉力前进，至楚扎噶拉[③]地方，马力更疲，且多倒毙者。差人赴各番族[④]地方催雇乌拉，而番子所居辽远，一时不能齐集，守候三日。正深焦急，适值鄂辉遣盐茶道林俊，自藏携带乌拉马匹来迎，因将长马酌量更换，行走方能迅速。一过哈拉乌苏系达赖喇嘛所属地方，天气骤觉和暖，冰雪渐已融化，得以并站遄行，于正月二十日驰抵前藏。臣自西宁口外以至藏地，程途辽阔，共计四千六百里，实不下五千余里。时值隆冬，竟无贸易番子来往。

（一史馆藏宫中朱批奏折）

——《元以来西藏地方与中央政府关系档案史料汇编》（第二卷），中国藏学出版社 1994 年版，第 703 页。

福康安奏报抵藏向达赖喇嘛班禅面宣谕旨情形折

乾隆五十七年（1792 年）正月二十二日

臣福康安跪奏，为抵藏与达赖喇嘛、班禅额尔德尼相见，敬宣谕旨，赏给恩赐物件，达赖喇嘛等极为感戴欢忭情形，恭折奏闻事。

窃臣前抵西藏交界，达赖喇嘛遣人远来迎候，业经奏蒙圣鉴。及行到哈喇乌苏，系达赖喇嘛所管地方，屡次差人迎接，致送食物。臣优加酬答，差官先往候问。

……

（一史馆藏宫中朱批奏折）

——同上，第 705 页。

---

① 玛楚喀：也作玛曲卡，黄河源。
② 察珠喀：也作查曲卡，即今康根拉山口。
③ 楚扎噶拉：应为过康根拉之后遇到的又一道山岭。
④ 番族：指三十九族。

松筠游历诗作

（1795 年）

一、人物简介

松筠（1754—1835 年），蒙古八旗正蓝旗人。乾隆四十八年（1783 年）升任内阁学士。五十九年（1794 年）升工部尚书，授镶白旗汉军都统，钦命往藏办事，12 月到任接和琳为驻藏大臣，在藏五年。嘉庆四年（1799 年）正月奉诏回京。著有《西藏巡边记》《西招图略》《西藏图说》《西招纪行诗》《西招秋阅记》《秋阅吟》等。

二、游历概况

乾隆六十年（1795 年），松筠从拉萨出发至中尼边界巡边，回来之时没有直接回到拉萨，而是经过羊八井到当雄，查看达木八旗军备情况。作者留有诗作，从侧面反映了这一游历情形。

三、文献原文

羊八井

四渡岗波秋阅冬，
霜峰晴暖路从容。
问田省敛为筹划，
达木观兵过玉峰①。

① 玉峰：即念青唐古拉山。

达木[①]观兵

游牧固安生，因何武备轻？
健儿须奖率，法度赖持衡。
严重缘旌旗，驰驱准虹钲。
习劳为猎较，御盗卡防营。
枪箭操乘马，腾骧利远行。
练兵申纪律，制锐养升平。

——《清人咏藏诗词选注》，高平编注，中国藏学出版社 2004 年版，第 47 页。

① 达木：松筠《西招图略》中言："尚有达木蒙古骑兵五百，亦应严行操演，今著每年秋，轮调八十名来藏入队操演，方不至如前挫折。辛亥年（1791 年），曾派达木兵于萨迦沟抵御（廓尔喀），大有挫折。实因不教所致。"

古伯察游历情形

（1845—1846 年）

一、人物简介

古伯察（Evariste-Régis Huc，1813—1860 年），法国传教士。1841 年 2 月 20 日离开中国澳门，并于同年 6 月 17 日到达当时法国在华传教区的所在地——北直隶的西湾子（今河北省崇礼县境内），由此出发，经过热河、蒙古诸旗、鄂尔多斯、宁夏、甘肃、青海、西藏，历时 18 个月的艰苦旅行，于 1846 年 1 月 29 日到达拉萨。在拉萨居留近两个月后，清朝驻藏大臣琦善将他们驱逐出藏。古伯察一行于 1846 年 6 月初到达西康首府打箭炉（康定），又先后经由四川、湖北、江西等省，于 1846 年 9 月末到达广州，最终于同年 10 月中旬到达澳门。他由此而完成了这次环中国的长途旅行。

二、游历概况

1845 年 12 月，古伯察一行开始翻越唐古拉山地区，大约用了 12 天的时间，完成了这一段艰难的旅程。当来到唐古拉山的南侧，他们与当地牧民进行物资交换，并在营地引起了一次惊险的草原火灾。之后便到达了那曲卡，经过短暂休整前往拉萨。

1846 年 2 月，古伯察受到驱逐，被迫离开拉萨，沿川藏官道而行。至阿扎错时，他饶有兴致地用较大篇幅谈论了传说湖中有独角兽的话题，还用生动的话语记录了拉里粮台的趣事。这些记录为还原藏北各地一些史实提供了宝贵的资料。

三、文献原文

我们刚刚摆脱了一次特大危险，但大家告诉我们说应准备好对付另一次更可怕的灾难，但其性质可能不同。我们开始攀登蜿蜒无垠的唐古拉山脉。据我们的旅伴所言，所有的病人都可能死于高山地带，而身体强壮的人也要忍受一次强烈的病态反应。那些有经验的人都认为秦神父[①]无可挽回地注定要死亡。在一连六天艰难地攀登数座彼此之间互相重叠成阶梯剧场一般的大山之后，我们最终到达了那个著名的高原，也可能是地球的最高点[②]。那里的雪似乎是镶嵌到地面并成了大地的组成部分。大雪在我们脚下嘎嘎作响，但我们的双脚仅仅在雪面上留下了轻微的痕迹。那里的全部植物是我们不时会遇到的几簇矮小、尖硬、光滑，内部为木质、坚如铁而又不易折断的草，以至于人们可以很容易地利用它们来造床垫。我们的牲畜如此饥饿，无论如何也要拼命啃吃这种难以忍受的草。我们可以听到它们用牙嚼草的声音，它们只是经过强有力的拉扯和以嘴唇流血为代价，才能成功地啃吃掉一丁点草。

我们从这一巍峨高原的边缘，可以遥望到自己脚下的悬崖峭壁以及一望无际的无数群山，其最后的支脉消失在地平线上。我从未见过可以与这一壮观和宏伟场面相媲美的风景。在我们于唐古拉山高峰的 12 天旅行中，也从未遇到恶劣的气候，天空一直很平静。上帝每天都赐给了我们慈悲和温暖的太阳，以略微缓和一下严寒的气候。但在这一海拔相当高的地方，空气极其稀薄，同时又极为新鲜和清净。巨大的雄鹰追随这支庞大的旅行队伍，因为这支队伍每天都为它们留下相当数量的尸体。我还应指出，法国传教士们的这支小旅行队也向死神纳了贡，它仅满足于夺去我们的一匹小黑骡子。我同时怀着遗憾和顺从的心情把它遗弃给死神。大家对秦神父所做的凄惨预言失败了。这些可怕的山脉相反却对他的身体非常有利，使他逐渐恢复了健康，又有了一定的力气。上帝赐给我们的这种几乎是出乎预料的恩惠，使我们忘记了自己过去的全部苦难。我们又重新鼓起勇气，坚定不移地相信仁慈的上帝会使我们平安无恙地到达这次旅行的终点。

下唐古拉山的道路很长，非常崎岖和陡峭。在整整的四天期间，我们就如同从一个巨大阶梯上走下来一般，每一个台阶都由一座大山组成。当我们到达山脚下时，遇到了一些温泉[③]，堪称蔚为壮观。我们在巨大的山岩上发现了由大自然掘成的一大批蓄水池，其中的水就如同置于燃烧旺盛的火上的大锅中沸腾的开水一般。其中的水有时沿岩缝冒出，并由无数奇怪和任性的小喷泉向所有方向喷去。沸腾的水常在某些水池中突然间变得非常猛烈，强大的水柱腾空而起，然后又断断续续地落了下来，就如同是被一套巨大的水泵推动一般。在这些温泉之上，浓厚的蒸汽持续地升

---

① 秦神父：即秦噶哔（Joseph Gabet，1808—1853 年），古伯察的旅行同伴。

② 地球的最高点：从山峰的角度看最高点为珠穆朗玛峰，但从行政区域来看那曲市平均海拔 4 500 米，是世界上海拔最高的市级行政区。

③ 温泉：应为今则布查卡的温泉，位于康根拉南山脚处的索曲河畔。

向空中，然后又凝结成浅白色的雾。所有这些水都含有硫磺。它们在花岗岩水池中长时间地反复翻腾之后，最终离开了这些似乎想把它们限制于其中的岩池，并汇流于一个小河谷，这些水又在那里形成了一条河面很宽的溪水，然后又在如同金子般发黄的砾石河床上流去。这种沸腾的水不会长时间地保持其畅流无阻的状态。极为严寒的气候很快就使它们冷却，以至于使小溪在距温泉半法里[①]远的地方就几乎完全结冰。大家在西藏的山区会经常遇到温泉水。那些行医的喇嘛承认它们具有很高的医疗功能，所以很喜欢推荐用温泉水来治病，有时用来洗澡，有时又饮用。

从唐古拉山到拉萨，大家可以看到地面的高度始终在降低。随着逐渐向下走，寒流的强度也在降低，大地上覆盖着比较茁壮和品种纷繁的草。某一天，我们驻扎在一片开阔的平原中，那里的牧草令人不可思议地丰美。由于我们的牲畜长期忍受了严寒的饥饿之折磨，所以我们便决定要让它们利用这一机会，在那里逗留两日。

次日清晨，我们正在帐篷中安静地喝茶，突然远远地望见一支骑马的队伍向我们的驻地全速奔驰而来。当看到这一切之后，我们觉得血液都在自己的血管中结冰了，我们首先就如同僵化了那样被惊呆。在经过这开始阶段的惊慌失措之后，我们便急急忙忙地冲了出去并奔向若拉钦贝的帐篷。我们惊呼："倮啰人[②]！倮啰人！有一大批倮啰人向这里走来了。"那些正忙于饮茶和揉糌粑的西藏商人开始大笑并请我们坐下。他们说："与我们一起喝茶吧！再没有令人生畏的倮啰人了，跑向这里的骑手们都是朋友。我们已开始进入有人居住的地区了。在我们右部的这座山后，有大批黑色帐篷。被你们当成是倮啰人的那些骑手们都是附近的牧民。"这些话使我们恢复了平静，而平静又使我们产生了食欲，我们便非常高兴地坐下来，以分享西藏商人的早餐。他们刚刚给我们斟了一碗酥油茶，那些骑手们便来到了帐篷门口。他们远不是土匪，而相反还是非常诚实的人。他们前来向我们兜售酥油和新鲜的肉，其马鞍子就如同是肉掌柜的案板，上面载有数块绵羊肉和牛犊肉，沿马匹的两胁悬挂着。我们买了八条绵羊腿，这些已冻好的肉，可以非常方便地携带。它们使我们花了一双北京产的旧靴子，北京产的一把火镰和我们那头小骡子的鞍子（非常凑巧，这也是一具北京产的鞍子）……所有来自北京的东西都受西藏人，尤其是那些尚过着游牧生活人的喜爱。所以，那些随使节团而来的商人，总是非常注意在他们的所有包裹中写上"北京商品"[③]。鼻烟在西藏人中特别盛行。所有牧人都问我们是否有

① 法里：法国计量单位，1 法里约等于 4 000 米。

② 倮啰人：指青海果洛人。当时有果洛人游走唐古拉一带以抢劫为生，一定程度上成为抢劫者的代名词。

③ 北京商品：关于北京商品的称谓过去在藏北确实很有名气。1951 年解放军进藏时，部队到达比如县白嘎乡雅安多。当时部队吃的是一种与糌粑相似的东西，当地群众把这称为"北京糌粑"。"北京糌粑"其实是当时部队战士随身携带的代食粉。由于缺少蔬菜，当地群众送给战士芫根吃，战士们笑称为"西藏苹果"。

北京的鼻烟。古伯察先生是这支人马中的唯一吸鼻烟者，过去曾有过鼻烟。但八天以来，他被迫在他的鼻烟盒中加入土和灰的可恶混合物。那些有长期和根深蒂固的烟瘾的人，完全可以理解这样一种处境的可悲和可怜景象。

我们在两个多月的时间内被迫完全以茶和糌粑为生，仅仅看到我们的肉块就已经严重地刺激了自己的胃口，并使我们那消瘦的四肢显得有些生气了。这一天的全部剩余时间都是在烹饪活动中度过的。在香料和调味品方面，我们仅有大蒜，而且还是严重受冻和干皱，以至于使它在包皮中几乎被化为乌有了。我们清理了自己所剩余的全部大蒜，并将之塞进我们正放在自己的大锅中煮的两只羊腿里。在这块幸运的平原上能找到丰富的干畜粪[①]，以升起很好的一盆火，适当掌握火候，煮我们极其宝贵的晚餐。夕阳正要垂落，桑达钦巴刚刚用其拇指的指甲检查了羊腿，他得意扬扬地向我们宣布羊肉已煮得恰到火候。我们突然间听到在各处都响起了这种悲惨的喊声："火！火！"我们一跃而起，跳出了自己的帐篷。大火确实在宿营地内的干草中烧了起来，威胁着侵入我们的帆布驻地，火苗以一种可怕的速度向四面八方蔓延。所有旅行家们都各自以毛毡武装，试图扑灭火灾[②]，或者至少是阻止它侵袭到帐篷。帐篷被幸运地保护下来了。在所有方向都受到扑打的大火，打开了一条通道并向沙漠[③]冲去。火焰在大风的吹动下蔓延到了这些辽阔的牧场，它在滚动时吞噬了一切。我们认为再没有任何可怕的事了。但那种"救骆驼！救骆驼"的呼声立即使我们明白了自己多么缺乏对付沙漠火灾的经验啊！我们很快就发现骆驼在迟钝地等待着大火的火焰，而不是像马匹和黄牛一样逃走。我们于是硬冲去救我们的骆驼，虽然它们尚远离火灾区。但大火几乎与我们同时扑向了那里。我们很快也被大火包围，徒然地驱赶和推动那些愚蠢的骆驼以强迫它们逃走，它们仍一动也不动地停留于原地，仅满足于转动头颅并冷静地注视着我们，就像是质问我们有什么权利来阻止它们吃草。这里确实具有置它们于死地的危险！大火迅速地烧毁了它经过的所有草地，很快就蔓延到骆驼所在的地方。大火烧着了它们那细长而浓厚的茸毛。我们只好用毛毡裹着自己而冲向它们，以便扑灭它们身上的大火。我们得以从中救出了三头，而且也仅留了一点烧焦的毛根了。第四头却陷入一种可怕的境地，它身上仅剩有很少一点驼毛，到处都被烧到毛皮上，而毛皮本身也严重地被烧成炭了。

---

① 干畜粪：藏北牧民不可或缺的生活燃料，干牦牛粪、羊粪皆可作为燃料。捡牛粪、堆牛粪也是日常重要的劳作之一。

② 雪灾、虫灾是藏北主要的自然灾害。同时，冬季用火不当也容易造成的草原火灾，吞噬重要的冬季草场。

③ 沙漠：指草原。冬天的唐古拉山南北草原牧草十分贫瘠，遍地显现出砂砾，故经常被旅行者以沙漠称之。

被大火烧毁的牧场可能占地长半法里和宽四分之一法里的面积。西藏人不停地欢呼他们能够阻止大火继续推进的运气，我们也非常高兴地分享他们的欢乐。我们当时才知道我们曾受威胁的全部灾难。大家告诉我们，如果大火再继续烧一段时间，那就会一直烧到黑色帐篷。那样牧民们就会扑来并必然要杀死我们。如果有人以邪念或不慎而把他们唯一的财源牧场①化成灰烬，那就再没有会比这些贫苦的沙漠居民的暴怒更可怕的事了。这几乎就如同是毁灭了他们的畜群。

当我们登程时，被烧焦的骆驼尚未死去，但已完全无法使用了。其他三头还必须应付各种局面，其背上又各自增加了它们那不幸旅伴原来负载的货物。此外，自从我们离开青海湖以来，所有的骆驼驮子都大幅度地减少了重量。我们的面袋子基本上都空了。自从我们下了唐古拉山之后，被迫每天只吃两碗糌粑的口粮。在出发之前，我们做了非常详细的计算，但我们没有考虑到自己的两名驮夫对口粮的浪费。他们之中的第一个人是出于愚蠢和漫不经心，第二个人则是出于恶意。非常幸运的是，我们即将到达西藏的一个很大的居民点，我们在那里将会找到补充自己给养的方法。

我们在数日间沿一大批小山沟前进，大家在那里有时可以发现几顶黑色帐篷和大群的牦牛。继此之后，我们最终扎营于一个藏族大村落的村头。该村庄位于那曲河畔，它在安德里沃—古荣的地图上，则以其蒙古文名称喀喇乌苏相称，这两个名称同样都意为“黑水”。那曲是进入西藏后前往拉萨途中颇有规模的第一站。该村庄系由某些土建房屋和一大批黑色帐篷组成。居民们不耕种土地。虽然他们始终都定居，但仍是如同游牧部族一般的牧民，仅仅关心饲养牲畜。有人向我们介绍说，在一个非常遥远的时代，青海湖的一名国王②对吐蕃人发动了战争，降伏了大部分吐蕃人，并将那曲地区交由他率领到达这里的士兵们。虽然这些鞑靼人现今都融合于藏族人中了。但我们还可以发现，在那些黑色帐篷中仍有一定数量的蒙古包。这种事件也可以解释现在还用于该地区的一批名词术语的原型，它们均属于藏语方言的范畴。

那些赴拉萨的旅行队必定要在那曲停留数日，以便采取一种新的运输方法。因为一条令人厌恶的岩石路不能使骆驼向更远的地方行进。所以我们首先关心的是设法出售我们的骆驼，它们如此悲惨，如此疲惫不堪，以至于任何人都不想要它们了。最后，一个可能是兽医的家伙，无疑是懂得某种使它们摆脱这种可怕状态之秘方的

① 财源牧场：藏北俗谚“人靠畜、畜靠草”是对草原生存关系朴素而准确的概括，天然牧草作为可再生的资源与牲畜构成循环过程，传统畜牧业基本保持人、草、畜三者的自然平衡。

② 国王：这里指代青海和硕特部蒙古首领固始汗。

人找上门来了，我们以 15 两白银的人格把 3 头骆驼都卖给他了，此外还把那头被烧死的骆驼白送给了他。这 15 两银恰恰够我们租 6 头牦牛以把我们的行李运到拉萨。

我们的第二项行动是辞退拉脊山的喇嘛。我们在充分而慷慨地与他结账之后又对他说，如果他有意去拉萨，那他就应该选择其他旅伴，他可以认为已解除了对我们的义务。我们最终告别了这个不幸的人，他曾以恶作剧而使我们在途中备受苦难。

我们的道德良心使自己认为有义务警告这些人说，无论在那曲出现什么样的情况，最好是严防盗贼。……

我们在采办了酥油、糌粑和几块羊肉等生活必需品之后，便向拉萨走去，此处距那里只能[①]半月左右的行程了。我们的旅伴是喀尔沁旗中的蒙古人，他们是前往“永久福地”朝圣的。他们与作为其寺主的活佛同行。该活佛是一名 18 岁的青年人，其仪表令人喜爱和尊重，他那充满了天真和质朴的面庞，与人们让他充当的角色形成了非常鲜明的对照。他在五岁时被宣布为喀尔沁佛教徒们的活佛和大喇嘛。他将去拉萨的一座大寺院中度过数年，以致力于学习祈祷和适合其身份的学识。喀尔沁王公的一个兄弟和数名有身份的喇嘛充任他的护卫队，并于沿途中侍候他。对于这名可怜的青年人来说，活佛的尊号似乎成了一种真正的压力。大家看到他本想自由自在地嬉笑和戏闹。他沿途中本来应愉快地策马蹦跳，而不是庄重地行进在寸步不离其左右的两支荣耀的护卫队之间。当大家到达宿营地时，他并不想一直坐在帐篷深处的蒲团之上和模仿喇嘛庙中的偶像。他更为喜欢奔驰在草原沙漠中，并如同所有人一样从事游牧生活的一切活动。但所有这一切对于他来说都是不允许的。他本人的职业就是充当活佛，而丝毫不介入仅与凡胎肉体的普通人有关的任何活动。

青年沙布隆[②]也很喜欢不时地来我们的帐篷中交谈，至少当他与我们在一起时，可以不顾及他那正式神的身份，而是坦率地属于普通人类。他非常好奇地聆听我们向他介绍的有关欧洲的人和事，非常天真幼稚地询问我们的宗教，认为这种宗教很好。当我们问他是否更愿意成为耶和华的崇拜者而不是做沙布隆时，他回答我们说自己对此一无所知。例如，他不喜欢别人询问有关他的前世及其相继几代化身的事，对于所有这些问题都会表现得面红耳赤，他最后告诉我们说，我们在与他讲述所有这些事时，都会给他制造痛苦。事实上，这个可怜的青年人发现自己身陷了一种宗教的迷宫，而他对此又一窍不通。

从那曲通往拉萨的道路，一般来说都是遍地石子的路，非常累人。当我们来到

---

① 能：疑为别字，应为“剩”。

② 沙布隆：活佛的职衔之一，一般为一寺之主。

念青唐古拉山时，则极其难以攀登。但随着我们前进，便觉得自己的心情舒展得多了，大家便会看到进入了一个居民越来越多的地区。我们远远望见的黑色帐篷、前往拉萨的无数取经人、镌刻在沿途堆积起来的石头上的无数石刻文字、每走一段距离就会遇到的小规模牦牛旅行队，所有这一切都多少有助于减轻旅途的疲劳。

——《鞑靼西藏旅行记》，［法］古伯察著，耿昇译，中国藏学出版社 2012 年版，第 412—418 页。

自我们离开江达的第四天，在冰上涉过一大湖泊[①]之后，我们就到达了阿咱驿。这是一个小村庄，居民们在一个被大山环绕的小谷中，耕耘了几片田地，山峰上遍布冬青和松树。汉文图识[②]中针对到阿咱之前所遇到的湖泊而记载道："海子长四十余里，俗传有独角兽，颇为怪。"

人们长期以来都认为，一种虚构的传奇动物独角兽确实存在于西藏。大家经常发现它出现在佛寺的雕塑和绘画中。甚至在中原地区，我们也常常在装饰北方诸省客店的风景画中发现它。阿咱的居民在讲到这种动物时，并没有赋予它比在其山区大量存在的其他种类的羚羊更大的意义。我们在高地亚洲旅行期间，没能幸运地看到这种独角兽。但大家向我们所说的一切，仅仅是为我们证明了克拉普洛特先生针对这一内容而在新编《亚细亚学报》中发表的详细介绍。我们认为，于此引证这位学识渊博的东方学家在《卫藏图识》中对有关芦花渡记述的译文中增补的内容，并非离题太远。

"西藏的独角兽在该地区的语言中叫作 sérou，在蒙古文中叫 kéré，在汉文中叫作独角兽或角端。蒙古人有时把独角兽与犀牛相混淆了。犀牛在满文中作 bodi gourgou，在梵文中作 khadga。他们有时也称犀牛为 kéré。"

独角兽是在中国人记述公元最初两个世纪历史的著作中，首次被提到的。其中指出，野马、大角野羊和角端是中国中原的外来物，生活在鞑靼地区，人们用其新长出的角制造独角兽弓弩。

汉族、回族和蒙古族的史学家们，都一致介绍了下述发生在 1224 年成吉思汗准备进攻印度斯坦的传说。蒙古文历史记载说，当那位征服者（成吉思汗）平定了吐蕃之后，便向印度腹地进军。当他爬上扎达纳岭大山时，发现一头叫作角端的野兽

① 大湖泊：指阿扎错，清代汉文史籍多记载"有海，长四十余里，俗传有独角兽，颇为怪"，传言有独角兽。

② 汉文图识：即马揭、盛绳祖于乾隆五十七年（1792 年）成书的《卫藏图识》。此书为古伯察向原籍四川的在藏官员李国安所借。李国安为武职官员，曾参加廓尔喀战争，时年 45 岁，负责护送古伯察出境。

向他走来。这种动物只在头顶上有一只角。这只野兽三次向君主跪拜以向他致意。所有人都对这件事感到惊奇。君主高呼，据大家所说，印度是诞生威严的佛陀和菩萨、古代强大神灵和王公的地方，这头不会说话的野兽，如同人一般向我致敬是为什么呢？他讲完这些话便返回其故乡去了。

虽然这个故事富有传奇性，但它仍可证明，在西藏的高山中，生活有一种独角动物。该地区还有一些地点，取名于大量存在的这种动物。它们在那里结群而生，如“独角兽村”位于康地的东郊，接近中原边陲一带。

已故的拉特尔少校曾有机会研究过的一卷藏文手稿，也使人联想到了独角兽。这种动物的一只角被寄到了加尔各答。它长 50 厘米，粗 11 厘米。它从根部起逐渐变细，最后变成尖形的了。它基本是笔直的，呈黑色，两端略显扁平。它共有 15 个环节，但唯有在一端隆起。

英国在尼泊尔的常驻外交代表罗德逊先生，最终得到了一头独角兽，从而无可争议地确认了有关这种羚羊类动物存在的问题。它在接近尼泊尔的中国西藏南部，叫作 tchiru，与 sérou（独角兽）为同一个字，只是根据南方不同的方言而发音方式略有小异。

由罗德逊先生寄往加尔各答的独角兽的皮与角，原属尼泊尔罗阇兽苑中的一头死独角兽。它是由迪古奇（日喀则）的喇嘛送给该国王的，国王很喜欢它。把这头动物带到尼泊尔的人告诉罗德逊先生说，独角兽特别喜欢生活在定日的漂亮山谷或平原中，定日位于西藏大地的南部，阿隆河流经此地。从尼泊尔前往该河谷地，要经过库蒂聂拉木山口。尼泊尔人称阿隆山谷为定日梅达姆，出自位于该河右岸的定日城。此地遍布盐碱层，独角兽于其周围结队而行。当这些动物处于野生状态时，大家把它们描述得极其胆怯，不允许任何人接近，稍有声响便会逃走。但当有人攻击它们时，它们也会勇敢地抵抗。公、母独角兽形状基本相同。

独角兽的外形很美，如同其他所有羚羊的外表一般。它的眼睛却无法与这类牲畜相类比。其皮毛为淡红色，其身体的上部如同幼鹿的颜色，而下部则为白色。它那与众不同的特征，首先是一只长而尖的角，有三道不太明显的弯，在下部带有圆形环节，这些环节在角的上部比在下部更明显；其次是两绺毛从每个鼻孔的内侧伸出，鼻子和嘴周围有许多须毛，从而使该牲畜的头上显得很臃肿了。独角兽的毛很尖硬，如同罗德逊先生已有机会研究过的生活在喜马拉雅山以北的所有动物一样，其毛似乎为空心的。这种毛约为 5 厘米长，长得很茂密，触摸起来如同一团硬物。独角兽的毛下覆盖着一层很细的柔软线毛，完全如同栖身于喜马拉雅山高海拔地区的所有四足动物一样，特别是如同被称为克什米尔山羊的动物一般。

阿禅尔博士曾建议，以一个系统分类学的名词“罗德逊羚羊”来称呼独角兽，即根据那位使该动物的存在不再受质疑的学者的名字来命名。

我们在阿咱换了乌拉，在到达拉里住处之前，仅有50里路需要跋涉。我们需要换新的牲畜，以习惯于我们所面对的艰难路程。我们距拉里只有一山之隔。据说，为了翻越这座山，如果想在夜幕降临之前到达的话，那就必须一大早就出发。我们查看了那部汉文图识，发现了对该地区所做的美好描述：“拉里由沟行复上大山，危峰耸峙，冰雪四时不消，巉岩海岸，风起雪涌，险滑难行……”正如大家已经看到的那样，这段简短而又精辟的简介，不能使我们指望明天能从事一段愉快的旅行。啊！我们多么想把自己的位置让给那些无畏的旅行家啊！他们由于对大雪、坚冰、山岩和峭壁的酷爱，每年都以轻便马车而前往阿尔卑斯山中，而阿尔卑斯山则是西藏群山的缩影。

有一件事使我们不大受鼓舞，那就是这支旅行队的人，甚至是该地区的居民，所有人似乎都忧虑重重和焦躁不安。大家都不安地思忖这种大雪已纷纷扬扬地下了五天，尚没有来得及融化，这样是否会使大山变得无法翻越。我们虽然不必害怕被坠入深渊或被雪崩压死，但还是最好谨慎地等待几天，以期待大雪被风刮走或部分被太阳融化，或因寒冷而被冻坚硬。对于所有这些问题，大家都只能做出一些非常不确切的回答。为了使我们避免胆怯懦弱和鲁莽不慎，我们在入睡之前开了一个会，找来一些当地的老山人来参加我们的会。经过长时间的讨论之后，大家首先决定，如果第二天天气平静和晴朗，那么大家就可以放心地启程了。其次，假设要走，那就让由当地人牵的那些驮载行李的牦牛走在旅行队的前面，以便在雪中为我们踏出一条比较容易走的路。事情就这样决定了，我们试图略作休息，这主要不是相信该项计划的优越性，而更是依靠上帝神意的保护。

当我们起身时，天空尚有几颗星辰在闪烁，与黎明的晨曦搏斗着。天气晴朗得令人赞叹。因此，大家很快就准备好出发了。一旦最后的夜色完全消散之后，我们便开始攀登著名的神山（拉里山）了。该山如同一块大雪团一般矗立在我们面前，双眼在那里看不到一棵树，找不到一根草或任何一个能打破这种耀眼白色之单调性的黑点。正如事先安排的那样，牦牛及后面紧跟着的驭手们在前面开道，一个接一个地走，鱼贯而行。接着是旅行队的成员排成行，沿它们的足迹前进。这一颇长的旅行队如同一条巨蟒，缓慢地在山麓中的大盘旋道中蠕动。开始时，山坡不太陡峭，但我们发现了多得可怕的雪，每时每刻都会受到被埋葬于那里的威胁。我们发现被置于队伍之首的牦牛跳跃着前进，焦急不安地左顾右盼，以试图找到最安全的地方，有时又突然失落在深渊中，然后又跳蹦在这一片流动的大雪之上，就如同特大的鼠海豚在海浪中漂游一般。断后的行人得到了一条已踏实的路。我们一步一步地在狭窄而又颇深的雪沟中前进，置身于齐胸深的两堵雪墙之间。牦牛发出了沉闷的呼噜声，马匹大声地喘息。人员为了鼓舞全队的士气，共同发出了很有节奏的喊叫声，与船员在转动绞盘时发出的那种喊声颇为相似。这条路变得越来越陡峭和险峻，以至于使整个旅行队在某种程度上似乎是悬在山中一般。大家再也不可能骑在马上了。所有人都下马，每个人都牢牢抓住其坐骑的尾巴，以一种新的激情开始行进。太阳发出了耀眼的光芒，并投射在这片辽阔的雪堆上，在其上面发出了无数闪烁的光束，使人目眩。非常幸运，我们的眼睛都由于其作用无法评价的眼镜的保护，这就是江达的第巴作为礼物送给我们的那种马鬃眼镜①。

在经过长时间无法形容的疲劳之后，我们到达了，或者更应该说是我们被拖上了山峰。太阳正要坠落，大家有时要停留一会儿，这或是为了重新整理马鞍和加固行李驮子，或者是为了从靴子底铲掉那些难以忍受的雪块，这些雪块呈倒圆锥状聚集在靴子底部，并且变得相当坚固。所有人都感到欢欣鼓舞，对于能攀登如此之高和站在这一高峰上，表现出了一种自豪感。大家都喜欢双目巡视自己在雪中踏出的这一条深陷而弯曲的小道，其黄橙色的色彩勾画在山中那纯白的雪地上。

下山的路比上山更为陡峭，但路程要短得多，并不需要我们在大山的另一侧被迫付出的那样大的精力。当山麓极其陡峭时，则反而更容易下山，因为只要任其自然地往下滑就行了。唯一的危险是滑得太突然、越出已踏实的小道和永远地被某一深渊吞没。在这样的一个地区，类似的事故绝不是虚构。因此，我们敏捷地下山，有时站着，有时坐着，仅有的冒险行为是翻筋斗和长时间的滑行，这只能引起旅行者们的哄堂大笑，而不是担惊受怕。

在到达山脚下之前不久，整个旅行队都停留在一个高地上，那里矗立着一个敖包，或者说是砌起的石堆，上面插着写有藏文格言的彩幡和遗骸的佛教纪念物。某些特大和雄伟的冷杉树环绕着该敖包并以极美的绿色穹顶遮蔽它。李国安说："我们现在到达了拉里山（神山）的冰川了，我们可以笑一会儿了。"我们疑惑不解地望着安抚使。"是啊！那就是冰川，从远方看……"我们便走向他给我们指出的地方，从平台边上屈身弯腰地向下瞧，望见了一片高高隆起的辽阔冰川，其两岸是陡峭的悬崖。我们在一薄层雪下面可以隐约看到冰层的浅绿色。我们从该佛教纪念物上拆下了一块石头并把它抛向了冰川。那里发出了一声巨响，石头飞快地滚了下去，沿途留下了一条宽大的绿色带痕。毫无疑问，这里确实为一处冰川，我们也理解了李国

① 马鬃眼镜："咪热"眼罩，一般用一到二岁的黑牦牛尾毛手工编织的护眼工具，牧民用来防止雪盲。

安语言的部分内容了。但我们觉得被迫在如此恶劣的道路上旅行没有任何可笑的内容。李国安永远有理，我们很快自己也坚信这一切了。

我们必须设法把牲畜渡过冰川，首先是牦牛，接着才是马匹。由一头出色的牦牛开路。它稳重地一直走到高原的边缘，在那里伸出脖子嗅了一会儿冰，便用它那宽大的鼻孔吸了几下浓厚的气流，此后便勇敢地将两只前蹄迈到了冰川上，它立即就如同被一根弹簧反弹出一般地前进。它迈开了双腿，双腿虽已叉开，但也站得很直，如同大理石一般地稳重。它到达冰川边沿时便滑倒了，发出一阵“哞哞”叫声并随雪浪逃走。

所有的牲畜都一批接一批地向我们做了表演，确实扣人心弦。马匹一般在向前奔驰之前都要比牦牛的表演更多。但很容易看到，它们很久以来就习惯于这种做法了。

最后也轮到人员登冰川了，我们同样也有牲畜们的那种勇敢精神并获得了成功，虽然所采用的方法不同。我们小心谨慎地坐在冰川岸上，把自己那互相交叉在一起的脚后跟用力贴在冰面上，然后便以马鞭把为舵，用机船一般的速度在结冰的水面上航行。一名海员可能会发现我们是以 12 节（节是航行单位，每节约合每小时一海里——译者注）的速度航行。在我们漫长的旅行中，从未遇到过如此既方便又快捷，特别是如此凉快的运输手段。

在冰川的下部，每个人都各尽其能而抓住马匹。我们按一般的方法继续赶路，在经过一段不太陡峭的下山路之后，便把神山抛在后边。我们进入了一个山谷，那里到处都有一些很大片的残雪，它们抵抗住了太阳光芒的辐射。我们在一段时间内沿一条小河的冰岸前进，最终到达了拉里驿站。在那里的城门口如同在江达一样，也有军人欢迎我们。当地的第巴前来为我们效力。我们将去一座叫作关帝庙（也就是战神庙）[①] 的汉地庙堂中为我们准备好的住处下榻。从拉萨到拉里，共计算到 1 010 里（101 古法里），我们在途中共旅行了 15 天。

一旦我们住进了自己的下榻处后，李国安、乐师喇嘛和我们一致商定在拉里停留一天。虽然乌拉已准备就绪，但我们认为最谨慎的办法是稍作停留，并在休息的一天间恢复体力，这是为了翻越我们在途中还会遇到的一座大山所必需的。

偌大的“村庄”拉里建于一个四面被荒凉和令人沮丧的大山环抱的山谷中。该县不具有任何曾耕种的迹象。人们被迫去其他地方寻找青谷（小米）面。其居民几

① 嘉黎关帝庙：此处是关于拉里关帝庙的最早记载。黄慕松 1934 年到拉日时记录：“拉里尚有关帝庙，但其他衙署故址，则荡然无存。”

乎都是牧民，饲养成群的绵羊和牦牛，特别是山羊。山羊的细绒毛用于制作上等氆氇，其漂亮的织物则以克什米尔纱丽之名而著称。拉里的藏族人远不如拉萨人那样开化，他们的相貌有某种冷酷和僵硬的表现，衣着很脏。其住宅只不过是一些简陋的房子，用粗糙的石块砌成并粗糙地抹了一层稀泥。不过我们却发现，在村庄之上不远的山麓上，有一大片佛寺①，其殿堂相当美观，一名堪布任该喇嘛寺的住持，同时也是镇中世俗事务的管理人。……我们发现他们在一天的任何时辰都大批地躺在或蹲在城内的住宅区中，试图在阳光下曝晒他们那只穿了一半红色和黄色的破布衣的四肢。这是一种令人深感不快的场面。

在拉里，清朝政府建有一大粮仓，交由一名领“粮台”衔和受白晶顶子的文职官吏守备。粮台奉命向沿途诸兵站发放粮饷，从拉萨到中原边境，共可以计算到6大粮仓。第一座和最大的一座设在拉萨。本城的粮台要巡视另外5座并领取70两白银的年俸，而他的其他同事们仅领60两。为维持拉萨粮仓，每年清朝政府开销4万两白银，而维持拉里粮仓仅用8 000两。这后一座城市的守备共包括130名兵勇，由1名千总、1名把总和1名外委指挥。

在我们到达拉里的第二天，粮台或当地官吏不是前来正式欢迎这支旅行队的司令部，而仅满足于给我们送来一张红纸以作为帖子，上面写着其名字。他又令来使补充说一场重病使他无法离家。

我们在一种变化不定的天气中离开了拉里城。我们行程的第一天仅走完60里，只遇到过一个特大的湖，人们说它宽8里和长10里。湖面已结冰，我们借助于上面覆盖的一薄层雪而很容易地渡过去了。我们住宿在一个叫作擦竹卡的贫穷村庄，距那里不远的地方有温泉。藏族人前往那里洗澡，他们当然不会不赋予这种温泉水一些神奇的功效。

——同上，第528—537页。

① 大片佛寺：即拉日寺。《西藏图考》：寺院一座，住大喇嘛一名，管理地方余众。喇嘛俱住山上寺内，番民住土房者仅十余户，居黑帐房者百余户。

普里热瓦尔斯基游历情形

（1879 年）

一、人物简介

尼古拉·米哈伊洛维奇·普里热瓦尔斯基（1839—1888 年），俄国参谋部军官，俄国旅行家与地理学家。在清代文献中被称为“俄官尼”。1870 年起五次组织考察队，四次窜入中国青藏地区进行所谓的“考察”活动，成为俄国有计划有组织考察、侵略中国西藏的先行者和代表性人物之一。

二、游历概况

普里热瓦尔斯基在青藏高原的多次武装考察旅行，以进入拉萨为目的，在藏族人民的反对中，他最远虽然只到了那曲，但仍掠取了大量动植物标本，绘制了许多西藏地区的地图。最引人注意的是，其旅行以蛮横和血腥“闻名”，先后制造了唐古拉山口血案和扎陵湖畔血案。其中，唐古拉山口血案就发生在本书收录的 1879 年至 1880 年的西藏考察中。

在俄国总参谋部和帝俄地理学会的支持下，1879 年 4 月，以普氏为队长、埃克隆准尉和罗博罗夫斯基准尉为副队长的“考察队”从斋桑出发，经巴里坤、哈密、沙洲、西宁、诺木洪、木鲁乌苏、唐古拉山、那曲一线。获悉普氏进藏信息后，噶厦于藏历九月十四日命令那曲营官派员侦察。接到命令后，那曲营官在唐古拉山一带布置哨探，巡查要道，并调集马队 300 余人驻守又仓纳山，严密监视和防范普氏一行。

1879 年 11 月 19 日，普氏翻越唐古拉山口，前后与厓热娃进行三次交火，射死厓热娃四人、射伤多人。之后，经桑曲于 11 月 26 日到达杂玛尔所属之蒙穹，受到那曲营官的阻止。在长达一个月的谈判中，藏北官民始终严词拒绝普氏提出的无端进入拉萨的要求。经过反复谈判，普氏最后拿着一份藏文《递给藏人结记》从原路被护送出境。

三、文献原文

色楞额[①]奏西藏反对外人入藏开导非朝夕所能收效请饬总理衙门知会各国暂缓入藏折

光绪六年（1880年）二月二十七日

……续据巴塘文武及派赴哈喇乌苏汉番员弁等先后禀报，马加国摄伯爵、奥斯国凯副监、俄国官尼[②]等，听从劝说，或改道行走，或由原路折回，相安无事。等情。当经会同驰奏在案。惟此次摄伯爵等虽已劝回，而他国使人难保无入藏游历之情。奴才体察情形，悉心筹划，与其贻误事机于将来，曷若据实上陈于君父……

（一史馆藏军机处录副奏折）

——《元以来西藏地方与中央政府关系档案史料汇编第三卷》，中国藏学出版社1994年版，第1063页。

敬禀者：窃弁等叩辞启程，均托福荫，已于初七日行抵哈拉乌苏。沿途探得俄人驻扎在蒙穹[③]地方，离又仓纳山有五十余里。僧俗番官等调集马队三百余人驻守。又仓纳山前离哈拉乌苏两站，到彼所希番官竹结堪布[④]及三大寺替身[⑤]等已回哈拉乌苏。见弁等到来，当往处所谈叙，言及俄人业已转回去讫之语。弁等细问其情，该番官等云称：我等奉委到此，于番十月二十九日先派蒙古罗藏娃并哈拉乌苏两营官[⑥]等三员，前往探查，所来俄人十三员名内，有二人仿佛蒙古，三人彼时哀恳俄宽住数日。俟我们替身委员等到来，再为叙话，伊等回言业今驻扎日久，倘有延宕，不能守候，定即明早前进。该罗藏娃等苦苦劝留，方准二日之限，当即该罗藏娃等转回报知我僧俗人等。随带从役十余人，于三十日启行，至十一月初一日抵蒙穹地方，与俄人以礼相见面晤。你们系何国之人、到此何事、从何处来？内有三人口称我们并非洋人，原系俄罗斯国八达擦康罕[⑦]属下钦差。俄国奏明大皇帝，奉旨准其游历各

---

① 色楞额：满洲正白旗人，光绪五年（1879年）八月十八日抵藏，为驻藏帮办大臣。十一月继松溎擢升为驻藏办事大臣。光绪十一年（1885年）十一月调任库伦办事大臣，后任伊犁将军。其后任者为文硕。

② 俄国官尼：即普里热瓦尔斯基。其于1880年进藏时在那曲被阻，被迫返回。

③ 蒙穹：也作翁穷、蚌倾。据前后文，该地位于今聂荣倒色庆乡曲那卡一带，属于杂玛尔部落。

④ 竹结堪布：以全藏僧俗专差的身份在那曲负责处理阻止普氏进藏事宜。

⑤ 替身：代表。

⑥ 哈拉乌苏营官：清代驻西藏边界的藏族僧俗官员。乾隆时期规定，补放营官各缺均由驻藏大臣会同达赖喇嘛选定后，会发满、汉、藏三种文字印照。《钦定大清会典事例·理藩院》载，喀喇乌苏营官一人、喇嘛营官一人（喇嘛营官不给顶戴），为五品边缺。那仓营官一人，喇嘛营官一人，为五品大缺。锁庄子营官一人，喇嘛营官一人，拉里喇嘛营官一人，皆为六品中缺。

⑦ 八达擦康罕：蒙语音译，即“尊敬的白沙皇”，为蒙古人对沙皇的尊称。

国，是以要到西藏地方，你们阻挡我等是何缘故。况大皇帝一有谕旨通行各省，准其游历，难道不遵，尚然亦有龙票[1]在此看看等语。我僧俗回称，屡奉谕旨译行在案，并蒙驻藏大人吩谕再再，俟洋人到界即行妥为保护亦在案。但此我阖藏僧俗大众屡经递有哀怜，并出具图记，不准外国人来藏，请代奏在案，谅你们知之。今我们到此劝阻，实因教道不知，故此劝阻，祈为转回。两来说至日落到尾，俄人云及，既要我们回去，你们所来之人，如将名姓出一字据，以便明早转回我国销差，并不逗留。倘若你们不出字据，定即明早启程进藏，我们十三人纵有千军万马亦不惧怯，可否之处，速即回信之语。我僧俗相商，看此情形，若不出字据定生事故，无奈只得出具夷字图记。彼时天晚，各回帐房，于初二日早晨将字据交于俄人，伊等见字到手，当即收拾行李启程去讫。我僧俗将大概情形业已看明噶厦转呈在案。尚有下情，亦俟回藏再为面禀各等语。惟弁等虽据各僧俗云称往来情形，不大放心，在外访查左近往来之人，均皆同说俄人转回是实，其中并无别故，亦未损伤。说该僧俗现派有该处营官拉叮色及喀买随后查探，至当拉山外如何行走，是否过界，尚无的信，俟有确实及该营官等转回再为加限飞禀。今将查探俄人转回及各情形，由三百里肃具禀闻，伏乞宪台大人[2]俯赐鉴阅查核，再请金安，额外[3]马林、郑邦彦等谨禀。(十一月初八日申时自哈拉乌苏申十四日到)

敬禀者：窃弁等前肃芜禀，谅邀洞鉴矣。于初九日该番官等接到拉叮色来函，内称，俄人由蒙穹启程，连走两大站，至乡登[4]地方驻站，在左近帐房娃处买马匹。于初七日起行前进，我们随后跟探，查得俄人来时被厓热娃[5]在途抢劫，未得俄人一物，反将厓热娃伤毙数人。今厓热娃欲聚蒙巴娃、格结娃[6]等三处会齐复仇，要绝俄人去路之说。未知虚实，业已专人前往查探，祈为酌夺，速寄回音，以便办理。该僧俗番官等接到此信前来，与弁等会商，言及此事，应如何办理，祈为指示各等语。弁等闻言不胜诧异，尤恐其中有故。当云即可专差函达拉叮色等，务宜防护确查虚实，定要跟探送至界外，该俄人去远，方可转回。至于厓热娃处专人前去开导，或重赏物件劝谕伊等，免致有伤俄人。倘有他故，其咎谁归，切勿迟宕。会议后，该

---

① 龙票：大清总理衙门颁发的护照。

② 宪台大人：对驻藏大臣的尊称。

③ 额外：即外委，清驻藏大臣衙门所属武官。外委千总，正八品；外委把总，正九品；额外外委，从九品。

④ 乡登：似为聂荣县桑荣一带。

⑤ 厓热娃：普氏在考察日记中写作“ër—pah”。

⑥ 格结娃：也写作格吉、格尔吉，玉树地区较早出现的部落之一，有格吉德玛、格吉巴玛、格吉麦玛三个百户部落，生活在杂多杂曲河和唐古拉山一带。

僧俗番官等应诺，当即缮写信专人去讫。弁等亦使小娃[①]前往探查。于十三日午后专差回转，而连夜赶至下热水堂[②]，共计七站，面见拉叮色等，将信投交，并谕俄人沿途安静。至厓热娃处，亦专差甲琫[③]前去探查，谅不致滋生事端。在我等随后窥探至上通天河，再为回转之语。该番官竹结堪布复派噶勒丹等替身，并拨马队五十余名，于十四日启程前往追探。至当拉山外，再行八九站，俟探俄人去远，方准转回讫。弁等现在驻守，二等番官拉叮色、喀买等返回面晤俄人行踪确实，再为启程回藏销差。今将各情形由四百里专肃禀明，伏乞宪鉴。额外马林、郑邦彦等谨禀。（十一月二十一日到）。

……

——《文硕奏牍》。转引自《清季筹藏奏牍（一）》，吴丰培编著，学海出版社1960年版，第10—12页。

照钞商上[④]原禀

（十二月初九日译妥，十四日咨呈）

掌办西藏事务广衍黄教通善济咙呼图克图、具信字在钦差总理西藏事务二位大人台前：

曾有外国之人主仆十三名，行至藏属哈拉乌苏地境，执意进藏。到彼之时，即由哈拉乌苏营官头目百姓等，剀切劝阻，不但不听，估要进藏之说，当据来禀。即有色拉、布赉绷[⑤]、噶勒丹三大寺以及全藏众僧俗人等，公派替身前往劝回缘由，曾经具文在案。兹据色拉、布赉绷、噶勒丹三大寺及供职僧俗并阁藏众番攒集，由噶布伦总堪布等禀称，据派哈拉乌苏地方公干专差僧俗等公同禀称，该差等抵哈，既往磋木热[⑥]地境，于十月二十九日即派哈拉乌苏营官二人前往开导。嗣于十一月初一日全藏专差僧俗等往杂玛尔蚌倾[⑦]地方，即于该外国之人住所，依礼问候，即问阁下系何国之人、由何路径而来、因何事故进藏去后，我们原系俄罗斯之人，我王名素称八达尔杂康罕，我等前来系奉我家王子即与清国皇上具函，准其我们游历清国所属诸方玩视。况清国皇上想与驻藏满洲大人寄有许多谕旨，准令我等前往，谅此事你们闻知否。我们无论前往清国皇上所管何地，概准游走，不得阻挡，现有此照可

① 小娃：小人、下人，办差跑腿之人。
② 下热水堂：此处有地热温泉。
③ 甲琫：亦作“甲本”，清代西藏地方武官。隶属于代本，每人辖定本五人，为六品官。
④ 商上：汉语里一般作为达赖喇嘛或其他宗教领主办事机构的总称。
⑤ 布赉绷：汉语音译，又作别蚌寺、哲蚌寺。
⑥ 磋木热：即错莫绒。
⑦ 杂玛尔蚌倾：杂玛尔为聂荣的一部落名，其地在今聂荣、色庆一带。

凭。令其观看，因何阻挡之说。遂回答此字乃系汉文，想者即必是。惟此案即自从前咸丰皇帝以来，曾准批楞国[1]洋人入藏，不但早奉许多谕旨而外，并准驻藏各位大人等饬令批楞洋人到藏之时，即令前进，不准阻挡等情，函次告谕谆谆。只因唐古特君臣并所属番民上代以来，首为教道，次则性情神方，均不相合，此等外国之人，无论何方前来，断不令一人来藏，处心已定，共立切结，援案属由驻藏大臣已曾多方据情明达大皇帝圣听，是令绝不驾等进藏故耳。阖藏僧俗大众攒集公派我等特来相劝，务请转回去后。据云我们由乌鲁木齐、哈密、柴达木一路经过已有七八个月余，到此倒毙骆驼百余只，费尽多千银两，若不准其进藏，况我国八达尔杂康罕主与清国皇上具有许多信息，故清国皇上亦与驻藏满洲大人发有多信，既不令我们入藏，要驻藏满洲大人将我们字样退还之说。随又回复你们八达尔杂康罕与清国皇上具有许多信，况驻藏满洲大人处，有无此信，我们不晓，总之不令你们进藏是实，务请转回去后。回称你等是否清国皇上所管之人，既不准我们入藏，即需早与西宁大人及青海柴达木等处寄信，我们就不能远道来彼，而今定行进藏等语。随即回云，藏地原系清国大皇帝主掌法度，平日恪守王法，只因教道性情，两不想合，兼以此等之人，从无进藏之例，断不令一人入藏，处心已定，其此项缘由阖藏大众番民人等已由驻藏大臣递具哀禀，况你我教性全不相合，谅阁下亦必尽知，刻下贵主仆十三人至此，惟再四婉求转回，务念我等力求情切，祈就道归回。毫无一人与贵主仆等稍有不法，必得从好细思。随即微备土仪灰面一包、米一包。送去之时，此系我等两不相识，向不收受等语。退还前来后，小的回到住处，稍时之间往取回信。当云我等走过许多大地，除你们而外，别无人阳目，今既不令进藏，就系何故，务要指说，总得写一字样。别用你等在此人众图记名目，立送之时，即不俟满洲大人处之信函。即要回去，不然我主仆十三人处就有十三千兵至此，不能怯惧，我等到彼，候过二十余日，如今不能再等，明日定行进藏。估说前来，即照众立原结情形缮写一纸，出用图记，随于十一月初二日太阳将出之时交去，该十三人心中了然，即将人财牲畜，毫无有伤，随行转回，此外并无有银钱财帛交涉等事。系属实情等因前来，并将交该外国俄罗斯官员主仆十三人图记字样，照抄一并递到。

……

照抄递给俄人结记

西藏佛地历有批楞洋人擅取许多名讳，先后即有进藏之语。此等之人，从无进

---

[1] 批楞国：西藏泛称欧洲人为“批楞”，此专指俄国人。

藏之例，是以唐古特君臣及历代僧俗番民人等以来，众立誓词，切实甘结[①]。纵死力阻缘由，处心已定。即由驻藏大人叠经缕晰明达大皇帝听。兹哈拉乌苏附近杂玛尔所属蚌倾一处，于十月十三日即有八达尔杂康罕众大人黎噶纳毕厦巴勒斯格、土苏纳启[②]阿格楞、土苏纳使西备果斯格随行兵役十名一并到此进藏之说，故该地方头人哈达乌苏[③]营官二人即于藏中大众攒集公所处，将此缘由禀报前来，因其地方穹远，住候二十天，始由色拉、布赉绷、噶勒丹三大寺以及阖藏大众僧俗人等，公派僧俗替身前来劝回。遂见面即将前项缘由先后详细劝导，务请回籍等因回明。随云不准我等进藏，应由该替身将此不准入藏缘由，缮写图记字样，交到之时即行转回，不然明日就要进藏之说。况阁下从未到过前藏，本无向规，始行请你转回，为此布赉绷寺替身罗布藏丹达、色拉寺替身根登曲札、噶勒丹寺替身仁青桑布、藏中僧俗大众公派小堪布济克美曲觉尔、孜仲[④]降曲格勒、孜仲伊喜丹增、东科尔[⑤]夺吉占堆、东科尔汪结洛布、哈达乌苏营官东科尔朗结夺吉、孜仲坚参欧柱等于己卯年十一月初二日立。

——同上，第 13—17 页。

---

① 甘结：画押字据，保证书。
② 土苏纳启：蒙语，随从、下属。
③ 哈达乌苏：即喀喇乌苏、哈拉乌苏，为那曲的意译。
④ 孜仲：原西藏地方政府僧官的统称。
⑤ 东科尔：也作“仲科尔”。原西藏地方政府俗官的统称。

邦瓦洛特游历情形

（1889 年）

一、人物简介

加布得埃尔·邦瓦洛特（Gabriel Bonvalot，1853—1933 年），法国探险家。邦瓦洛特足迹遍布欧、亚、非、美各洲，仅亚洲内陆探险就进行过三次。其在亚洲内陆的旅行主要参考的是俄国探险家普里热瓦尔斯基的著作，队伍组成人员主要有老搭档拉希买德、比利时传教士多德坎神父及其中国男仆、曾经随同普里热瓦尔斯基探险的翻译阿不都拉等。

二、游历概况

邦瓦洛特选择了一个最严酷的季节和一条无人知晓的路线进入藏北，其于 1889 年从罗布泊而来，先后翻越阿尔金山、祁曼塔格山，经木孜塔格峰东边进入藏北无人区，经过多格仁错、普若冈日、扎加藏布径直来到纳木错湖畔。在纳木错受到西藏地方政府的阻拦后，放弃进入拉萨的念头，转而在西藏地方政府护送下经那曲、索县、巴青进入康区，又经康定进入云南，最后到达越南。

三、文献原文

初遇藏民

我们行进在波状起伏的大草原上，四周隆起一座座土墩。连日来我们一直在下坡，气温却没上升。1 月 29 日的最低气温是零下 33℃，1 月 30 日在海拔 4 380 米的地方最低气温是零下 35℃。来到这么低的地方以后，感到身体比以前轻多了，斗篷压在肩膀上的分量也没那么重了，步子也灵活了，再也不用拖着两条腿艰难地走路了。

因为预感到就要遇到藏民，行进中全队处于警觉状态。我们睁大眼睛，随时注意山头上有没有移动的黑点或者像毡房那样的斑点，大家都做好了碰到藏民的思想准备。就在驮工们往牲口背上装行李，我们还在帐篷里喝茶时，突然传来笑声和高声说话："哈哈！这回老爷该打开钱袋了，他准得给中彩的人发奖金了。有人往这边走过来。"

接着，阿不都拉面带笑容出现在我们面前。我们命令他热情接待那个人，请他喝茶，把他请到火堆跟前坐下，赔着笑脸说话，设法从他那里打听情况。

不多久，那个藏民来了。阿不都拉用蒙语向他问好，他也用蒙语作答，大家围了过去，七嘴八舌地和他攀谈。我一听，帮工们正和他逗趣，似乎瞧不起他。

拉希买德赶紧跑到我们这边来报告情况："那个人长得要多丑有多丑，你简直想象不出来。"我们三人一起走出帐篷。昂利·多尔列安照例带上枪。

一看到我们过来了，坐在火堆旁边的客人立即站了起来，把我们叫作"奔波"（头人的意思），向我们行礼时，竖起两个大拇指，低下头，伸出舌头。我请他坐下，一边端详他的相貌。他又接着和阿不都拉说话，当然蒙语里掺杂有藏语。

那个藏民个子不高，没有胡子，脸上结着一层油脂、污垢和灰尘，脸上刻着一道道很深的皱纹。眼窝深陷，眼皮微肿，眼角有斑点，眼珠是褐色的，两缕长发下垂到消瘦的面颊上，显得脸形更加细长。鼻子宽，嘴唇厚，牙齿掉了几颗。四方脸，下巴凹陷，身体瘦弱，手腕细而脏。他把鼻烟末撒到右手的指甲上，一边塞进鼻孔里一边吸气，声音弄得很响。

服装也同相貌相称，帽子是用一条宽皮带从前额包到后脑勺，不封顶，头发编成辫子下垂到腰部。发辫的中段拴有一两个用兽骨雕刻而成的圈圈，有时用动物油代替发蜡抹到发辫上，致使发辫蹭得衣服油光发亮。羊皮长袍紧贴着身穿，衣服的颜色和人的肤色非常相近。长袍的长度和人的身高一样，为了走路方便，把衣襟向上抽，在腰间结一根绳子，这样腰以上部分就形成一个大口袋，他经常把手伸进去装东西拿东西。我们给他的面包、鼻烟壶、干肉块他都放进去，又从里面拿出镶有藏羚角柄的纺锤、十字架。他瘦削的小腿上穿着用粗糙毛线织成的袜子，袜勒在小腿肚子的地方裂开了，又用线绳做的带子勒住。脚上穿着类似于西班牙细茎叶茅做底、帆布做面的那种鞋，鞋底很厚实。这个藏民一面问我们是干什么的，准备到哪儿去，一面不断地吸着鼻烟，慢悠悠地捻着牦牛线，他的手脚不太灵巧。

我们用大家都看得懂的手势向他解释，骆驼和马死掉了，现在还有五六只羊，问他是不是可以卖一点酥油、马和羊给我们。他让我们到他的毡房去，他的家就在西面岩石山的背后。我们对他说，谢谢他的好意，我们要朝东南方向走，不能到他那里去。这时他突然发怒了，气势汹汹地说："拉萨不在那边，在西边。"他试图强行让我们改变前进方向。后来他猛然合起手掌，做出瞑目沉思的表情问："你们是不是去拜谒大喇嘛?"我们说："是的。"结果他更加固执地说："那就到我家住几天吧。我家里有粮食，有饲料，什么都有。"

当我们正和这个人说话时，看到山头上有几个骑马的人赶着一群牲畜下山来。不多时，牲畜在远处停下，一位骑手走到我们跟前来，看了我们一眼就要走。我们请他下马喝茶。他说："拿金子来换，我把这群羊给你们。"接着他向另几位赶羊人一边打信号一边大声喊。然后对我们说，那边已经答话了，过一会儿就把牲畜赶到我们的宿营地来。

这个赶羊人比最初来的那位好像年轻一些，个子也高一些，还是那样瘦。他刚一走到我们跟前就把我们吓了一跳。他性情急躁，举止粗鲁，走起路来摇晃着身体，步子不大，速度很快。脸形较长，鼻子扁平，鼻孔大得出奇。牙根骨突出，嘴巴大，两颗门牙向外翘，嘴巴总是张着，厚嘴唇向外翻着，下颚向外突出。他把身体靠在一支尖端磨得很锋利的长矛上，腰带上插着一把宽宽的腰刀。木质刀鞘的表面包着铁，刀刃似乎不太快，已经卷刃了。为了不妨碍走路，腰刀横插着。他还背着一支小口径短枪身的猎枪，枪口旁装有一副用藏羚角做的鱼叉形枪架。枪托较短，呈三角形，东方人的风格。这种枪需用火索点上火药才能发射。他身上最可怕的武器还是枪。

在等着羊群来那一会儿工夫，这两个藏民只顾自己说话，后来又拿起我们的行李包和木箱掂掂分量，这时候假若我们再不说话，他们会更加肆无忌惮了。于是我们一面笑着一面用手枪威胁着让他们老实点，果然，他们非常害怕我们的武器，当他们看到装在枪里的六发子弹时，非常惊讶。我们为了让他们知道手枪的射程有多远，就瞄准六百多米以外的羊群告诉他们我们要试射一下，他们急了，连忙做出制止的手势。他们很想知道这种他们从来也没有见过的武器是不是每个人都有，当他们看到大家的腰间都别着一个皮套子时，两个人又说起什么来。

过一会儿，那个拿着长矛的人开始提问题："你们是孟买和加尔各答人吗?"听到这两个地名以后，我心里很高兴，又回忆起在印度生活的快乐时光。我们对他说："我们不是孟买人，也不是加尔各答人，是西方人。"他们说："那就好。我们和这两个地方的人关系很糟。"边说他们边用两个食指背靠背贴到一起，来表示这种关系。

这时候，比他们的大人更脏的两个男孩子赶着羊来到我们面前。另一个骑马人则在远处停了下来，我用望远镜看去，那是个年轻妇女，她正在下马。她个子很小，羊皮长袍一直垂到脚后跟。没戴帽子。头发编成很多辫子。有几根垂到脸上，看不清面孔，面颊上抹着油，肤色有点儿黑。

一个男孩儿按大人吩咐，拿上毛线编成的套圈，往大人指定的羊甩过去，没有套上。于是大人把套圈拿过来，令人惊异地准确地套在了一只公羊头上。这只羊很漂亮，披着色泽光滑的长毛，体态十分优美，但是显然年龄太大了。这么老的羊怎么吃，它的肉和皮一样硬。我们说不要这一只，藏民们会心地一笑，互相说了几句话，可能是说我们竟能看出羊的好坏。和他们打交道往往都是从这种试探开始的。这次又用绳套套住了一只年龄小的肥羊交给我们。

我们用中国的天平称了一点金子付给他们，他们仔细地检查天平和金子。用手掂量，自己又称几次，在石头上磨，用牙齿咬。最后还要求再加几克，其中一人摇着我的钱袋说："我们已经是朋友了嘛。"充分表现出贪心的样子。我们的一匹马已经很累了，我就用这匹马换了他们三只羊。从这次费时费事又费神的买卖中我们懂得了，西藏人非常精通低进高出的生意经，在这一点上，他们不比谁差。

我们提出愿出高价买他们的马，他们答应明天就牵来，然后把他们骑的马给我们看。那是北方种的长毛马驹，头部短而魁梧，体态匀称，富有线条美。前胸宽，颈部结实有力。腿部虽细，却无瑕疵可言，即使看到它快跑如飞，也用不着惊慌，马的主人只用穿在鼻子上的一根缰绳来操纵马。马不听使唤时，把缰绳往口中一缠，向上一拉，让马朝哪个方向走都行。他们不用马嚼子，只用身体的动作和鞭子就足够了。他们卖给我们的这匹马驹对主人服服帖帖的，却很害怕我们，我们一碰它它就跑开了。马鞍是木头做的，连着两个马镫，但都没吊在马肚子以下，否则骑手的膝盖就悬在马肚以下了。

买好东西以后，我们就着手做出发的准备了。藏民还缠着我们，摸摸帐篷的帆布，摸摸我们的衣服，对我们英国式的马鞍很惊讶，转来转去地看，然后又让我们讲武器的使用方法，对别丹式卡宾枪的射程非常吃惊。但是在我们携带的物品中，最让他们惊叹的是手枪，他们互相说个没完。

一个男孩把耳朵贴近怀表，当他听到嘀嘀嗒嗒的声音后，高兴得笑出声来，他学着怀表的声音一边哼一边打着拍子，然后眼睛一眨也不眨地注视着秒针的移动，然后将表放在耳边听了又听，他以为这是一个有生命的东西。我们趁着这个孩子情绪高的时候问他拉萨的方向，他的回答和他那个混蛋父亲不一样，并没指着西边而是东南偏南边。我们给了他一点方块糖谢谢他。小家伙知道这是糖以后马上就吃掉了。他们想得到的东西可能是我们做帐篷用的帆布、茶叶及纸烟。他们硬说他们的帐篷在西边，但知道我们不往西走，只好和我们告别，吹着口哨，挥舞着绳套，把羊群往平原的方向赶去。

藏民远去以后，队员们议论了好一阵子。几天前，当他们盼望遇到人时，我还以为他们和人家一见面就马上会与人家交朋友，没想到如此焦急等待的人一旦出现在面前，就什么难听的话都说出来了。有人说："这家伙太难看了！太脏了！"也有人说："你看他们多么喜欢金子！又多么不相信人！我们会给他们不纯的金子吗？"还有人说："那些家伙差一点把最老最瘦的羊卖给我们，肯定敲了我们三倍的价钱，他们真是爱钱如命呀。那老家伙还想骗我们，胡说西藏在西边！……"他们把那个年轻的妇女也贬了一通："她怎么能把脸抹得这么黑呢？"这些评论家们唯一不加指责的只有马和羊。

不管怎么说，队员们的士气是提高了，由于孤独而产生的绝望和消沉已经一扫而光。当天晚上，当我们完成短距离的行程，在半干的河滩上支起帐篷时，我发现他们考虑的问题完全不一样了。现在大家都提高了警惕性，甚至担心会遭到突然袭击。

太阳落山以前，大家想出了预防意外的办法。我们把帐篷按三角形搭建，做到任何方向都可以监视。和骆驼一样，大家给马也套上了脚镣，拴在营地中央。我们开始擦拭武器，分发弹药。我要求他们把所有的枪都从箱子里拿出来，狗一吠就出去观察动静，今后再也不能让牲畜随意离开队伍，整个驼队必须按固定队形前进。这是因为我们是亲密的旅伴，缺一不可，哪一个人走失了就可能活不成了，也就是说我们已成了生死与共的异国兄弟了。现在，我们正走在通往拉萨的大道上，这是毫无疑问的，从这一点来看，就像个巨大的包袱从肩上卸下一样，今后我们只要沿着大道走下去就行了。而且越往前走，偏离正道的危险性越小，因为路线将越来越明朗。

现在值得担心的事，就是牲畜的气力快要用尽了，再就是有几个队员很勉强地往前赶路。依玛提老人的身体状况极差，两只脚都长了冻疮，脚指头好像快要掉下来似的。伤势重得直打寒颤，在这样的情况下，他还能骑马，真是不可思议。他一直被高山病折磨，我想给他治好，但却无计可施，要是能把他带到低海拔的草原地带去就好了，但那儿却远在天边，恐怕老人再也回不了他的家乡了。现在我们少走路多停留，只要能找到适合护理他的地方，情况可能就好一些。然而这一带环境大致差不多，西风照样刮，草原望不到边，只有少量的贫苦牧民在这里居住。当然我们每天的行程很短，路也比以前好走多了。为了让病人不至于过度疲劳，我们每天所走的路程不超出二十公里。阿不都拉不善于走路，帕尔帕的身体也衰弱了，他跟在骆驼后面勉勉强强地走着，再也给我们做不了什么事了。

假若我们有几个身体强壮、有果敢精神的人，就能够从藏民手里强行买走我们所需要的马匹，用来装载行李，尽快赶往拉萨。然而我们的人数少，两条腿又疲劳不堪，只有等待良机，别无他法。

2月1日，西风，阴天。在我们经过的地方又有一群牦牛和羊，但是没有人朝我们这边来。估计他们已经听说我们需要买马，也知道了我们拥有先进的武器，还看到我们并不胆怯，随时准备应付任何突发事件。为了不挑起事端，他们故意离我们远远的。

因为我们估计昨天答应卖马给我们的藏民不会把马牵来了，就装载行李准备出发。这时，我们忽然看到有五个骑马人朝着这边跑来，他们在离我们三公里处停下，把马交给其中一个人，这个人下马朝我们的营地走过来，昨天那个小个子老人也来了，他对我们很有礼貌，其他人的相貌很像他。其中一个侧面对着我们的人用玛瑙、翠玉和铜圈来作发饰，藏袍的衣襟上镶着豹皮边饰。

他们把一小壶牛奶放到我们脚边，因为里面散发出来的气味十分难闻，谁也不去拿。接着拿出一包用碎皮包着的酸奶酪和一小袋糌粑，他们以好奇的目光观察我们的反应。我们提出一些问题，他们总是非常谨慎地对答，我们向老人提起他们答应过卖马的事，他说到西边去以后才有，现在手头没有。他一匹也没牵来。当我们提起拉萨、纳木错、念青唐古拉等地名时，他总是装作听不懂的样子。

幸好来的人中有一个警惕性不高、头脑迟钝的人。我让大家和其他藏民说话，我单独与这个可怜的家伙谈。从侧面看上去，他像黑人一样，眼睛很小，长着一副娃娃脸，戴着一顶破帽子。我先给他一块方块糖和两颗杏干，过了一会儿又给他一小撮葡萄干。他爽快地接过去说很好吃。我对他说，现在我们准备去朝拜大喇嘛。这个虔诚的佛教徒立即把那顶简陋的帽子扔掉，跪到地上，合起双掌，本能地朝着拉萨的方向念起经来。我也合起双掌学着他的样子念“嗡嘛呢叭咪吽”，接着我向他解释，我们箱子里装的东西都是准备送给大喇嘛的礼品。他认为我们的行为很高尚，认为无论给大喇嘛做多少事，送多少东西都不为过。然后摊开手掌，把他正在吃的灯芯草递给我看，我一下子明白了，他还忘不了杏干，马上又给他几颗，他脸上露出满足的笑容。我还把杏核砸开吃给他看，他跪下来在石头上也砸开一个杏仁吃，然后向我伸出舌头。

这时我用手指着刚才他按平常的习惯低头所拜的方向问他：“拉萨在那边吗？”

他害怕同伴们发觉，向那边瞥了一眼，然后装作忙于收拾猎枪的样子点头回答：“是的，那边是拉萨。”

接着我用藏语问：“到拉萨要几天？”

这个天真幼稚的小伙子不回答，却把手伸给了我，我“噗嗤”一下笑了，然后尽量忍住笑，又给了他几块方块糖。

于是他绕到我们的帐篷后面，在沙地上朝东西方向画了一条曲线，再用手拿上一团干粪放在曲线尽头，然后合起双掌说：“拉萨。”

这时多德坎也来了，我们问起布尔错[1]大盐山的位置（地图上标的是布尔错，他却说布尔奔错），他又把一团干粪放在曲线上。我又问纳木错（蒙古人称为腾格里诺尔），他再拿起一团干粪放到再前面一点的曲线上说：“纳木错。”

我冷不防地又问：“那么念青唐古拉呢?”

他跪下又把一团干粪放在代表纳木错湖的干粪的南面，这时他又虔诚地朝这个圣山方向参拜，然后站起来再伸出手，我给了他一个杏干，他嫌少又要了两个。拿上这两个杏干后，作为感谢的表示，他张开嘴，伸出舌头。

对方已消除了戒心，我接着又问：“到布尔奔错需要几天?”

“3 天。”

“纳木错呢?”

“8 天。”

“拉萨呢?”

“12 天。”

就这样我把情报都搞到了手。真的可靠吗?

也许他提供的情况是正确的，可是这个馋小子告诉我的数字只有天数，距离却一点也讲不清楚。

我从藏民那里打听到想了解的事以后，就离开他要到别处去，可是他不放我们走，又伸出舌头走过来，敏捷地在我们面前坐下，又熟练地画起他自认拿手的地图来，一边摆着干粪，一边滔滔不绝地说：“布尔奔错 3 天，纳木错 8 天，拉萨 12 天。”然后再伸出舌头撑开手，真有意思。我又给了他一些东西，他把拿到的东西悄悄地收进袍子的大兜里，面带着笑容离去了。

他后来又到我们堆放行李的地方来过好几次。这回我们再也不搭理他了，要是再被他缠住，我们的口袋非被他掏空不可。

藏民一再热情地邀请我们到西边他们的宿营地去休息，但是我们不去，而是沿着通往东南的路前进，这条路通过铺有零星积雪的草原。地平线处大雾弥漫，一座山峰也看不见，只能看到一些被河谷断开的支脉。牲畜星星点点地在谷地上游动，有时我们可以看到黑色的帐篷和在毡房上面飘动的写有经文的旗幡，因为这样的住房建在离路很远的地方，我们只能在远处张望。

---

① 布尔错：文中也写作布尔奔错，在当地人概念中距离纳木错有五天的路程。

2月2日，有一队全副武装的骑马人从远处窥视着我们，过了一阵他们才走到我们面前。互相问候以后，我们希望他们把马卖给我们，但是他们只默默地注视着我们出示的金子，一句话也不说。我们问他们卖不卖，他们把一匹不太管用的马驹牵了过来。这时，其他人都走了，只剩下马驹的主人。我们问价钱，那个藏民说，要是把马卖给我们，他会受到奔波（头人）的处罚的。他说，奔波不允许，什么事也办不成。我们不再留他了，送给他一点东西，让他多拿一些糌粑来，这个人说他自己倒是愿意善待我们，但是什么事都得由奔波做主。

那个人走了以后我们又多次见到藏民，但都离我们很远。他们看到我们向他们那边走过去，就赶紧把牲畜集中起来，往山里赶，尤其警惕不让马落到我们手中。

2月3日，有两个当地人拿羊肉干来卖。在我们互相打问过对方的来历以后，便交谈起来。其中一个人说，这条路一直通往念青唐古拉，沿途都是平原，路况比较好，一路上都有草和冰雪。这个人头脑灵活，我们给他看了几样东西，每一样东西的名称他都说得很清楚，尤其是把一块袖珍镜子的用途说得头头是道。可以看出，他是个能言善辩的人。

他对待我们一直很友好，也可能是因为我们说，要是他能把真实情况告诉我们，我们将送他一张彩色石版画的缘故吧。当他和我们并排在路上行进时，发现一堆骆驼粪。

我们问："这是什么?"

他答："唐古。"（土尔扈特的音转）

这里的人是这样称呼卡尔梅克人的。他指的是卡尔梅克人的骆驼留下的粪。如此说来，沿着大道走下去的话，不就可以再找到他们的脚印了吗？于是我又问："唐古，达赖喇嘛，拉萨?"

他也鹦鹉学舌般回答："唐古，达赖喇嘛，拉萨。"看来他所说的唐古，肯定就是我们遇到过的那批朝圣者。后来我们又找不到他们的脚印了，可能他们是从东边那条路走过来，在这里进入大道的。

看他比画着好像是说，要去拉萨的话，这条路最近。我们早已学会看他们的手势和表情了，他肯定是这个意思，我们相信他。因为从他卖羊肉干这事上就可以看出他是个有能耐的人，知道的事情很多。他跟我们一起来到宿营地，太阳已经落山了，他问能不能和我们的帮工住在一起，我们没有答应。他让马吃了一会儿草根以后就说要回家了，他指了指月亮，意思是说，有月亮不用担心迷路。

他是个有教养的人，对我们赠送的礼物用竖起拇指和伸长舌头来表示深切谢意。因为我们不会处理那些羊肉干，就还给他了，并让他把钱拿走。他深深地鞠了一个躬，表示得到我们的恩惠了，不胜感激。他还说："昨天你们遇到的那个人是个有权势的人，我是个穷人。"当然，每个国家都有穷人和富人。

不许前进

在春寒料峭的月夜里，冷风习习，气温下降到零下 31℃。我们在一个不显眼的隐蔽处停下，在一个可以俯视平原的台地上宿营。这里离山丘较远，即使有歹徒策马过来，我们也来得及向他们射击。

我们的狗出色地执行着放哨任务。无论发生了什么事，它们都能通知我们，其中一条红色长毛英国种犬习惯于在高营地 100 多米的地方潜伏，整夜放哨，这只狗可以向另外两只在帐篷旁守夜的短腿猎犬发出警报。这三条狗真令人佩服，它们似乎深知自己的任务重大，没有得到它们的许可，任何藏民都无法接近我们，因此我们完全可以放心地睡觉。

2 月 4 日清晨，狗吠声打破了宁静，我们发现有 20 来个骑兵正在接近我们，他们在距我们五六百米的地方勒马停下，并搭起帐篷，其中有两个人向我们这边走来，狗不让他们过来。他们做出要见我的手势，我们把狗叫住。其中一个西藏人用蒙语开腔，会蒙语的阿不都拉前去搭腔。西藏人首先问道："你们从哪儿来？"

"从北边来。"

"准备到哪儿去？"

"寻找一个好地方。"

"打算干什么？"

"打猎。我们一面打猎一面就走到南边来了。我们的骆驼和马都饿死了，人也死了。我们很累，想休息一下。"

"就在这里停下！"

"这里？让我们吃石头吗？找不到好地方我们不会停下。"

"哪里人？"

"西方国家的。"

"那么说就是番人啰（一般指英国人和俄国人）！"

"不是番人。"

"那你们再往前走是很麻烦的。到我们帐篷来谈谈吧。"

"我们必须得到队长的允许。"

阿不都拉向我报告谈判的事。我允许他同对方的代表谈话，但是叮嘱他尽量少说话，慎重考虑以后再说，绝不要回答对我们不利的事，遇到难以回答的问题就说不知道。

过了一会儿阿不都拉回来了。那个人自称是族长，对阿不都拉说："你们来到那一天我们就给拉萨写了信，拉萨送来以下命令：该人等若系番人，即行遏止，令其原路返回，并赠予或售予返程所需物品；若非番人，令其出示通牒，并将牒书送至拉萨为要。"

那个族长还说："我想和你们的队长谈谈。"

阿不都拉说："我们队长正在休息。等他起来我再来通知你们。如果你们提供物品，就请送酥油来好了。"阿不都拉特别喜欢吃奶油。

西藏人边说边走了过来。阿不都拉对他们说："你们身份太低，不能与队长说话。但是如果你们愿意卖马，我们就买下；如果不卖，你们就走吧。"听了这番话以后，他们一言不发地退下了，到相距一百米的地方坐下，注视着我们的行动。

我们装上行李，沿着大道向西南进发。翻过 4 800 米的达坂后来到高原上，又从高原下来向东走，看到一个相当大的湖。我想那就是布尔奔错了吧。湖边铺满盐层，根据卖羊肉干的藏民所言，布尔奔错有一座巨大的岩盐疙瘩，水就是从那里面流出来的。

我们沿着湖边行进，尽量缩短队列距离，如果人数很多的骑兵出现在山顶上，要是和他们相遇，不知会闹出什么事。把队列调整好以后，我们就到湖的西面搭起了帐篷。附近有结冰的涌泉，里面的水可以喝，泉水是附近的山溪流入地下后又涌出地表来的。骑兵进到山里，在山溪旁宿营，距离我们有五六百米左右，他们烧起篝火。有几个人到平原上拾粪。

布尔错或者说布尔奔错似乎是楔入山间而形成的湖，这个湖很像瑞士美丽如画的卡托尔·坎通湖。但我们的肉眼所看到的，却是一种幻影，看上去向远处延伸的那一部分水面，实际上是不存在的。因为布尔奔错是一座盐山，它包围着大半个湖。

前面有一大片台地，我们在台地的坡下发现很多骆驼粪，骆驼的脚印也十分清晰。可以判定，曾经有人在这里宿营过好几天。可能是土尔扈特人曾在这里宿营，这里的草已被割得干干净净，我们的牲畜已经没有什么可吃的了，雪也完全没有了。

我们正在卸行李时，有几个藏民走了过来。在人群中还发现了前几天卖羊肉干给我们的那个人，我们装作没有看到他们的样子，把阻止人走近的任务交给了狗。于是藏民们又返回岩石山，准备在那里住下。

他们一边说话一边慢慢地走，我们一会儿就追了上去。从近处观察，可看出里面有一个老人，阿不都拉说那就是族长。我想如有可能我就走到他跟前。这个族长个子不高，穿着和他手下人一样脏的衣服。从侧面看去，他的小眼睛极为机敏，但因硕大隆起的鼻子占据面部中央，很像路易十四的脸形，看上去倒也面善。

我们俩对对方都非常好奇，我们的目光碰到了一起。我用蒙语向他们问好，他们也答礼。我用方块糖作为见面礼递给那位老人，他斜着眼睛盯住我的脸，嘴里喃喃自语，不知说了些什么。我目不转睛地注视着他身边的人，他们诚惶诚恐地把视线移开。其中一个人引起我的注意，他瘦高个，头发顺着面颊垂了下来，他的脖子较长，脸色憔悴，态度冷漠，表情呆板，像个中古时代独幕喜剧中教条主义学者的典型。一看到他，我就不由得要笑出声来。但这个人直挺挺地立在那里一动也不动，由于恐惧与不悦，他避开我的视线，自言自语地念叨着："番人！番人!"好像我就是真正的魔鬼一样。

我装着观赏风景的样子向远处望去，他们再一次目不转睛地盯着我，过了一会儿他们就走了。他们迈开 X 形弯曲的腿，用独特的步伐不慌不忙地向前挪去。

天气依然很冷。2 月 4 日晚的最低气温为零下 29.5℃，但是风停了。2 月 5 日上午，长着路易十四脸的老人在二十来个藏民的簇拥下又走了过来。他对翻译说，他的处境很不妙，要是让我们再往前走的话，他就会受罚的。他说："你们原来住的地方有草有水有新鲜的肉吃，想要什么都能找到，为什么不听拉萨的命令，要在这里宿营呢?"

他还说要到我们的帐篷来正式交换意见。我们的态度是，如果他们不把马卖给我们，我们不接待任何客人。我们说："我们很需要马。如果你们对我们怀有好意，那么证明这片好意的最好办法就是把马卖给我们。"他说："羊可以卖给你们，甚至可以送给你们。但是没有接到命令，马不能卖给你们。"

多德坎去找他谈，他毕恭毕敬地送给多德坎三个装在皮袋里的动物油疙瘩，递东西时，他伸出舌头，竖起两只大拇指。多德坎问："前面那座盐山就是布尔奔错吗?"他笑着拍了一下多德坎的手，意思是：你不要提这个问题来打岔了，你们对这个地区的情况和我们一样熟悉。

老族长不知怎么办才好，他一直很纳闷：我们一行人中没有个西藏人，却经过了连他也不熟悉的路线到了这里，没有带一个向导。我们这一行人中有着不同的相貌，穿着不同风格的服装，不向别人打听一下路线就一个劲地向前走，在别人以前宿营过的、有冰的地方宿营，真不知该怎么对待我们。

现在，他又到了回族帮工这里，给回族帮工看从拉萨送来的、盖有中国官印的命令文书。他认为这份文书已授予他警察的权利，就对回族帮工说："你说你是中国人，如果你真是中国人的话，就应该带身份证书出来旅行，因为不得到衙门的允许是不得离开老家的。我不知道你以前有什么经历。"

他这句话把回族帮工惹火了，回族帮工立即伸手到包袱里，从里面取出身份证书，气愤地打开，甩到老族长的鼻尖上说："你也带这个东西了吗？我可是堂堂正正的中国人，看到了吧？把你的身份证书也拿出来放到一起比一比。……从官印就可以看出来，我证书上的官印比你的官印大一倍。我的证书是大官发的，你的证书一钱不值。你有什么权利对我们的工作插嘴?"在口若悬河、能言善辩的回族帮工面前，这个族长被问得哑口无言。在官印大小问题上，他驳不倒对方，脸上显出困惑的神色，只好离去了。

大概西藏人还不知道我们是一些什么人，他们千方百计地想收集关于我们的情报。由此看来，在搞清我们的身份以前，他们不会对我们采取任何措施的。而我们得不到他们的协助也能过去，所以还是不让对方了解我们的身份为妙。让他们烦恼去吧，我们继续上我们的路。

我们的前面仍然是光秃秃的平原，有一座小山脉挡住了我们的去路，我们只好在山顶附近、达坂旁边宿营。不远处有一眼水量丰富的泉，从这里向东西谷地流去，中途慢慢结成冰。在冰那边有座黑色的毡房。这是我们在这一带看到的第一顶帐篷。我们走了过去，四条毛茸茸的黑狗用猛烈的吠声迎接我们，龇着牙跑过来，其中有一条老得骨瘦如柴，毛都掉光了。

听到吵闹声后，有两个人从毡房里走出来。一个腰弯得很厉害的老人牵着一个孩子的手过来迎接我们。为了在冰上走路不滑倒，他和我们一样拖沓着脚走路。

那个弯腰的人已经很衰老了，乱蓬蓬的花白头发剪得很短。他的小眼睛有病，视力极差。为了看清楚我们的面孔，他要到眼前来，结果他把多德坎看成是汉人，用汉语叫了一声"老爷"[①]。

他牵着的孩子是个八九岁的瘦小女孩儿。如果收拾得干净一点的话，一定是个可爱的孩子。她长着一副圆脸，鼻子小而端正，脸色黄里夹着黑斑，可能从一生下来就没有洗过脸，穿的衣服是没有剪裁过的整张羊皮，用毛线绳绑着。腋下挂着一把套在皮鞘里的小刀。和老人一样没戴帽子，一头没有梳理过的头发被编成王冠的形状卷在额头上。

我们把这个老人送回到他的帐篷里。根据他的短发推测，他不是俗人，而是个喇嘛。我给了他一些干果，和他攀谈起来。从他那里得知，昨天宿营地附近的盐山就是布尔奔错，这一带的山都叫布尔奔错山，从这儿到纳木错需要四天，有平坦大道可走。

---

① 老爷：旧时对驻藏清代官员的尊称。

在不远的山梁上有很多牦牛，是这个可怜的老人饲养的，他对我们很热情，于是我们提出想买他的牛奶，他解释说，草情不好，挤不出奶水来。

在他的房子旁边堆着很多小口袋，里面装满了炒过的大麦粉（即糌粑）。这两个藏民居住的帐篷是用黑色羊毛织成的，呈长方形，面积不大，四角有支柱，留出绳头，外围还有固定支柱的绳头，可以通过改变外围支柱的位置来张弛绳索。

这个黑色帐篷向外拉出很多绳索，就像一只伸出许多条腿的大蜘蛛，当然这个大蜘蛛只有一只眼睛，而且是长在脊背上的，这就是屋顶中央的烟道，有时封起来。因为这里一年到头刮着西风，帐篷的门向东开。此外，在帐篷的西面还用牦牛粪搭起了一堵墙，用来挡风。因为采用大饼形状的牦牛粪做建筑材料，砌成的墙呈月牙形。粪墙和帐篷之间有个院子，可以存放牲畜，给牲畜挡风。

我们还巡视了帐篷周围，发现了好几个大小不同的圆形炉灶，这些炉灶齐腰高，像一个个小塔，实际上这是建在地面上的地窖，可能因为往地下挖比较费事吧。它当然也是用粪做成的，它的用途相当于房屋里的壁橱，里面存放布头、毛线、高顶宽檐布帽子等物。帐篷旁边，还无序地堆放着一些牦牛皮和瓦罐瓦壶之类的东西。那些不上釉的粗陶敲起来声音挺清脆的。

在帐篷背后，隔着粪墙对着西风的地方，摆有一些刻有经文的石板，像是专门为了让刮来的西风阅读的，在稍远的地方我还看到被废弃的破旧帐篷。

西藏人住宅的内部陈设是这样的：帐篷下面用石头砌成长方形的地面，这是基座。帐篷中央，有一个用平整的石头和泥巴砌成的炉灶。墙角堆放着牦牛粪，四面的墙壁用劣等泥砖砌成。石磨是用两块圆形石板叠放在一起，上面的石板搁在装有轴心的下面石板上，上面石板的把手是用藏羚角做的，握着把手可使石磨旋转。此外还有用柳条编成的簸箕，用牦牛头盖骨做的器皿和几根充作石杵或榔头的石棒。

离帐篷稍远一些的地方，我们打开了一个塔形筒，里面放有许多物品，其中有羊毛口袋、绳索、瓦壶、木头等。所有的筒仓上面都像牧羊人窝棚顶一样盖着一张牦牛皮，用石头压着。在另一个筒仓里，有用粗毛布包着的一只羊羔。可能这是幼小牲畜的藏身之处，而它的父母是在露天睡觉的。

品利·多尔列安想把这个奇妙的住宅拍下来，因为采光不好，必须等到第二天早上才能完成。这件工作想不到这么麻烦，又要避开狗，又要把馆舍的主人照进去。

第二天早上，我们一到帐篷跟前，狗就吠叫起来，我们手里拿着马鞭来防身。听到狗叫声后，一个鼻子高高的、前额稍微突出的、长着一副寒酸相的男子出来了。他把狗叫住，扔给它们一些牦牛肉干。

当我们已经摆好照相机的位置，并确定光线时，帐篷的垂帘打开了，房屋的女主人探出头来，在我们还没看清她的模样时，她又缩了回去。我们用许多葡萄干、桃干和杏干作诱饵，才成功地把这位夫人请了出来。

这个妇女个子很矮，当然也是穿着羊皮。两个眼睛眯缝着，眼珠是褐色的，牙根骨突出，下颚大而向前挺，嘴唇厚且向外翻，使人感到她喜欢亲近人。她额上的头发分成两股，顺着面颊垂下来，到了胸部又梳成若干条小辫，辫子中段穿着玉石及贝壳，下端绑着布条。这个女主人长得不好看，但是她和她全家给我们留下了很好的印象。当我们把身上所带的方块糖全部给她时，她笑了起来。当我们准备离开时，她向我们竖起拇指，和那个高鼻子的男人一起合起双掌送我们出来。

我们沿着布尔奔错山脉向东进发，接着转向东南，又回到曾一度偏离的大道上，我们在谷地中别人的帐篷旁边宿营，这里的人对我们很冷淡，狗也对我们很凶。平原上的牦牛粪很少，大家细心地去拾才能搞来一点点。牦牛奶是一点也搞不到的，当我们向周围的人提出要买奶时，都被毫不犹豫地拒绝了。

依玛提老人的身体已极度衰弱，他不能站起来，只能用膝盖跪着爬行，因此必须从旁边把他抬上马去，像放行李一样。昨天他竟然悲哀地说："我不行了，什么也干不了，你们就把我扔到路旁吧!"我想只要有可能，我们就要一直护理着他，但是我们无法减轻他的痛苦。帕尔帕在一天里就跌倒了好几次，他用自己的力量是怎么也走不到宿营地了。阿不都拉不断地呻吟，不抓住骆驼的皮带就走不了，枪也扛不动了。因此，我们无论如何要搞到马，有机会就得买。

2 月 7 日夜里，刮起了猛烈的西南风。一觉醒来，队员们都诉说头痛耳鸣，病人们都唉声叹气着。我们已没有力气往达坂上走了，沿着大路走时，能看到山顶上有一座鄂博。

可能拉萨下达的命令已传达给所有的藏民了，天一亮，畜群就四散远去，只有在山梁上能看到马，我们没有力气到上面去把马抓来。大路两旁的帐篷里只看到老人、妇女和小孩，中青年男子拿上武器出去了，我们完全被孤立了。过去我们一直遵照天主教教义，以温和的方式去处理问题，我决定今后要采用别的手段来达到目的。

达坂下面有一条小河。在河旁，有三个人正在用牦牛粪煮糌粑吃，我们走到跟前对他们说，我们有病人，需要一匹马。他们装作听不懂我们话的样子，连我们出示的金子也不看一眼。我们看马就在我们近旁，便抓住其中的一匹给帕尔帕骑，慑于我们手枪的威力，他们一动也不敢动。

半夜，我们最早从藏民手里买来的羊不见了。以后，如果我们想吃新鲜肉的话，再抓一只就是了，这是社会竞争法则所允许的。

我们终于登上了海拔 5 300 米的达坂，下山时很轻松，一下子就进到一条山谷。我们在这里看到了一顶毡房，由武装人员在那里据守。他们的马就在周围转悠，他们一发现我们，就赶紧把马集中起来，对我们进行警戒。在达坂下面，我们又发现用刻有经文的石头堆积起来的小山包①，和尤克神父②在朝圣者经过的路线上所见到的一样，说明我们离圣城拉萨已经不远了。

2 月 8 日，有 40 来个骑兵远远围着我们的宿营地站着。一个长着酒糟鼻，会说蒙语的头人带着另一个穿着比他好、比他稍微干净一点的头人来见我们，他说："希望你们在这里停下，你们再不停下的话我们会受处分的。"

我们说："我们有两个人病倒了，一直找不到地方让他们休息，我们正需要找这样的地方，请你们再也不要开这种不着边际的玩笑了。"

我们又向另一座达坂攀登。透过薄雾和尘埃，从达坂上可以看到大湖的一角以及耸立在南边远处的几座白色山峰，那条山脉恐怕就是念青唐古拉山了吧。我们离高耸的群山越来越近，山路越来越多，路两边的谷地只有两三公里宽。这里的景观和帕米尔高原一模一样。

西风劲吹，大家疲惫不堪，然而我们感到冬天似乎已接近尾声，因为我们已经看到一群群鸽子和麻雀从头上飞过，野驴和羚羊也多了起来。我们沿着结冰的水洼一步步向前进，我们经过的好几个小湖都干了，湖边的盐矿泛着白光。

2 月 10 日，探险队进入了草原地带，这里到处散布着小石头，草丛稀稀拉拉的。我们又向达坂攀登，在路上发现了去年夏天骆驼走过的脚印。

2 月 11 日，穿过一片雨季冲积而成的谷地，在左边山峡隘口处看到一些帐篷，我们在路上遇见了一个疯疯癫癫的、有身份的西藏人。他身披红色斗篷，脚穿红色靴子，手拿银质镀金的小转经筒不断地转动，他用蒙语对我们说了几句令人摸不着头脑的话："天不好，马不好，城不好。"说完不做什么解释就挥动着缰绳远去了。他没有给我们提供任何有价值的情报，仅从这里的人会说几句蒙语这一点可以看出，蒙古人的朝拜团③习惯在这一带停留。这一天，我们在一处泥炭坑中宿营，人和牲畜都睡在洼地里，周围有一些坚硬而矮小的草直挺挺地贴着地生长着。

2 月 12 日，猛烈的西风给依玛提老人最后一击。即将出发时，他开始抽搭起来，他说："我快完了，帮我叫帕尔帕来一下。"帕尔帕来了以后，他提醒帕尔帕，他还欠帕尔帕的钱："在恰克勒克，还记得吧？我从你那里买了一双鞋子，还没有给你

① 指山口上的玛尼堆。
② 尤克神父：应为古伯察。
③ 蒙古人的朝拜团：即进藏熬茶的蒙古贵族。

钱。如果托安拉洪福我的病能全好，一定还你这笔钱；如果安拉嫌弃我，不让我活了，那我就用我的遗产来还债，多出来的你就全拿走吧，你在路上这样照顾我，我会记住的。”我曾想尽一切办法让依玛提恢复健康，但都无济于事，只好安慰他说：“很快就要到城市了，到那里旅行就结束了。我们大家都很喜欢你，会永远照顾你的。”他回答：“谢谢你们，我干不了什么事，很对不起。我不行了，死神就在面前，它已经拖起了我的一双脚，请丢下我吧。你们不要落泪，不要失去信心，你们会有好结果的。”

我们把可怜的依玛提抬上马，怀着忧伤的心情出发了，我们先绕过一座山的支脉，然后照旧朝着东南方向进发。今天的行程为十多公里，比昨天稍长一点，之所以说今天的行程长，是相对于我们的体力状况而言的。为了到达湖边宿营，才决定加一把劲多走一段路。这个湖大部分隐藏于圆形山的背后，昨天我们只看到一小部分。

宿营地附近有很多羊在吃草，但是每当我们找当地居民说话，他们就跑掉，我们利用这个机会把羊当野兽捕猎，以作食用。牧羊人是个又老又丑、性情急躁的女人，她一看到我们就尖声喊叫着逃走。捕猎很顺利，不一会儿，我们就套上了一只漂亮的、尾巴多油的羊羔。我们还看到，有人在湖边的沙地上宿营，而且近旁有五六匹马。事不宜迟，我们决定迂回包抄过去，战术是对的，可惜我手下的兵卒不够用，实际上参与战斗的只有品利·多尔列安和我两个人，其他人还在忙于别的事情。

西藏人看出我们的意图后，立即站起来向马那边跑去，但为时已晚，我们已捉住一匹马，而且还俘获了他们的头人和另一个人，并夺得了他们堆放在一起的全部武器，他们的伙伴不但不跑过来救援，反而跳上自己的马，顺着湖边飞快地跑掉了。我们用手枪向空中打了两三发子弹，他们越跑越快，不一会儿就消失于山背后了。

老头蹲在地上一动不动，吓得全身发抖，竖起两个大拇指，向我们伸出舌头求饶，他身边放着一些装有粮食的皮口袋。为了求生，他不断递给我们一把把的奶酪、糌粑和肉干，我们不要，他就念起经来。然后他又慌慌张张地像手脚麻利的厨师那样不断地从大口袋里掏出一把把的东西来，接着又抓起冰块放进架在火上面的水里，往里面加上糌粑和酥油，然后用手指捏起小团糌粑吃起来，还一点一点地喝着酥油茶。折腾了很长时间，只听见他不断喃喃地念着“嗡嘛呢叭咪吽”，还不时瞟我们一眼。无论感觉多么迟钝的人，都可以从他的表情看出他的内心是多么地不安。

我们饶有兴趣地看着他的狼狈相。过一会儿，估计队员们马上就要回来，就开始和他谈判。我们向他解释，我们需要马是因为已经有好几个人不能走路了，得到了马以后会付出很高的价钱的。当我们用“老阿爸”“大哥”称呼他时，他立即竖起拇指跪下。

队员们带着狗过来了，当我们的狗气势汹汹地向他扑过来时，他被吓坏了，赶紧求我们把狗带走。我对他说，这些狗不会咬那些和我们称兄道弟的人的，让他放心。然后我们用方块糖来安抚他，他尝了一下，立即喜形于色。接着，我们又给他葡萄干、杏干，他大为高兴，真的开始与我们称兄道弟起来。

这时，我们拿出中国的银锭给他看，并说这是买马的钱。为了表明我们的善意，我允许与他在一起的那个年轻人自由行动，结果那个人扔下了他的头人，只身逃往山里去了，也可能是头人叫他逃走的。

过不多时，有一个胯上别着枪的男子骑马过来，他称拉希买德打到的羊是他的，于是我们马上请他喝茶。他从藏袍大兜里掏出自己的茶碗接茶喝，这是他们的习惯，也是他们的宗教礼仪。这是为了避免不干净的嘴唇和自己的嘴唇接触到同一物体上，认为别人的嘴唇是不干净的，对于欧洲人来，这是一个离奇的做法，也许这也是一种防止流行病传染的有效措施。在从来不洗的地区，这种做法是十分必要的，这种习惯可能来源于宗教上的约束。

我边考虑这个问题边从衣袋里掏出金子，交给自称是羊的主人的藏民，他说要检验一下，就往石头上蹭，然后仔细看石头，再看金子上的印迹，我告诉他是北京的印，他这才放心了。

当我问他够不够付羊羔的价钱时，他又重新验一次，最后认定是真的了，就把金子放进挂在头上的小口袋里去了。我们又送给他一面小圆镜，但是他不会使用，开头他不知道镜子里照出的人就是他自己，我们让他照一下那个被我们俘虏的头人，他这才相信镜子里的人就是自己，然后傻乎乎地大笑起来，继而滔滔不绝地向他的同胞说着什么。快到黄昏时，那个男子同我们施礼告别，笑着离去了。

被我们俘虏的头人同我们已经很熟悉了，他过来请求让他住在我们营地里，并提出很想得到一面小镜子。当天晚上，我们付给了他买马的钱，那匹马就拴在我们的宿营地附近。此外，我还让他搬走我们抢过来的、主人逃走后留下的火索枪和刀剑。

可怜的依玛提老人

一整夜，我们的狗都在吠。远处的狗也遥相呼应着。冬夜里，狼总要打破沉寂嗥叫一番，它们在湖对岸群聚在一起，发出了阴森恐怖的大合唱。我走出帐篷，拉希买德正站在门口。我问他：“发生什么异常了吗?”

“没有，和昨天一样，人和牲畜都正常。”

我刚走进帐篷，他就跟了进来，非常悲伤地说："刚才依玛提咽气了。就在昨天刚到达宿营地时，我还去问过他的病情，他说好了一点，然后很高兴地喝了几口茶。当然，他不停地喘着气，面部浮肿。我一看到他伸出红肿的手指烤火的样子，心里很难受，即使对着火，他身上也暖和不过来，但是他仍然津津有味地看着别人做事。他真不愧是一个顽强的老人，地道的草原上的人，我亲眼看见他以娴熟的动作用牦牛粪向炉子加火，然后在帐篷门旁选择一个合适的地方躺下，细心地盖上毯子和袷袢①睡觉。"

我问他需要什么，他说什么也不需要。谁也想不到他的死是那么突然。我向拉希买德了解这个勇敢的人临终时的情景。拉希买德说："狼嗥那一会儿，依玛提喊：'帕尔帕，水，给我水，帕尔帕，水，喉咙干得很。'帕尔帕说：'水还结着冰呢，我化了冰再给你喝。''劳驾了。'水烧好以后依玛提不要别人喂，自己吃力地喝光了，他显得稍微轻松了一点，然后猛然躺下，慢慢呻吟起来。过了一会儿，他突然爬起来，用膝盖爬出帐篷外，解了手以后又回到自己的铺上。这时候茶烧开了，给他递上一碗茶，他还能端得起茶碗。他正想喝，却喝不进去了，含在口里的水全吐了出来，他交回茶碗，躺下以后，把我、铁木尔、艾萨、阿不都拉、帕尔帕都叫到他跟前，他竭尽全力地用一边的胳膊撑起来，断断续续地说：'我不能到那边去了，安拉不允许我向前走，你们多保重。你们把我照顾得很好，你们的盛情我心领了。多多保重，我就要死了。'说完就一头栽倒了，他就这样断气了。"

太阳还未出来，我是在暗淡的煤油提灯下听完这番话的。我对拉希买德说："天一亮就埋葬吧。你到湖边去找一个洼地，那儿有几处够放下一个人的地方。"……在这段时间里，大家都很喜欢他，他说话粗声粗气的，但他人品好，勇敢，干活利索。他照料骆驼细心而周到，那些骆驼原来大部分就是他的，他受到高利贷的盘剥，不得不把骆驼卖给了债主，结果他从骆驼的所有者变成了债主的帮工，用原来属于自己的骆驼为债主运输商品。后来那个债主用高出原价两倍的价钱将骆驼卖给了我们，于是依玛提就和自己的牲畜一起开始给我们干活，同它们相依为命。我们付给他的报酬很高，他打算攒下钱回去以后再买骆驼，重新成为自由人。用他的话来说，就是"变成从前的依玛提"。但是安拉做了另外的决定，这个可怜的吉尔吉斯人再也看不到故乡的大草原了。

大家用他睡过的毡子将他的尸体包了起来，将他安放在洼地里，让他面朝东南，这样他就可以看见我们出发，就可以越过山峦起伏的高原仰望圣城拉萨了。为了覆

① 袷袢：维吾尔、塔吉克等族男子所穿的一种无领对襟长袍。

盖遗体，有人用自己的衣襟装上石头，有人用麻袋装上土撒到上面，大家一面抽泣一面诵经祈祷。

该向纳木错进发了。据俘虏说，那个湖就在我们要越过的那座山的背后。我们把他放了，把昨天缴获的武器连同送给他的礼物一并交给了他。我们刚一出发，昨天逃走的人又出现了，他在山顶上注视着我们，等到我们走远以后，他才向头人那边跑去。

现在我已从西藏人那里打听清楚了，纳木错离我们不远了，于是我们的劲头又大了起来。遗憾的是在这里买的马不愿意跟我们走，我们一拉起缰绳，马就倒退。多德坎的马也死了，接着也不得不抛弃品利·多尔列安的马，结果在我们到达圣湖纳木错时，只剩下两匹马了。

登上山顶，可以看到念青唐古拉山脉和纳木错湖的东段。为了扩大视野，我们沿着陡坡爬上个制高点，往下一看，美丽的湖面宛如一面银色的镜子在我们脚下闪烁着。整个湖呈圆形，而西端因有悬崖而略呈椭圆形，那里有一个岬角伸向湖中，因而将湖分割成两个湖汊。在西南好像湖环绕着山一样，从这里看不清楚这座山是湖心岛还是半岛。

念青唐古拉山脉更加美丽得夺人心魄。山体很长，在白雪的装扮下山脊线条优美，向四方伸展开来，地平线完全被遮住了。令人惊讶的是，有众多平行支脉逐渐向湖的方向倾斜，支脉上的山峰排列整齐，从我们站着的位置看去，所有山峰的高度都大致差不多，宛如一排排井然有序的军队营房。在山脉中段，有一片呈岛屿状或半岛状的山群向前突出，好似军队的前沿阵地，上面耸立着四座巍峨的冰峰，拱卫着背后的圣城拉萨。因此，西藏人把念青唐古拉山当作圣山崇拜。

我们沿着沙石地面的山坡下山，踏着去年的枯草，来到湖边的营地。由于水位在不断变化，结冰前大风掀起层层波浪，荡起无数的同心圆。岸上有许多被波浪推上来的草和贝壳，水冲刷着沙滩，留下许多薄薄的冰层在沙滩上。

湖的北面是较为低矮的山，山上没有雪；南面的念青唐古拉山所有山脊都是白的。从这一点上来看，正如西藏人所说的："纳木错的水是由念青唐古拉山上的雪养育而成的。"

越往南走，越能看到湖水向西南延伸。因雾气笼罩，我们看不见它的尽头，纳木错就像无边无际的大海一样宽广，然而一旦浓雾消散，就能发现此湖不过是一个被幽禁在山中的大湖而已。

夕阳射到冰面上，映照出璀璨的色彩，一颗多么亮丽的钻石啊，就似巨人的一件精美的首饰。这件首饰有一座山那么大，就像刚刚加工好的宝物，闪烁着熠熠的光辉，到这时我们才意识到，展现在眼前的就是蒙古人所说的“腾格里诺尔”——天上的湖。这个湖能变幻出各种不同的色彩。当落日西沉时，这块奇异的钻石化作一个巨大的清澄的冰块，周围的一切都被落日的余晖映成玫瑰色；当太阳完全沉没时，湖的尽头便闪出一道金色的光辉，像一幅鲜明的剪影画，非常奇妙。向北面望去线条柔和、平稳，而向南方即拉萨的方向望去，尖峭的山峰呈现出大起大落的层层景物，现出重峦叠嶂的线条，似一道不可逾越的壁垒。上帝似乎故意把念青唐古拉山安放在这里来阻挡我们的前进。我看着眼前的一切，思绪万千，不知不觉夜幕降临，只听得野狼的嗥叫声响彻山野。

纳木错湖边的谈判

经过艰难的旅行，我们终于抵达了纳木错，这是一件意义重大的事，因为我是第一个目睹这个湖的欧洲人。此前英属印度的婆罗门教僧侣纳因·辛格[①]也曾付出了巨大的努力来考察这个湖泊，并将其标记在地图上。打从翻越安班阿什坎达坂以来，我梦寐以求的秘境终于展现在眼前。从现在起，我们完全知道了自己所处的位置，想到这本应无比兴奋，然而看到探险队付出的巨大的代价，我却怎么也高兴不起来。前不久，我们失去了马匹，看样子骆驼也坚持不下去了。

我们在这里停留一天，牲畜长期以来得不到充分休息，早已病入膏肓，让它们在宿营地周围吃吃草，与其说是让牲畜休息，不如说让它们稍微延长点寿命。

这段时间拉萨当局没有派人找我们的麻烦，我倒觉得有点儿蹊跷。很早以前他们就知道我们来到西藏了，自从初次遇到藏民以来，我们每天的行程都很短，他们利用快马通报的时间应该是足够的。

眼看就要同西藏人发生纠纷了。我们发现在湖泊干涸处的平原上有人和牲畜在活动。好几个骑兵小分队从远处围着我们的帐篷慢慢向南走，可能打算在山坳的隘口处集结，我们也试图从那里翻越念青唐古拉山，因为探险队极度疲劳，还不知道有没有成功的把握。只要出现一段险路，就会阻挡我们的前进，有时也可能遇到意想不到的侥幸，刚一开始是无法预料的，一旦机会来了，就大胆地灵活掌握。疲劳的旅行者应该死死地抓住马的鬃毛，这样马就会继续前进。

我们已经陷入困境之中，但是还没有达到绝境，我们还有食品，面粉和茶叶还

---

① 纳因·辛格：19世纪六七十年代，在印度工作的英国测量员托马斯·蒙哥马利训练了土著测量人员，即库马翁地区辛格家族兄弟纳因·辛格、马尼·辛格和吉森·辛格三人，偷偷对中国西藏的地理和地质进行测绘。其中纳因·辛格做的工作最多，他化装成僧侣，利用伪装成转经轮的计数器记录距离，完成了雅鲁藏布江上游、拉达克到腾格里湖（纳木错）东经82°以西的测绘，使拉萨河谷、拉萨以北地区在西方地图上不再成为未知地区。

够用几个月的，还有糖、蔬菜罐头、弹药等，而且周围还有羚羊、雷鸟、野驴，这些动物的肉也不难吃。

目前，人和牲畜最缺乏的就是体力。我们安排了一天的休息用于打猎，这样除了搞到野驴肉以外，还能收集到金雕和秃鹫的标本。湖边冒着温泉的蒸气，北岸的石山上零星地长着可爱的野生杜松，有很长时间没有看到树木了，一看到真正的树木，队员们欢快地说起话来，好似故友重逢一般。我们的仪器标示，这里的海拔4 670米，仍然相当高。婆罗门教僧侣纳因·辛格标记纳木错的高度为4 963米，和我们测量的数据差不多。

2月15日，再向南行进十多公里，在湖的拐弯处渡过注入湖里的河，这条河分成几条细小的支流，在中午几个小时里，其表面的冰融化了，水从冰上流过。在渡河时有几个人不小心把脚弄湿了，这还是从来没有过的事。我们爬到了可以越过念青唐古拉山的达坂附近，准备搭帐篷，向东看到了几座美丽的山峰，为纪念进入拉萨的勇敢的传教士，我给其中两座最高的山峰分别起名为尤克峰①和加贝峰②。

我们刚刚渡过结冰的河，就发现骑兵在对岸严阵以待。在这大群人中有一个相当笨拙的、会说蒙语的人，他穿着比较整洁的衣服，看起来像是一个上层人物。骑兵们和我们保持一段距离，在周围散开，人数大概有几百人。我们缩短了与他们之间的距离，手里拿着枪。

西藏人的翻译说，他准备把我们的情况详细向上级报告。首先我们让他转达我们的想法，如果有骑兵同我们对抗的话，我们就开枪。因此，我们希望在见到大头人之前不要靠近我们。按照我们的习惯，应该在帐篷搭好以后才开始谈话，若有妨碍我们的人，我们将用鞭子把他们赶走。

我们在大路左边隆起的地面上搭起了帐篷以后，对方派出的人走了过来。多德坎和阿不都拉在回族帮工烧火的地方迎接了他们。他们首先拿出送给我们的礼物：一包酸奶油、一瓶粮食白酒。装酒的瓶子是欧洲出产的陶瓶。

据在场的阿昆说，他们三人是从拉萨派来了解我们是什么人的。在会谈期间骑兵骑的马全换了，都是一些好马。行李由骡子驮运，骡子力气大个子小。

会谈时间拉得很长，他们提出派一个代表来见我，我们的代表拒绝了，理由是我不会说他们的话，而且像他们那样身份低的人没有资格见我。这个时候以盛气凌人的态度说话，可给对方造成一个印象，好像我们这里有多么了不起的人物似的，

① 尤克峰：纪念首次进入拉萨的法国传教士古伯察。因翻译的原因，这里写作尤克。
② 加贝峰：纪念与古伯察一同进入拉萨的法国传教士秦噶哔。因翻译原因这里写作加贝。

这种做法很重要。在东方国家里，在同不认识的人会面时，必须先要出这样的花招。西藏人在离开我们的营地时我看到了，他们和满汉官员一样，穿着华丽讲究的服装，而且比初次见到的每个人的个头都高，他们身体肥胖，举止文雅。很明显，他们是从拉萨城里来的人。

多德坎和阿不都拉把会谈的内容扼要地告诉了我。据他们说，这个西藏人是拉萨的大喇嘛①和昂邦（昂邦一词在满语中原意为“官员、大臣”，这里专指清朝派驻蒙、藏以及西北地区的大员——译者注）② 派来的代表。大喇嘛是宗教方面的最高权威，昂邦是世俗政务方面的要人之一，相当于内阁副部长的职位。他想看我们的护照，以了解我们的来历、身份和旅行目的。我方代表是这么回答他们的：“我们在路上受到了残忍的对待，人们都不愿向我们伸出援助之手，不卖给我们食物，不借给我们马匹，我们不但在初次遇到藏民买东西时付了钱，而且在后来不得不用武力强行买东西时也付了足够的钱。倒是对方蛮不讲理，缺乏同情心，完全采取对待坏人的态度来对待我们。如果对方今后仍然把我们当作流寇看待的话，我们只好像流寇一样去作乱。”听了这番话以后，一个穿黄绸僧服、结着蓝色纽扣的喇嘛急忙开口：“有人用残忍的态度对待你们，实在遗憾。我们这里的人没有见过世面，难以做到以礼相待，这一点万望见谅，今后再上路时不必有什么担心。”最后他们仍然向我们提出要看护照，并一再要求我们就在这里停下，说我们需要的一切物资都会给我们送来。

多德坎回答说：“我们早就想好好休息一下了，到了适合休息的地方我们当然就停下。”

阿不都拉同大喇嘛的代表谈话时打了一个比喻。他递方块糖给那个黄袍蓝扣的喇嘛时说：“我们胸怀坦荡，就像白糖一样洁白无瑕。”当西藏人喝完茶时，他又接着说：“喜欢喝这种茶吧。没喝的时候不喜欢，尝一口就喜欢了。你们同我们的关系也一样，相识了就会喜欢我们的，分手以后还会想我们的。”

我们围着大锅，像平常一样生活着。西藏人给的酸奶油在锅里化开以后，散发出难闻的气味，因为里面掺有杂质。西藏人同我们辩论了半天，费尽口舌也奈何我们不得，因而他们得出了这样一个结论：无论下达什么命令我们都将不予理睬，他们是无法说服我们在这里停下的，说不定我们还得继续上路。但遗憾的是，我们无法前进，牲畜都快要死光了。我们决定明天还是继续上路，走到哪儿算哪儿，并做

---

① 大喇嘛：指达赖喇嘛。

② 昂邦：从上下文来看这里的昂邦为西藏地方政府的高阶俗官，似为岸本的音译。

好了一天走不了多少路的思想准备。

第二天，即2月16日，大喇嘛和昂邦的代表又来了，他们找出各种理由说服我们留在这里，又一次提出要看我们的护照，并进一步询问我们的国籍。因为我们事先没有商量好该怎么说，所以什么也没答复，光说让他们先回去，带一个蒙语说得好的人来再说。

我们扛起枪，调整成战斗队形向前进发。平原上像蚂蚁一样集了大量骑兵，他们把这么多军队召集到一起可能是为了吓唬我们。不久我们走到山脚下，有一条路直通山脊。山脚附近有一条弯弯曲曲的结冰的河，前面是一片洼地，我们没费多大周折就全部渡过了那条河。昨天那几个人在前头迎候了我们，他们请求我们就地停下，同昂邦进行友好的会晤，并说昂邦很快就从拉萨到这里来了，他们已经做好迎接昂邦的准备了。的确，在山路的下方，结冰的河的左岸上有很多黑色帐篷和驮运行李的牦牛，还看到大型的白色毡房。我们回答说，我们不能停下，因为我们听不懂他们的话，他们派来的代表中没有一个人会说汉语。这时有一个人立即用汉语答话，那个人就是黄袍喇嘛，从相貌上看他很像汉族。

“请你们停下。山那边没有水没有草，全是沙漠，这一点你们应该相信我。要是你们认为我说的是假话，那我就把马借给你们，请你们亲自验证一下，看看我说的是不是假话。”听了喇嘛的话以后，我突然想出一个主意：接受他的建议，我干脆要上两匹马，追上已经向前走了一段路的骆驼，命令拉希买德带上够一个星期食用的茶、糖、面包和肉，和他一起快马奔向拉萨。但这样一来就会把伙伴们置于窘迫的境地，于是我又立即打消了这个念头，现在还不是分兵行动的时候。就在我考虑这个问题时，我们的一峰骆驼倒下了，再也扶不起来，接着剩下的最后一匹马也倒下了。我们已经到了山穷水尽的地步，只好在这里停下，我命令先头部队返回。

与此同时，有一个衣着很有派头、系着蓝绿纽扣的官员在骑兵的护卫下，来到我们面前。他下马以后，摘下大得出奇的眼镜，现出一副严肃而刻板、聪慧而温厚的面孔。翻译介绍说，他就是昂邦本人。他一见到我们就向我们问了好，寒暄几句以后就提出明天要和我们会谈。过一会儿昂邦走了，会汉语的喇嘛和蒙语翻译仍陪着我们，蒙语翻译是个很有朝气的蒙古人，厚厚的嘴唇带着笑意，有一颗牙齿特别长，向外伸出，因此他的口总是张开的，显得和蔼温厚。翻译向我们介绍说，昂邦是个很有才能、很宽厚的人，明天见面时只要把我们自己的情况讲清楚，一定会得到满意的结果的。我们试图从这个翻译嘴里打听一些情况，但他非常谨慎，和他在一起的汉族喇嘛也总是严格遵守命令，不透半句话。

在汉族喇嘛准备离开帐篷时，我们一再要求他留在这里，他对我们的热情态度感到惶惑不安，我们利用他的弱点吓唬他道："我们准备把这个大官抓起来当作人质，直到他手下的人把我们需要的一切物品凑齐为止。"他脸上顿然失色，立刻想早点儿离开，我们又让他喝了一碗茶才放他走了。形势并没有恶化，我们有望去巴塘。当前首要的问题是不要干蠢事，好好说服西藏人，取得他们的信任，这样他们就会协助我们达到目的。明天就要开始会谈了，会有什么结果呢？大家都很关注。同东方人打交道，什么事都很难预料，很难一下就解开这个谜团。但是如果继续观察一段时间的话，倒是很容易就了解他们的，我们打算静观事态的发展。

2 月 17 日，自从离开恰克勒克到今天已满三个月，在这三个月里，我们一直在荒漠上转来转去，越过重重山脉，化冰饮水，燃烧干粪，迎着透骨的寒风行进。时至今日，我们还在 5 350 米的高山上，继续受到强劲西风的吹打。一觉醒来，仍要围着微弱的粪火堆旁烧水喝茶。另外，我们没有战斗人员，实力单薄；坐骑又一个个死去，队员体力不支，只能走走停停，每天的行程越来越短；因为路途遥远，手头资料不足，不得不向遇到的西藏人问路。特别要指出的是，我们的最终目的地是东京湾[①]，下一个目的地是巴塘，西藏人是不可能理解我们这样的旅行的，因而他们采取不合作的态度。忍耐！这是首先说给自己听，然后再向队员反复说的一句话。

再来看看我们的营养状况。因为我们一直遵守食量限制的原则，而且我们摄入的食物过于粗糙，无论多么迟钝的脾胃也很快就腻味了。我们的食谱千篇一律。通常吃的是加入羊油熬成的面粉糊糊；泡茶的水因海拔高而烧不开，茶味出不来，而且化开的多是含有杂质和盐分的冰，不可能没有怪味；我们吃的肉是冻肉，要用斧头砍碎，肉怎么煮也不烂，总是硬邦邦的；我们有时也焖饭和炒菜，但饭总做不熟，嚼起来咯吱咯吱响。因为风沙大，食物里掺杂着许多尘土和细沙，里面还有从我们的大衣和牲畜的身上掉下来的毛，大家顾不上这些，都吃进去了。因为我们已失去了讲究清洁的意识，饭前洗手的习惯已是很久很久以前的事了。因为寒气逼人，无论浮肿的面颊、眼皮也好，皴裂的嘴唇、熏污的面部也好，从颜色和污斑上看，简直同西藏人无异。初次见面的人看到我们这种形象，肯定不会尊重我们的。如此说来，恐怕我们要用行动来修正别人从最初印象中对我们产生的错误判断。恰好这时有人通报昂邦来访，我赶紧吩咐在队员的帐篷里铺上白地毯。那边的帐篷要宽敞一些。在一切都安排妥当之后，我做好了精神上的准备，等候昂邦的到来。

昂邦领着十几个不同体态和装束的中小头目走了过来，他从容镇静地向我们行礼，送上哈达，这是用白色丝绸做的见面礼。然后在地上摆出送给我们的东西：一

① 东京湾：当时对中国南海西北部北部湾的称谓。

张红黄毛线十字交织图案的氆氇（藏族人民手工生产的一种毛织品，可以做衣服、床毯等，也可作为礼物赠人——译者注）、一皮袋酥油和一布袋糌粑。

我们请他进帐篷，请他坐下。他一直走到帐篷最里面，让手下人铺上小地毯，然后坐下，在他右侧坐的就是没有胡须的老喇嘛，他那剃得光光的头很像一个干瘪的苹果，他和普通老百姓的形象没什么区别，他手里摆弄着串珠；左侧坐着会说汉语的官员，他面部整洁，嘴唇厚，牙齿白，眼皮发肿，眼睛小而黑亮，目光狡黠，他的长相与众不同，好像时刻在冷笑，完全不长胡须，穿着有金边的满族服装；再右侧坐着一位喇嘛，占据着整个角落；门口处更挤，随从们皆站立着守候。

他们头上的东西更是五花八门（后来我送到博物馆展览）。除了藏族和蒙古族的装束外，还有满族帽子、士兵头上连着大衣的头巾、印度和阿拉伯人的缠巾式的帽子，甚至还有留出眼睛和嘴巴的蒙面式头巾。身上穿的东西也是五花八门，剪裁式样繁多，颜色有红的、绿的、黄的、黑的，就像戏服一般色彩鲜艳。这些喇嘛们一个个正襟危坐，一言不发，表情呆滞。

担任主角的当然是昂邦，他不胖不瘦，不高不矮，身材适中，举止文雅。他脸形圆而稍宽，眼珠黑色，看起来诚实和善，他嘴唇稍厚，鼻梁端正，鼻翼宽，额头向前突出，相貌聪慧，他的头发编成辫子并用缎带绑起来。

他低头，一面用细长的手指捻着串珠，一面用嘶哑的声音说着话，每个音节拉得很长，语调平淡。开腔的第一句话是："我们接到严格的命令：遇到你们时，要让你们就地让步，并沿原路返回。"

我听了以后笑着回答："我们不可能原路返回，我们一步也不能后退。让我们停下来也不可能，停下来是为了谈判。现在我们已经很累了，我们要到有好天气的地方生活，因此会谈的时候不能拖长。"就这样，讨论开始了。

"如果你们返回的话，所需的东西我们都送给你们！"

"我们的决心不能动摇。既然这样，这个问题就不再讨论了，这等于白白浪费时间。而且即使我们想返回也走不了，没有骆驼要上路是不可能的，况且你们手头也没有骆驼。"

"你们打算到哪儿去？"

"先找一个合适的地方休息，因为我们极度疲劳，快要病倒了。马一匹也没有了，骆驼也快要死了，我们的帮工已死了两个。在这种情况下还叫我们返回，简直等于叫我们死掉。"

"休息了以后想要到哪儿去？"

"直奔巴塘，然后进入长江，从长江出海。"

“为了什么目的而旅行的？”

“为了游览、打猎和学习。”

“你们遇见土尔扈特部汗王了吗？”

“没有遇见。”

“你们经过什么路线来的？”

“我们自己开辟的路线。”

“离开你们国家的时间已经很长了吗？”

“去年出发时，天气还热。”

“是俄罗斯人吗？”

“不是。”

他们觉得很纳闷。昂邦说了几句话以后，有个人搬来了一个粗麻布包，他从里面取出了一个盒子，打开盒子，从叠放在一起的纸条中抽出一张来打开阅读，然后询问我们探险队的组成情况：“你们出发时有多少人？有多少匹马？多少峰骆驼？带了多少武器？你们叫什么名字？随从叫什么名字？”我们一一做了回答，于是汉族官员把我们的名字用错误的发音一一记录下来。

三个首脑人物交换了一下意见，然后昂邦再打开那张纸说：“这是两个月以前从北京送来的命令文书，要我们逮捕俄罗斯人。上面写着：贝佐夫①及罗波洛夫斯基②以下30名……（后面是骆驼和枪械的数量）。你们当中没有贝佐夫，也没有罗波洛夫斯基。有人送来消息说尼古拉（即普里热瓦尔斯基）已经死了，他曾想去拉萨但没有去成，他原来手下的兵卒改由贝佐夫指挥。另外，还有份通报说是有一小股俄罗斯人正在青海湖一带旅行，准备经柴达木路线前往拉萨。上面所说的俄罗斯人是你们吗？”

“我们不是俄罗斯人。”

“那么是英格兰人吗？”

“也不是。”

“英格兰人是我们的敌人，你们知道吗？他们曾深入我们的地方，用枪杀了我们

---

① 贝佐夫：1888年普里热瓦尔斯基因病去世后，俄地理协会将他领导的考察队交予贝佐夫上校负责。总理各国事务衙门曾通知驻藏帮办大臣升泰：“俄官尼阔赖前欲来藏游历，执有护照，该俄国尼阔赖在途病故，现又另派撇武撮伏前来，仍执前照。”

② 罗波洛夫斯基：即普里热瓦尔斯基率领考察队的副队长罗博罗夫斯基。

很多的人。我们是绝对不能容忍英格兰人入侵西藏①的。”

“不！我们不是英格兰人，我们是法兰西人。”

蒙语翻译把法兰西说成了“法格兰”，读音和英格兰相近，昂邦就误认为我们是英格兰人。为了说清楚我们的国籍，我们叫那个会说汉语的喇嘛用汉语再译成藏语：“法国人。”

那个担任秘书的喇嘛用藏语反复说明以后，昂邦终于懂了，我们是另外一个国家的人。

他向我们解释：“过去我们没有见过法兰西人，所以听不懂，在这里向你们道歉。我们回去再开会研究，明天把研究结果通知你们。”

第一次会谈的情况大致就这样，会谈持续了几个小时。这是因为来回问答时需要双重翻译，而且西藏人疑心很重，同一个问题要问好几次，这是他们设下的圈套，看看我们的答话有没有前后矛盾或有出入的地方，以此判断问题的真实性，况且在会谈中还不断地喝茶。

西藏人使用的茶杯是精致的中国陶器，而昂邦使用的是翡翠茶碗。他可能在路上感冒了，不断地咳嗽，用氆氇手绢擦鼻涕。这种手绢像书本的封面一样，可以打开合起并收藏在胸前口袋里。

他不时打开鼻烟壶，把白色粉末放进鼻子里吸。鼻烟壶有的是用玉石做的，扁平形状，带塞子；有的是用金属做的，圆筒形状，带盖子。每次他都用拇指的指甲挑上一小撮，用舒服得快要陶醉的模样吸进去，吸完以后将鼻烟壶传给旁边的人，传一圈要花费相当长的时间。

我们队员的名单已被写了出来，那个凡夫俗子模样的喇嘛用串珠的珠子来数人数，只有 11 个人，原来他把帕尔帕忘了，然后又数了一次，这回读一个名字拨一个珠子。这种操作方法很适合那些难以消磨空闲时间的高级官员，他是那么从容不迫地清点人数，这样一来第一次会谈持续了大约 5 个小时。昂邦要用书面的形式向上级报告从我们那里了解到的情况，然后再等待上级做出如何处理我们的决定。这段时间我们的口粮由他们提供。

我们不想把手头的粮食都吃光，如果真没有粮食了的话，我们就得听任西藏人摆布了。我们无法预料以后事态如何发展，看来只得从西藏人那里弄来羊肉和面粉，

---

① 指英国对中国西藏第一次侵略战争。19 世纪下半叶，英国以武力将尼泊尔、锡金、不丹等纳入其势力范围后，加紧了对中国西藏的侵略行动。当西藏人民拒绝了英国马科蕾的所谓考察团后，英印政府遂声称亚东山谷以南包括隆吐山在内的地区，是为它所“保护”的锡金领土，并派遣了一支配有 300 驮畜、几门山炮和 1 000 多名武装整齐的士兵越过隆吐山探路，一步步向西藏逼近。西藏地方政府在隆吐山设防，反击英国侵略。1888 年 3 月 20 日，英军发起军事攻击，发动第一次侵藏战争。

继续维持一段时间。

藏历新年

我们在山上一直逗留到 3 月 7 日，在被迫停留期间，我们观察了各阶层藏族人和喇嘛各方面的情况。

2 月 20 日是藏历新年，庆祝活动一连持续了 5 天。大清早蒙古翻译来了，说是要举行宴会，请我们到昂邦那里去。这个蒙古人为了这个日子还专门戴上了红头巾，他眼睛里有很多血丝，嘴里喷出很浓烈的烧酒气味。他兴高采烈地说："来吧！早一点儿来！今天是新年。昂邦正等着你们，饭已准备好了，快来吧！"

我们沿着山路下坡，前往西藏人的宿营地，他们的营地位于我们下面的冰河的对面。昂邦和其他官员的帐篷周围有很多黑色帐篷。他们的随从及来帮忙的当地居民左右穿梭忙来忙去。天气这么冷，当地居民却从藏袍里伸出胳膊干活，上半身几乎裸露在外面。他们拾粪、采冰、把肉切碎，照料马、骡子和牦牛，用皮口袋做成风箱，风箱连着一根铁管直通火堆。他们的帐篷顶端之间互相拉有长绳，绳子上绑着很多写有经文的布条，宛如一支由很多艘用旗子装饰起来的战舰组成的舰队。营地内熙熙攘攘的，四周的山腰上麇集着很多牦牛，它们运来了可供一二百人食用的粮食。昂邦的帐篷前面有一个敞开的帐篷，那是厨房，旁边有一个人把酥油装进水壶里搅匀，水壶里装的可能是茶，藏族人很喜欢喝加入酥油的茶。

昂邦走出帐篷等候我们，他特意派出几个随从过来帮助我们，在我们走到斜坡上最难走的路段时，他关切地注视着我们上坡，把我们当作尊贵的客人。我们再次看到，他身材并不高大，在他严肃而刻板的圆脸上露出一丝微笑。

在他的引导下，我们不加谦让地走进了帐篷，他的帐篷就像一座房子：下面呈四方形，由帆布做成，有四根支柱；上面像屋顶一样，两面是斜坡；另两面是山墙，用绣花毡做成，有四根斜梁和一根横梁，相当于屋脊。昂邦没有出家，他的随从也是俗人，不剃光头。我们进帐篷时有一个留有长头发的随从给我们掀起幕帘。

昂邦让我们坐在进门右边的座位上，他自己走到门正面的高台上，上铺一张老虎皮，他盘腿坐在虎皮上。我如果没看错的话，他背上的背垫套子是用中国的绸缎和印度的白洋布做的。我们向他恭贺新年，祝愿他如意吉祥，我们没有忘记再补充一句香槟地区（法国东北部）常说的一句话"祝您死后升天堂"，相信轮回转世说的人听了这句话后是很满意的，这句话翻译成"祝您死后地位升迁"，他衷心感谢我们。他说："在最大的节日里能见到你们很高兴。"他认为这是吉祥的征兆。他说："俗话说，在一起度过新年的人定能结下深厚的友情。"

“我们也这么认为，现在我们对您一点也不反感，您很像一位绅士，我们渴望和您亲近。”我们还说了一些恭维的话。这20分钟里，我们完全在用东方人的方式联络感情，就像在大的赛事前相互致敬的礼仪。然后我们以迫不及待的心情问：“上级什么时候给我们答复？”

他说：“马上答复。”

“您能告诉我们这个‘马上’是什么意思吗？有的国家是‘一个小时可望答复’的意思，而有的国家是‘可能是明天，也可能是明年’的意思。你们国家的‘马上’意味着什么？”

蒙古族翻译不知什么时候喝了那么多阿剌吉（即蒙古人的烧酒，今作亚力酒——译者注），兴奋得笑了起来，想不到昂邦听了口译过去的话以后也笑了。“哈哈！看来有必要对这个字眼做出解释。这么说吧，‘马上’就是六天的意思。因为上级需要同满族官员[①]商议，而满族官员又不在拉萨，他们住在拉萨以西两天路程的地方。这么迟答复你们实在对不起呀，这也是没办法的事啊！”

这时候，现在这里身份最高的喇嘛走了进来，他坐在昂邦高台左边的座位上。他们俩人面前的小茶托上放着带有银盖的茶碗，有一个小伙子把装在陶壶里的酥油茶频频往里面倒。

帐篷外面的人为了到近前看我们的相貌，争相当侍者，好像有一个人抢走了小伙子手上的陶壶，可是小伙子拉着他的衣袖，不让他进帐篷，那个人为了挣脱开，就猛踢后面的小伙子一脚，然后带着非常欢快的笑容拉开了幕帘。我们在昂邦的帐篷里坐了很长时间，喝了很多酥油茶。招待品除了饮料之外，还有糖果点心类的食品，都是些稀奇古怪的、用一些色泽难看的东西放在一起或者揉在一起的东西，只有一样东西让我们感兴趣，那就是糖渍核桃。谈话几乎没有间断，后来又谈到了我们现在的处境。我们说：“现在我们被拦截在这里等着，得不到充分休息，你们用这种方法接待外国人，实在让人想不通！”

昂邦回答说：“我只不过是在执行命令，我不想做任何有可能伤害你们的事。再过几天，当这个节日过完以后，就会有着落的，一切都会对你们有利的。”

在这个主题下，我们翻来覆去地诉苦，并利用把我们的话从俄语译成蒙语、又从蒙语译成藏语的空隙，仔细端详帐篷内部的陈设。最使我们惊讶的是，帐篷里与宗教有关的物品很多，遍布每个角落，支撑帐篷顶部的大黑柱的周围绑有一个小佛

---

① 满族官员：即驻藏大臣，时任驻藏大臣为升泰。据《清代驻藏大臣传略》记载，升泰为蒙古正黄旗人，光绪十四年（1888年）二月升为驻藏办事大臣，五月抵藏，十一月抵达帕里仁进港驻扎，主张与英军开展谈判。文中说“满族官员又不在拉萨，他们住在拉萨以西两天路程的地方”，指的就是升泰在帕里一带。

龛，就像常春藤爬在上面，与希腊东正教信徒安放圣母像的铜质圣堂相似。昂邦座位的左边有一个祭坛，设置在箱子上，上置一座金边的微笑的释迦牟尼像，祭坛前面摆有 7 个铜质小杯子，杯子里盛有藏红花香油，油灯轻轻地吐着火焰，大钵里烧着香木，陶制香炉上的香慢慢变成了香灰。在第二层祭坛上还有几个用酥油做成的小佛像。我能分辨出来的东西还有：用白糖做的嘴巴向上的羊头，白糖做的小圆柱，盛在小碟子里向佛爷供奉的糖果点心，还有一些看不懂的东西。

我们已经喝了好几碗茶，准备告辞了。昂邦紧挨着老喇嘛，又重复那些已讲了 20 遍的话："我一定尽最大努力去促进问题的解决，永远和你们合作。"他一面说一面用两个食指指面相向贴到一起，表示一定保持友好关系。他站起来送我们，还反复说着："把两个精致的茶碗并排放在茶托上，是很好看的，要是让茶碗互相碰撞，茶碗裂开，就只剩下碎片了。一定要防止互相碰撞，一定要避免互相碰撞。"

出门时，双方都笑着行礼。肯定上级已下达了不要伤害我们的感情的命令了。

我们回到自己的帐篷以后，那个牙齿长的翻译带着些许醉意来了。这时候传来了喇叭吹奏的声音，我们不由得抬起头来，看到山顶上飘扬着大型的旗幡，其阴影落在营地西边的花岗岩上。幡由许多印有经文的、色彩斑斓的布条组成。吹奏喇叭的喇嘛坐在旗杆旁边，他们用这种乐器吹出来的声音刺破青天，震撼天地，回声不断，显得很恐怖，就像人叹了一口长长的气。另外一些喇嘛合着喇叭的节拍高声朗读着经文。这样，深沉的低音号衬托着尖锐的男高音，形成一曲美妙的合唱。

我们在外面散步，不知不觉沿着山路向上走，朝着前几天看到的帐篷走去。走到跟前一看，有 8 个长发男子在一个落发的喇嘛带领下，围坐在洼地粪火堆旁小声说话，中间摆着一个不上釉的陶火盆，他们边说话边轮流用镶有动物骨头的管子吹火。这些可怜的人只管拾粪，没有参加新年庆祝活动，从远处看到的这些帐篷，其实有的是半敞的，有的只是用黑毛布做的窝棚，敞开那一面背着风向，这些人就在这里住，床上只铺有少许干粪和碎麦秸。在这些简陋的帐篷角落里堆放着他们的弓和长矛，中央架着三块石头，风大的时候这就是他们的炉子。他们的衣服是光裁不缝的羊皮，下摆破破烂烂的，而且脏得很厉害，他们的脸上粘着一层油污和黑烟。我凝视着他们那狭小的前额在想，喇嘛在这些人面前，当然具有绝对权威。

我们回到自己的帐篷，像埋进热灰里焐土豆一样把羊头埋进粪火堆里烤，以此来举行新年宴会，这种吃法味道特别香。附带说一下，草原上的盗贼常常这样烤肉，可以避开别人的眼目，没有火焰没有烟就能把饭做好。夜里，我们盖上毯子快要入睡时，喇嘛又开始诵经了，就在这催眠曲中，2 月 20 日藏历新年的一天结束了。

2 月 21 日迎着西风继续过年。仍然有人在山上吹喇叭，有人在营地唱歌，写有经文的旗幡仍然在迎风招展。一张新面孔的翻译来到我们营地，他是一个在离西伯利亚国境不远的蒙古城市乌尔嘎（即库伦，今乌兰巴托）出生的蒙古族喇嘛。他个子不高，动作敏捷，身体强壮。他撒了一个弥天大谎，立即被我们看穿了。他说他从拉萨到这里来的途中迷了路，“偶然”经过我们埋葬依玛提的地方。他可能是被派出来调查依玛提的国籍的。我们说依玛提是卡尔梅克人，因为依玛提鼻子很扁，具有卡尔梅克人的相貌。

这个新来的翻译看了我们的手下人以后硬说依玛提是南疆人，然后暗示我们，希望我们把手枪送给他。第二天他向不留心眼的阿不都拉表明了他的身世，他留在这里是因为没有回去的路费。从前他和一群朝圣者一道来到这里，后来得了一场病，手头的钱用光了，从此就只好在西藏过日子了，但是他忘不了乌尔嘎，他想以此来打动我们的善心。如果以上所说的只有一点可信的话，那就是朝圣者常常处于危险的境地，事故不断。同样的事在耶路撒冷也常有发生。

我们曾设出计谋，想从这个蒙古人嘴里套出一些有关我们的情报，但我们的努力是徒劳的，也许他什么也不知道，也许他知道而不想说。

就这样过了几天。这几天常常有中小头目来访，他们有时也带一些礼物来，每次来都笑眯眯地要走一些方块糖。他还特别喜欢吃葡萄干，走了以后又到我的队员那儿去消遣，互相观摩对方的武器，有一个队员拉手风琴拉得并不好，他们却出神地侧耳倾听。有时他们会冷不防地提出一些问题，然后他们以少见的耐心等待我们的回答，并与此前听到过的回答进行对比，显然他们对我们的看法还没有确定下来，对我们还有怀疑。具体地说，就是还不能肯定我们既不是俄罗斯人也不是英格兰人。

能看到他们的笑脸倒是可以解解闷，如果不是队员们一个接着一个得病，他们中有恶心的、有泻肚的。我想泻肚的原因和饮水有关，我们喝的水是从注入纳木错的河的源头打碎冰块运来化开的。现在，天气已经不太冷了，最低气温在零下 23℃至零下 20℃之间波动，但我们仍不适应西北风。骆驼没有得病的迹象，可却一个个地死去，因为它们过度疲劳。尸体引来了大批秃鹫，我们打到了几只猛禽。……

几乎每天夜里都有驮着东西的牦牛从南面来，据说以后还有牦牛到达木来，达木①就是我们所在地的地名。

① 达木：历史上达木的地理范围与今当雄并不完全一致。《藏北牧民》写道：驻牧藏北的蒙古人及其后裔的主要聚居区域除当雄外，就是那曲县以及班戈县东南部一带，历史上所说的“达木”，可能包括上述地区。历史上，纳木错以北的达木萨迦和达木曲柯尔两个部落都冠以达木之名，1959 年这两个地方合并为达木萨迦县，1964 年该县被撤销。根据前后路程，邦瓦洛特此时所在地应在纳木错东北岸的班戈县尼玛乡和当雄县纳木错乡之间。

拉萨来的尊贵的客人

2月28日，翻译来告诉我们，不久就要有答复了，希望我们再稍微耐心一点。这一天，昂邦带着地位最高的喇嘛出去远足，要观赏一下从来没有去过的纳木错，他正沿着山路向上爬坡。从这件事可以看出，拉萨的居民很少离开自己的家乡到外面去，他们是一些不喜欢出行的人。纳木错是西藏首屈一指的大湖，被认为是圣湖，取名为“天上的湖”。但是无论僧人俗人，还有一些人到现在也没有去拜谒过这个湖。

3月1日，从清早开始，天空就布满了乌云。不久，狂风大作，谷地被埋在尘土底下。从早到晚刮着风，西藏人的帐篷被狂风刮起好几顶，但我们的帐篷都安然无恙。此外昂邦送给我们的两顶双人帐篷，一个在后面放各种工具，一个在前面作营区大门，也一动不动。我们的帐篷是用大石头加固了基座的，因此能抗得住狂风。夜里的最低气温为零下23.5℃，醒来时队员们仍诉说头痛，经常大风一来大家的高山病就发作或加重，即使休息也不行。

3月2日中午，积雨云从头上掠过，天仍然阴沉沉的，风是从纳木错穿过山坳吹过来的西风。下午，长牙齿翻译送来了少量牛奶，我们好几天以前就提出要给病人喝牛奶。他顺便告诉我们，大官很快就要到这里了。今天早晨大量牦牛驮着东西到达这里，在我们的正前方搭起了大型的帐篷，我正猜测可能有大官要来。搭帐篷的工作非常艰苦，当篷布被突然而至的大风刮飞时我忍不住笑了起来。现场人来人往，从上到下显得十分忙乱，看到监工的小官员以后，我意识到这件事非同寻常，刚才翻译无意中说出的一句话证实了我的猜想。翻译走了以后，我们拿出望远镜到角度好的地方注视下面山路的情况。

首先驮着行李的马到了，马脖子上吊着铜铃和红缨，马具非常漂亮。在这里，红色是权力的象征。接着，后面是一队装束齐整的骑兵，他们在洼地上转来转去，好像不认得支脉山脚下的小路一般，只见他们绕了一大圈才来到大道上。长发的藏民大声呼唤着什么，有的人前去迎接，拉着缰绳，帮助他们上坡。这队骑兵一到宿营地，所有的人都走出帐篷围了上去，但这只不过是前哨卫队，过不久西藏人的营区再次沸腾起来，随从人员纷纷向山路上走去。

终于，大官的队伍出现了，他们骑的马踏着迅速、矫健的步伐向营区走来。侍候他们的人有的拉缰绳，有的做警卫跟随在前后左右。我们看到的大官共有3人，他们穿着黄色绸缎面皮衣，有一个长得特别胖，圆溜溜的，我很惊讶，像这样的体形骑在娇小玲珑的马驹上居然没把马压垮。他们头上戴着清朝官员式样的带有羽毛的帽子，下面用围巾包住脖子和面部，而且戴着防雪镜，帽檐向外伸出很长，因此无法看清他们的长相。警卫人员很多，穿着色彩斑斓的服装，铃声很响，他们跟在官员的后面小跑前进，这种情景相当壮观，也相当滑稽。使人联想起四旬斋（基督教复活节前四十天的斋戒期——译者注）的行进队伍。

在宿营地，各级僧俗头头脑脑们排成一列，迎接着大官的到来，大家都原地不动，深深地低下头，只有昂邦一个人走上前去，和其中的两个人搭话、握手。对方仍骑在马上，径自前往给他们搭好的帐篷。这时欢迎队伍解散，大家跑回去各干各的事。

这时候，我们营地里发生一件事。回民的一峰母骆驼怀着孕得病了，这一两天它一直在痛苦地呻吟，才妊娠十四个月就提前两个月分娩了，今天产下了一个死胎。母驼可怜地不断地舔着它的死胎，又用鼻子闻，又从上面摇动尸体，痛苦地鸣叫着。铁木尔说："这次流产真可惜，小骆驼很漂亮，不死的话可以长成上等骆驼的。"

就在大家谈论这件事时，翻译过来对我们说，现在就准备安排我们同刚到达的大人物见面，问我们方便不方便，我们表示很高兴马上见面。这时，又有一群人向我们这边走来，走在前面的是两个穿着华丽服饰的人，他们抱着手走路。那个又矮又胖的大官和另一个大官并排走着，这两个权贵走路慢吞吞的，才走了15步左右就停下来歇一下，可能他们认为这样的走路方式十分高贵，可以势压人，并算计着留给我们机会走上前去恭恭敬敬地迎接他们。但是我们失礼地仍坐在帐篷里，待他们踏进营区时才走出帐篷。

我们和他们互相行礼毕，有人上前介绍，这两位一位是大喇嘛，另一位是大昂邦。这时，搬运工搬来了5袋东西，不是放在我们眼前，而是放到干粪堆上。这5个口袋里分别装着大米、糌粑、面粉、鹰嘴豆、酥油。我们邀请这两个大人物进帐篷，事先已铺上白毡。他们看到我们帐篷里的陈设这么简陋，好像有点踌躇着不愿进去。但他们最终还是进去了，并要求我们允许他们坐在自带的坐垫上，随从立即铺上一张印度猎豹皮和缎面坐垫分别给他们垫好，他们对这种细心的举止解释道："我们年龄大了，容易疲劳。"

三名主要谈判代表中的两名坐在了我们的对面，会谈开始了。首先大家按规矩寒暄着，大喇嘛问："你们身体可好？"

"非常差。因为这里的环境不好。"

他们对这样的回答有点儿不知所措，这时我们才意识到应该表现出友好一点的态度。已与我们交了朋友的小昂邦低垂着头，可能他已经向那两个大人物介绍过，我们是一些彬彬有礼的人。但我们竟做出这种不近人情的回答，的确出乎他的意料。

接着我们也问候他们一路上可好，他们回答："还好，只是路不好走哇。我们已上年纪了，一天又走不了多少路，而且遇上新年，来得太迟了，要不就能早些见到你们了。新年的庆祝活动是宗教规定的，不能不举行必要的仪式。”他们又问及我们的来历和旅行目的。我们还是按照已向小昂邦说了二十遍的话来回答。马上他们又重复小昂邦以前提出过的意见：“原路返回怎么样？”

“不，不能这么做。”

“回去吧。需要什么东西都可以给你们，这是最佳方案，让我们心平气和地告别吧。我们不想恶言相伤，请你们接受这个意见，我期待顺利地解决这件事，所以没有带军队来，从拉萨带兵来是很容易的。请你们理解我们的好意。”

“无论怎么劝我们返回也没有用，我们不是轻率地做出这样的答复的。在命运的指引下，我们从西方来到这里，由于这种力量的驱使，我们艰难地走过连你们也不认得的路，经过茫茫沙漠才来到这里。我们的愿望就是先去巴塘，然后去东京湾，在那里与同胞见面。我们的意志不是你们用手一指就能改变的。我们一步也不向北走，这一点请你们理解，即使吓唬我们也没有用。我们从地球的那一边一直走到这里，谁也无法阻挡我们，我们还要继续向前走，而且还请你们给予帮助。我们请你们仔细地考虑一下。叫我们走回头路，那还不如叫我们去死。这一点我们一步也不会退让。”

太阳已西斜了，他们站起来准备要回去了。一眼就能看出，在随从在场的情况下听到这番话他们心里一定特别别扭。临走时大喇嘛只是反复地说：“请你们认真考虑，请你们仔细考虑。”

我用法语对他说：“得了吧，老爷爷。”

“他说什么？”

阿不都拉回答：“他说的是法语，意思是祝您晚安。”

两个大官走了以后，我们同小昂邦以及头一天的两个谈判代表继续争论。小昂邦对我们有好感，我们也信任他。他指责我们：“为什么用这种口气对我的上级说话？那两个人即使在拉萨也是数一数二的头面人物，拥有同噶伦（原西藏地方政府噶厦摄政以下最高的主持官员，共四人，三俗一僧，又作“噶隆”等——译者注）相当的权力。请你们态度好一点。有什么话就对我说好了，我会将你们的原意向上级转达的。但是有一点要注意，提出的要求不能变，要是你们说的和我所说的不一样，那么上级就会认为我被你们收买了，因而责怪我。”

“我们已经说过一百遍了，我们的愿望就是去巴塘，所以希望你们提供运输工具和粮食，我们会付钱的。这就是我们现在的愿望，既然有这个愿望，那就准备坚持到底，不达目的绝不罢休。”

“那我就这样向上级传达了，但是我不会用你们这样强硬的口气说，这样会引起怀疑的。一旦怪罪下来，我会遭到无情的惩罚的。”

他说完就走了。我们围坐在粪火堆旁，谈论见到这两个大官以后的感想。这两个人的形象相差极为悬殊，大喇嘛体形枯瘦，有点神经质，小黑眼睛像欧洲人一样炯炯有神。鼻子尖细，在向前翘起的下巴上长着一撮弯弯曲曲的胡须。脸形很像精明强干的加斯科涅（加斯科涅即法国本土西面海域比斯开湾一带——译者注）[①] 人，每当他露出雪白的牙齿微微一笑时，显得很有威严。但是这种微笑是真诚的还是嘲讽的就不得而知了。他说话的腔调平淡、快速，像念经一样，表情冷若冰霜，还不时地看我们一眼，表面上似乎若无其事的，但从他那干瘪、纤细的手指拨弄串珠的动作上能反映出他内心的不安。

而大昂邦胖墩墩的，他面庞宽扁，头颅硕大。他的胳膊很短，粗壮厚实的手掌却连着细巧的手指。圆形的下巴分成两层，两边的面颊下垂，眼睛像眯成了一条线。整个身体圆乎乎的，要是撇开他那机警的眼神不管，他完全是一副稳重大方、心胸开阔的形象。他一面用手拍打着膝盖，一面用响亮而生动的声音说着话。

大家对大喇嘛的看法完全一致，都说他“是一个狡黠、精明、聪慧的人”。大家认为大昂邦的头脑笨拙，而且顽固不化。以上就是大伙对新见面的大人物的评论。

在月明星稀的夜晚，大家仍然兴致勃勃地说个没完，后来又听见阿不都拉同回民一起祈祷的声音。刚才我看到他钻进了回民的帐篷里，这是他们俩人对未来不乐观的表现，因为一出现不好的事态，这俩人肯定向安拉祈祷。要是事态有了转机，阿不都拉和回民就不吟诵法谛哈了（法谛哈为《古兰经》首章，共七章，礼拜时必须反复吟诵——译者注）。

其他队员也为白天发生的事兴奋得睡不着，他们睡下又起来，艾萨、拉希买德、帕尔帕、铁木尔盘腿坐在帐篷门口的炉子旁，炉子吐出鬼火般的光芒。皎洁的月光照遍大地，山变小了，地变平了，天空越来越深邃。

铁木尔来到干粪堆旁边，呆呆地仰望天空。我走过去问他：“铁木尔，你在看什么？月亮吗？”

“不，看大熊座。”

“看大熊座？为什么？”

“我喜欢看大熊座。落日西沉以后，大熊座出现在天空下方，这一年牧草就会丰收。”

---

① 加斯科涅：法国西南部的一个地区，位于今阿基坦大区及南部比利牛斯大区。

拉希买德身体不好，情绪不高，他插话道："大熊座在哪儿？指给我看。"

铁木尔把手伸向闪闪发光的猎户座说："就那儿。"

拉希买德大声说："那不是大熊座，而是天秤座，这么说你什么也不会看。说糊涂话不如把嘴闭上为妙，多么荒谬的论调！你跟谁学的？天秤座能对牧草有影响？雨雪多的第二年牧草才长得多、长得好。和星星有什么关系？喜欢多嘴多舌也不能胡说八道哇！亏你还是穆斯林。嘿！糊涂虫……"接着拉希买德冲着……骂了起来，说他们愚到极点，脑子里装不进一件正经的事。他越说气越大，干脆就大骂起："混蛋，混蛋!"

这时，铁木尔不知所措，只能苦苦哀求，不断地喊："拉希买德阿喀，拉希买德阿喀（阿喀是突厥语大哥、大叔之意）。"

……

风又起了，吹走了使得铁木尔无地自容的叫骂声，而铁木尔仍苦苦哀求："拉希买德阿喀，拉希买德阿喀……"

阿喀是突厥人充满深情的字眼。铁木尔深深地爱着拉希买德，而拉希买德也对他很好。

同那两个大官的谈判又于 3 月 3 日以后不断进行。谈判破裂了又和解，几经波折，费尽了口舌，终于让他们搞懂了我们既不是英格兰人，也不是俄罗斯人，而是法兰西人。他们终于允许我们于 3 月 7 日离开这里。

3 月 7 日，阳光普照。在大雪初晴后，风和日丽，山川恢宏，光彩夺目，正是出行的大好时机。但这不是正式出发，而是将营地转移到环境稍微好一点的地方，在那里再伺机而动。

我们的营地上呈现出一片活跃气氛。为了驮运箱子、帐篷和粮食，需要三四百头牦牛或马。脸色黝黑的藏民将自己的牲畜集中到一起，有吹口哨的，有挥动鞭子的。为了活动方便，他们把胳膊从藏袍里伸出来，藏袍滑落到腰上，裸露出了上身，他们的长发下垂到脸上，容易挡住视线，于是他们就将头发辫成罗马淑女那样的发髻或王冠的形状。

西藏人看到我们的骆驼时都吓得发抖。他们赶起牲畜也十分吃力，虽然他们是牦牛的主人，却小心翼翼地走过去，猛然出手才能抓住牦牛。在他们把行李往牦牛身上装时就更吃力了，牦牛说什么也不干，得花很长很长时间才能把行李捆在畜背上。

西藏人做事非常麻利。每次拿重物时，先猛吸一口气，他们皮肤干瘪，肌肉不怎么发达，但在厚实的胸脯的支撑下，肩膀很结实，手臂很有力，搬运重物显得很轻松。

喇嘛们手握棍棒吆喝着下达命令。下等人卖力地干着活，他们对喇嘛是绝对顺从。无论是对谁说话，还是听喇嘛说话，态度都无比谦卑，总是点头哈腰的。他们给我们的马架鞍。这些西藏马，个头虽小却血气方刚，孔武有力。我亲眼见过这些马吃生肉，因而这种马腿力很好，动作轻盈、敏捷。无论是在冰达坂上，还是在泥泞的山路上，它们都走得稳稳当当的，始终能保持身体平衡。在高低不平、蜿蜒曲折的山路上驮着我们走路，竟能用快得吓人的速度小跑。它们完全不把我们当一回事。当然，我们身体像苦行僧一样消瘦也是事实。

没费多大工夫，我们就赶上了比我们提前很早出发的驼队。驮着行李的牦牛散开各走各的，不成队伍，因为赶牦牛的人让牦牛随意地啃草根、交尾等。有些公牦牛把粗大的鼻尖贴近地面，把毛茸茸的尾巴竖得老高。翻过山顶，跨过谷地，大部分时间我们都在走下坡路，仅用了 3 个半小时就走了 20 多公里路。我们在一条注入纳木错的结冰的河边宿营。

小昂邦邀请我们到他的帐篷去，他招待我们吃了一顿美餐。第一道菜是熏牦牛舌，第二道菜是牦牛食道[①]，同时又加一条牦牛舌。接着是炒菜、腌胡萝卜、红辣椒和青辣椒。最后是不放酵母的大饼和酥油茶。这个热情的昂邦很佩服我们的食量，一再劝我们尽情地吃。其实用不着他鼓动，我们一点也不客气。

在我们的宿营地和拉萨当局的宿营地之间，有几顶前不久才搬来的流动牧民的帐篷。据说他们的税赋交给拉萨以外的官员，昂邦说："他们服从我们的命令，属于扎萨部落。[②] 夏天在北部高原地带散居游牧。"

我们从扎萨部落的帐篷旁边经过时，他们走出来和我们打招呼。头人的面孔我还认识，因为在我们到纳木错以前就曾见过他一次；就是那个掉了牙齿的胖子。今天他穿着制服式样的服装，上衣的领子是红色的，扣子上有英国驻印度军队一个团的番号。当然这种扣子对他来说没有什么用处，扣子没有和扣眼对上，但是这种扣子正是富有、地位高的象征。一般来说，无用的东西只允许有钱有势的人使用。

昂邦送我们到河右岸，那里是我们的宿营地。在我们的帐篷搭起来以前他先不回自己的帐篷。我说脚下感到冷，想走一走。他说："让没有住所的客人孤零零地待着是不合规矩的，我必须陪着你们。"我称赞了这个规矩，然后向他提出很多问题。

---

① 牦牛食道：牦牛毛肚。

② 扎萨部落：根据文内描述，扎萨部落的头人，也就是前文邦瓦洛特经过多格仁错、普若岗日、扎加藏布后初遇藏民时，遇到的第一个牧民首领，并且进行了详细描写。因此，辑者推测其地在安多和朗茹的交界一带。

首先询问尤克峰和加贝峰（作者起的名字）所在山脉的名称。这两座山峰一直云雾缭绕，好像戴着帽子一般，于是我想起了波斯有名的德马德万峰（伊朗北部厄尔布尔士山脉最高，海拔 5 604 米——译者注）的“帽子”。据说我所问及的山脉名字叫作桑达康森①，而我眼前的河就取河源所在的山名，叫作桑达曲②。接着谈到了独角兽。尤克神父③曾证实这种动物的存在。昂邦告诉我们，这种动物栖息在廓尔喀地区（尼泊尔、印度北部），角不长在头上，而长在鼻子上，叫作印度犀牛。日落以前，我看到了很大一群鸟在高空中向北飞行，我想是雁。看来在西藏南部，冬天已经结束，春天就要来临。

我们的帐篷搭好以后昂邦就走了。铁木尔走过来说，暖季就要到了，他刚才到山麓一带看过，那里的草已经吐出新芽。他摘了一把新芽，他把这可爱的新芽小心翼翼地拿在手上用快活的表情端详着。铁木尔是个诗人，他对大地有着深情的爱恋。

在我们就寝时刮起了西风，我津津有味地听风声。在这荒凉的土地上，风也和法国森林中刮出的风一样，有着窃窃私语、唠唠叨叨的响声。

3 月 8 日，西风劲吹，不时还飘起一阵雪花，太阳时隐时现，风越刮越猛，天空阴沉沉的，下午微暖，天气又冷得令人难以忍受。昂邦又来看望我们，他一再劝我们多加忍耐。我们要求提供的物品他们一定会在拉萨给我们筹齐。他曾记录下我们要求的长长的物品清单。我们委托他筹集的物品有各种衣料、鞋袜、帽子、祭祀用品，各种小铙钹、动物皮、经文等。他还答应把我们需要的马匹尽早送来。昂邦担心我们因性急而发脾气，他知道队员们都想早点儿走，我和队员们谁愿意待在这里呢？然而性急也要看场合。到现在为止，西藏人对我们一次也没有表示过恶意。

昂邦一再强调，他对我们的态度一直是真诚的：“你们就好比我的亲兄弟，我一直希望按你们的要求去做。我们的人当时让你们停下是因为我的两个上级从拉萨发来的信快到了。他们也坚信你们是好人，但这确实是没有办法的事。这里的习惯和你们国家不一样，我们不可能雷厉风行地处理工作，重要的问题一定要开会才能解决。你们也知道，会议的参加者不可能很快统一意见，如果是我一个人的话，马上就可以备齐你们需要的物品。因为上有 3 个大官，下有 20 来个下级，互相都在提防着对方，为了不受到别人责难而小心翼翼地做事，这是至关重要的。”

现在昂邦已把话挑明了，他是担心背后受到指责，说明权力是分享的，自己的

---

① 桑达康森：也作桑丹康桑。位于今那曲古路镇境内。

② 桑达曲：旅行队没有翻越那根拉山口，而是从桑丹康桑南面一条山谷穿越到青藏大道。

③ 尤克神父：即古伯察，因翻译原因这里写作尤克。古伯察经过嘉黎阿扎错时，听到当地的传说后，对独角兽进行了大篇幅的描述，参见《古伯察游历情形》。

权力常常被别人窥视，而掌握权力的人，要千方百计保住手中的权力。

昂邦让我讲讲法国的生活方式，例如女性的地位怎样、是否漂亮等等。然后他又讲了英国人把自己惊人的发明应用于印度的事。他问：“你们也有机器吗？你们也有不用帆就能在水面上行驶的大船吗？你们有书籍吗？”当他知道我们国家有很多谈论人类诸多问题的书籍时，对我们的旅行感到不解：“不出家门就可以读一辈子书的，那你们千里迢迢，走完一个国家又到另一个国家，到底为了什么？我自己就完全没有心思离开西藏到外面去。光是佛教的书籍就足以满足我的好奇心。”

昂邦显然不具备现代思想。我们认为具有价值的狂热的探险活动对他来说是难以理喻的。在自己国土上能安乐地生活才是真正的幸福，对人类的“大问题”漠不关心，对他来说进步是不存在的。在人际交往的本能所要求的范围内从政，反复读书，吟诵不懂的经文，这才是幸福。他行为目的只有一个，那就是守住自己一生下来就有的奶酪。要是不用冒太大的风险就能办到的话，就设法夺取比自己的奶酪大一些的荷兰奶酪，然后一面享受着胜利的满足，一面品尝着夺来的奶酪。在这一点上，他特别像欧洲人。他对人相当热情。他对世界其他问题不感兴趣也许是正确的。

我让同伴们继续同昂邦交谈，自己一个人沿着桑达曲的小支流向丘陵上面走，一直到达它的源头。水从冰堆里流出，接触外面的空气后又消失于结冰的河床中。我趁着风停的工夫，弯下腰，注视着清纯的水如何沿着凹凸不平的地面蜿蜒流去。

这时，西风逆着水流方向更加起劲地刮来，水面泛起微波，水泡逆着水流方向翻滚着，刹那间好像小河倒淌似的，但这种流动只是表面的，风一停，水泡又绽开，水流又恢复了常态。我认为可以用纳木错刮来的风对小河水流所起的作用来比喻人类对自己命运的挑战。

扫兴的午餐会

3 月 14 日，我仍与大小昂邦一起参加了由大喇嘛主持的午餐会，这次宴会是专为我们举行的，宴会持续了 4 个小时。宴席上我们从盛满山珍海味的 30 来个盘子里用中国的筷子夹起美味佳肴，这些肯定都是极为贵重的食品。其中有棕榈的嫩芽、兴都斯坦①的椰枣、拉达克②的桃子，巴塘的大枣、兰州的浆果，甚至还有海蜇、鱿鱼等海味，这些都是在西藏很难见到的食物。

已经摆了这么多的东西了，可是大喇嘛还说，在这偏僻的地方运输困难，东西

① 兴都斯坦：印度。
② 拉达克：位于克什米尔东南部。

准备得不够充分，很遗憾，只是向朋友略表寸心而已，请我们原谅。然而，在这些集中了亚洲食品精华的菜肴当中，只有几样菜合我们的口味，而最使我们感到痛快的是给我们倒得满满的热牛奶。把兴都斯坦的椰枣泡进牛奶里真是特别好吃。

无论菜肴多么丰盛，也无法化解我们焦躁的心情，我们暗自思忖，我们不需要这种款待。于是大家草草吃了一些东西就和他们重新谈判起来。他们仍然说，请我们在桑达曲耐心等待。这时，我们心头火冒三丈，不理睬这没完没了的宴会，站了起来。对方看到我们退席，顿时呆若木鸡。我方翻译在我们背后向他们挥舞了下拳头。他们明白了，我们已忍无可忍了。

我们在午餐会上中途退席后，对方好歹勉强同意我们出发了。3 月 16 日，我们商议从哪一条路线走，他们已安排人带领我们去巴塘，但向导不可能从拉萨来得这么快。我们可以先走一步，派来的向导一到，就让他尽快追上我们。

3 月 16 日，最低气温已降到零下 25℃，后来又下起了雪，我们着手做出发的准备。为了等待赶来的向导，我们现在要去的地方叫作梯梯。昂邦告诉我们，梯梯这个地方非常好，不像这里常年不断地刮西风，与现在的宿营地相比，梯梯简直像个乐园。那里有牧草、灌木丛、杜松林，阳光充足，比这里暖和，因为那里地势比这里低（现在宿营地的海拔高度接近 5 000 米）。我们请昂邦告诉我们，梯梯在哪个方向。他说具体还说不清楚，于是他叫来两个下属当着我们的面询问。这两个人在上级面前低头弯腰，为了表示敬意，还伸出了舌头。

“你们知道梯梯在哪儿吗?”

“嗯，常常赶牲口去。”

“是好地方吗?”

“嗯。”

“哪个方向?”

“那边（指着东北方向）。”

“远吗?”

“不远。”

我们请昂邦让他讲清楚距离。昂邦向：“有多少拉维尔（藏语华里的意思）?”

这两个粗人面面相觑地念叨着“拉维尔，拉维尔，拉维尔”，然后又交头接耳说：“不认得那个地方。”他们把计算距离的单位误认为是地名了，因为他们认为没有必要对路程说得那么精确。结果大家都哈哈大笑起来。昂邦做了一个手势，他们就恭敬地竖起两个拇指，伸出舌头退下了。

喇嘛们忙于从扎萨部落的人那里征集我们的驮队所需要的牦牛和马匹，那里有很多牲畜，但是那里的人拒绝提供，他们大发脾气、大声叫骂着，最后还吓唬去征集的人。于是大喇嘛把部落所有的头人都召了来，接到命令以后，他们马上飞奔而来，显得那么驯服和羞愧。

大喇嘛让他们掀开幕帘，而大喇嘛自己则抱着手，盘腿坐在高台上。他温和地对他们说起话来，他一开口，那些粗人们立即低头弯腰，不敢抬头直视。他们的姿势就像小孩做了错事，在一旁等着批评似的，他们恭恭敬敬地连说了几声："遵命，遵命，遵命。"

接着大喇嘛用温和的语气说："也许你们想惹达赖喇嘛活佛不高兴是不是?"

他们跪下羞愧地说："不敢，不敢。"

"那就按所说的办!"

"遵命！遵命!"

大喇嘛的随从命令他们退下，于是他们就按照西藏人的礼仪倒退着走出了帐篷，随后幕帘落下。扎萨部落的头人们立刻上马，高高兴兴地回到各自的宿营地去了。

看样子不久我们就可以出发了。我去观赏周围的风景，凝视着落日，看得出神，边看边想，过几年库克旅行社[①]制定赴西藏旅行团的游览项目时，可以选择这里作为一个精彩的景点。念青唐古拉山在夕阳的映照下金光灿烂，充满神圣感，连绵不断的银白色山峰就像一群白羊，我仿佛感到自己就是这高原上的牧羊人。这种超凡的景色，定能使游客流连忘返。

入夜时分，飘起了细小的雪花。3 月 17 日仍然下雪，西风劲吹，最低气温为零下 22℃。西藏这个地方，无论如何不能让有病的人去，尤其是海拔高的地区。

3 月 18 日，我们利用晴天又开始上路。阳光被白雪反射，我们的脸和眼睛感到被烧焦了似的疼痛。我们朝着东北方向走去，路上长牙齿的翻译对我们说，从这里一直到打箭炉（康定)，大约有 80 座难以翻越的山峰，他从这条路线走到过拉萨。他还说，西藏能播种小麦的地方少得可怜，只出产大麦，其他粮食常外地输入，大米从印度进口。

这晚的宿营地被安排在一个小谷地里，地名叫作塔谢寨。大家知道，在草原地区，由帐篷组成的村落叫作寨子，但是我们在这里看到的帐篷只有三四顶，紧靠着峡谷隘口的冰达坂。

和我们一起走的除了赶牦牛的人以外，还有两个专管拾粪的人。他们于黄昏时

① 库克旅行社：托马斯·库克，英国旅行商，近代旅游业的先驱者，他创办了世界上第一家旅行社——托马斯·库克旅行社。

分背着粪来到宿营地，当他们把粪筐里的东西全倒到我们队员的帐篷门口时挨了骂（队员用突厥语说的话，叫起来像骂声），但他们仍若无其事地在火堆旁边坐下，我们的队员按穆斯林的方式把一只刚割颈放了血的羊给他们，他们看到满身是血的羊以后就把头拧了过去。当铁木尔把一块好肉送给他们时，他们才敢要，并起来道谢。

铁木尔惊奇地告诉我说："刚才艾萨手里拿着刀子准备宰羊时，他们急忙跑过去摁着艾萨的手，要求让他们自己来。他们准备用绳子将羊勒窒息，亏他们还是人呢，不放血就能吃牲口的肉吗？现在可以吃肉了，他们又那么笑呵呵的。你说这些家伙怪不怪！"

走了这么长的路，肚子该饿了，这两个拾粪的人赶紧做饭。他们先用小瓦罐烧开一些水，稍微放凉以后，就从怀里取出木碗把水倒满，然后从背在身上的细长口袋中抓出一点干糌粑粉放进开水里，用手指搅匀，再直接喝这些稠糊糊的东西，如果碗边还粘有糌粑的话，他们就伸出舌头舔碗边。

为了充饥，除了喝稠糊糊之外还有一种吃法，就是用底宽腰细的瓦罐烧好开水后倒进碗里，从皮袋里取出酥油，加一小撮岩盐，在开水里混合，再抓一把糌粑放进开水里，用一只手揉，另一只手做成面团，然后把碗对着嘴边，把面团倒进嘴里去，直到吃饱为止。

他们喝完稠糊以后出去转了一圈，回来又对给他们的羊头发生了兴趣，猛然从腰间的皮鞘中拔出锋利的刀子（妇女腰带上也插着这种东西），想剥掉羊头上的皮，但已冻硬了，于是放到火焰上把羊头烤焦，然后剥开皮，割下齿龈吃掉。接着拉开上下颚之间的骨头，破开关节，然后切下舌头和食道，装进云游僧人式的挎包里。一个人把下颚拿走，另一个人则把头盖骨上面的脏东西清理干净后，熟练地旋出羊眼睛，吞下整个眼球，在把所有的羊头肉吃完以后，他再吃可以吃的软骨，直至吃饱为止。他把一块吃得干干净净的颚骨扔给狗，但狗却不来抢食。把能吃的吃完以后，把头盖骨认真地收起来，里面的羊脑留作明天吃。

我们看到了西藏人的烹调技术还处于"儿童时代"。因为没有燃料，他们连焖肉、复杂的浓汤都不会做，也没有味道好的调味汁，再高明一点的技术就更不会了。西藏上层人物的口味也不讲究。即使昂邦在有急事或赶路时，光吃糌粑团也能对付过去。今天下午，我在昂邦的帐篷里目睹了他的两个翻译是怎么吃饭的。其中一个看样子还是收入颇丰的喇嘛。他们肚子饿了，首先把酸奶油疙瘩放在碗底，上面放上干糌粑粉，揉在一起，加上硬奶酪片再揉，又把化开的冻羊肉片撒进去再揉，然后把酥油茶倒进混合物里，最后捏成大丸子的形状。他们发现我们饶有兴趣地看着他们做饭，便递上来请我们吃。他们往里又放了一点盐，这种发黏的东西就可以吃了。这种食品肯定很有营养，这种做法不怎么费火，而且在海拔高、肉煮不烂的地方，食用这种面团饭很方便，此外也可以将制作过程当作消磨时间的一种游戏。我发现这里的喇嘛们很喜欢用手揉糌粑。

3月19日，我们前往下一个宿营地斯布鲁。天气极为恶劣，下着雪，猛烈的西风打在脸上，道路迂回曲折。斯布鲁是只有20来个帐篷的寨子，位于偏僻的谷地，进寨的路相当陡峭。

3月21日，我们经过一片高原来到梯梯，这是一个“U”字形洼地，周围是波状起伏的丘陵。梯梯位于那曲和拉萨之间的大道上，向北经过那曲可以前往柴达木和青海湖，南面是高山。从这里朝拉萨方向看去，都是雪山，而东面和北面的山峦几乎看不到雪。

我们在梯梯等了3天，这里住有很多牧民，饲养着很多的牲畜，牦牛和羊散布在丘陵上。牧民也饲养马，我们看到四十来匹马到我们帐篷附近的泉边饮水。这里马的体形比我们在别处看到的马都大，腿部很壮实。

这群马没有人看管，它们慢慢地喝着水，又抬头看看天空，反复多次后，便自由自在地慢慢走上坡去。这个泉水前面还有一眼泉，寨子里的居民常到那里打水。取水的方法是这样的，他们的腰上绑有一个垫子，上面是木水桶，水桶上有两条背带，挂在肩上。比较难办的是走路时为了不让水泼出来，必须保持身体平衡，水桶直立向上，因此背水人的上身和腿部近乎直角，身体向前倾，和秘鲁人的打水方法相同。

有一对藏民夫妇来打水。由女的用木碗把水舀进桶里，这时男人和熟人说话，水舀满以后，丈夫扛起木桶给妻子背上，然后扔下妻子径自走掉了。这时妻子弯下腰，膝盖着地，然后小心翼翼地站起来上坡。

在梯梯即使遇上好天气也不大好受。现在，最低气温已上升到零下15℃。3月24日中午，向阳处的最高气温甚至达到32℃[①]，但是仍然不时地刮着西风，令人很伤脑筋。当然刮风也能消愁解闷，地面上的尘土卷到空中，呈奇形怪状的立体图案，有时像飞来飞去的弯脖子的巨龙，有时像抬着头和尾刺到处爬行的蝎子，有时又像拱起的穹隆。看腻了尘土的造型以后，我返回泉边，然后又到一座小山包上坐下观察这里的水，在阳光照射下身上十分暖和。有草尖露出的水面上泛着微波，细流流到小石子的下面就不见了，到了前面又冒了出来，再往前穿过泥炭层，再流进结冰的池塘里，发出清脆的响声，继续向前滑行。我就是用观察景物的方法，来消除内

① 此处“最高气温甚至达到32℃”疑有误，但具体温度已不可考。

心的烦恼的。

但是，我们在这个安乐的环境中并没有睡大觉。3 月 24 日，我们不惜发生冲突而表示出强硬的态度，终于得以朝着巴塘方向进发，但我们每天的行程不能太长，因为拉萨派出的向导还没有到达。我们再不能按大喇嘛和大昂邦的安排无限期地等待下去，我们写了一封信给拉萨当局，催促他们尽快送来已答应提供的物资、礼物和马匹，并通知他们我们准备上路了，这封信由一名骑手骑快马送到拉萨。现在，最后的乌云还没有消散。我们没有看错，拉萨当局正在戏弄我们。

这一带的居民过着比较舒适的生活，尤其同我们初次遇见的牧民相比是这样的。这里人的生活状况好，居民的个子稍微高一点，马和牦牛也强壮得多。经过仔细观察，我得出这样一个结论，这里也存在着人种差异。有的人额宽鼻高，有的人脸长鼻扁，有的人脸长鼻高，总之脸形是各种各样的，但是有三个地方极为相似：首先是一般人下颚向前，也可能是掉下齿的人多的缘故；其次是嘴唇特别厚，可能是因天气冷而被冻肿的缘故，或者是因高原空气稀薄，仅用鼻子呼吸不够，需要用嘴帮助呼吸；最后是人的体态、气质与习惯动作相似。具体地说，他们在气质上有以下几个特点：他们站着不动时，总是稍微叉开双腿，挺直脊梁；他们的行动不够灵活；动作唐突，带点神经质；跳跃式的走路姿势。总之，我感到他们所有的动作都缺乏连贯性。他们无论遇到什么事总是很快活，宿营时忘不了笑；晚上去找吃草的牦牛时，总是热热闹闹地将牛赶回来；他们往往一边唱着歌，一边拾粪和收集冰块。回到宿营地后他们依然有说有笑地把牦牛拴起来并在夜里把第二天使用的绳子准备好。在他们吃完糌粑以后，就把身上的挎包摆在火堆旁，松开藏袍上的腰带，把双臂从袖子里取出并伸进躯干部位的衣服里，他们并排躺在地上。两边对着风的人再盖一件大衣。他们挤在一起，互相说几句简短的话以后，就在零下 15℃的寒夜中露天入眠了。要是没看到那蓬乱的头发和脚的话，还真不知有人在这里睡觉。我们越往前走居民就越多。

3 月 27 日晚，我感到似乎快要到人烟稠密的地方了，太阳西下，洼地里有几顶黑色帐篷，这时正是牲畜归栏的时间。我们不时地听到狗、羊和牦牛的叫声，还有小女孩儿尖细的说话声。一堆堆火熊熊燃烧着，帐篷周围人来人往，隐约还能看到有人干活。这里几乎像一个村庄、一个社会，显得那么热闹，真是生机盎然。

3 月 28 日是美好的一天，是令人难忘的一天。我们正在走的路是通往西宁的路，沿途有很多作为路标的鄂博，上面堆积着数不清的写有经文的石板；还有一些石板排列着，每块石板上只刻一个音节；有的石板上刻有莲花图案；有的刻有藏传佛教创始人之一宗喀巴或在位达赖喇嘛的画像。这些圣人的头上都包着头巾，背后有光环。

道路在宽阔的高原草地上蜿蜒向前延伸着，沿途不时地经过一些浅谷和湿洼地，地平线隐没于周围的山背后，只有西南面的山峰有积雪。我们徒步抄近道，沿着沼泽边向上爬。走路感到轻松多了。现在海拔只有 4 800 米，呼吸比以前舒畅，我们拉着缰绳在高地上向前走。风停了，天上的白云渐渐消散，晴空万里，百灵在欢快地鸣唱着，小田鼠在洞穴间来往穿梭。天气暖和起来，我们突然感到一股热气迎面扑来，我们已好久没有享受过这样畅快的早晨了，我们愉快地开着玩笑。马驹用鼻尖蹭我的脊背催我快走，我跨到马上。现在即使背阴的那一条踩在马镫上的腿也不太冷了。

昂邦的随从走过来向我们行礼："早上好！身体好吗？"

"还可以，一切正常。"

他笑着说："那就好，那就好。"然后就策马扬鞭而去。

为了准备宿营，昂邦走在最前头。他曾向我们学法语，现在已经能用正确的发音说几句话了。

过不多久，有一队西藏骑兵急驰而过。他们斜挂在背后的枪上飘着一面小红旗，插在腰间的军刀上的镶嵌物闪闪发光。他们用露出的右臂挥动着鞭子策马前进，只见狐皮帽子的帽耳随着马的震动上下摆动着，帽子下面露出了蓬松的短发，编成辫子的长发在肩上飘忽着。

接着，围着头巾、穿着很厚衣服的喇嘛率领一队驮着贵重物品的牦牛走了过来，他一面大声念经一面追赶我们，追上后，带着亲切的微笑向我们行礼，嘴里还不停地念着经。

我们赶上并超过了 3 个步行的人，他们吹着口哨，挥动着露出的右臂驱赶牦牛，其中两个人一面走，一面拾粪。另外一个人翻开衣服，露出上半身。他是个矮胖宽肩的小伙子，只见他手臂粗壮，右腕上戴着一只铜手镯，右手握着一支安在竹柄上的标枪，他变换花样地摆弄着标枪，一会儿抛起来又很快接住，一会儿换着手拿，一会儿在胸前旋转，一会儿又挥动着标枪做出投掷的姿势，显得生龙活虎的。他方形的下颚向外突起，上唇向上翻卷，似乎在嘲笑别人，他自恃年轻，显得非常傲慢，那留长的头发下垂至额头上，并盖住了他的眼睛。他这么耀武扬威的，心里一定很得意：能够这么熟练地摆弄武器就可以轻易地杀死熊、野马或其他人了。

我们很快地到了昂邦那里，他正在帐里等着我们。到那儿以后，我们也就避开了又开始肆虐的西风，就可以喝上酥油茶，吃上煮羊肉和熏牦牛舌了，甚至还能吃上印度的咖喱饭。现在，我们似乎已成了最尊贵的人，所有的人对我们都特别有礼貌。因为我们讨厌看到他们用可怕的舌头行礼，现在也就用不着发呆地看他们的面孔了。

我们到达海拔 4 600 米的尼甘。前往巴塘也就剩下最后一次等待了。我们去巴塘之事得到了达赖喇嘛的支持，有了这至高无上的圣谕，我们就有指望请西藏人给我们带路。利用这最后等待的时刻，我们把行李捆扎结实，把以前未能充分鞣好的毛皮检查了一下，把不需要的东西处理掉。此外，还要为即将同我们分手返回家园的帮工们组建一支驮队，大喇嘛负责安排他们同走向归途的蒙古朝圣团一起经柴达木返回。到了柴达木，他们就可以单独沿着卡尔梅克人的固定路线继续旅行了。

如果没有恼人的西风，我们每天都过得十分快活，幸好天黑以后风慢慢停了下来，我可以在就寝前长时间地散步，思绪又飞回欧洲、法国、东京湾、海边、亲人、朋友（那里）。我似乎感到已回到了那边了。然而，到那里还有几千公里路要走，但最艰难的路段已经走完了。到了巴塘，就等于回到了已知世界，从某种意义上说，也就到达了旅行的终点。如果带路的喇嘛不说谎，我们到巴塘是有把握的。到了巴塘，后面的旅行就顺利多了，成功就有了保证。但我想到还有许多不确定因素，想到以前旅行遇到的挫折，心中又有些沉重。远处的地平线已经暗得看不见了，远方影影绰绰地出现了些障碍物，因此我想到了面前还有很多困难。从巴黎出发以来，虽说大部分路程已经走过来了，但毕竟还没有到达目的地。尽管有困难，前面的路还很长，现在事态有了转机，西藏人对我们非常友好，对此我又释然起来。

3 月 31 日夜，只有一点微风，最低气温为零下 20℃，但天一亮就起了风暴。突如其来的狂风吹垮并卷走了西藏人的四方形帐篷。我们的帐篷还算结实，但大量的尘土吹了进来。4 月 1 日，风继续刮着，西风仍然是罪魁祸首。

达赖喇嘛的礼物

4 月 2 日，昂邦笑眯眯地来通知我们，达赖喇嘛赠送的礼物和我们要求提供的物品已如数送到。大喇嘛和大昂邦正等着我们，邀请我们到他们的帐篷中去。

他们隆重地款待了我们，席上大家谈笑风生，达赖喇嘛赠送的礼物一件件摆在我们面前。有女式服装、男式服装、喇嘛服、高级官员服装、各种头巾和帽子、佛事用品、毛皮、玛尼（藏语，指念珠）、香木，甚至还有经书。他们详细讲解着这些东西的名称、原料、使用方法，甚至还讲了典故。浏览了这些服装以后，令我惊讶的是，我竟看到了欧洲式样的服饰，女式服饰中有裙子、围裙、耳环、王冠形的帽子；男式的里面有各种帽子、头巾、官帽，其中有带帽耳的无檐帽和酷似红衣主教带穗的噶伦官职的帽子。

佛事用品当中，铃、玛尼珠、油灯等物很像天主教的道具，这些用品给我留下最初的印象是西藏人与欧洲人曾有过共同的宗教。关于这个问题，尤克神父曾做过详尽的报道。此外皮埃尔·德戈丹等人也去过西藏传教，曾发表过有关文章，他比尤克神父对西藏宗教有更深入的研究，当然比我的分析更深入得多。

席间，他们不断地给我们上酥油茶和糖果点心。香木燃烧着，我们身上都浸透了这种芳香。侍从多次拿香炉进来，在烧红的木炭上撒上香料，并把刚冒起的烟敬奉到佛像前。闻着这种烟味，简直是一种神仙般的享受。现在已经完全确定下来，我们很快就可以前往巴塘了，这时受到这样的款待，我的心里别提有多高兴。

昂邦的脸上明显地流露出圆满解决问题的喜悦，他的确起到了在他的上级和我们之间的桥梁作用。他当时的处境很困难，一方面被迫面对我们的无情拒绝和激烈的斥责，另一方面又面对上级的责难。现在，他终于可以轻松地对我说："现在你再也不说我撒谎了吧！你已经看出我是个老实人了吧！"这样，我也用了不少溢美之词来夸奖他。然后我们把话题转到法国和目的地东京（在当时越南境内曾有东京、交趾、安南三个小王国，东京在北部——译者注）。昂邦很想知道这两个地方在哪里，我答应在他方便的时候会指着地图告诉他。

傍晚，给我们准备的马送来了，都是好马，但马蹄铁还没有钉，我们往马蹄上打钉子时很难打，马蹄太硬了，即使打进去了却还摇晃，有时把钉子打弯了，有时把马蹄打裂了。

4 月 4 日，轮到我们向西藏人送礼物了。我们带来的很多东西他们都不会用，还得煞费苦心地给他们讲解和示范。我先把他们可能喜欢的物品集中起来，最受欢迎的是手枪、怀表和镜子，其次是刀子和剪刀。有人喜欢金币和银卢布，新的闪闪发光的铜币和镍币也大受欢迎。大概他们想用这些硬币作服装上的扣子。我看到有两三个身份较高的喇嘛就用英国造的四分之一印度卢比硬币来作扣子。这段时间和我们接触过的中小头目及随从仆人共有四五十人，他们是否每人都能分到礼物，对礼物是否满意，我们就不得而知了。

总之，在我们相互告别时，惜别的话都说得很真切。他们再三叮嘱，在前往巴塘的路上一定要采取各种措施保证安全。口粮方面，除了他们提供的大米、面粉、大麦、蚕豆、鹰嘴豆以外，前面路上还可以买到一些，但大米和面粉很难买到，还得节约着用。

他们安排一个喇嘛给我们当向导，这个人陪着我们走，除了领路之外，还可以向沿途各部落的头人介绍我们，以期取得协助。他会说汉语，年龄 25 岁左右，个子较高，性格开朗，身体强壮，我们一看到他就喜欢上他了，接触一段时间后知道他是个聪明伶俐、遇事冷静的人。上级一再嘱咐他服从我们的命令，侍奉我们要有献身精神。最高首脑们在他出发前给了他些赏赐，并向他表示，如果我们对他十分满意，还将赏赐给他更好的东西。

这个喇嘛很熟悉我们现在要走的路线。此外还有一个长头发的头人领着 20 来个藏民也同我们一起走，他们帮我们照料 60 来头驮运粮食和行李的牦牛。每两星期换一个头人，后面的头人由大喇嘛继续派来。在西藏地方政府直接管辖的地区就这样安排，到了相对独立的部族所管辖的地区，则由和我们同行的喇嘛向当地喇嘛请求支援。

大昂邦以前去过巴塘，熟知沿途居民的情况。他诚恳地告诉我们："路上可能会遇到野蛮的人。他们不明事理，不分善恶，请你们多包涵。遇事要忍耐，这样一切就好办了。……你们一定要十分留神。以后我一定多多求佛爷保佑你们，请你们多加保重，愿你们旅途愉快。"

大喇嘛同大昂邦的说法一样。他也为我们祈求佛爷保佑，并说他的祈祷一定会灵验的。

我们同这两个大官握手告别。他们在帐篷旁边上马，那里有很多人护卫着。他们离开时，剩下的人都低头行礼。

我们下一个宿营地离这里只有几公里，海拔高度比较低。昂邦送走他的上级之后从后面赶了上来。他告诉我们，这次牦牛队的组成是比较完备的，并说我们的帮工回老家之事不用我们担心。

探险队的全体成员包括 3 条狗，都很高兴。这些狗在我们身旁蹦蹦跳跳的，互相追逐嬉戏着，连我们的羊也加入了这一行列。

我们曾在库尔勒买了一只很大的羊作为旅行伙伴一直带在身旁，它同队员们的关系很好，队员们肚子再饿也没舍得把它宰掉。现在它已成了大家的好朋友，它睡在帐篷里，大家给它面包吃，有时它放肆地到处乱翻，找出口袋里的面包就偷偷地吃掉了。它只是一只羊，却胆大包天，竟敢欺负狗和马。在我们又买了一批羊以后，它还嫉妒地争宠。当初在新疆时，它在羊群里是带头羊，但现在却不愿和别的地方的羊走在一起。它很自负，目空一切，不愿在伙伴的后面走也不愿意驮行李。它只和饲养它的人打交道，老是跟在他们后面"咩——咩——"地叫。它有个名字，叫玛莎，它很逗我们喜欢，对这一点西藏人惊叹不已。

黄昏时分，我们仍然和昂邦兴致勃勃地交谈着。我打开地图指出哪里是东京，哪里是法国，昂邦兴致勃勃地听我讲解，并谈了很有见地的看法。翻译是那个牙齿很长的喇嘛，据说他是蒙古人，出生在北京以北的大戈壁的东部。他也让我在地图上指出他的家乡的位置和地名的读法，我每读到一个地名，他就一边重复一边点头，我感到他的声音里含有着一种思念母亲般的深情。后来他就沉默起来，好像沉浸于幻想之中，也好像是回忆起故乡的大草原、骆驼、骏马、圆形的蒙古包，他犯起了乡愁，他多么希望再次看到曾在那里度过孩童时代的大戈壁。但在我们邀请他同行时他拒绝了，可能像他这么有用的人才上级是不会放的。

4 月 5 日，我已让帕尔帕、铁木尔、艾萨和 3 个回民返回家乡了，他们已领到了口粮、马匹、路费、礼物和其他必需品，另外 3 个穆斯林提出要和伙伴们再一起度过一个晚上。今天，他们给我们送行，他们在帐篷后面帮着收拾东西，监督藏民装载行李，互相交换留作纪念的物品。

在藏民和队员们忙着装载行李时，我们被叫到昂邦的帐篷中吃了最后一餐饭。因为他们不知道旅行期间禁酒之规，给想喝酒的人上了粮食蒸酒，于是快吃完饭时，餐桌就有一点乱了。阿不都拉喝得酩酊大醉，听话也听不清楚，说话也说不完整，搞得我和昂邦无法交谈，只好散席。昂邦和他手下的人步行送我们到营地，拉希买德和三个队员正在那里等着我们。

在大家给最后的牦牛装完行李时，一部分驮畜已经走远了。我再一次拜托昂邦照顾好准备返乡的 3 个帮工，我又和那 3 个可能再也见不到的帮工握手话别，表示衷心谢意。我祝愿他们安全返家，希望他们不要忘了我们。这时他们落下泪来，一边抽泣一边紧紧握着我们的手。

然后，他们分别把拉希买德、阿不都拉和阿昆抱到胸前，继续旅行的人和准备返乡的人都哭了。这几个月来，他们赤诚相待，在没有同伴就无法生存的环境中，大家心心相印，息息相通，一起度过了艰苦的岁月，体会到了互相帮助、通力合作、互相尊重的重要性，结成了生死之交。正因为这样，在临别之际，体验到了一种撕裂肺腑的悲痛。

看到他们这样真诚，我也深深为之感动。他们真不愧为性格耿直、意志坚强的男子汉。他们可能曾干过坏事，但我们已把他们改造成了好人。他们也体会到我们对他们的爱护，因为我们就像照顾自己一样地照顾他们，没有苛求他们，也绝不会对他们施以无端的责难。无论是帕尔帕，还是铁木尔、艾萨，会永远怀念我们的，我坚信这一点。

我们再次和目睹这个动人场面的昂邦及其下属一一握手。马上就上路了，帕尔帕及其伙伴陪我们走了一段路，为了表示对我们的敬意，还牵了一会儿绳，但是终归还是要分别的。他们抚面捋须，和以前我多次听过的话一样，他们齐声说道："安拉真伟大!"我们怀着无限悲痛的心情和这些泪人儿挥手告别。

我们的坐骑全速奔向高坡，沿着路边有鄂博的大道前进。到了巴塘，旅行的第三阶段就结束了。

高原的春天

前往巴塘的第一天，我们骑马走了 4 个小时，来到一片谷地上。谷地约有 5 公里宽，谷口有几个村寨，山坡上有畜群。流进这片谷地的乌尔曲①是那曲的主要支流之一。据向导说，这里叫作嘎青②。东面的山坡上有很少一点植物，为十几厘米高的荆棘。在中亚，这种植物叫作“骆驼尾巴”（即侧柏），仅仅这些荆棘就足以对周围的景色稍作“装点”。山路上碎石很多，我们沿着谷地边缘和谷底耸立的圆形山丘向下走了几百米，来到一片洼地上，洼地里长着些角质化的草，鞋底薄的人一脚踩上去就会扎进脚心里。现在的前进方向是东北，再往前走一点就改为正东。虽然我们走了一些弯路，但是对驮运行李的牲畜来说这条道要好走一点，我们只能跟着向导走，手头没有任何资料，因此也就没有资格议论路线走向。书上没有提到，地图上也没有标记，只有俄国地图上标着索克③，按牦牛队的前进速度，大约 10 天后就到达那个地方，据说那里有一座大型的寺院。

我们在地面稍微隆起的地方宿营，这里环境优美，营地旁边有一条小河，水流很急，只有河汊里残留着冰和雪。下午 3 时背阴处的气温也达到 5℃，现在完全是春天了。

我扛着枪到台地上走了一圈。这时，我感到大脑得到了真正的休息。我周围没有人，没有必须和他们论战好几个小时的西藏人，在这里我可以放心地舒一口气了。用寒暄、应酬、问话或念经来使我烦恼的人一个也没有，这是一片无人的旷野。周围的一切沉浸在无比安静之中，微风轻柔地抚摸着我的面颊。地平线上的云层慢慢移动着，在落日的余晖下，大地被染成了玫瑰色。阴影慢慢地在山腰上移动，越来越暗，看不到峭立的山峰。向北望去，远处还明亮，山顶照来一束微弱的光线，洼地上出现了明暗相间的斑纹，谷地里升起了缕缕青烟，说明有帐篷隐于乌尔曲峡谷之中。寂静使人心驰神往，只有百灵还在那儿不休地唱着恋歌。忽然背后有踏在草上的脚步声，我回头一看，是藏民正在拾粪。夜幕降临，太阳刚刚还在西面的山脊上稳坐不动，刹那间就掉到山背后去了。

太阳刚走完了一天的路程，现在又轮到月亮上路了。月亮从东面的天边冉冉升

---

① 乌尔曲：似为今那曲市色尼区母格曲。

② 嘎青：《西藏全图》作噶沁巴山口。位于今那曲市色尼区罗玛乡内，称为噶庆拉。

③ 索克：即索宗、索县，赞丹寺所在地。

起，像一枚巨大的金币挂在巴塘方向的上空。突然在对面的山顶出现了两只狼，它们看到有人以后，待了一会儿，又急忙跑掉了，于是我也急忙返回宿营地，去安排夜里看羊的值班人。我回到营地一看，大群的羊头对着头，它们的角已被拴在了一起，形成了一个圆圈，然后在周围的空隙处再把一些羊塞进去。另外 60 头牦牛也被固定在地上的绳拴成了一个圆形，像堵围墙把帐篷和羊群包围了起来。但是这道围墙并没完全封闭，留下了一个缺口让那些到河边打水的人出入。

马在营地外自由地走动着，没有人担心它们被狼吃掉，因为它们尚能自卫，而且万一有重大险情，狗会报信的。

为了让牦牛在白天有更多时间吃草，牦牛队领队一直要求大清早就出发。因此我吩咐早一点准备晚饭，大家一起嚼起了硬邦邦的煮羊肉，晚饭就这样打发了。夜间，天空上的月亮异常明亮，无数的星星也在闪烁，从南面吹来了一阵微风，一朵云彩也没有，在这美丽的天幕下，高原上的一座座高山看起来就不再高大了。

干粪燃着的火堆渐渐熄灭了，四周传来笑声、祈祷声和歌声，牦牛反刍时磨牙的声音很响，狗激烈地对着狼吠，我们的玛莎“咩——咩——”地叫个不停，它还在寻找它的好友铁木尔、帕尔帕和艾萨。我们盖上斗篷暖暖和和地入睡了，外面气温为零下 20℃。

沿途再也不像冬天那么苦寒荒凉了，春天的景物富于变化，狩猎收获颇丰，大家可以做很多消愁解闷的事，我们又开始对收集标本的事感兴趣起来。更使我们高兴的是沿途遇到的牧民对我们很亲切，他们住在黑色的帐篷里，过着和其他地区牧民一样的生活。他们可以喝上牛奶。奶牛个子很小，可以和牦牛交配，杂交牛比牦牛个子小。他们还饲养着细毛羊和体形小的山羊，山羊是黑色的，长着和牦牛一样的长毛，角不太尖，腿部很短，显得结实有力。这种小型牲畜十分灵活，很像我国（法国）的小山羊，体重只有十来磅。

西藏牧民的妻子承担了几乎所有的活计，对外人不拘束，容易和别人亲近。她们常到我们的营地来，坐在西藏人旁边，一点也不觉得陌生。

4 月 6 日，我们看到了过着隐居生活的喇嘛的住所，很有意思。我们没有看到过这一类的房子，这种房子孤零零地建在乌尔曲左岸的山上，我们估计这种房子一定相当大，但领路的喇嘛说，那只不过是一间勉强能住下一个人的小房子。拿起望远镜看，可以分辨出墙壁、走廊、门窗，越往前走看得越清楚，的确是间极小的房子。但是沐浴在阳光下，蓝天、白雪、纯净的大自然，这一切足矣。因此，那些与纷繁的世界相隔绝、在此隐居的喇嘛并不令人感到可怜。我问领路者，这样的隐居者靠什么维生？领路的喇嘛指着下面的一群帐篷说：“他可以在那里得到一切生活必需品。当他需要东西时，就到帐篷那边去念经，到时他的袋囊就装满了，然后他就回到自己的房子。”

让牦牛渡过乌尔曲有点儿费事。雪即将融化，河岸上的冰已出现了裂缝。因此牦牛常常一脚就踩到了水里，然后还要踏到冰上，这样反复几次才能到达对岸。驮着行李的牦牛身体很重，冰裂开就掉进水里，想把它拉上来可不是一件容易的事，行李用毡子包了好几层还是被水浸湿了。有些队员还被迫洗了冷水浴。

乌尔曲宽50—100米不等，到涨水期也许达到150米宽。流到察塘附近流速变得十分缓慢，过了察塘就流进山里去，河面又变窄。过了嘎青以后，水流分成几股，形成一些小岛。我们在岛上和岸边打到了头上有黑斑的雁、与罗布泊种类相同的野鸭及普尔热瓦尔斯基首先发现的那种鹤。

沿途帐篷相当多，羊身上的肉很肥，一路上随时能喝到可润喉的酸奶，晚饭时我们还喝上了刚挤出来的鲜奶。干粪的来源不用担心，妇女们会给我们送来。水也一样，如果我们没在河边宿营，她们就用皮囊送水来。牲畜的饲料和我们的食品都不用担心，喇嘛向导和牦牛领队互相配合，我们被照顾得十分周全，这两个年轻人就像对待长辈一样对待我们。和几天以前，尤其同冬季的旅行生活相比，现在的日子已发生了明显的变化，我们甚至染上了游手好闲的习惯了。有时遇见背着火索枪，拿着钉耙和标枪的猎人，他们用绳索牵着狗。这些强壮的猎犬和法国的猎犬一样，毛很长，头颅宽大，头部很像狼，大多数身上有火红色的斑点。这一天，我们尽情地猎捕着小鸟，还看到了黑潜水鸟、黑天竺鼠、棕熊等。

越往前走，居民的相貌越好看些，身材也苗条些。他们快活、无忧无虑地生活着。他们没有洗脸的习惯，妇女们常常将奶油抹到脸上，而奶油上又粘上了黑烟和灰尘，因而她们的面颊完全变成黑色的了，难道这么做是为了御寒或保护皮肤吗？我想可能是这样。

4月8日，翻过一座大山，从江古念[①]转向东走时，我们遇到了一支牦牛商队。只见牦牛身上的口袋像一堵墙一样摞得老高，把赶牛人挡住，运输的物品是大麦和面粉。据说他们是从我们将要路过的索县出发前往拉萨。赶牛人在走近我们的火堆旁时，他们瘦长的脸形和吊起的眼梢使我们感到惊讶，他们的个子比我们队里的赶牛人高，他们的服装相同。我认为他们肯定有汉族的血统，是混血儿。

他们和我们队里的西藏人相比，有明显的差异。任何旅行者都有过这样的努力，即给研究对象下结论之前，总是耐心地、不厌其烦地观察其每个特征，我们也是这

① 江古念：地点，待考。今色尼区孔玛乡与达前乡之间有江古拉山，但根据前后文来看可能又并非此处。

样。初次见面的人，尚不能区别他们的人种、类型，但是多看几次，仔细揣摩一下，就会发现其类型是多种多样的。我们队里的西藏人可能属典型的西藏人，而上述牦牛队的西藏人则像上古时代的浮雕所表现的那样，具有完美的希腊人的侧影；有的人则具有传说中的美洲印第安人的脸形，额头向外凸出，长着鹰钩鼻，头部向后仰；还有两个年轻人很像意大利南部的人，他们的眼睛很黑、面部匀称、头发垂到额头，让人感到遇见了爱德华黑太子（英国王子，1330—1376 年，骁勇善战。因常穿黑色盔甲，故名黑太子——译者注）。

至少可以断言，这些人有着白色人种和黄色人种的共同点，只是没有胡须，因而用浓密的头发来弥补。

我们队里的赶牛人做事非常勤快，他们一直不停地忙着干活，很少睡眠，精力充沛，常常一面赶着牦牛一面小声唱歌。装载行李的活他们一会儿就干完了，走起路来不知疲倦，其中有些人不管坡度有多陡也不喘一口气，即使这样，呼吸的节奏却比牦牛还轻快。当然，牦牛是驮着行李的。这些西藏人胸腱很厚，脖子又粗又长，吃起肉来狼吞虎咽。

今天拉希买德送给他们半只羊。当然，他们对这个礼物非常满意。他们把最好的部位切下来，其余部分拿来熬汤，只见他们把带骨头和筋腱的肉、连着毛的羊蹄、几乎不洗的内脏全扔进锅里。这种吃法对我们来说并不新鲜，但羊头没煮就吃了，而且全部吃掉了。他们的操刀技术熟练得惊人。他们善于用动作和表情表达思想，手势做得非常巧妙。前面说过，以两个食指背靠背放到一起表示两个人合不来，观点不一致；面对面贴到一起表示两个人很好。通常我们竖起拇指表示东西好或人好，他们却表示喜欢；竖起小指的话，表示东西的质量和人的品行不好；如果伸着手指、同时摇着脑袋，则表示指头所指的东西不中意，所指的人很讨厌；把两个拇指竖起并叠起来，说的是最高上级。拉希买德曾帮一个老牛倌给马治病，治好以后他说了很多感谢和赞扬的话，然后竖起两个拇指，放到头上，同时伸出舌头，表示至高无上的上级。

我们曾让这个老牛倌转着玛尼轮（手动带轴圆筒转轮）让我们拍照。他性格很豪爽，喜欢说笑。当阿不都拉得意洋洋地按西藏人的礼节向他们行礼时，他先是一愣，然后摆开架势认真地答礼。阿不都拉问他怎样向昂邦那样的大人物行礼，他伸出舌头鞠躬。再问他怎样向大昂邦行礼时，他抓了一下耳朵背，表现出最谦恭的姿势。我们都笑了，西藏人也用这种滑稽的举止来消遣。带路的喇嘛常常同年轻的牧牛领队一起大声诵经，这时阿不都拉也扯起嗓门模仿他们念经，喇嘛和领队非但不生气，反而连自己也笑起来。从这件事看出，他们对信仰外在的形式看得很重，而内在的虔诚只能用这种形式来表达。

老牛倌一有空就举起玛尼轮从右向左旋转，走路时也这样，嘴里常常念念有词。他们相信轮回转世说，因此对于那些从事体力劳动的人来说，为了有意义地度过休闲时间，办法只有一个，那就是念经，以此来祈求自己来世能过上更好的日子。当他们对现实生活不称心时，就相信死后还要再生到世上，希望每次转世都能过上比前世更好的生活，这种心情我们能够理解。

我们走的路多是山区常见的路，沿着河谷走，一会儿渡过河去，过一会儿又回到这边来。如果我们到达的河谷的走向与我们罗盘的指向不同，我们就应尽早地离开河谷，翻过一座山，到另外一条河谷去，走一段路后再离开。就这样，我们于 4 月 7 日离开了乌尔曲，沿着其支流之一的博曲上行。4 月 8 日又经过台地和盘山路进入波普曲河谷，河水流向东南方。然后又离开河谷。

4 月 9 日，我们沿着翁加木曲向东溯流而上，并在谷地宿营，前面的山第二天再爬，现在的海拔高度是 4 700—4 800 米之间。在长着草的谷地上有几顶帐篷和一些畜群。这天，在行进的路上有 3 个牛倌招待我们吃东西。这 3 个人样子很像，可能是三兄弟，个子都很小。前面曾说过西藏人当中有些人与欧罗巴人种相似，这 3 个人的头部很像罗马人，鼻梁高，鼻端尖。三个人牙齿都掉了，下唇向下卷，下巴呈圆形。晚上我们在乌尔曲河边宿营，第二天将离开乌尔曲。因为这条河和我估计的一样，是向东南方向流的，据说这个地区的河大部分流向东南。

4 月 10 日，翻过一座山，我们到了一条小河旁，又过一座石灰岩山，山上有鄂博，队里的西藏人没有忘记一面念经一面往上面摞石头。下山以后，我们又在谷地上渡过一条河，终于来到一片草原，草原的宽度只有五六公里，看起来像个大平原。下秋曲①穿过这片草原，河宽四五十米。据喇嘛向导和老牛倌提供的情况，我们已渡过那曲的四大支流乌尔曲、波普曲、翁加木曲和下秋曲②。

4 月 12 日，到处结满了冰霜。清晨，外面的景色非常优美，羚羊在远处看着我们，大型秃鹫在空中盘旋着。出去打猎的队员说，他们在谷地上见到了狼，狼在这个地区横行已久，我们很想追击这些恶狼，可惜我们没有它们跑得快。夜里，我们不断听到狼嗥声，但白天却连它们的影子都看不到。我们翻过海拔 5 000 米的高山

① 下秋曲：流经夏曲镇、达前乡，注入那曲河。

② 乌尔曲、波普曲、翁加木曲和下秋曲：邦瓦洛特行程记录中对那曲河四条支流的记录似乎有些混乱，其中最大的问题就是没有记载经过了那曲河。而且这些支流有的从南汇入那曲河，有的从北汇入那曲河，不经过那曲河就显得十分奇怪。从没有经过那曲卡、缺少那曲河记载以及这些矛盾之处可以推测，西藏的向导可能有意避开了那曲卡，并且在河流介绍上似乎做了刻意的误导。河名是真有其名，但此河是否为此名就大打疑问了。

后，在唐地河边上宿营，这几天走过的地方，地形地貌差不多。因为我们的体力在某种程度上得到了恢复，大家心情逐渐好起来，所以走这么单调的路也不觉得心烦。每天走的路程加长了，平均约20公里。对山区来说，这个距离是够远的，为了不使牦牛瘦弱下去，每天替换着驮行李。如果我们发现哪一头牦牛累了，就卸下它背上的行李，换别的牦牛驮，队里还有10头备用牦牛。

今天晚上我们得到消息，预计过两天就可到达居民较多的城镇。赶牦牛的西藏人说话的神情都变了，看样子我们就要进入一个较大的城市了，到索县还要翻过两座险峻的高山，即九峰九沟山和牦牛山。

4月13日，我们一启程就向上爬坡。在半山腰的之字形山路上走了3个小时，有时朝东南走，有时向东北走。北面山峰林立，山岩上光秃秃的；南面有一条小河谷，山脊上也没长树木。河谷的那边耸立着雪山，雪山上的冰川闪耀着光辉。路很陡，步行非常艰难，我真佩服牦牛的灵巧，它们承受力很强，背上驮着行李，加起来有一人高，但它不摔跤，步伐稳当。而马匹也不亚于牦牛。

我们又和一支牦牛商队交错而过。那队牦牛背上驮着用生皮包着的大木箱，据说里面装的是糖。走在前头的是戴着黄色尖帽子的喇嘛，他肩上斜背着用皮袋包着的茶和用铜网框着的一些佛像，这队牦牛正在走向拉萨。喇嘛走起路来脚步轻盈敏捷，他身形削瘦，面颊凹陷。看到他就使我想起在帕米尔高原上曾给我们带过路的绅士皮尔老人。

我们沿着峡谷下坡，两边都是悬崖峭壁和被雨水冲刷的小沟，有两个避风的猎人在一条小沟里烤羚羊肉吃，猎枪和标枪就放在身旁。他们看到我们以后十分惊讶，用不解的目光注视着我们。在峡谷对岸的山上，有一个人正在向上爬，好像是在追击羚羊。从河谷往上看，人只有金龟子那么大，羚羊只有蚂蚁那么一点。

走不多远，峡谷两边的山变得狭窄起来，在岩石山的隘口处有许多冰，再往前走，峡谷又开阔起来。我们就在隘口前面的谷地上宿营，这个地方名叫捷玛龙，也就是隘口的意思。山坡上长着许多叫作骆驼尾巴的灌木，小鸟在空中盘旋。

我们的宿营地附近有几顶帐篷，在我们向前走去时，狗向我们扑了过来，主人马上叫住了狗，用石头把它赶走，他走上前来向我们问好，然后过来向他们的奔波行礼。这个头人是个麻子，精力非常旺盛，我们进入他的部落后，他主动给我们带路。显示他权力的标志是挂在马颈上带铜铃的项圈。当我们提出要牛奶时，他给每个帐篷都送来了鲜奶。第二天早晨我们发现，我们给牧民的牛奶钱皆被他一人侵吞了。晚上我们再去取奶时，这一家说没有。于是头人打发一个藏民去找牛奶，为了表明是以他的名义征集的奶，他就从马颈上摘下了那个项圈交给了跑腿的藏民。那个藏民跳上马一溜烟就跑出去了，不一会儿工夫，藏民连项圈带少量好喝的牛奶一起拿了回来。

这时，有一群秃鹫飞了下来落到帐篷周围，它们看到我们正在剥羊皮，也想分得一份。为了验证一下西藏人用甩式弹弓①的威力，我们叫他们其中的一个人把秃鹫赶走。秃鹫离我们有 70 米远，打得最准的小伙子架上弹弓，挑出一粒较小的卵石装到弹囊上，只见他用手一甩，绳子嗖地一响，石子就落到秃鹫身旁，秃鹫振起大翅膀飞走了。我们把这件具有威慑力的武器拿过来仔细研究一下，结构其实极为简单。为了保持弹性，用羊毛织成的弹弓绳编得很松，绳子有 2 米多长，中部设有石囊。绳子的一头装有带圈，可以把食指扣住。射击时把石子放进绳子正中央的石囊里，斜着挥动胳膊绕几圈，放开中指和无名指捏住的绳头用力一甩，石头就弹了出去。这种射击方法相当于拉动原始枪的枪机的动作。

这天晚上，队里的西藏人加强了警戒，有几个人到营地外不远处睡觉，以便看守牦牛。另外还安排了流动哨。住在背地的人有时发出鸣禽似的尖叫声，流动哨也用这种声音回应着，这时住在山里的人也发出同样的声音。这种一来一往的声音有两种意思，一种是发出警戒的命令，另一种是警告偷袭者我方已有准备，不要轻举妄动。可能牦牛商队在这一带常常遇到抢劫。

壮观的索克寺

4 月 14 日，清早出发前往索县，只要过前面那座险峻的高山之后就是索县。有一群乞丐和我们一起离开营地，昨天他们流着眼泪来行乞，今天已经把口袋装满，步伐也轻快了许多，路上还发出笑声。这帮人里有 4 个衰老而丑陋不堪的女人，他们同我们一道走了一段路之后就离开我们到别处行乞去了。

渡过河以后，我们沿着右岸没走多远，又渡过一条从北面流过来的支流。翻过第一座 4 000 米左右的山峰后，我们又沿着极难行的山路上坡。山路上尽是松动的石头，驮着人的马上不了坡，没办法大家都下马步行，我真佩服西藏人的脚力。

走了四个小时，我们来到海拔 5 000 米、叫作拉拉的地方。这里高山林立，我站在巨大的圆柱形山峰上，看到如同波涛汹涌的“山海”。我们在这里受到了一位老人和他两个儿子的欢迎，他们很能体谅我们的艰辛，特意走出帐篷，送来一壶牛奶慰劳我们，我们向他们表示了深深的谢意。这些牛奶真是从天而降之吗哪（《圣经》中提到的神赐食物），大旱时飘来之云霓，在这样一个遍地石头，只能靠岩石缝隙里

① 甩式弹弓：藏语称为吾尔多，是一种抛石工具。

少得可怜的冰来止渴的地方，能喝上牛奶，完全在我的意料之外。

解了饥止了渴以后，我们沿着支脉上的羊肠小道行进，来到一个指示下坡路口的鄂博附近。这时，我的眼前出现了一幅全景立体图。在这里可以看到东南西北四个方向的地平线，南北两面都是山，只有南面的山峰为积雪所覆盖。山岳风光无比壮美，只是因景物大致雷同，看多了也就厌了。我们都在谈论这里的山实在太多了，都企盼见到平原，哪怕是一小片也好。

上山艰苦，下山也不轻松。我们拐过数不清的弯，下坡速度过快难以适应，有时要沿着结冰的斜坡或岩石的斜坡滑下，好几次摔倒了又爬起来。走这段路期间，驮有行李的牦牛一头也没有损失，备用牦牛倒有 3 头从山崖上滚落下去摔死了。

我们的牦牛队在台地上停了下来，他们决定在这里过夜。为了慎重起见，在上坡以前必须让牦牛好好休息。在台地的左下方，有一条更宽的河，从北向南流。我们前面曾渡过的那条河流入这条河里，使河面变宽。河谷上出现了耕地，我清楚地看到有田垄围着的方形旱地。此外，把视线再向北延伸，在两条河汇流处还能看到圆锥形的金字塔竖立在立方体的台座上。

我们在台地上缓缓上坡。没走多久，就看见正前方河西岸上有座圆锥形的小山，山顶上有一堵高大的灰色围墙，围墙四周的门洞很少，像是一个城堡。围墙上面有相连的一座长方形的建筑，边上还有塔楼，房顶上还竖着许多像船那样的长杆，杆顶之间挂有许多色彩斑斓的小旗，但在这所规模宏大、颇为壮观的建筑物里却看不到人影，向导自豪地指着它对我们说："这是索克寺①!"

随后他又不断地念叨着："啊！索克寺！啊！索克寺!"仿佛告诉我们能够拜谒这座辉煌的寺院是多么幸运。我们看到这座宏伟的建筑时，并不像西藏人那样激动，只是感到看到了一种别具特色的建筑风格。我们已有 5 个月没有看到这么有规模的房子了。不，如果不算恰克勒克的土房子和芦苇房子的话，可以说已有 6 个月了。

同行的西藏人曾说过，索县有很多人家。看到这座宏伟的建筑以后，我们迫不及待地想去那座城镇。我想，即使那儿算不上一座城市，起码也应该是一个大庄子，商业繁盛，有像样的街道吧。既然拥有那么大的城堡式寺院，那也应该有与此相称的居民点吧，这回可以看看西藏的城市了。于是我们策马快走。终于走完了台地，寺院就坐落在左边。往下一看，山与山之间有一片平展的洼地，我们沿着一条碎石路朝洼地走去。城市在哪里呢？也许藏在河对岸的山丘后面吧。我估计在寺院的下

① 索克寺：即赞丹寺。位于索县亚拉镇赞丹雪村驻地朗嘎提亚山顶处，据说由该地附近本教和藏传佛教宁玛、噶举两个教派的五座寺院合并后建成，尊奉格鲁派，并由五世达赖喇嘛命名为"甘丹培杰林寺"。

面会有几间平顶的简易房子的，但又想，这个闻名的城市不可能这么小。于是我问："索县在哪儿?"

西藏人用手指着我原先估计的地方说："就在那儿。"于是我只好恭维地说，这个大城市很漂亮。他们深深地点头，真的同意我的说法。

我们终于到达了寺院跟前，这时我才看清楚，原来仅从北墙和西墙上看像个要塞，可能是因为风从这两面刮来之故，当然不能开窗。而南面则盖起许多白色的房子，像阶梯一样一层一层，可以接受阳光照射。南面有许多门窗和走廊可以出进，而其他三面是封闭的。

在山岩陡峭的斜坡上相连着盖起来的房子，其上下是重叠的，下面房子的房顶也是上面房子的阳台和院子。这座热闹地挤在一起的建筑群设有一个大门，两旁排列着具有波斯风格的圆柱。一般百姓和寺院喇嘛背着口袋、柴火和其他各种生活用品，从这里出出进进。

落发的喇嘛们对来往奔忙的人们漠然视之，像古罗马元老院的议员们一样，他们披着深色的粗毛布斗篷，在阳台上悠然自得地散步。另外还有一些人或者盘腿而坐，或者半躺着，或者用各自喜欢的姿势一面晒太阳一面看着我们。

我们一面注视着僧俗者的活动，一面朝着这座宫殿走去。一群狗看到我们大摇大摆地走进去，觉得该杀一杀我们的威风，就冲着我们大声吠叫起来，其声音很像用铜管乐器吹奏的迎宾曲。我们从左右对开的大门进去，两边的门扇上各贴有一张用藏语写的对联，我们发挥自己的想象力，觉得那上面写的内容是我们应投宿的村公所。我们经过门廊进入里院，正面是一排背靠西北的房子，前面是由许多木柱支撑的走廊，两边是简陋小屋，屋前有拴马柱。

据说这座建筑物用于接待前往拉萨的地位高贵的人，意味着这儿属于达赖喇嘛这个西藏的最高统治者。房顶的杆子之间无序地挂着五颜六色的布，其中黄色的居多。据说这座房子由西藏地方政府直接管理，但是我走进房子一看，立即想到，今晚还得支帐篷住，因为我没有心思让他们去打扫这些满是脏物和小虫的房子。

我们用十字镐把地面弄平，搭起帆布房子，在这段时间我们怀着极大的好奇心观察这里的人和物。首先引起我注意的是镶在墙上的木板，这里竟然有木板，使我们吃了一惊。仔细一看并摸了一摸，才知道是还未干透的杜松木。到跟前一闻，吸进了一股芳香，这种味道沁人肺腑，舒服极了。我们高卢人是非常喜爱森林的，我们的祖先过年时总是说："在新的一年里槲寄生物伴随着你!"（高卢人是法兰西人的主要民族，他们崇拜槲树，认为长在槲树上的寄生物会给人们带来幸福，所以在每年过年时砍下槲寄生物相送——译者注）看样子附近有森林，我立即问了个究竟，他们果然回答："是的，前面的道路两旁有一大片森林。"

我们接着饶有兴味地观察墙壁，发现所有的墙壁都是由未修整过的石头和泥浆砌成的。有的地方嵌进刻有经文或佛像的石头，显得特别神圣。然后又观察房顶上从未见过的怪异的烟筒。这种烟筒实际上是一个大瓦罐，可能是把底打穿而成的。走廊的柱子上贴有环形纸，上面写有经文，以装饰走廊。房顶用编织起来的木条来支撑上面的土块和草坪，屋檐旁还放有可上到房顶上的梯子。烟筒旁边的四方小神坛给我们留下了深刻的印象。神坛上放有一个香炉，上面烧着香木枝敬神。

最后引起我们注意的，是这座建筑的守门人，他养着一条母狗、两条公狗，住在大门旁简陋的小屋里。初次见到我们时，他腋下夹着用绳子捆着枝条而成的笤帚。这个年轻人长相丑陋，身躯瘦长，鼻子高突，面部被污垢沾黑，眼睛斜视，脸形窄而长，面额半秃，头发和喇嘛一样剪短，但据说他还没有正式出家。

帐篷搭好以后，我们刚刚安顿好，当地的僧俗头面人物就一起来访。他们很有礼貌地向我们问好，给我们送来了大米、牛奶、两只羊、喂马用的碎麦秸，并一一记下我们需要的东西，保证我们后天就能够按时启程。我们也向他们送了礼物，在我们之间的谈话还没有形成高潮时，他们就起身走了，因为我们的喇嘛向导兼翻译很长时间不说汉语了，翻得不准确。

杜松木的香气不仅使我联想起法国的森林，而且用杜松木烧火做的饭菜特别香。西藏人给我们做的烤羊肉串真是一大美味。我们喝了香甜可口的牛奶，吃了香气很浓的大饼和米饭，我们再也不用为火堆中干粪的臭气而烦恼，现在我们好像到了另外一个完全不同的世界。现在的高度已下降到海拔 3 000 米了，但空气很闷，呼吸吃力，因此我们必须打开帐篷的窗户。入夜后，并排坐在寺院阳台上的喇嘛用他们独特的长喇叭给我们演奏了"小夜曲"，管乐的吹奏声和狗的吠声掺杂在一起，听上去很不协调。乐队的演奏结束后，我就听到了悬挂在房顶上的经文布条被西风刮得哗啦啦的响声，甚至连拴有布条的粗绳也唱起了大风歌，我们就在这单调的响声中安然入睡。

清早，我在麻雀叽叽喳喳的叫声中精神爽快地醒来。睁开眼睛时，太阳晃眼，我不得不又闭上眼睛，身上感到热辣辣的，夜里的最低气温为零下 5℃。对我们来说，冬天已经结束了，但在这里说这句话还为时过早。

和以往的休息日一样，今天也用一天的时间做些修修补补的工作。同时给干完工作的牦牛队队长和队员发工资和送礼物，他们打算天黑前出发，晚上在拉拉的山脚下宿营，明天再攀登难爬的山坡。

一般向西藏人付钱用雅姆巴（元宝的讹音），但他们更希望收到印度银卢比。……但是小心翼翼地收藏银卢比，有时也会出现裂纹。在西藏正式通用的货币只有一种，就是相当于我国（法国）50生丁那么厚，5生丁那么大，有5克重的硬币。这种硬币一般是银质的，由西藏地方政府造，因为样子难看，银子的成色低，不受藏民青睐。这种银币的正面设计是中心有玫瑰图案，周围有八个古钱图案，上面有铭文。反面设计是云霞、太阳、新月图案，外加一杆三叉矛尖图案。

我们在给赶牦牛的藏族帮工发工资和送礼物时，发生了一点小事。我们偶然发现索县有一个汉人[①]，他是个老态龙钟的鸦片鬼，靠倒腾货币和放高利贷过日子，广西人，很早以前因某种体面的工作从家乡来到这里。我们利用他藏语说得好，让他向藏民讲明我们给藏民多少钱，因为除了他之外，藏民都不懂天平和砝码的用途和计量方法。两个牦牛队的领队提出把银锭兑换成知道面值的钱分给其他人，于是他们给每个人发了三四枚西藏银币，而把元宝装进了自己的腰包，这样他们就侵吞了五成的工钱。牛倌们从汉族老人那里知道我们给他们多少报酬以后，对领队的贪婪很窝火，但却不提抗议，不去要回来，只有两个人发泄着不满。于是我们从中调停，把他们应得的钱取回来后交给这些可怜的牛倌。他们高兴得跳起来，然后低下头把我们的手放到他们头上，竖起拇指，恭敬地伸出舌头，倒退着走开，并迅速地把牦牛赶到一起，装上自己简单的行李，唱着歌离去。

我们来到这里的传闻很快扩散开去，可能还传说我们出手大方，于是一大群男女乞丐蜂拥而来。我们拿出一只羊，交给这群乞丐的领头，要求他平分给每一个人，用施舍的办法打发走了一群，但却打发不了狗。我们宰羊吃的时候，狗闻到了气味就来了一大群，数量惊人，真不知在索县是乞丐多还是狗的数量多。

我们住的地方濒临河岸，离崖边不太远，在崖下的缓坡上有农田，我们可以从崖上看到下面的人劳动时的情景。

他们用两头牦牛牵引着犁翻地[②]。掌管牦牛的人在前面使劲地拉着牦牛鼻环上的绳子，掌管犁的人在后面用鞭子使劲地抽打着牦牛屁股，牦牛竖起毛茸茸的尾巴，不断地吼叫，怎么也不愿往前走。犁出细沟的走向同斜坡呈90度角，可能是为了留住雨水。耕地的人翻完地以后，朝我们走来，这样我们就清楚地看到了他们使用的

---

① 两年后的1891年12月，鲍威尔经过索县时也碰到了一个内地来的人："那人是一个中国内地的穆斯林，来这里是为一个清朝高官服务的，但他们被强盗洗劫了。其他人努力并成功逃走，但是他却被关押了。在所有的东西，甚至身上的衣服都被洗劫之后，强盗释放了他，从那以后他就靠着藏民的施舍生活，但非常想离开这个地区。我告诉他如果他愿意跟着我们，并愿意干活儿，他会得到吃的和穿的。那乞丐欣然同意并立即加入我们。"推测与此处的这个人应为同一人。

② 即二牛抬扛，西藏农区也使用这种传统的耕作技术。

农具。翻地的工具由架在牛头上的轭和相连的辕组成，辕的尖端粗略刨过，手握的地方稍微弯曲，下面是木造的犁面，犁面的尖端才是铁造的。

西藏的耕地方式看来挺细的。土地翻起来以后，他们先用木榔头打碎土块，再捡起地里的石头堆到地边，将土地搞平整以后才播下大麦种子。我们还看到另外两个地方耕田的方式也是这样。拉牦牛的人有时是女的，但掌舵的人一般是男的。

我们把目光转向寺院。里面比昨天晚上嘈杂。住在附近的俗众正在认真修复寺院里被损坏的房顶和墙壁。女子们用背篓运石料和灰浆，男子们用这些材料进行修补，还有两三个人一边唱歌一边将房顶踏实①。几个衣着整齐的喇嘛从阳台上探出身来，津津有味地看着别人干活。从他们这样抢修房顶的情形看来，雨季已经临近了。

索县是西藏人居住地区的大门，据说再往前走几乎到处都有房子或帐篷。现在的路很好走，但我们还是经常让牦牛换着驮行李。这里自由民族多，很多人拥有少量的地。

4 月 16 日，我们告别了牦牛队的领队，他们离开了索县各自回家去了，其中有一个人要回拉萨。

我们在渡过 150—200 米宽的索曲时，在河里洗了个澡，并沿着河谷上坡，有一条支流从这里流下。我们沐浴着和煦的阳光，沿着河边的通衢大道行进。对面河岸上长着很多杜松树和灌木林，我隔岸看得出神，走到台地上，看见牲畜正在吃今年长起来的青草。牦牛、羊、马竞相争夺草情好的地方。有时在峡谷的隘口处可看到黑色帐篷，在这些帐篷附近还能看到冬天残留的冰。这时我才想起，我们已从寒冬中摆脱出来。

在谷地上有人给我们搭起了帐篷，周围堆着一捆柴火。我们刚坐下不久，就有一个老人走过来，递上一壶醇厚的新鲜牛奶，然后伸舌退去。

我们在这里捕猎到一种不知名的鸟，这种鸟以前我就注意到了，但一直是只闻其声而不见其形。在我们追击这些小动物时，发现有 3 个藏民蹲在岩石背后。这 3 个人待在这安静的地方到底在干什么呢？起初我看他们好像正在津津有味地玩着什么东西，后来发现从他们手里突然闪出太阳的反光，这一下我就明白了，原来他们中的一个人手里有我们送的小圆镜。在他们刚将镜子拿到手时，谁也不明白它的用途，后来才知道镜子里的人就是他自己，于是他们 3 人就离开大伙儿，来到这里看镜子玩。他们长时间地蹲在这里说话，对着镜子看自己的面孔，笑得倒在地上打滚。

---

① 藏族传统的屋顶或是屋内地面的修筑方法，利用当地特有的被称之为“阿嘎土”的泥土、碎石水混合后铺于屋顶或地面，再以人工反复夯打使之表面坚实平滑、不渗漏水，又称“打阿嘎”。索县地处农牧交界，房屋建筑以土木结构为主，墙面以逐层夯土累成，屋顶或地面的修葺也都用此法。

倘若他们在得到这个有益的用具后，领悟到自己的鼻子太脏，洗一洗就漂亮了，那就物尽其用了。

气温的上升使人有异样的感觉。除了早晚以外，毛皮大衣已经没有用处了。裤子和靴鞋也太厚了，让人感到热得难受。现在即使突然变天，也不至于像在高山上那样寒风刺骨。我们的皮衣和毛衣在暗处一摩擦，就产生静电，发出亮光，而且发出微弱的爆裂声，整个一冬每天穿衣脱衣时都这样。

沿途景色很美。4 月 17 日，我们经过一片真正的杜松林。绿色的山峰就像一个昂起的巨大的头颅，上面还有“毛发”。但是遇到的牲畜越多，树木就越稀疏。

这里房子的式样慢慢起了变化，因为能搞到建筑材料，现在已出现背靠着山用树枝盖成的房子了，帐篷也用栅栏围起来了，就像住在中亚山区的吉尔吉斯人的房子一样。因为有农田，夜间把牲畜封闭在围栏里，烧火用柴，同时也掺和着牦牛粪和马粪使用。人们把过冬用的牧草堆得高高的，并用木头架子拦起来，干草用绳子捆起来，这样也可以防止过往的牲畜贪嘴偷吃。

随着物产的丰富，人们对自己的身体也越来越爱护，体格越来越健壮。在这里，我第一次看到牧民穿毛皮藏袍以外的衣服，有些人穿袖子肥大的毛布单衣或背心。这里的每一个人都在用金属烟管吸烟。烟管相当长，用锡或熟铁做成。烟丝粗糙难闻，吸烟时弯下腰，把烟锅对着火堆点着。他们在赶路时常常带着绑在烟袋上的木托盘走，吸完一锅烟后，把烟灰抖到托盘上，马上又装上一锅烟，对着托盘上的余火再点着。

我们在索曲峡谷里的苏梯看到一个男子下巴上长着薄薄一层黑胡须，当然这位下巴上长着稀疏胡须的老兄，其面部特征与他的同胞没什么不同，据说他在部落头人手下当差。说起头人，他也引起了我们的注意，头人年龄不小了，头发已经花白，但身材匀称，精力旺盛，施礼的姿势很美。他为人朴实，仪表端庄，双唇紧闭，眼睛中射出智慧的光芒。他动作自然，毫不造作，使人感到威严。走路、站立、往长烟管点火时动作也十分文雅。我们在他家里谈话时，他盘腿坐着，左手放在膝盖上，手势灵活有力。他悠然地吐着烟，我们问他什么问题他都认真作答。每当他发布简明扼要的命令时，总要马上做记录，镇定自若地指挥下属，好像这个人生下来就是指挥别人的。

自从离开索县以来，我们就发现河边的地面上有挖掘过的痕迹，起初以为是野兽在这里刨出的坑，但没发现明显的野兽脚印，估计是在牧民支起帐篷或围起牲畜时打柱挖的坑。

这一天我们在帐篷旁边的火堆上架锅做饭时，看到地上长有大片像蔓菁那样的植物，后来才知道这是一种菌，和我国（法国）的麦蕈一样长在地上。这种菌和扁蘑菇的形状相似，大部分根很短，也有长的，根部长短跟土壤特性有关，土壤结构致密硬实，它们的根就短，土壤松软肥沃根就长。

为了解释我们在西藏所看到的住房的多样性，我们可以将这里的住房和其他地区的住房进行对比。在树林多的山区，如我国（法国）的塞文山脉和阿尔卑斯山脉、俄国的高加索山脉和乌拉尔山脉，可以看到用原木搭成的方形简易房子，木头之间的缝隙用绿苔、灰浆或干粪填补，房顶用泥巴抹平。为了防御暴风雨的袭击，周围堆起大石块把门口开在地面以下。无论到达地球哪个角落，只要你留心观察，都可以重温以往住过的房子的历史。

从苏梯翻过一座山以后，我们来到利钦布，探险队刚进入谷地就刮起了久违的西风，卷起雪的旋涡，杜松树几乎完全消失，又到了草原地带。在到达巴塔苏木多[①]以前又该更换一次牦牛了，据说那里已经不归西藏地方政府管辖了。

今天我们给脚夫和牛倌们发钱，但是他们又把钱交给了自己的头头，并说："我们得不了那么多，一般头头要拿走三分之一，我们只得三分之二，有时头头全部拿走。"所以我们决定今后不再把钱直接发到他们手里，统一交给头头还省事。他给下属发多少，我们就不管了。

亚洲人甚至整个东方人认为，把自己收入的一部分交给头头是理所当然的，我对这个问题一直迷惑不解。后来有一个东方人向我做了这样的解释，我想这种说法值得寻味："我喜欢不正派的头头，这样的头头会给我们提供许多方便，这样即使我做了错事或坏事，他的处罚也不像正派头头那么严厉，可以求他袒护我们。而不受贿赂、不会搜刮钱财的正派头头就做不到这一点，他只知道秉公办事，怎么求他也没用。"

4 月 19 日黄昏时分，电闪雷鸣，下起小雪来。第二天上午，天上继续下着雪，周围山上覆盖着至少 10 厘米厚的雪，上坡相当艰难，当地居民把这一带的山叫作克拉山[②]。我们艰难地爬到 4 600 米的地方后，又在难以忍受的炎热中下了坡，炽热的阳光经过雪的反射，使人头晕目眩，脸上发烫。藏民为了挡住太阳的反射，把前额的头发垂下来遮住脸，他们一旦头痛得难受，就抓起一把雪盖到头顶上。花了 3 个小时我们终于翻过了这座山，现在又沿着冰缘绕路下坡。在河边，有几间围着栅栏的平顶屋，狗用吠声欢迎了我们。两边的山坡上杜松树比较稀疏，灌木丛却比较茂

---

① 巴塔苏木多：今昌都市丁青县巴达乡。

② 克拉山：即恰拉山，位于索县与巴青县交界处。

盛，抬起头来总能看到牦牛。不久，我们离开了谷地，沿着山脊朝巴塔苏木多头人的房子走去。

——《勇闯无人区》，[法] 邦瓦洛特著，简明译，新疆人民出版社 2001 年版，第 214—309 页。

汉密尔顿·鲍威尔游历情形

(1891 年)

一、人物简介

汉密尔顿·鲍威尔（Hamilton Bower，1858—1940 年），1891—1892 年以旅行者身份（时为英军上尉）完成“旅行西藏”使命，其考察成为英国侵略中国西藏的前奏。1911 年英军再次入侵中国西藏时，统军者就是鲍威尔（时为英军少将）。同时，他还写了一篇长达 10 页、未公开出版的机密情报，题为《一些西藏事务的笔记》，“目的是为军事情报局长安装千里眼，内容是高度机密的”。

二、游历概况

由英国情报部门授权，在英国印度总督的支持下，汉密尔顿·鲍威尔与印度医疗服务人员索罗尔德博士以及测量员、厨师、驮夫等一行 10 人，于 1891 年 6 月从列城经阿里、尼玛、申扎、安多、索县、察木多至康定，最后由中国香港出境。

1891 年 8 月底行至那仓境内时，鲍威尔一行的踪迹被当地民兵探得。民兵迅速上报到申扎宗和西藏地方政府，随后鲍威尔一行接连受到部落头人、宗本和拉萨派来的僧俗代表的阻拦，并于格仁错北边的呷格林钦与西藏地方政府进行了正式的谈判。最后，达成了鲍威尔一行沿来路退回 8 段行程的距离，再东去打箭炉并且必须绕开那曲镇的协议。于是，在当地人的护送下，旅行队被带到色林错以北的一条路线，沿着今双湖无人区和唐古拉山脉的南部边缘，经安多、聂荣进入三十九族地区，来到索县赞丹寺，并于当年 12 月上旬离开藏北进入康区。

三、文献原文

第 51 号宿营地，呷格林钦，28 英里[①]，海拔 15 560 英尺[②]。在离开上一营地后

① 英里：1 英里约等于 1.6 千米。
② 英尺：1 英尺约等于 0.3 米。

我们穿过一个细长颈地，其大小类似于一个两边有湖泊的铁路路基。一个藏民在跟我们的驮队客交谈过程中提到，北边的那个我们时时可以瞥见且偶尔能广阔呈现眼前的湖泊就是被蒙古人称为腾格尔湖、被西藏人称为腾格尔措的大湖，可我担心他是在骗人。然而，不管其正确名称叫什么，它是一片沿东西向延伸距离很远的金贵水域，这是毫无疑问的，似乎更应该把它称作内陆海①而非湖泊。但是，如同所有的西藏湖泊一样，有迹象表明，这个湖泊的面积曾经比现在大；实际上，一些湖泊似乎已经减少到原来大小的一半。在湖水与我们营地之间，有一些从山上流下的淡水蓄积而成的大水塘。

我们的护送队伍似乎每小时都在扩大阵容。一群群的人员从山谷的四面八方汇聚下来与我们同行。尽管他们可能并非意在尊享护卫队的荣耀，我认为最好这么来看待他们的做法，我坚持认为，他们视我们为贵宾。

他们有点儿古朴，长长的步枪斜插于一个叉状底座上，一只胳膊挂着斜跨于肩膀上的红旗。直剑插在镶有银和绿松石的剑鞘里，斜卡在他们腰前的皮带上，手持转经轮，穿着脏兮兮的羊皮衣服，戴着的帽子简直就像某位服装设计师为一场滑稽戏而专门设计的，贴头乱发，马尾辫，短马镫，小战马，所有这些景象，就是我渴望见到的照片。但确定不用担心会激起他们的怀疑。按照协约，第二天我们停歇不进，我花了一个上午检查驮畜。当驮鞍被取下时，驮畜的脊背露出一副可怕的样子，皮肉溃烂，似可见骨。我觉得溃烂的原因，很大程度上是由于营养不良。

如果（我）曾经觉得骡子没有矮种马能干，那么现在看法变了，尽管骡子已经够糟糕了，可矮种马要更糟些。尽管停驻不前似乎是很令人不快的，然而不论藏族人是否要求，我们都不得不停歇休整。但我们的停歇也恰恰给他们留下了由于他们高贵而友善的态度令我们好感顿生而妥协的好印象。

从我们营地有条向南通往拉萨的路，人们不停地在这条路上来来往往，有一群人说他们要去拜见那个高级别的显贵，那人是要来会见我们的。由于我的护照是指向中国新疆和中国南部和西部山区的，我估计看完护照，他将会只允许我们去往中国新疆。藏民送来更多物资，有一块砖茶、两磅黄油和两袋干牛粪，但没有面粉或糌粑，后两者还没运到。不过，他们第二天来时，给我们外加了一块那种西藏的奶酪，这可能是有益健康的，但可以肯定的是，它不好吃。我派去庄②的驻地取燃料的全权代表回来报告说，那位老人暗示，当拉萨方面同意前进时，他期望得到一些回

① 内陆海：汉密尔顿·鲍威尔显然注意到了藏北湖泊地质演变的过程。藏北西部地质上称为羌塘湖盆地区，几百万年前分散的湖泊曾经连成一片，后随着地质变化形成今天的面貌。

② 庄：指政府的官员。这里应指申扎宗宗本。

报他辛苦提供指引的奖赏。因此，我欣喜地发现他开化到足以理解赏钱的本质，我派人送他一个消息，让他不必担心这一酬份。真的，以我对藏民越来越多的了解，我敏锐地提议削减给其馈赠的算术比例。

为了试着找到那个大湖的真实名称，我让驮队客在路边跟行人攀谈，以便从他们那里找到答案。我想，总不至于全西藏人都给我指示错误的答案吧。于是，我觉得除非出于本性（本身就不想），否则没什么能阻止我真正弄清楚名称。然而，当他询问了好几拨人后回禀我说每一个名称都不同时，这种出于本性的想法作为一个极其棘手的困难打击了我。

晚上，庄正式会见我们，并恳切询问我们曾首先到访何处居民。很显然，欧洲人的到访并未如其所应当的那样被及时报告给他们，他想要惩罚这种怠忽。不过，由于我们一直穿着拉达克服装，人们总是更易注意从远方来的陌生人，而我们并未被当作欧洲人来关注，就好像欧洲人几乎不想被了解一样。

第二天，当我们正要出发去回访我们的朋友时，一个信使从他们的营地来让我们推迟回访，因为他们正忙于新到的重要消息。我们自然会好奇究竟发生了什么，而信使也并未表现出不愿与我们交谈的意思。原来是，我们路上遇到的那些楚克帕人[①]对自己聚敛的大量牲畜的数量还不满足，又抢劫[②]了一次，在杀死几人后，赶走了200头牦牛、50匹马和大量的羊只。这类事情在临近拉萨的地方闻所未闻，于是引起了人们的极大兴奋。此时，庄正忙于组织各方以追回被偷的财产。我的建议是，鉴于楚克帕人的畜群就在附近，最好的办法就是逮捕他们，但是，他们在此地东边的康瑞这个地方一直是被抬举的，又由于德瓦庄[③]已向每一头经过拉萨地区的牲畜征收了税款，因而它们被视为是不可侵犯的。

尽管楚克帕人在自己的地界抢劫而并未侵袭临近拉萨的地区，但已然违约。我本以为拉萨人民也判断对方违约，但是庄却不这么认为。他认为，事实上，楚克帕人有违良好礼仪，他没理由也这么做。同时，若再有机会，他会毫不犹豫地处死他们。

一个喇嘛来拜访我们，他有非常多的关于地名和其他地理实况方面的信息。但是这些名称与实况却与其他人给的大不相同。总体来说，我倾向于认为他是相当真

---

① 楚克帕人：意为“牧民”，这里指从事抢劫的来自藏北东部的游牧民。

② 抢劫：在古代，抢劫是藏北牧区较为常见的一种社会现象，既有以抢劫为生的强人，也有临时起意的牧民，虽然抢劫的行为不被社会称赞，但是带有惊险粗犷、浪漫色彩的生活却为血气方刚的小伙子们所向往，其中体现的勇武精神被许多人称道，并流传出“昌鲁”这种描述抢劫生活，抒发抢劫者桀骜不驯、英勇潇洒、特立独行性情的藏北民歌类型。

③ 德瓦庄：指西藏地方政府。

诚的。他把我们前面的湖叫作嘎林措[①]，我们所处的行政区叫作纳克桑·斯陶克[②]，向东有多巴[③]、纳木鲁·色拉[④]和纳克楚[⑤]。夏登·高巴[⑥]就位于纳克楚，从那里有两条路通往中国内地，北边的那条通往西宁或者按他的叫法——嘎子林[⑦]；朝南的那条路他一无所知。楚克帕人必定在往西宁的路上，旅行者们的一般习惯就是在夏登·高巴等待以聚集够几百人，才敢在相互保护下一起穿越那段危险地带。纳木鲁有条通往拉萨的路，沿此路可望直接到达拉萨这座神圣的城市，而无须担心过鬼门关。可是对我们而言，庄及其小股军队却把这条路线排除在现实讨论之外。

我们的到来引发了阵阵骚动。谣言四处散播，先是说有个英国军队即将到来，再是说这只不过是一个中国内地的旅行团。最后是真实的表达，说我们是英国人，目的是和平的。与牧民及更高级的显贵相比，这些佛教寺庙里的“小灯烛”看起来不那么偏执于对外国人的仇视。我们曾经遇到过的一位，在我们将要选择错误之路的时候，最为肯定地将我们放到正确的道路上。如今这位，鲜明的友好态度打动了我。

第二天，我们把对庄和库绍克[⑧]喇嘛已延迟了的拜访付诸实施。尽管离他们的营地只有四分之一英里远，步行过去不够体面，骑着骡子则符合涉外级别，两个看起来最受尊敬的骡子已备鞍待命，我们骑着它去庄的营帐，那是个位于十几个普通暗黑色牧民式帐篷中间的帐篷。这可能是牧民们的安排，针对的是我们。我们一下马，庄出来并把我们迎进了一个帐篷，帐篷的一半用粗糙的麻线做成，顶部敞开，很明显那是打算用作厨房和佣人住处的；而其另一半，则由薄棉布做成并铺有地毯和垫子，显然是客厅。我们一坐下，吃力的对话就开始了。

任何时候，经由翻译的对话都不会太生动，而这次就更为艰辛。由于庄担心自己犯错，其答复都极尽简洁。我非常急于获知关于楚克帕人及其抢劫的事，但我唯一获知的是，当他们被普通当地居民追捕时，他们将会转身反抗；而当被拉萨士兵追捕时，却从不反抗。被捕后，若充满血腥杀戮的抢劫罪名成立，他们会被处死，或者被鞭打和监禁。

---

① 嘎林措：今申扎县格仁错。

② 纳克桑·斯陶克：纳克桑也译作纳克产、纳克仓、那仓等。

③ 多巴：地处色林错以东、班戈错以南的狭长地带，下有色巴、俄桑、学热、秀如4个小部落，1952年前隶属谢通门。

④ 纳木鲁·色拉：纳木鲁也译作朗茹、纳木如等，位于今班戈县。

⑤ 纳克楚：即那曲。

⑥ 夏登·高巴：即今那曲镇孝登寺。

⑦ 嘎子林：嘎指汉地，子林为西宁的藏语发音，意为“汉地的西宁”。

⑧ 库绍克：英文作者原注“这个词通常是应用于一个化身”。由此应该翻译为“古秀”，为僧人的尊称。

在我们刚回到自己营地，之前给过我们信息的喇嘛带着一个更高等级的喇嘛来了。在进入我的帐篷时，根据藏族习俗他送给我一条哈达，或者说是表示问候的围巾——一条长长的、白色的布料，有着极薄脆的质地，不过我看见它是由美丽的丝绸做成的。哈达在西藏的用途很广泛，拜访别人时，总用它赠送呈献。这位喇嘛也拿出一些粗糖（糖浆）、奶酪和黄油。落座后，在谈话中，他确证了从另一位喇嘛那儿得来的信息，他说如果我们走去西宁的路，就应该在天降大雪之前就到那儿，因为降雪并不总是在 1 月份之前。他建议将嘎·拉姆①作为备选路线。这条路从夏登·高巴附近出发，经由巴塘和理塘到塔西多②一路都是很好走的，不会遇上被楚克帕人掳走的危险，因为他们似乎还未曾有要出现在西藏的想法。第三条路是从夏登·高巴到嘎库多③或者嘎昆多，但那道路太艰难，几乎无法行走。

我们营地旁有一条涌自泉眼的小溪，溪水里有许多小鱼，但难的是抓不住它们。索罗尔德博士无精打采，他想要找到用以满满捞鱼的工具。这儿有一条塞满了鱼的溪流，很明显没有任何打捞它们的工具。最后，这个难题解决了。在索罗尔德博士的帐篷里，有两个用网做的口袋，把它用麻线加强，再用两个登山杖绷直张开，让人在溪流狭处撑好，以便让水从中间穿过而不会从下面漏流。把泥巴扔进去，把水搅浑，两个人用棍子和石块将鱼赶到有渔网的狭窄处。然后，在约定信号的提示下，随着向前又向上的捞起动作，网被抛甩到岸上，最差也能收获十几条鱼。在余下的停驻时间里，我们每餐都吃鱼，也会将鱼晾干以便再上路时食用。

营地附近有很多岩羊，我们猎取它们以调整我们沉闷的停驻生活。也能见到西藏高原羚羊，但它们只在更为开阔的地带活动，要想射中它们是很困难的。每天都有食品从藏民的营地送过来。至于黄油，似乎只要我们要，他们都愿意供给我们，但它很脏，且通常都已腐臭，用羊皮或羊胃包裹，很难促进食欲。

9 月 20 日，被送去拉萨的人回来了，带回一些烟草、红辣椒等。那些好长一段时间都把抽烟当作奢侈享受的驮队客们，在收到这种芳草本的份额时，高兴异常。也带来了一位驮队客的亲戚——一个拉萨的小商人的一封信，信里强烈建议尽快从来时的路离开这个地区，否则后果会很严重。我并未太重视这封信，我猜想这是在拉萨官方的授意下为威胁我们而写的，而且显示出拉萨官方将会首先打什么牌，威吓地命令我们返回到来时的路上。

入夜后，有个人来到我的帐篷提出要卖很不错的面粉。我很高兴地买了它，后

① 嘎·拉姆：专指清朝时期川藏官道。
② 塔西多：即打箭炉，位于康定。
③ 嘎库多：即青海省玉树市结古镇。

来才发现他是庄的厨师，这些面粉很有可能是他从主人那儿偷来的。然而，我觉得自己不应该告发他。另一个自牧民帐篷来的人说有一些大米愿意卖，但他要求的价格很荒谬，每磅 4 安纳斯（annas）[①]。这超出我的意愿太多，因此我没买。因为我若买了，消息就会传开，说这些外国人是金钱打造的，并会为满足他们的利益而设置一套特殊的收费表。在我们停驻的这段时间里，为迎接他们期盼的来自拉萨的大人物的准备工作一直稳步推进。用来装饰帐篷的地毯和物品来自西达特，一个在西南偏西方向的一个地方，食品则来自拉萨。

9 月 24 日，他们的首领穿着华丽的黄色丝质长袍，撑深红色的伞盖抵达。他一到就传来消息让我多停留至少三天，因为他无权独自处理问题，但他的一个同事已经在路上了，很可能随时就到。对此我回复说，我很高兴再至少停留三天，这是我考虑到驮畜们的情况时所能给的唯一答复，并且说我希望他能过来喝杯茶。

与拉萨官员谈判

9 月 27 日，纳克桑[②]期望中的那个同事库绍克来了，派一个人叫我去他的帐篷。我回复说如果他想见我，最好还是来我的帐篷。因为我等他等了 21 天，这是他能做的最起码的事。不出我所料，他来到我的帐篷，这趟差事，就是想看看我是不是好欺负的。和所有高级显贵一样，他骑着骡子，头顶撑着亮红色的伞。后者令我的同伴非常困惑，他搞不明白，这把伞到底是遮阳的还是防雨的，当时没有任何迹象表明二者之一的必要性。另一个拉萨的重要人士和我的两个老朋友也随他一起来。我的帐篷为他们的招待会准备了整洁的排列有序的覆盖着红色毯子的雅克单（yak-dans）作为席位。一等众人落座，事务谈判立即以这样的问题开场："你们是谁，从哪儿来?"我回答说，我们是英国旅行者。我们想经过更多地方去北边，但食品缺乏，转往南边走。我们相信，鉴于英国和中国拉萨官方之间已有的友谊，我们会得到无微不至的援助。他们回答说西藏是所有外来者的禁区，他们唯一允许我们做的就是沿来路返回。至于两方之间已有的友谊，不能成为英国与中国两国人民不守护自己国家的理由。然后我告诉他们，如果他们想要实施让我们沿原路返回的想法，那么我们继续讨论下去就没意义了。……谈判持续了将近一整天，由于双方都不让步，没有达成任何协议，我们分开了。

第二天他们又回来了，再次试图诱导我们原路返回，但当发现不起作用时，他

① 安纳斯：英属印度的一货币。
② 纳克桑：即那仓或纳克仓，此处指代那仓地方的头人或者申扎宗宗本。

们建议我们应该经扎什伦布返回库道克。而当我拒绝那样做时，他们答应给我们提供免费的运输和食物，直到我们回到边境。但我告诉他们，如果不允许我们继续前进，我将会直奔拉萨，然后在那里讨论这个问题。他们非常震惊于我们要去那圣城拉萨的想法，并威胁要用武力反对我们，还说他们有几千人正在待命。我大谈后装式步枪的优点，以此作为对他们的答复。吹牛只是个游戏。两边都不想战斗。事情没有进展，他们再次返回。跟他们玩的最好游戏，就是伴着吹嘘的“精湛的无为”。但冬季即将来临，而且我们还依赖于他们的食品供给，这糟糕地制约着我们。离开前，他们邀请我们第二天吃晚餐，对此我们欣然接受。第二天，到达他们的营地，我们被招呼进去，坐在垫高了的毯子上，茶泡好了。他们以藏民习俗来喝茶，混合着食盐与黄油。但当从我们的仆人那里发现了欧洲习俗时，他们给了我们一些简单的茶水。经过一段很重要的茶饮之后，一碗碗伴着大米和洋葱而煮沸的羊肉被呈上来，这真是极好的，但是用筷子吃米饭是一门需要练习的艺术。帐篷较低的那头，满是隔壁帐里的住户，他们进进出出，就好像他们是大人物家庭的成员。整个场景有一种家长制的氛围。

在就餐之前和用餐之后，对话都围绕着我们将要选择的行进路线来展开。当我坚持我之前的声明说哪怕一码的路我也不会返回时，他们仍然说，如果他们允许我们前进的话，他们回到拉萨就会被处死。

离开前，我邀请他们第二天和我们一起吃饭，随后在一片深深的鞠躬送别中退出。他们都是和蔼的聪明人，但极其固执……

当他们第二天过来和我们一起吃饭时，我们以茶、咖喱等食物盛情款待。……但他们说没有拉萨方面的命令，他们不敢让我们前进。但若我们能给他们一大笔钱且同意再停歇十五天的话，他们会努力撮合以获得必要的许可。对此，我表示同意。他们离开，以便写一封信给德瓦庄。然而后来，他们却通过我们的一个人带来消息说，如果我们同意沿原路返回 8 段行程远的距离，且给他们 1 000 卢比，他们将允许我们通过夏登·高巴北边的路去中国内地。但他们没有提及为我们配备新的马匹与向导的事。要在深秋十月开始一段既无向导又无可用马匹作为驮畜的荒野之行，这简直是疯狂的想法。我拒绝了这个提议，告诉他们，如果他们想获得 1 000 卢比，他们必须做得比那更多。

第二天我们去他们的帐篷，当吃着煮熟的羊肉、饮着茶时，他们问了我们许多有关英国的问题，并且非常惊讶地听到它被水环绕，人们需要乘船进入。关于船是什么，他们没一点概念，他们问船的底部是不是自始至终都与水接触。这就好像真正的牧民们也特别好奇于流水和牧草一样。

他们中的一个人抱怨自己病了，并描述了各种他遭受的神秘症状。索罗尔德博士给了他两片药丸，他问了许多，服药后，他问应该侧左睡还是侧右睡。在回答这个问题时，索罗尔德博士严肃地告诉他是他自己的右侧，并且宽慰他说没这么做也不要紧。对话中的友善部分结束后，有关我们未来动向的问题再次出现，他们开始做出一点让步，最终同意以下协议。

我们回退 8 段行程远的距离，然后通过更北的路向东行进。库绍克将陪我们 12 段行程，之后将由他为我们提供的四个向导带路。我们会收到 20 匹矮马、2 160 磅糌粑、30 只羊、60 磅黄油、1 100 磅青稞、9 双普布（藏靴）。作为回报，我同意给付 800 卢比。

该协议避免提及钱财和供应品，起草完成并盖章。在百姓们的请求下，供应物品毫无疑问地收到了。这一点，库绍克并不想让拉萨官方知晓。但是，尽管他们未在书面协议中写明这一点，这不要紧，因为在供应物品收到之前，我是不会给付卢比的。向导的问题令我更焦虑。因为他们可能带领我们要么进入一个无法通行的地区，要么进入楚克帕人的老巢，然后遗弃我们。所以我就告诉库绍克，如果他们这么做，我肯定会直接向拉萨行进，告发他的受贿行为。他说，不用担心他们会耍花招，他会清楚地给向导们解释，如果他们不能带回一封你们的书面解雇信，他们将受到惩罚。这次让我们回退 8 段行程的想法，就是为了向拉萨写一个报告：我们已沿原路返回了。

协议一经订立，他们便派人四面八方征集物资，那位最初监管我们的头人回返自己家乡。他是一个很好的老人，他的离去令我很感伤。

我们在呷格林钦的剩下时间，主要花费在接管存储品和运输牲畜上。矮马是健壮的畜生，约有 12.5 拃[①]高，但牙齿都有点长。然而，“不要对礼物吹毛求疵”，如果它们能坚持 3 个月，这就是我想要的。有一天，库绍克令我吃惊，因为他对我们的胡须表现出钦慕，问我们有什么可以帮他长成这样胡须的药。因为像有一副得体的胡须这样的事儿，在西藏几乎闻所未闻。我本以为没有胡须的脸在西藏会更受到羡慕。喇嘛很急于知道我们是否有英国人的毒药。……如果有人递某人茶喝，他通常拒绝，除非有人在他当面先喝了一些；当给别人吃的或喝的东西时，藏民一定要向对方做这种“可无虑享用”之展示。我们也被问及在欧洲，黄金、珍珠和红宝石是否也作为处方药，而当索罗尔德博士向他们保证这些东西没有药用价值时，他们非常惊讶。……

---

① 拃：量词。张开的大拇指和中指（或小指）两端间的距离。

10月4日，第52号宿营地，11英里。最后，在第51号宿营地（海拔15 560英尺）的呷格林钦休整将近一个月后，温度从原来的36℃下降到19℃，我们再次启程行进。在长时间停歇过程中，天气变得令人憎恶，日夜不停地下雪。白天下的雪会立即融化，但是晚上的降雪直到太阳升起才会很快消失。但喇嘛以祈福好天气的符咒向我们保证，说他已经烧了香草，那是对抗坏天气的特效药。他也给了我们一些护身符，包括种子和一个用黏土做的人类头骨的微小模型，并说如果云层聚集，我们只要把一个扔在火里，天空将立即变得晴朗。

在我们所允诺的8段回返行程中，为了尽可能地缓解我们的运输负担，我们所有的东西都被牧民的牲畜运载。由于协议供给品的汇聚，我为我们庞大的货载量感到震惊。队伍从头到尾有几英里长，矮种马在一个领头的先遣队伍里，七八个小分队跟在队伍的后面，约六七百码①远。当然，约十分之九的牲畜带着藏民的行李。当有人进入营地，似乎得等很长时间才能给他端上茶水，因为我们的锅碗瓢盆在后半截队伍的牦牛身上，但庄和库绍克喇嘛非常体贴地送给了我们一个烧水壶。就路程而言，西藏是一个令人恐惧的旅行之地。在呷格林钦营地，我们看到旁边似乎有一个露出地面的岩层约两英里远，但实际它足足有11英里远。

10月5日，第53号宿营地，多拉子，海拔15 660英尺。一段约有13英里的轻松行程，跨过一条流入北边湖泊的很大的河流，抵达沼泽边的牧民营地。黑帐篷处处可见，对于一个牧民的地区，这是相当密集的。这儿的百姓十分爱笑，在这方面和印度人非常不同。我从未见过如此喧闹、欢快的人，他们古已有之的思想是做一个总能易于满足的乐天者。……

10月6日，第54号宿营地，楚若，16英里。一整夜，庄说他将带我们走更朝南方向的一条路，但我却怀疑这将是让我们走上库道克路的一个计划。我告诉他，我强烈反对再往南走那么远，而坚持要他指出另一条路。他同意了，于是我们就走上一条更朝东偏北方向的路。我们沿着沼泽湖滨走了2英里。湖面上挤满了鸭子、鹅和水鸭。浅水处能看到“查图图恩”（灰质天鹤），一种灰身、黑头黑尾的鹤在活动。每一对老鸟都带着两个幼年鸟，这些幼年鸟虽然和父母几乎一样大，但羽毛明显不同，它们全身都是灰的。

喇嘛走到湖边，遵照不同时期在许多地区形成的古老做法，往湖中扔进去了一些贵重物品。

当我们进入营地的时候，一个作为厨房的帐篷和一小堆干燃料都已为我们备好。

---

① 英制单位，1码约等于0.914 4米。

这些藏民显然意在表现得很守礼节，但我们已支付的只有400卢比，这在我看来，恐怕于应对问题很有好处。我们帐篷的旁边，有一个进入西藏以来我们见到的最接近房子的“房子”，它是由四堵石墙围成，黑色的普通粗麻布用来作为帐篷的屋顶。

10月7日，第55号宿营地，行程16英里，海拔15 876英尺。穿过一个轻松的山口后，我们下行到一个峡谷，这是我们在去往呷格林钦时曾经穿越过的峡谷。我们的印度斯坦厨师脸上露出最悲哀的表情，他一瘸一拐地走向营地。据他说，藏民们给了他一匹从未受训过的矮马，而且那也是他本人第一次骑马，他被摔下来，这个结果并不意外。

10月8日，第56号宿营地，19英里，海拔16 400英尺。半路上我们停下来和藏族朋友一起喝茶，然后穿过我们曾经的老营地——48号营地，驻扎在一条大溪流旁边，这条水流从雪山南部发源，流向我们北边的一个大湖。另一个大湖据说位于我们的西北方。当我们向北拐的时候我询问别人，他们说是在查嘎措①的西边，但问题是查嘎措在哪儿呢？在其他湖泊名称中，几乎我们见过的每一个湖都有被称为查嘎措的经历。

10月9日，第57号宿营地，11英里，海拔15 348英尺。在行进过程中，一条曾给我们涉水带来很多麻烦的大河，再一次被我们跨过。虽然水位已经下降，但仍相当深，之前给我们指路的两个骑在牦牛上的藏民，突然落入深水处。牦牛和人都没于水下，然而，他们还是相当困难地浮出了水面，当他们穿着湿透的羊皮衣服走出河水时，显得非常落魄。当藏民们高举衣物、赤脚涉水过河时，他们外露的腿部最有力地确证了人们普遍接受的观点，那就是他们从不洗澡。

进入营地之后，庄依照仍旧约束着我们的协议，送了3匹矮种马来凑足允诺的数额。这些矮马都是可怜的老马，我不得不拒绝接受它们，这很大程度上令庄很懊恼。但是他之前提供给我们的已是相当糟糕的了，所以是得在某些地方设定底线了。

10月10日。庄在前一天傍晚曾说，如果我们停歇几天，那就没有必要再往西走更远了，因为他将指给我们一条沿着大湖之西的边缘向北去的路。我很高兴不用强迫我们履行退回更远的义务了，所以10日和11日我们就在面谈和最后的准备方面花费了一些时间。

对于让我重申承诺避开夏登·高巴，他从不感到厌倦。我总是这样预想给他听，若向导以任何方式要花招，我将经由夏登·高巴或其他任何地方直接前往拉萨。这总引起他的大声抗议，说忠实的向导绝没有可能以任何方式、任何机会来要花招的，

① 查嘎措：也译作茶卡，盐湖之意。

或是未经我们许可就擅自离开的。我真的相信藏民们讲述的最神奇的故事。他们说，一个离我们不远的地方，那里生活的人们只有一条路膊和一条腿，但没人被允许看到这些有趣的人，他们甚至说不清这个地方在哪个方位。另一个奇妙的地方，是在通往中国内地的路上，那里的人们长有猪的头，但同时重要的是，虽然几乎每个人都知道有其他人曾经见到过，但现实中没有一个人曾经去过那里或者见过那里的百姓。他们讲的另一个故事是关于北边远方的一个名叫陶闹墨[①]的，或名叫蓝湖。它是如此的大，以至于要绕湖一周得骑马跑 15 天。从前，世上是没湖的，但一些昌帕人[②]拾起了一块巨大的扁平石头，结果大水立刻涌出，淹没了这个地区。在这个湖里发现了一种动物，其皮肤具有超乎任何地方的惊人价值。每年都不得不送一个给中国皇帝。如果这事被忽视了，几位达官显贵就要掉脑袋，但好像没人非常清楚谁是因对进贡天子之事玩忽职守而被立刻惩罚的贵族。这座湖本应该叫作可可诺[③]，但要从藏民口中获得地理信息那是极其艰苦的工作，在特殊情况下，真理的纹路也会偶然透过它们的话语来呈现，它是那样地美妙，就好像几乎不可能被发现一样。

牧民对管理着他们的官方所表现出的敬畏，令我感到震惊：每当说到官方，他们总是摘掉帽子，不断伸出舌头，鞠着躬。

这些地区的空气似乎很容易带电。在抚摸一只狗的时候，火花出现并伴有一阵噼里啪啦的声响。在世界其他地区的猫身上同样的事情也有发生，但我之前从未听说过狗也如此。

10 月 12 日，第 58 号宿营地，9 英里，海拔 15 500 英尺。沿着这个湖的西侧边缘的一段非常轻松的行进。从营地朝下看湖，有一个美丽的景观，湖的显著位置有个岛，为了纪念伟大的传奇战士，将其命名为斯帕墨的头盔。岛屿近端，河流从西南边流入，这里的湖水有一种非常绿的颜色，而另一边的湖水却是明亮的蓝色。

索罗尔德博士用一副普通的钳子对一个藏民的牙痛病做了非常成功的手术。

10 月 13 日，第 59 号宿营地，海拔 15 500 英尺。离开我们上一个宿营地不久，我们穿过一个小洞道，其顶部的一堆石头被人用穿在棍子上的艳色布片所装饰。那些带驮畜来帮我们运输的藏民们急于返回，但我拒绝允许任何人离开，直到被承诺的全部矮马的数量都已供齐，而且也没人来回应我的驳回。

10 月 14 日，第 60 号宿营地，20 英里，海拔 15 463 英尺。我们很迟才出发，因为早晨的大部分时间都被花费在争取用我们的两匹不中用的老矮马交换两匹质量

① 陶闹墨：藏语名措温布，青色的海之意。
② 昌帕人：可译为羌巴，北方人，藏北人。
③ 可可诺：蒙语名“库库诺尔”，即青海湖。

好的矮马。藏民对任何性质的交易都非常机警，并且清楚地知道我们不可能停留足够长的时间让我们的动物休整复原。对我们来说，让动物去适应长途旅行是绝对必要的，因此他们才相当固执地争执。最终我不得不再加了 60 卢比，通过他们矮马的正常速度我推测它们完全值这些钱。

路径横过一条广阔的山谷，山谷里散布着起伏的丘陵。山谷里的路，大多数都是为针对我而朝西，因此我向庄抗议，回复说第二天我们会走更多向东的方向。营地扎在了一个非常招风的暴露点，靠近一眼泉水，泉水朝东流入湖东面的大湖。向西北方走五个行程到达唐昌[①]地区……

10 月 15 日，第 61 号宿营地，12 英里，海拔 15 538 英尺。早晨一起床就发现在晚上我们幸存的两头驴中的一头被狼吃掉了——可怜的牲畜，它为我们提供了很好的服务，听到它悲惨的结局，我感到很难过。

行进路线仍然在山谷里，北边山顶的雪线仍旧像之前看到的那么遥远。当第一次看见的时候，就像是大约只有 10 英里远，走了两天后，看起来仍是有同样远的距离。库绍克喇嘛曾经告诉我们，按照命令的规则，最好是死也不能碰酒。我们进入营地后，他派人过来问我们是否可以给他一些酒作为药品服用，因为他感觉不太舒服。很多次我都听到来自印度当地的同一个奇谈。我把庄和库绍克喇嘛叫到我的帐篷，我告诉他们让他们超出负荷承受如此之多，这是很遗憾的。现在我们只跟着向导已很容易向前走了。他们同意回去，但对我说，我们不停驻下来欢宴几天，双方就不能分开。我对此极力反对，因为冬天就要来了，我们还有一个长长的旅途在面前等着，不过最终还是同意暂停一天。

早晨，我们和庄一起吃早餐，他给了我们一盘碎肉和米饭，紧接着是用酥油和粗糖混合的米饭，前者是很出色的，尽管他们的藏民很喜欢，但对我们而言，后者的口味有些受不了。

在回答我们的问题时，他说，中国内地和西藏地方之间的友谊长存的原因是，很多年前有三个兄弟，他们是伟大圣洁的喇嘛。一个把佛教传入中国内地，一个传到了中国西藏，另一个却是个流浪者。从那时起，两个地区就一直紧密联盟。谈话随后回到了楚克帕人的话题上，那些人大多数来自康巴高乐[②]。他说德瓦庄正努力剿灭他们，这个命令已经发布，要在任何可能的时候，逮捕他们并处死。处决模式就是，首先把他们缝在皮革袋子里，将其置于太阳下曝晒一段时间，然后就把他们扔

① 唐昌：羌塘，指羌塘无人区。

② 康巴高乐：亦为康巴果洛。指来自果洛的抢匪。

进河流或者湖泊。

然后，他绕回到夏登·高巴这个老话题上，重复他此前的声明说，确定如果我们去那里的话，他将失去自己的生命。我再次告诉他说，我此前就告诉过他50次，如果向导是公平行事的话，他完全可以放心，我们不会前往那里的。之后，我给了他分期付款承诺的最后那200卢比，一些布、一把左轮手枪和其他的一些物品，他则给了我一些砖茶、黄油、大米、粗糖、一个小老鼠样的矮马作为回报。他回赠我这些东西的时候一再重申感到羞愧，自己从一个陌生客人那里收到如此贵重的礼物却给了人家那么不值钱的东西作为回报。然而，这段美妙的说辞并未打消他向我们讨要些珊瑚珠带回家给两个女儿的念头。傍晚稍晚些，我们回到我们帐篷时，他派一个人来取珊瑚珠，又托我们中的一个人带来口信说：请把珊瑚珠打包并密封，以防递送者路上偷拿。……

离开他的帐篷之后，我们到了库绍克喇嘛的帐篷里。在那里，我们与前者的饮食大部分是一样的，但也增加了一些小饼干样式的蛋糕，他向我们保证这是他亲手做的，它们真的非常美味！我给了他200卢比，一些黄色的细毛织品，一块原电池和一枚手表。作为回报，我则收到了一些黄油，一些砖茶，一些精面粉，一块非常次等的英国布料，一个带有银质茶托和银质盖子的酒杯，一些糌粑，还有一匹有名无实的矮种马。我们也都收到了问候的哈达：那些给索罗尔德博士和我的哈达是用精品中国丝绸做的，喇嘛亲自给我们搭在脖子上，而给我们跟随者的则是最劣质的哈达。

我们都互相给了彼此的仆人一些小钱。尽管他已极其虔诚地把心扑在得到一把左轮手枪上，热切恳求给他一把。但我们队伍只有两把，而且可能要用它，因此我拒绝了他。对于我的拒绝，他实在很难掩饰怒气的滋长。不过，他很快地从那种付出努力却未能获得一把左轮手枪的怒气中恢复过来，他转而向我恳求可否把我的弹簧秤给他。正好索罗尔德博士也有一个，我们两个用一个就够了，因此我就同意把我的给他了。……

晚上的时候，庄和库绍克都来我们的帐篷，我们款待了他们。之后向导被派了过来。此前，他们当着我们的面曾接受过命令的：向导得带我们去打箭炉，在未得到正式的书面解雇之前，他们确认不离开我们。若他们这么做，回家后他们将被惩罚。他们同意，并握着我的手忠诚地宣誓。

10月17日，第62号宿营地，行进了10英里，海拔16 238英尺。我们起得较早，装载完行李之后，我们首先去了库绍克喇嘛的帐篷告别。我们进去之后坐在了地毯上，在一小段漫无目的的谈话中，他说出想去访问印度的目的，并且希望他能在那里见到我们。

我们带着很多慨叹、遗憾的心情道别，双方都一样地真诚，他大声地、节律性地为我们祈福以表达他的慨叹。然后，我们去到庄的帐篷，他又一次开始了关于夏登·高巴的老话题，并再次得到了千篇一律的答案。他似乎对贸易交换感兴趣，同时他告诉我们他曾派送 100 匹驮着羊毛的马去达吉岭，且获利丰厚。他全然忘记不久前，当我和他坐在毛毡上就我们将去向何路交谈时，在提到达吉岭这个名字时他完全拒绝提及关于此地的所有信息，现在看来这是他固定的贸易地点。如果行情有利，除了羊毛，他还有 100 颗麝香豆和 1 000 条牦牛尾巴准备发货。他想要我帮他，但不是在牦牛尾和麝香豆生意上，我没有看出我在这上面的前途。然而，那时他坚持要我写一封信，认为如果他去访问印度的话，这封信可能会有用，我就给了他一封。对便条的偏好——印度仆人内心对统治权的拼争与对金钱的热爱——显然在西藏上层圈子里也很熟知。我们与他的道别与和库绍克喇嘛道别一样，沉浸在对悲伤的大声慨叹中。但由于他们职责不同，同样是告别，却意涵不同：一个将去祷告，一个将去经商。

向北方进发

10 月 18 日，第 63 号宿营地，14 英里，海拔 16 668 英尺。最后我们终于翻过了几天来一直在眼前注视着我们的雪线。翻越的山口海拔达 18 768 英尺，上面没有太多的雪，但那里寒风刺骨，我们没在顶部逗留。下山之后，藏族牦牛驮送队的人想停歇在一个少草又没水的地方，但我绝对不同意这样做，坚持让他们加把劲直到我们找到水源。再走了几英里后，我们发现了一眼泉水，于是扎营。我给他们每人一小笔赏钱打发他们走，他们非常惊讶又开心，因为藏民已经习惯于只被要求运输而得不到任何报酬。现在只得靠我们自己的驮畜来运输了。系绑驮畜的缆索全然解散，一个杳无人迹的地区就在前方。我衷心希望前面不要有太多的高海拔山口需要翻越，因为在如此沉重的驮载负荷下，再没有比拼命翻越如此高海拔的山口消耗这些驮畜的体力了。藏羚羊再次出现在眼前。

10 月 19 日，第 64 号宿营地，10 英里，海拔 16 363 英尺。我们耽搁了相当长一段时间。由于我们从昌帕人那里得来的矮马显然未用作驮载，因此装载它们是一件相当困难的事，它们又踢又跳，还时不时地逃走，单纯把它们重新抓回来都很费劲。最后我们启程了，沿着一条大致西北走向的小溪河床前行，但它绕得很远，只得过去又蹚过来好几次，而这又是相当困难的，因为尽管它上面覆盖着一层冰，但冰层还支撑不了驮货矮马的踩踏。一整天都刮的是从西南方偏西面来的极其寒冷的风，由于随着太阳被厚重的雪云所掩盖，大地冻结。狗和马一从水中走出，它们腿上的水就立即冻结了。

四个藏族向导中只有一个看起来对这条路还有点儿印象，但也相当模糊，但是他们很愿意干，帮忙装载并驭驱驮畜。

路上，我们看见了几群蓝羊①和一些羊属动物的犄角。

10 月 20 日，第 65 号宿营地，12 英里，海拔 15 760 英尺。我们早晨起床时，天气酷寒，大风穿透营地。但当我们出发时，明亮的太阳出来了，我们想我们该有一个晴朗的天气了。然而不久，云层升起。周围的山上下起雪来，我们却幸免了。我们沿着的那条溪流渗失于土壤，这是西藏溪流的惯例，可我们得设法找一眼淡水泉。一个向导告诉我们，我们不久将到达一个有很多熊的地方，而且路上有很多盘羊。但是我认为他错了。我不认为盘羊在任何地方都大量存在，在一个非常广阔的地区散见它们，这是不用怀疑的，但不像牦牛和羚羊那样随处可见。

第二天早上起床时发现，我们的一些矮种马在夜间走失了，直到下午前，我们也没能找回来，所以不得不在此停留一天。

10 月 22 日，第 66 号宿营地，13 英里，海拔 16 263 英尺。一匹矮种马在早上的时候走失了，但这是一匹真正的礼品马，是庄赠送给我们的，无疑是驮队里最差的。我决定前进，留下两人在附近山谷中找寻，命令他们不论是否找得到这匹马，他们得尽快再赶上驮队。那个印度斯坦厨师真是个大麻烦。因为尽管他从没走路，却总是筋疲力尽。而且若不给他一匹矮马骑，他就躺在地上不动。不知道该拿他怎么办，如果把他丢下，他定会在太阳落山后被冻死；而让他骑马的话，他每天到营地时都被冻木了。他已经陷入了一种冷漠的状态，并且对他自己是死是活漠不关心。下午时候，被我留下的两个人归队了，他们没有找到那匹走失的矮马。

10 月 23 日，第 67 号宿营地，行进 13 英里，海拔 16 563 英尺。这条路仍然是朝向北方，过了一个小的山坳，我们发现来到一个广阔而开放的山谷中，山谷里有分散的小湖泊，还有成群的西藏野驴、西藏高原羚羊和其他羚羊在各处吃草。路上，一个骡子筋疲力尽地倒下，我们只好把它射杀。

那个印度斯坦厨师设法落后于驮队以便其足以离开视线，但他迷路了。我们不得不派人去找他，最终他被带了回来。

当我们到达时，营地里还有些水，但日落一小时之内，水就结冰了，无论出于无偿还是金钱购买，都得不到哪怕是一滴水。随着冬季来临，缺水问题到了更加严

① 蓝羊：指岩羊。

重的阶段，由于寻找淡水一直是个难题，现在又因为发现的水是冻住的而使饮用困难增加。通常能找到供我们所需融冰热量的足够燃料，但是为那些动物供热则很不可能了。我告诉向导我们向北走的燃料已经非常足够了，现在决定向东走。他们许诺再向我们正在走的方向前行一个行程后，我们就转向东走。

10 月 24 日，第 68 号宿营地，前行了 44 英里，海拔 15 863 英尺。仍然向着正北的方向前进，雪线就在我们的东边。傍晚时分，我们到了一个河道，河中的大部分水都已结冰，只有少量水由泉眼供应着而未结冰。我们扎营在河边。泉水周围有一些为藏羚羊准备的圈套，由 8 英寸直径的圆环组成，环内是以合聚于一点的尖钉呈嘴角形朝下放着。若其脚趾不幸踩入该环中，那些动物则难以逃脱，且该套环由埋于地下的一个犄角拴死，所以动物们无法将其带离逃走。

其中一个向导告诉一些驮队客，驮队头目已从藏民那里受贿，要把我们带到尽可能远的北方，而且他已经几件事都撒了谎。我派人找他（这个向导）来我的帐篷，询问他。他几乎没有辩驳驮队头目的话，但他承认有一条比我们现在所走得更偏东的路。所以，我告诉他，如果他能经由一条要么南行要么穿过昌都进而到达打箭炉的路，他会被很好地报答的。但如果再试图带我们继续朝北方走，那么我只会沿着我自己的路线前进，并且最有可能经过夏登・高巴。他说，如果我们那样做了，他肯定会掉脑袋的。对此，我回答："那么，好吧，决定权在你手里，带我们往东只要避开夏登・高巴，你就会有丰厚的回报，但住更北，我不会去的。"他诚心保证会如我所愿。

10 月 25 日，第 69 号宿营地，24 英里，海拔 16 663 英尺。出发时，我就惊讶地发现向导并不打算按照昨晚答应过的那样做，他正带着我们朝东北方向前进，并且他全然否认了他之前告诉过我的一切。我坚决拒绝继续朝那个方向前进，他们四人都郑重申明并无其他路可走。我说："好，我将带你们走往夏登・高巴去的路。"改变了方向，我带着大家直直地朝东南方向的山脉中间的一片洼地走。他们跟着，大声叫喊如果我们再继续往那个方向前进，他们都会掉脑袋。他们跪下来，抓住了我的双手，但仍然坚称没有通向正东面的路。但我劝他们给我们指一条路，并说我已经走到了比合同约定更北的地方，绝不会再向着北方远出一码的。若无向东的路，那唯一要做的就是去夏登・高巴。好长一段时间里，他们坚持说没有这样的路。但是，最后他们妥协了，承认有这样的路。我们改变了前进的方向，在他们的带领下朝东行进，路过一个至少有 60 头的野生牦牛群。

我原本非常乐意捕获一头牦牛，因为它们的皮毛是极好的修补靴子的材料，但是它们处在一片非常开阔的地面，潜近是不可能的，所以只好让它们平静地休息。

直到下午，也没见到淡水的踪影，雪也很少。一个继续向前行进找水的向导没有回来，我开始担心他已经逃走。尤其是因为另一个向导已经失踪，第三个试图开小差的向导也被抓住了。我派的那个骑着矮种马寻找水源和失踪者的人回来了，但他报告说两者都不见踪影。看起来当晚我们只得渴着入睡了。但登上一个山顶时，令我们惊喜的是，那个找水的向导就在一片冻住了的池水边，这片水地处一条溪流的河床，通过破冰，我们得到了一点水，但不能完全满足矮种马的需求。

10 月 26 日，第 70 号宿营地，12 英里，海拔 16 538 英尺。酷寒的一天。当我们登上一条山口时，西边的云彩掠过头顶。在山口的最高处，纤细的干雪正被冷风四处卷驱。我们从这里沿一条狭窄多石的河谷下行，山谷里一群蓝羊正在吃草，我们进入了一片宽阔地，里面有个湖。在一个地方，有条从山上下来的溪流，里面有大约有 20 码长的很清澈的冰。因此，矮种马可以尽情喝足——好几天它们都没这么饱饮过了。风力强劲，使得要搭起帐篷都非常艰难，而且，天气太过寒冷，导致几乎不能触碰铁质的帐篷桩。如果有人这么干，那他的双手会在相当长的一段时间里处于冻僵状态而无法动弹。把帐篷柱子砸进冻土，也成了一件棘手的事，因为稍一用力，它们就会破裂。

失踪的向导在下午归队了，但我们从未弄清他去过哪里以及他在哪里过的夜。

10 月 27 日，第 71 号宿营地，6 英里，海拔 16 838 英尺。早晨起床后，人们发现一匹马在夜里冻死了，而且更多的几匹不见了。在把这些走失的矮马找回来后，已经过了 11 点钟。12 点前我们出发，所以我们只能前进很小的一段距离。从我们攀登上去的山脊上看去，前面有一个湖泊。向导想让我们往湖泊的北部走，他们说由于湖泊南边的所有土地都是纳木鲁的地盘，我们不能进入。但正如我之前告诉过他们的那样，我们的路线是尽可能地往东走，当不得不做出二选一的决定时，我们优先选择往南而不是往北，我拒绝了他们，我坚守着一个底线：带我们走湖的南边。

在我们营地附近有大量的草地，又由于我感到相当疲惫，于是我们就此歇息了几天。

10 月 30 日，第 72 号宿营地，15 英里，海拔 16 763 英尺。绕到一片咸水湖的南边，然后翻过一座山脊，我们发现自己来到一个开阔的山谷。

10 月 31 日，第 73 号宿营地，16 英里，海拔 16 763 英尺。走出山谷最前端，发现我们上一个营地已变成一条被穿过的小山口，并且这个区域被流入的几条水道划开。我们就在其中一条封冻的小河边扎营。凿冰求水是一件相当艰难的任务，由于我们唯一的斧子坏了，只好用石头砸。冰面下有一丝细流缓缓向前，让所有的马匹在此喝足水，需要很长的时间。其中一个向导说他曾在此守候过 3 个月，以警惕经此过往的楚克帕人的任何队伍。在那段时间他见过许多只熊，但现在它们好像都冬眠了，因为我们未曾见过一只。

11月1日，第74号宿营地，行进18英里，海拔16 463英尺。从这个营地出发，有一条向西北方向的路。这条路极其破烂，简直就不算是条路。向导说它通向图曼查卡[①]，据此两段行程远的地方有座湖泊，由此出产的食盐供送拉萨市场。我试图从向导那里知道我们什么时候才可能开始下山，因为寒风冻得驮畜们有不良反应。但他们对此地的了解十分粗略，每个人的答案都不一样。

我们唯一幸存的驴，是行进中的驮畜里表情最为沮丧的一位，它每只眼圈下都吊着巨大的冰柱，这是它被冻住的眼泪，它本真的悲伤神情某种程度上被强化了。

11月2日，第75号宿营地，19英里，海拔16 363英尺。营地旁边有一些人骨，它们是前一年被一群藏民杀掉的两个楚克帕人的遗骸。其中一个向导告诉了我一个故事：康巴·高乐人民曾经一度效忠于德瓦庄，但是后来他们丢掉所有忠贞，带领人们去抢劫邻近地区。拉萨方面派军侵入他们的地盘，这震慑住了他们，他们派去了一位代表。按一般情况，他们会借口贫穷，请求允许一次浩大的劫掠后就忠诚而安静地生活。他们的请求被认可了，可从那以后他们还持续抢劫，完全拒绝履行合同中他们应尽的义务。他们的武装其实远不如普通牧民，据那位对这帮人的所谓勇猛并不看好的向导所说，他们每三四个人才只有一把剑和一杆火绳枪而已，而在安分的百姓中，人人都有武器。鉴于羚羊和牦牛见到后装式步枪时的强烈反应给向导们留下的深刻印象，向导们提议说，万一遇上一伙运载掠夺品的楚克帕人，那么袭击这些人的话，会既大快人心又有利可图。

我们的跋涉是漫长而酷冷的，西南边升起的乌云隐藏了太阳。在这些高海拔地区，不见太阳的生存成为一种负担。一匹矮种马完全跟不上驮队了，我只好将它射杀，这是那种情况下所能做的最仁慈的事。那里周围有数量庞大的牦牛，藏民飞奔在它们后面，成功地挑出了一只牦牛，并骑上它。那是一只半成年的公牛，在我看来就像从野生牦牛群中刚脱离的一只温驯的，但我深信在一只真正的野牦牛静处于平坦地面的时候，它也很容易被骑上。

11月3日，第76号宿营地，26英里，海拔16 113英尺。一段在起伏丘陵上的漫长行程。我们出发时晴空无云，但不久，阴云密布，下起了雪。我派了一个藏民先行，寻找水，但他直到下午也没找到。这时，我们路线北边约3英里远的地方，发现了一条冰封的河，其流向指往西北的一座湖。我们在冰块下找到了一些水，但

① 图曼查卡：即土门盐湖。位于今安多县境内。

还远远不够。驮畜们经历着非常恶劣的时刻——酷寒、累活儿、稀疏草地，以及一天只能供应一次的少量饮水。它们累倒在地也毫不惊奇。我们能否在它们被压垮之前就赶到一个定居区，越来越成问题。我和索罗尔德博士都被皮肤过敏状态惹恼，将这归因于空气的极度干燥，但随后我们突然想起，皮肤过敏是在藏族向导出现后才有的。基于此推断，我立即发现了疗法——昆虫粉，以往的经历使我认识到昆虫粉在亚洲旅行中必不可少。向导们一致说，再有四天，我们就应该开始下行。他是否知道实际情况，尚不确定。不管怎样，像他们这样的说谎者，他们的任何一句话都不可信。

11月4日，第77号宿营地，11英里，海拔16 238英尺。在这天的行程之后，藏民辨认出我们再有5段停歇的行程即可下行。

11月5日，第78号宿营地，11英里，海拔16 148英尺。沿着来自图曼查卡的路行进了约5英里。离开这条路后，我们约走了6英里到达一个地方，此地有一个尚未完全结冰到底的水池，于此扎营。

11月6日，第79号宿营地，13英里，海拔16 130英尺。离开上一个营地后，我们上到一座矮小易攀登的山口，然后下行到一个宽广开阔的谷地，山谷里有一些牦牛在吃草。谷地东北面的山脊上，精美的雪峰清晰可见，显然那是当拉[①]雪山。谷地中，一条小溪沿着东南偏东方向流淌。

11月7日，第80号宿营地，14英里，海拔15 689英尺。一路都是缓缓地下行。每个人都在脑子里反复琢磨这个问题：我们最后能否从青藏高原下来。

11月8日，第81号宿营地，10英里，海拔15 439英尺。第 段行程是沿桑坡[②]河的河床下行，然后，跨过冰面再上到一个山口。这是一座沙质山，却有着丰富的泉水和粗劣的野草。当我们扎营时，我决定停歇一天，以便动物休整。

如此高海拔的地方居然还有乌鸦，这是一个很大的谜。这儿许多乌鸦总是绕着我们的营地。在羌塘最贫瘠的地方，若任何一个动物被宰，几只乌鸦总会绕飞近旁，想要为自己争一份食，它们的存活简直就是奇迹。它们是病态大自然里爱争吵的家伙，当两个乌鸦聚在一起时，战斗定会发生。一只髯鹫几乎整天在绕着营地盘旋。尽管它们是几乎遍及整个喜马拉雅山各地的鸟类，却不在西中部极高的高原上飞翔。

水是充裕的，我洗了澡——这是我的怪癖，肯定使得营地的那些跟随者们惊骇异常。

---

① 当拉：唐古拉山。

② 桑坡：似为藏布（河流）的英语叫法。向导对路上一些河流名称概多以“桑坡”的回答应付旅行者。

温度计挂在帐篷里，太阳照着它时，能升高到 66℃，但夜里却能降到零下 14℃，昼夜温差达 80℃。

11 月 10 日，第 82 号宿营地，海拔 15 194 英尺。晚上，狼来偷吃羊，且咬死了 7 只；更多的几只被咬成重伤，我们不得不宰掉。这些猛兽能够完成自己的掠夺而不惊动营地里的任何一个人。

下午，我通过一个漫长的交叉性提问来检测了向导，结果让我很疑惑，他们到底是对此地绝对无知呢，或者仅仅是知识不够全面。

11 月 11 日，第 83 号宿营地，19 英里，拔海 15 389 英尺。穿过一个小山脊后，我们来到一个稍大的、宽约 80 码的河边。我们不得不沿着这条河走一小段路，直至找到一个完全冻结实的地方，以便踩冰过河。向导称此河为桑坡河。这个名字也曾用在两天前我们穿过的那条溪流上，尽管很明显两者不是同一条河流。穿过溪流后，看见远处有几个人。他们绕行，然后上前和我们碰面。原来他们是楚克帕人的一个抢劫远征团伙。他们每个人佩着火绳枪、剑、长矛，就像任何人都能见到的很多无赖的那种不招人喜欢的样子。他们开始辱骂向导，嫌他带陌生人进这个地区，但我制止了他们，又继续骑行。他们骑上非常健壮的矮马，另有两个人扛着这伙人的行李。

当我们搭帐篷时，看见远处有两个男人，过了一会儿，其中一个人骑马进到我们营地，他自称是那曲人，并说他们来这里猎牦牛。他称这片区域叫邦罗，我们刚穿过的河是德瓦·庄领地的边界，他称作昌萨卡赏坡①。

他说，在这么偏远的东边，楚克帕人不会去抢劫犯罪的，但是最好夜里仍保持警戒。他说当我们离开了这些人的时候，他注意到他们环形绕开，现正在附近的山区监视我们的营地。我派出一支巡逻队，巡逻队未看见什么就回来了，但夜里设了岗哨。尽管他们攻击的可能性不大，确保安全总还是好些。

11 月 12 日，第 84 号宿营地，13 英里，海拔 15 469 英尺。这个地区的周边，尽管有 1 000 英尺的低海拔，但跟昌②这个地方的地理特征一模一样，河流流向四面八方。熊的踪迹清晰可见，但它们很老了。狼在驻地周围潜行，非常粗野又机警，想要猎杀一只狼几乎是不可能的。

11 月 13 日，第 85 号宿营地，17 公里，海拔 15 694 英尺。在这里我们发现自己置身于一个牧民聚居区。牧民的黑帐篷分散在山谷中，静谧的侧岸上牛羊在吃草。

---

① 昌萨卡赏坡：即羌扎加藏布，为内流河，注入色林错。旧时被作为西藏地方政府所管辖的藏北的北部边界。

② 昌：通常译作羌，一般指羌塘。

此地区被称为安多[①]地区。这里据说有 200 个帐篷。向东北方向走 4 天可到扎马[②]，要到当拉山口则要 6 天；到夏登·高巴则要往东南偏南方向走 3 天。据说到打箭炉要 5 个月，显然这是夸张说法，实际应该不会超过两天半。

11 月 14 日，第 86 号宿营地，15 英里，海拔 15 439 英尺。出发一二英里后，我们来到一个帐篷前，在那儿我们停下来问路。一个好心的男人出来，但是他妻子派她大约 12 岁的儿子给我们带路。他领我们翻过一个山口，然后下行到一个被称作托嘎龙帕楚的河边，这条河全是已经融化和才化了一半的冰，它增加了我们越过的难度。随后，我们翻过一个叫波楚拉的山口，沿一条狭窄的沟壑，进入一条广阔的谷地；山谷西边的尽头是一个名叫朝纳错[③]的湖，几顶帐篷散见在湖的周围。我们年轻的向导迷失在错综复杂的沟壑里的什么地方了。一整天，雪一会儿下，一会儿停，这对于矮种马来说是最严重的问题。因为地面有雪，它们要想捡一条命，几乎是不可能的。

进入居民区

11 月 15 日，第 87 号宿营地，15 英里，海拔 14 890 英尺。晚上云层消散。我们出发时，太阳升上湛蓝的天空。我派一个人到邻居的帐篷争取得到驮畜。行进中，他重返队伍，带来了居民的头人。我们进行了一次大型谈判。谈判成果是，他将给我们提供向导和牦牛，直到我们到达中国西藏与中国内地最远的交界地。但他无法马上弄到这些驮畜，所以我们有必要停几天给他时间征集驮畜。这对我们来说是一个节日，因为两个原因：首先，我们已到了海拔 15 000 英尺以下；其次，我们现在到了一个能弄到运送力的地区，我们再也不用依赖我们自己筋疲力尽的驮畜了。第二天大概正午时候，头人来了，带来了承诺给我们的驮畜。他说，上一年，来了两个欧洲人。显然他们是 M. 邦瓦洛特和亨利王子[④]。他说他们从北边来越过当拉山口，从那里再进入纳木鲁，然后停在那里。

11 月 17 日，第 88 号宿营地，19 英里，海拔 14 740 英尺。到了一个山谷，山谷里有无数的泉水和沼泽地，庆幸的是都被冻住了。男人们说他们曾看见过一只熊，但那时我是走在驮队前面的，却没有看见。一头骡子因跟不上队伍而只得丢下。

11 月 18 日，第 89 号宿营地，17 英里，海拔 14 925 英尺。出发前，我们发现

① 安多：那曲安多。旧为安多八部，属于那曲宗。
② 扎马：聂荣的一个部落名。
③ 朝纳错：通常译为错那，位于今安多县，是怒江上游那曲河的源头湖泊。
④ 亨利工了：也叫亨利·奥尔良王子，法国探险家，曾经与邦瓦洛特一起旅行。

有几个人在旁边的山谷中。我派了个驮队客去弄明白他们是谁，并尽可能多地获得一些关于道路等方面的信息。他回来说他们是从打箭炉来的运送茶叶和烟草的商队。两种东西的样品都是被做出来的：茶是十足的垃圾；至于烟草，则外观和气味一点都不能与芳香叶子相称，而似由一种引火木做成。他们说去打箭炉有两条路，他们经由简单的那条来，已经走了两个月 11 天了。

曾经有几天，我们走过的是一个有红色岩石与土壤的地区①，但现在我们到了一个典型的花岗岩地区；大岩石四处横躺，到处是长满丛草的大块沼泽地。我们驻地周围有很多这些东西，由于要完全覆盖它，还得需要很多雪，所以，这些地方被牧民们作为冬天的栖息地。在我们附近有这些牧民们的一个很大的帐篷。他们用牛在帐篷的西面建起一道墙围，用来阻挡盛行风，而且用同样的材料建了羊圈。在每个帐篷的外面，都能看到好几大堆这样的材料堆在那里。我派人去叫头人来问驮畜情况。一个青年过来回复说，头人住在离这里有半天行程远的地方，没有头人的命令什么都不能做。不过，他可以找到他，并在早上之前带来首领的回复。我问他这个地方是属于中国内地管还是属于拉萨管。他回答说，我们现在中国内地②的范围内，并且这里的居民决不隶属于德瓦庄。

11 月 19 日，第 90 号宿营地。到了晚上我才发现说头人住在距离我们半天行程远的话是捏造的，实际上他住在仅 1 英里以外。黎明时分，我们挪动帐篷，把它搭建在头人帐篷的旁边，并派一个人去叫他。那个青年过来了，原来他是头人的儿子。但是我佯嗔那个“大人物”（首领）不亲自过来，拒绝招待这个青年。他很惶恐地离开，首领很快出现了。在我的帐篷里坐下后，他要求查看我的护照，看过之后就变得很友善了，并且承诺提供到下一个头人那里的驮畜和向导。他一个字也不会读，哪怕是一份旧报纸。我试着与他商定为我们运货并引路到塔陈鲁，但即使我给了他丰厚的报酬，他对此未表态。他只说非常高兴为我们免费运输到他的领地边界，至于去塔陈鲁的路，则有一个 39 岁的头人，会如他所做。事实上，他很担心与陌生人做交易而惹上麻烦，但同时又急于看到我们离开他的领地。……我问了十几个人这个地方叫什么名字，每次都得到了不同的答案。我自己觉得此地正确的名字是阿塔托马，这是到过此地两次的人所叫的名称。

11 月 20 日，第 91 号宿营地，15 英里，海拔 14 900 英尺。许诺给我们的牦牛直到上午 9 点才来，我们因此很迟才出发。整天的行进都是极其糟糕的。整个地区，

---

① 有红色岩石与土壤的地区：即安多县措玛乡，直译为“红湖”，虽然湖的颜色并非如此，但土地则深色的红。

② 中国内地：此处指三十九族地区。因清朝时期属驻藏大臣管辖，有甲得三十九族之称。

甚至山顶，都被丛状的草所覆盖，每个草丛周围有个 1 英尺深的坑。

德瓦庄辖地的那四个人急于离开我们，他们说因为将欧洲人带入了他们的地区，首领威胁要砍掉他们的头，但我拒绝让他们走，因为他们存在于营地是我们与西藏官方友好商定的证明。而且，契约中规定他们应当在我们到达塔陈鲁之后，才可被允许离开，而不是之前。

夜里，我们唯一的最低温测量计被牦牛打破了，这是一个巨大的损失，剩下的确定温度降到多低的唯一方法就是每天早上日出前读取普通的温度计。

11 月 21 日，第 92 号宿营地，16 英里，海拔 14 525 英尺。穿过一座很小的山口，沿着河床下行，我们到达了另一个牧民区的总部①，潘桑或者称作头人的人过来看望了我们，并承诺将安排运输。回到帐篷以后，他赠送了一满桶牛奶作为礼物，作为一件少有的奢侈品以及他表达善意的证明，这是非常合我们意的。据他说，由此有两条路通往塔陈鲁，一条更偏北的路会通过嘎昆多，另一条路会经过察木多和巴塘。在塔陈鲁，有欧洲商人和传教士，他们建造了有玻璃窗的房屋。

11 月 22 日，第 93 号宿营地，九英里，海拔 14 325 英尺。早上潘桑来了，带来 6 头牦牛，并且为要延迟带来剩下的牦牛而致歉，因为这些牦牛还放牧在远一些的地方。我怀疑那只是一个为了耽搁我们计划的借口。我们给这 6 头牦牛装上货，留下了一些谷物和糌粑让另几个人负责随后带来。潘桑对我们的利好是：他是唯一给出了包含一定量可能是真实信息的藏民。

用来迫使倔强牦牛屈服的方法是：两个人分别抓住一个牛角，同时突然拼劲往外一拽。这一拽，就好像牛角要与其基座分离，但并无此灾难发生，被释放后的牦牛十分胆怯，非常安静地站在原地，让别人装载货物。

走了大约两英里路后，我们穿过了一条从拉萨到西宁的老路，沿这条路上的一条岔路可翻过当拉山口。这个地区的人口相当密集，我所看到的中国内地藏民的聚居密度要比西藏大。不过，原因是自从我们离开了德瓦庄的边界，我们就一直下行，所以这个地区变得更适合于人类居住。我留置的东西在下午被带来了，潘桑还带来了一个口信：如果我们从老百姓那里带走牦牛遇到任何阻力，就应该抓住这些人，如果有谁反抗就揍谁。……

我们所到达地方的头人拜访了我们，除了带来照例必有的哈达或者说问候的丝巾，还有一些牛奶。他答应第二天早上提供牦牛。由于我听说这地方周围有很多小

① 牧民区的总部：就是部落头人所在地。部落组织是藏北普遍存在的社会组织形态，具有自己的地域、名称和头人。

偷，我叮嘱他若我们有物品被盗，他得负责。他并不喜欢这个意见，但似乎也会尽力照办。

一位曾被索罗尔德博士医治过的病人为了感激他，送了一些上好的黄油，对于吃惯变质食物的我们来说，这算是一顿大餐。

11 月 23 日，第 94 号宿营地，19 英里，海拔 14 200 英尺。天亮前，许诺给我们的牦牛到了，故无须实施墨玛①阿塔克的潘桑赏罚居民的建议。行进路上，多为泥泞路面。后来，下行到一条只可涉水而过的河边。积雪融化后的道路必将难以行进，又一匹矮马走不动了，只得射杀，这已经成了一个规律性的日常工作，有时每天会杀掉更多。路上，还经过了一些捕狼的陷阱。这些陷阱是一个地下挖空的深坑，坑口盖上木板。这个木板若被狼踩上，就会顺势塌陷，并拽下一块石头，而石头会就此猛拽紧绕在坑洞颈部的绞索。

狼在这些地区是个顽固的祸害，大量糟蹋畜群，而后者是当地人仅有的财产。

"能让别人替你做，你就别做。"这句亚洲人的座右铭被这些队伍跟行者的做事方式醒目地印证了。无论是捆扎装载驮畜，砸桩搭起帐篷，收集牛粪燃料，还是做其他别的什么，他们总会设法诱使一些前来观赏陌生客人的藏民去帮忙干活。这是一个计划，它把对我最衷心的支持当作打击人家好奇心、加速自己工作的方略。

11 月 24 日，第 95 号宿营地，10 英里，14 025 英尺。拉萨方面派送的 4 个藏民吵闹着要被允许返回，说再继续走的话他们肯定会被中国内地人（此处指驻藏大臣管辖的三十九族人）砍掉头的。但我听了太多关于砍头掉脑袋的话了。这已经变成了一种狼哭，不再那么感人，所以告知他们：契约规定他们得去到塔陈鲁，因而到达塔陈鲁是他们必须要做的。

在集合所有的主要居民时，我试图从他们那得到一些关于道路和地区状况的信息，但没有收获。……不过，他们答应第二天一早提供运输，在这一刻，它比获得信息更重要。

然而，天黑之后，我们发现，由于我谦卑有礼地和他们交谈——我们在与中国内地人和西藏人交往中所犯的一个大错误——他们已经有点沾沾自喜，进而告诉那些一直跟着我们的藏民："是你把这些外国人带到这个地区的，你可以带他们去任何你喜欢的地方，但他们不会得到我们的帮助。"我马上召集他们并与他们谈话，特别小心地避免因为之前过多的客气所带来的错误。结果是牦牛和矮种马都在承诺的几

① 墨玛：意为"下部"，部落名。阿塔墨玛与之前的阿塔托马形成了下部和上部两个对应的地方。这两个部落名似乎与安多多玛和安多买玛部落相近，但从发音和其地属于驻藏大臣来看，应为聂荣中的阿美和阿堆两个部落。

小时之内被送达。我的错误是由于我的礼貌，还是由于和西藏人或中国内地人假装友好，彻底搞明白这个问题，花费了很长一段时间。甚至经历了愚蠢的教训之后，我还经常无意间礼貌地、体贴地对待他们，作为回报，他们表面上尽可能地显示出礼貌，但经常会在无法被人察觉的时候，在众人眼皮子底下把自己抽身事外，并用牵强附会的侮辱来贬低对方，且总是设法推诿任何既有的约定，通过语气傲慢、彬彬有礼，并竭尽本性中的诚实，来确保自己。

11月25日，第96号宿营地，15英里，海拔14 025英尺。我们早早起来，想当天走一段长路，但到纳克楚·萨图克[①]时，比我们预期早得多。那个要给我们运输上支持的强壮男人就住在这里。帐篷一搭起来，我就派一个驮队客去叫他。结果来了一个男人，他为那个大人物的缺席致歉，说他是其代理人，很乐意做我们想要的任何事。我询问运输和向导，他回答说，根据这个地区的习俗，带我们来这儿的那个人应该领着我们再往前走几英里路，而从那个地方开始，他才开始负责。如果我们早晨去那里，他会把一切准备好，这样我们就可以把驮畜的重负挪减到另一个驮畜上，这样也不会有延迟。我同意他的话，告诫他别食言。他申明后离开了。他的申明是：如果我们未找到等待着的驮畜，我们可以随意地割下他的脑袋。但是，唉，他的申明超出他能力所及了！

两个藏民正骑马路过我们的营地。我让一个人去叫他们，但他们骑着矮马拼命跑开。这些地区，对陌生人的恐惧似乎很普遍，它不仅涉及外国人，而且所有藏民彼此之间似乎也很害怕。

11月26日，第97号宿营地，7英里，海拔14 450英尺。我在黎明前起床，希望能够早点出发，并叫醒整个队伍。天气酷寒，地面上覆盖着几英寸厚的雪，所以没人对我们的较早出发表现出一点儿热情与匆忙，这并不稀奇。那位印度斯坦厨师舒服地躺在床上，有人进帐篷叫他，他起床并着手准备。半个小时之后，听不见动静了，我进去看，发现他又睡着了。所以我彻底叫醒了他。

太阳升起时，我们出发了，但落雪与丛草结合，行进非常困难，我们到达为驮畜卸载减重的地点前，已是中午了。但到那之后，并没有看到等待替换的驮畜，我们发现那位大声申明的朋友，正和一大群妇女清扫积雪以便腾出地方供我们搭建帐篷。当我问及驮畜牦牛时，他说这个地方还有另外两个头人，此二人还未将其配额送来，但他们很快就会到达，与此同时，我们最好停歇一天。尽管很恼火，但我也只有勉强同意了。至少可以见到上千头牦牛，但是他说这都是奶牛，并确信在此给

---

① 纳克楚·萨图克：该词语意为“那曲的萨图克地方”，似为今比如县夏曲卡。

我们打一满桶牛奶；他还友好地送给我们几麻袋干牛粪。地面盖着积雪，我们自己弄不到任何东西，所以我们十分感激他的周到。一整天，雪都没有融化的迹象。无疑，这样高海拔的地方，这样的季节还是来得太晚了。违约的首领没来，他们的驮畜也没来，一下午就这样过去了。我派卡里克去找他们，弄清楚他们是否真打算给我们驮畜。夜幕降临时，他还没有回来，我开始担心他，但是什么也不能做，因为天已经很黑了，而且我们只知道他离开的大致方向，出发去寻找是无用的。

11 月 27 日，第 98 号宿营地，全天走了 17 英里，宿营地海拔 14 850 英尺。我们早上起床时，仍然不见卡里克的踪影。我正在纠结出发去追踪他雪中的足迹是否是明智之举。这时，感知到有一些牦牛和矮马在山坡上被驱赶着向营地走来。拿到一架望远镜观望，竟然发现卡里克和它们在一起。

终于回到营地，他说，头人的帐篷距此很远，他到那里时，每个人都睡觉了。然而，他们都因为他的一声尖叫而惊起了床。头人走到门前，傲慢地问他："你是谁？你想在这干什么？你不会在我这得到任何帮助，你越快离开这个地区，对你越好。"外加不断地辱骂。卡里克的优点就是擅长虚张声势，在这段经历中，他胜过任何一个藏民。双方展开了一场你来我往的脏话比拼，结果是卡里克大获全胜，赢得驮畜作为战利品。

在我们出发后不久，我们就找到了一条通往拉萨的宽阔路径。这条路上，我们遇见了很多带着满载黄油的牦牛赶往集市的藏民。

我们的矮种马绝对是饿坏了，它们开始吃路上发现的任何污物。其中几匹矮种马已筋疲力尽。要我们放弃或者杀掉曾经做出如此巨大贡献的驮畜，实在令人心碎。不过，每当我恰好在帐篷近旁时，总会给那些无缘得到人们关心的驮畜一些精心照顾，希望它们能够恢复健康。

我们的小麦几乎都耗尽了，只能足够喂养剩下来的两个小牲口，但是通过掺入糌粑我们有了平衡供应，甚至可以多撑一段时间。

11 月 28 日，第 99 号宿营地，24 英里，海拔 14 950 英尺。一个多云的晚上，一匹矮马死了。白天下了一天的雪，从而使矮马吃到的草比以往都要少。幸运的是，我们扎营的地方有一种生长在河边峭壁上的草，而这个地方雪却落不住。虽然草不多，但也勉强能给它们充饥。唯一能够支撑他们活下去的机会，就是寄希望于接下来的几天中能够到达一个不这么荒凉的地区。厨师并未同我们一起到达营地，所以我派了两个人回去找他。两人回来说没见到他的踪影。于是我又派了两个人，给了他们一些食物和我们所有的酒，包括一杯藏在药柜里应急的葡萄酒。

第二天早上还不见厨师的踪迹，那些派去找他的人也没有回来。然而就在下午 2

点，他们都回来了。原来厨师本来一直跟着驮队后面，可是他的矮马倒下死了。他也曾试图步行赶上驮队，但是他太虚弱了，于是坐下来在山坡上度过了一个晚上。幸运的是，他有一个羊皮袍子、一个毯子，还有原本在小马身上的厚的衬垫鞍褥，否则他一定会被冻死的。确实，他能侥幸没被冻伤，就是个奇迹，何况那是一个刮风的夜晚，即便是第二天天亮时候，温度都仅有2℃。

夜里，我曾观测所处纬度——这是一件苦差事，我得用冻僵的手指旋拧一个特小经纬仪上的螺丝来架稳它。坚持观察是一个很重的负担，我几乎没有观察到我想要观察的东西。有时几天，甚至几周，天空都是昏暗的，或者由于风太大而点不燃马灯来照明。白天的时间我们都是在行进赶路，因此在白天没法进行太阳观测。

11月30日，第100号宿营地，25英里，海拔14 650英尺。这一天的行程非常艰辛，全天都行走在一个被沟壑切断地表的地区，条条沟壑都有小溪流，这些溪流都汇进一条名叫鹿茸楚的大溪流，它的大致流向是东南方。沿着它走了三天，我们到达一个说是叫作孔的地方，这里将会发现树木。这很有可能，因为在行进途中，我们看见了许多灌木丛，看起来就好像我们很快就可以到达乔木区一样。路上我射杀了一头熊，但生物分类上不属于熊属，它们通常是以智慧著称的，但这是我所见过的最大的傻瓜。当它被发现时，索罗尔德博士和我自己还有我的矮马全在它眼前约200码远的地方，风把我们的气息直吹向它。我朝它开了一枪，子弹紧贴着它的脊背飞了过去。但是它仅抬头看了看，然后又继续安静地寻找食物，干脆没挪步。然而，两颗分别穿过它背部和臀部的子弹，结果了它。实际上，它们习惯看到非常惧怕它们的藏民，它们与印度的黑雄鹿不同，显然还没学会辨别欧洲人和当地人。向导告诉我们它们经常像喜马拉雅黑熊那样袭击人们并用熊掌击伤他们的颜面部位。

进入石屋地区

12月1日，第101号宿营地，九英里，海拔13 210英尺，图克桑当岗①。亚拉山口②是一条很长但也能轻松登顶的山口，山顶上有一堆被艳色布条和旗帜装饰的玛尼石，旗帜和布条上印有佛教经文。一到山口顶上，随行所有藏民都尖叫起来，随之他们开始努力嘟哝着念诵经文。下行斜坡路大部分都被积雪覆盖，而且非常陡峭。一些牦牛和矮马滑倒了，但是说起来很奇妙，它们每次都能幸运地在滚落不远就停

① 图克桑当岗：指索县赞丹寺。
② 亚拉山口：索县亚拉山附近的一个山口。亚拉山被认为是青、藏、康三区的重要分界。

住。这个斜坡，无论从上面看，还是从下面看，都感觉是：无论任何动物，只要滑倒，就会滚落陡坡，滚不到几千英尺是不会停住的。那么经纬仪和那些驮畜背上的其他仪器的命运，在穿越那么长距离又不停撞击在锯齿岩石上之后，又会是怎样的呢？成功翻越之后，我们庆幸自己顺利从我们所翻越山口的阳面越过去了；要是命运指引我们得从路过其更陡峭的积雪阴面，那么该山口将是一个非常麻烦的障碍。离开雪地后，我们进入一个狭窄的山谷。山谷里，有一群岩羊正在吃草，在稍远处的一些灌木丛里，我瞥见像喜马拉雅斑羚的稀有动物（喜马拉雅岩羚羊或喜马拉雅斑羚），但由于距离太远，而且它们体形太短，也没法用望远镜看清。它们很可能是麝——一种人们更自然而然地期望见到的动物——但我当时却清楚地认为它们不是麝。

离开雪地之后，我们进入了一个狭窄的名为索克楚[①]的山谷，一眼就看到名为塔克孙东贡[②]的寺院坐落在一个孤立的巨岩之上。走近它时，眼见一间间用泥巴墙筑就的矮房聚集在大岩石脚下。这一情景充分体现了当地一些事务的状况：舒适堂皇的寺庙里，住的是肥胖的、穿着讲究的僧侣们；而可怜的矮房里，则住的是非常贫穷的农民……另外，到了印度东北部阿萨姆邦的后花园和达吉岭开放而实现了自由贸易的那一天，美其名曰“茶叶”的细枝与废叶的大量贸易，将会停止。

乍一看到寺院时，我们的头脑里还没什么太多美好的想法，只是在如此长时间里仅能看到牧民的黑帐篷而没有别的替代品的时候，意外地再次看到房子，而感到单纯的高兴。但一旦看到这里的田地耕作时，我们的开心就增加了。心想，要再有几棵树，这图景就完整了。无疑，我们在附近的一个地方发现了树木，这就好像是在一些送给我们的燃料中，有一点儿在我看来是柃属云杉的东西。

我们搭好帐篷后，有个男人从寺院走过来问我们是谁，我们想要什么。但是很显然他没有什么地位，我就把他打发走了，说道：“如果这个地方的首领愿意过来的话，我会很高兴和他交谈，但我是不会任由每个临时的仆从来盘问我们的。”这已经达到了预期效果，大人物迅速走过来，非常真诚地为其属下的行为道歉，希望我没有生气。我告诉他，我不是生气，而是当事情必须在两个人之间完成时，最好不要第三方干预。然后他问了些诸如我们来自哪里、要去哪里的普通问题，突然停下来问我们的年龄。当我们告诉他时，他非常吃惊我们如此年轻，就像大多数东方人不习惯见到欧洲人一样，他不能区分一个白皙和灰色的外貌。

---

① 索克楚：索曲河。旅行队所进入的索曲山谷应在赞丹寺以南的下游。
② 塔克孙东贡：亦为索克赞丹寺。

在那之后，我向他索要驮运牲畜。他同意给，并承诺派人立即征集驮畜。这是非常令人满意的，在很多次鞠躬中，他离开了。

后来，索罗尔德博士去了寺院，希望能被允许参观一下，但被告知，唯一他能进入的庄严的门也禁止开放，这将导致亚拉山口永久关闭。喇嘛们反对人们进到寺院里面参观，我觉得，这主要是他们考虑到刻意反感他们所拥有的财富被人知晓。

在寺院四周，在私人住宅的墙壁和烟囱上，都能够看到绍乌楚或称藏牡鹿的犄角，当地人说这些动物可以在杂玛、那曲和去往嘎昆多的路上见到。它们只生活在树木生长海拔以上的地界，而不是生活在山岭低处被森林覆盖的区域。

12 月 2 日，第 102 号宿营地，15 英里，海拔 13 425 英里。一早上一个衣衫褴褛、样子很可怜的穷乞丐来到我们帐篷，向我致以穆罕默德色兰[①]之和平礼。惊讶之余，我回道，和平与你同在，然后叫一个驮队客翻译，并询问他是谁。他说那人是一个中国内地的穆斯林[②]，来这里是为一个清朝高官服务的，但他们被强盗洗劫了。其他人努力并成功逃走，但是他却被关押了。在所有的东西，甚至身上的衣服都被洗劫之后，强盗释放了他，从那以后他就靠着藏族人的施舍生活，但非常想离开这个地区。我告诉他如果他愿意跟着我们，并愿意干活儿，他会得到吃的和穿的。那乞丐欣然同意并立即加入我们。

不久，头人来了，带来一份礼物：4 只羊，1 块茶，少许粗糖，一些黄油和一小方劣质欧洲布。我则回赠了一些珊瑚、1 个克什米尔杯子、两方丝绸手帕、一些布料和 10 个卢比。但是他却坚决拒绝接受我们的赠礼，因为他们认为不应该收取客人的任何东西，而我们是这个地方的客人。他们所做的一切都只是为了博取好感罢了，他的顾虑是很容易理解的。

我们很晚才出发，因为事先承诺的牦牛直到中午才到，等到全部东西都装好，又一个小时过去了。这地方的河面上有两架桥，其中一架桥的模式在喜马拉雅山区最常见，它由一系列大梁承重在河堤两岸凸出的石头上，最下面的大梁是最短的；最上面的则并拢起来。

另一架桥则是由铁链连成的非常长的链子，上面没有任何横条。然而两架桥都年久失修了，所以我们不得不从冰面上穿行。

途经一个名为伊塔[③]的山谷，里面有一条大的河流，它注入索克楚河。由于出发较晚，我们还没前行到 15 英里并到达露营地，太阳就已落山。

---

① 色兰：穆斯林之间的问候语。意为“和平、平安”。
② 与邦瓦洛特在此见过的“广西人”可能为同一人。
③ 伊塔：巴青益塔部落所在地，分布在益曲河畔。

12 月 3 日，第 103 号宿营地，前进 9 英里，海拔 13 400 英尺。走了一段很轻松的路程，到了帕纯寺[①]，环寺院周围聚拢着一些小矮屋。这些小屋都是用石头建成的，屋顶平整，是一种实在的类型。从这个地方延伸出了两条路，一条向北，另一条向南。走哪条路更好些，证据是最矛盾的。来自塔克孙东贡的人认为向北的那条路更好一些，并发誓坚持自己的观点；而当地人则是坦然地发誓北方路线是行不通的，而向南才是最好的选择。我选择相信当地人，基于两点考虑：一方面是很有可能存在这种情况，僧侣已经告诉来自塔克孙东贡的人，让他尽可能诱导我们远离拉萨的领地；另一方面，双方都认可了一点，野牦牛和西藏野驴都在北方路线上，事实上那里海拔高，极其寒冷。

12 月 4 日，第 104 号宿营地，7 英里，海拔 13 825 英尺。先前承诺晚上到的牦牛，直到第二天上午还没有送来。但那时我们正吃早餐，头人来了，他不停地曲意逢迎，奉上通常用以问候的哈达，外加一块茶叶和一方布料。他是一位比同阶层的大多数人都更温文尔雅的老人，入座之后，还在祈祷我们路上不会遇到什么艰难困苦。对此我回答他，虽然在昌[②]时非常不愉快，但现在我们到了一个人民友好的地方，那些麻烦也就淡忘了。我们谈了很多有利可图的与启迪心智的共同话题，最后谈到正事儿，他说允诺的牦牛已经派人去找，很可能随时就到。他还好心地承诺要预送一个命令，替我们把当晚下一停歇点的一切事情安排妥当。然而，牦牛直到下午一点才被送到，随之我们继续沿同一座山谷行进。该山谷住户密集，老百姓有些住房子，有些住帐篷。

12 月 5 日，第 105 号宿营地，行进了 25 英里，宿营地海拔 14 060 英尺。尽管是一段长路，却不令人厌烦，因为我们走得很舒服。晨曦中，给牦牛装上辎重。伴着第一缕曙光，我们出发了。随后，我们吃早饭，然后收拾炊具。骑上矮种马，我们很快赶上了前面的驮队并超过了他们，到了一个可以遮挡阳光的沟壑，我们停下来喝茶，平躺在地上，互相递烟抽着，而驮队也赶上来，并超了过去。在他们远远领先之后，我们也骑上马跟在他们后面，并在到达营地时赶上了他们。

我们为自己搭起了两顶帐篷，还收集了许多燃料，当地居民鞠躬致意并不断伸舌头欢迎我们。这时，他们中的首领上前献上哈达。显然，这是伊塔的潘桑[③]信守诺言地给这里送了一封信，指示要让我们尊享优待。

---

① 帕纯寺：应为巴青县拉西镇巴仓寺，全称为巴仓雍仲热丹林，该寺 1847 年由巴·雍仲南桑创建，属本教。

② 昌：今昌都市。

③ 潘桑：这里指头人。

走出那个不只把陌生人当可能的敌人，而是当确认的敌人看待的地区之后，这无疑是一个令人愉快的变化。这些人急于知道他们怎样才能帮上忙，忙乱在周围，有的帮忙卸载驮畜，有的帮忙搭建帐篷，有的帮忙点火。气氛变得温暖起来，这给旅行带来了很大的便利。夜间的气温并未降至0℃以下，有些微风。看起来，我们所担心的最糟的情况过去了。但可怜的矮马还在痛苦中，两匹已死在了路上。这个地方的地貌完全变了，那种让高原旅行者单调乏味的低矮圆山不见了，代之而来的是峭谷和雪峰。

我们下午4点左右回到帐篷里，因为当地人说周围有熊出没，索罗尔德博士出去找熊。但他没找到熊，却幸运地发现了一个有6只绍克楚牡鹿的鹿群。他杀了一只，打伤了一只。因此我们决定停歇一天，以寻找那只受伤的，并希望会发现更多的牡鹿。索罗尔德博士在雪中追踪了整整一天，不过最后还是成功追到了那只受伤的牡鹿。我同样也是在覆盖着灌木和一英尺厚积雪的山丘上跋涉了整整一天，却没看到一只牡鹿的踪迹，所以我设想，它们应是相当稀有的。

12月7日，第106号宿营地，行进9英里，海拔13 325英尺。好容易才看到树。在我们沿山谷下行时，发现另一边长满了柃属云杉，其中许多还是大尺寸的。整个队伍都欢腾了，因为自从6月离开印度河谷，我们还没有看到哪怕一棵树，现在看来好像我们的困境结束了。山谷里有淡水，山坡上也有积雪无法覆盖的燃料，因此没什么可担心的了。我睡的这个帐篷还有一丛荆豆灌木从那个最大窟窿里戳进来——这可是藏民用以挡风的可怜屏障啊。

由于我们到得比较早，索罗尔德博士和我带着几个藏民出去寻找牡鹿，可结果一无所获。

帐篷已为我们搭好，是藏民的普通样式，用一种极其多孔的粗糙黑色麻为材料做成的。由于材料是罕见的破烂，甚至有些破洞大到可容一个男人钻过，所以，要不是它本身代表的荣耀和尊敬，我们就跟待在露天一样了。

12月8日，第107号宿营地，理查多，前进25英里，海拔13 225英尺。在我们离开之前，潘桑来了，他向我们索要信件，声称自己已经给了我们一切所需的帮助。我照办了，他又坚持要我加盖了印章。然后，他开始讲述一个长故事，关于邻居潘桑如何比他的官阶高[1]，而这又是如何的不公，问我可否用自己的影响力来帮他把这一不公正给纠正过来。我解释说，我不是这个区域的序列内的当权者，不起作用。可他坚持那样认为，当我到了中国内地，我只要说一句话，所有事情就会矫正过来。他的另一个不满是，德瓦庄的人持续渗入并攫取属于中国内地管辖并划分给他的领地，如今两个山谷早已被强占。这问题即使是向拉萨的驻藏大臣上诉也没用，因为驻藏大臣完全在藏民的掌握中，他既无法也不会做任何事[2]。在亚洲的偏僻角落，为何能把欧洲人当作一种神秘力量来攀附，这是一项有吸引力的研究课题，这也能解释他们的冒险为何经常能够成功。此地有条路，由此向南走两个行程远，就可经过一个叫作嘎让的地方，那里据说有中国内地的商铺，而这条路在此也汇入昌都大路。据说这会比我们选的最短路径要轻松得多。

12 月 9 日，第 108 号宿营地，帕塔・萨姆多[3]，21 英里，海拔 13 325 英尺。瑞产多人说，这次行程有两条道但都很困难。的确是有两条道，但没人在攀登西部喜马拉雅山口时还有顾虑其困难的那一刻。位于墨楚河畔的帕塔・萨姆多，那里有几所房子，房子外面是用拧成绳索的干草所点缀的脚手架，而干草则是大地被积雪覆盖时的牲畜饲料。与我们之前离开的伊塔河谷的人相比，这里的人很冷酷。在傲慢与好奇方面，他们早与其中国内地的同胞一样了。年长的人很显然在隐藏自己，而年轻人则显现出一种混杂着虚假友善与打诨逗乐的状态，而那只是一种纯粹的傲慢。大多数东方人的显著特征是尊严感的完全缺乏。随着地区文明化，旅行也便利起来，可乞丐却逐个帐篷烦扰我们。

出于某些神秘的原因，他们似乎决定对我们隐藏所有能在此地得到的任何信息。一个人正告诉驮队人员这周围有许多熊，而另一个人则过来叮嘱他："别告诉他们任何关于熊的事情。"最初的发言者随之以最厚颜无耻的方式否认了所有他曾说的话，并立即发誓在这个地方没有熊，并且后续调查也遭遇了不变的否定性回敬。然而，为了能让小马休息一下，我们决定暂歇一天，并且用这一天时间找些游戏。

宣布完在任何情况下我们都要停下来休息的目的，以使得那些当地人没有任何

---

① 雍正十年（1732 年），原青海、西藏交界的七十九族，近西藏者暂隶西藏。其族内人户千户以上设千户一员，百户以上设百户一员，不及百户者设百长一员，俱由兵部颁发号纸准其世袭。《中国藏族部落》里言，巴青各部落中益塔部落头人为五品官，本塔部落头人为六品官，竹雪部落头人为五品官，竹居部落头人为六品官，冲仓噶贡部落头人为六品官，玛荣部落头人为六品官，玛如部落头人为六品官。三十九族成立初期根据人户多寡设置官阶，并一直沿用。随着部落规模的分衍变化，部落头人官阶基本保持不变，这一情况引起了头人们私下的不满。

② 霍尔与索克的草场纠纷：霍尔部落归属驻藏大臣管辖，索克归属噶厦地方政府管辖。历史上分属不同的邻近部落常发生草场纠纷。此处即反映了这一情况。

③ 帕塔・萨姆多：亦可译为巴达松多，位于今丁青县巴达乡。

撒谎动机后，在驱动我们前进的希望中，第一件要做的事情，就是打听，冒充若能为我们指出狩猎信息，将给以实质性奖酬的希望。我们理所当然地认为奖酬的主意是有必要的，正如一些人自告奋勇并且承诺向我们指引牡鹿，而且我们清楚地向他们解释，我们不想也不会朝麝开火。他们说他们理解，愿向我们指引牡鹿。索罗尔德博士和几个男人向山谷下走去；而我则开始沿山谷上行，经过一些分散的小村子时，一些大狗冲过来狂吠猛咬。我上学时的教育课程中对投石击打艺术的轻视，给我带来了很大遗憾。凭借经验知道石头并没有用，我用一根强力的棍棒武装自己。我这样做是很幸运的，因为在走近下一个村子时一群狗冲了出来，领头的是一只跟狼完全一样的猛犬。与其他狗不同的是，它有固执的决心来掌控自己，径直朝我扑了过来。但是，当它纵身跃起时，我那切穿它鼻子的抡棍一击，一下子削减了它的嚣张气焰。当我们找寻前路时，只听其狂吠声回荡在山谷中。

当我们到达一个主山谷的入口时，我们的向导找到了一个小的侧山谷，谷里有小矮屋，很明显，那里没有牡鹿。我告诉他们此山谷不可能有牡鹿，他们却说："当然不可能，但有相当数量的麝。"对于这种人，你该怎么办？在离开营地前，我就已经仔细地向他们解释过我并不想也不会向麝开火，而他们也忠实地允诺带我去牡鹿生活的地方，而现在他们却否认整个事情。我返回到营地，去向另一个人交互询问。大多数人说，牡鹿只在夏季出现，而在一年里的此时，附近任何地方都不会有其身影。但有个人说他知道一个距此并不远的山谷里可能会有一些。决心不留遗憾死角，我带上两个人一起出发了。到了这个山谷，我们跟随着他在无痕雪地里穿行，尽可能地走了很远，但除了一只麝之外，什么都没见到。我拒绝向麝开枪。就在植被的尽头，我们坐下来，点火烧水喝茶。然后，我们追溯来时足迹返回营地，进营地时，天刚黑，我们一路连牡鹿蹄印都没有见到。它们一定在某处，但当本地人要么不能，要么不愿给我们任何帮助时，要找到那地方在哪儿，这需要花时间。而时间，是所有其他方面我们最消耗不起的。而且，在这些山脉中间，12 月中旬到得很迟。

12 月 11 日，第 109 号宿营地，行进 21 英里，海拔 14 100 英尺。这条路曲折向大山深处如迷宫，然后越过两座山口，不过两个山口都不太难登上。路上我们遇到了一大群去拉萨的朝圣者。他们所有的男人、女人和孩子们都步行着，背负财物，看样子很沉。他们中的许多人带着上写经文的旗帜，每个男人的手上有一支矛枪。

我们同情那些可怜如小螨虫样的孩子，好奇于他们是如何完成此前这漫长而艰辛的人生旅程的。但信仰的确是一个很伟大的因素，在他们朝觐的路上，我们愿其信仰能移除山岳。我希望他们能够知道真相：这一路上，他们的死亡率会很高。

12 月 12 日，第 110 号宿营地，行进 13 英里，海拔 12 063 英尺——萨瑞·萨姆度。两个其他的山口，与前面的山口一样，很容易就翻过了，然后进入萨楚山谷。谷内有一条很大的溪流，夏天时，水流肯定无法通行。溪流边有一座桥的遗迹，但已年久失修。两天来沿着河流向上走的过程中，我们听说有那么一些人，他们既不效忠于中国内地，也不效忠于拉萨方面，除他们之外，也就是昌可以如此。萨瑞·萨姆度的村庄坐落于三条峡谷的交会处。山坡被成片的农田与村庄覆盖，很多处在非常高的地方。而一般农田最高海拔似乎是 13 500 英尺。

周围有一些奶牛和牦牛杂交品种的犏牛，还有大量普通的牛。我们设法搞一些切碎的草喂给小马，这是一件重大事情，因为营养不足能要了它们的命。我答应给一个好价钱，要他们先卖给我一些，但在交易中却受到了无理的对待。然后我用一种专横语调要求他们马上供应，结果他们的整个语调发生变化，并迅速地提供了。……早上，出发前的最后一件事情就是给付慷慨的报酬。他们一收到货款就会立刻开始认为你很软弱并因此变得无礼，所以给予他们报酬必须得推迟到最后一刻。但也不能认为我们就从来没领略到藏族礼貌，正如我曾提到过的，有些地方的老百姓还是非常好的，而且极其周到细心。……

一个重大的不幸发生在我们身上了：一个帐篷被风刮倒，一支温度计被打破了，只剩一支温度计了。于是我决定为安全起见，我把它锁起来，只用于天文和沸点的观测。

12 月 13 日，第 111 号宿营地，行进 10 英里。在三座山谷交会的萨瑞·萨姆度的最东头，有一条卷着冰块流下来的大水流。看到这样一条大水流在向西流淌，这很令人好奇，但在低于萨瑞·萨姆度的某个地方，它肯定会转向东南方向。

这是我们所见到的第一条完全靠徒手完成修筑的道路。迄今为止，那几条大路和小径上，很少见到地面上仅有人或者动物留下的脚印，而这里却有一个大量人力消耗的鲜明痕迹。小山的折弯处已被挖开豁口，两边有用石头墙隔开的田地。随处可见鬃毛和一堆堆上有神圣铭文的石头堆，以便让来自两个方向的人依照自己的信仰选择一边通过这里，并把相应的标志物留下。萨瑞·萨姆度人属于珀母部①宗派，总是把东西留在他们的左手边；因此与沿其右手边离开的拉达克斯不同，后者留一样东西在右边。他们也向相反的方向转动他们的转经筒。藏族很好地应对了珀母部和品达这两个对立宗派间的诸种分歧。

随着我们的前进，遇到的树木状况也在改善，我们营地对面，有一片在拉达克地区被称作桐杏而在亨达斯坦叫作黑的树，实际上那就是一种冷杉。

---

① 珀母部：可译为本波，即西藏本教。

一队专业的舞者为我们表演节目。第一幕与在赫米斯时看到的假面舞蹈非常相似，只是没戴面具而已。他们先是敲着鼓，吟唱着哀伤的挽歌，以缓慢的节律随意走步，随后节奏加快，他们以真正舞僧的风格一圈圈不停地旋转着，直到他们不得不停下来喘口气。接着，他们表演了同一角色的多种舞蹈，其中一个舞者双手握剑，表演翻跟头。在第三幕中，他们中一人用一把五弦琴弹奏了一首极少见的曲子。在他们得到奖赏并离开后，另一个由两个男人和一个小男孩组成的剧团坐在帐篷前，非常庄严地揭起罩子，打开并查看一个像雨伞样的物件，那是由明亮的珠子和几块骨头装饰起来的。剧情缓缓转变。这时，一阵极其哀伤的声调——这种曲调我叫不上名字——由伴唱发了出来。演员被匆匆酬谢并被打发离开。奖赏被有意固定在一个似乎要打击人积极性的低数额上，但它也许已经算是太高了。他们刚一下去，一个又老又丑的妇女就登台了，她展示了与前一个类似的物件，以一种我生平听到的最不合调的声音，吟唱了一首令人毛骨悚然的悲歌。她也被急切地打发走了。伺其歌声停下，我们感到一种解脱，如同天井突见光亮一样。

——《旅藏日记》，［英］汉密尔顿·鲍威尔著，罗文敏译，中国社会科学出版社 2016 年版，第 56—110 页。

题润藩游历情形

（1893 年）

一、人物简介

题润藩，受聘于吕推（Jules Dutreuil de Rhins）、李默德（Fernand Grenard）两名法国人，陪同他们游历西藏。李默德在《西藏其地其人》中对题润藩曾有如下评价："我们找了个汉人，此人很了不起，是湖南人，个子不大，一生流离转徙，历经磨难，在毫无依靠的情况下来到新疆，他做事严肃认真，受过良好的教育，文采斐然，有着毅然的性格。"

二、游历概况

1893 年 6 月下旬，题润藩一行由新疆于阗县城东出，南穿前藏，于 1894 年 6 月中旬经青海湖南岸抵丹噶尔。旅行队至距离拉萨四日行程之曾拉被阻，后移到拉卡雀度岁。旅行队派题润藩进入拉萨购买粮食，得见驻藏大臣及达赖喇嘛，之后旅行队返回，并经那曲离藏。在通天河畔，吕推与当地人发生冲突，被杀。

三、文献原文

西学士吕推，暨李默德君，法国人也。自新疆入游西藏，润藩受聘相从。是役也，始于光绪十九年（1893 年）六月下旬，由于黄县城东出，一道前进，南穿前藏，至二十年（1894 年）六月中旬，经青海南岸抵丹噶，径西宁直入兰州省城，途中经历，随时记载，分备于后。

……

（八月）十六日，百里站大冰山上，出门向东，沿河上行，过冰山二个，抵站，即系葱岭[①]之巅顶。柴草与水全无，消冰为饮，是日途中奇冷，倒马二匹，驴三只。

十七日，百一十里站冰山下，出门下冰山向南行，沿大河上河滩，又冰山三个，倒马一匹，途中雪深尺余。山路瘴气[②]连天，行人戴着眼镜或用黑牛尾遮之，不然登时目光昏暗，不能前进。抵站仍是冰地，柴水草一并无之。

十八日，四十里站大河滩，出门向东南行，经过冰山二个，抵站。四面雪山环拱，有水草无柴。

十九日，停驻。人马俱病故也。

二十日，一百二十里站下坡大平川，出门向东走。过小雪山数个，山下似乎有炭，又向南抵站。四面冰山，平地数海子，有水草而无柴。

二十一日并二十二日，停驻。因下大雪，倒马三匹、骆驼四只。

二十三日，六十里站冰山下中阳大川，出门向南行，抵站。东北有二河，水向南流，水草柴薪均有。

二十四日，百里站一平川，出门向南行三十里，东北方及南方各有一大海子，又七十里，抵站。有水草无柴。

二十五日，百四十里站大海子，边出门向南行，过无数小冰山，再经两岸高山中夹水沟内，一道行走。冻倒骆驼三只，抵站。海子大百余里，其地多野兽，又出水晶石，有水草无柴。

二十六日，停驻。打野牛一头，重五百余斤。

二十七日，四十里站冰山下，出门由海子西尾向南行，过小冰山八个，抵站。柴水草均无。

二十八日，九十站平川地，出门向东南行，过冰山数架，前由两岸高冰山下水沟穿出，抵站。柴水草均有。

二十九日，八十里站长海子边，出门向南行，道路高下无定，抵站。柴草水均足，野兽亦多。

---

① 葱岭：帕米尔高原，中国古代称葱岭。此处应指新疆与西藏的界山昆仑山脉。

② 瘴气：也就是高原反应。当时不知高原反应是因为缺氧，因此在古代地理气候观念和疾病知识体系中一概以烟瘴作为高原反应引起各种身体不适症状的症结。相比清代所传的《西藏志》《卫藏通志》《西藏图考》《西招图略》之类，《藏游日记》应算是所存最早的西藏地理行知书、进藏旅行攻略了。全书关于路线行程、沿途状况的描述言简意赅，对入藏须知也无过多渲染，算是客观忠实。“浪荡沟二十里过里角塘，进沟上山，由偏桥行，险异常，雪凌滑甚，且有瘴气”，“十里过山，山势高耸，下山，绕河西行，偏桥叠见，三十里至嘉裕桥，番名三坝桥，有碉房柴草。两山环抱一水中流，天气喧和，土地饶美”。进沟上山有四季，下山进沟天不同，一山连一谷，一水成一域，大环境下套着小气候，独特的高山地理给人过山车般的感受。其中人户、柴草、烟瘴是清人最关注的进藏的三要素——“人户”可以支乌拉差、补充给养；“柴草”可以生活取暖、做饭喂马；“烟瘴”代表高山头疼病，是行进中最艰难危险的障碍。这与现代自驾旅行“在哪住宿、在哪吃饭、在哪加油、缺不缺氧”的基本关注点相差无几。不过古代人还不清楚高原反应的生理机制，误以为高海拔带来的身体不适是“瘴气”“烟瘴”作祟，大概是因为“药草伤生”“瘴疠弥毒，人畜中之，不一二日则死”。

三十日，百里站平川地。出门由长海子西向南行。有山坡，无冰雪。前过大红石山二架，抵站。地临大海子边，水草有，柴无。

九月初一日，九十里站山坡中。出门向东南行，沿途平坡，抵站。地有火烧旧迹，草多而无柴水。

初二日，五十里站山岭下，出门向东行，见有石礅，高约七八尺，大五六尺，又有石围大三丈余，高二三尺不等。有此古迹，不知始于何代，抵站，有水草无柴。

初三日，七十里站大草场，出门向南行，过五六个小坡，是日大风，冷不可言，抵站，不能张棚帐。有水无柴草。

初四日，五十里站大河边。出门向东南行，道沿一海子，从西南上列大冰山一嶂，前阻大河，水深莫能渡。抵站，有水草无柴。

初五日，百里站大草场，出门沿河觅冰路渡水，向南行，过两大冰山，抵站。有水草无柴。

初六日，八十里站大海子边。出门向东南行，越五小岭，过一大岭，前出河沟，抵站。有水草无柴。

初七日并初八日，停驻。因风雪大作，不能前进故也。

初九、初十两日，再停驻。风雪加紧，冻倒骆驼四只，马三匹，驴亦四头。

十一日，六十里站雪山顶，出门向南行，踏雪前进，至冷无比。抵站，柴水草均无，以冰为饮。

十二日，百里站大盐池。出门向南行，过冰山十余架，抵站，四处青霜，水味苦咸，地无柴草。是日，马倒一匹。

十三日，九十里站大冰山下，出门向南行，遍是冰山，抵站。柴草水无，取冰充食。

十四日，百里站大草场，出门向东南行，抵站。有水草无柴。

十五日，八十里站大冰山下，出门向南行，一路平坦，抵站。大河一道，河水东流，地面有土筑水池二个，内有积水，池边堤高处丈余，惟东南突起，西方北方只见基脚。有水草而无柴。

十六日，停驻，因路迷，须探访故也。

十七日，百里站石山下，出门向东行。两岸大冰山，由河沟走，水深二尺，上下宽丈余，沿途多野牲，抵站。地临大河，有水有草无柴。

十八日，八十里站海子边。出门向东行，道出河口抵站。有水草无柴。

十九日，七十里站平川，出门沿海子边向南行，抵站。产野牛野马各计万数，飞禽亦多，柴水草俱充盈。

二十日，百里站小冰山下，出门向南，过冰山五架，抵站。有水草无柴。

二十一日，九十里站川，出门向东南行，两岸冰山高峙，中行一道，抵站。水草柴均不缺乏。

二十二日，八十里站大石头山下，出门向南行，过大冰山二架，抵站。有水草无柴。

二十三日，八十里站大草场，出门向东南行，过两大石山，抵站。有水草无柴。

二十四日，停驻。因天寒，冻倒马四匹、驴三头。

二十五日，百二十里站大草场，出门向东南行，越小山数架，抵站。地方平衍，南有大海子，东北有方石山，同七里半，高十三丈七尺，经法员推算，东南可攀缘面上，绝顶极平，中有水池，大一丈五尺五寸，深二三尺，有石无土，上结绿苔，四面皆草。山北有哈沙[①]放羊形迹。有水草无柴。

二十六日，四十里站小石山下，出门沿草场向南行，抵站。有水草无柴。

二十七日，九十里站小河边，出门向南行，皆游牧草场，抵站。有水草无柴。

二十八日，百里站格子[②]未龙，出门向南行，三十里，哈沙十余家，每家黑大帐房一顶，均游牧人。牛羊各无算，又由大牧场行七十里，居民十余家，均游牧人。抵站。有水草无柴。烧用牛粪，晚间哈沙四人内一妇女来访。聚谈一会，言多不辨。

二十九日，停驻。法员以金银买羊，哈沙不能识，后以洋银钱换肥羊二只，其地人民不食五谷、不穿丝棉，以乳肉充饥，以皮张作服。

十月初一初二两日，仍停驻。

初三日，六十里站北面石山，出门由大草场向东行抵站。南有大海子，水鸟游泳其中，有水草无柴。

初四日，九十里站大草场，出门向东行，抵站。有水草无柴。

初五日，九十里站海边上，出门向东南行，过三小岭，下河沟五十里到大海子腰上。其海水甜，有鱼并小螺，水不冻冰。西南皆雪山，由海腰东向又四十里，抵站。有水草无柴。

初六日，九十里站海边上，出门向东行，过大岭，又向海子边走，前过草场，又一大海子，其式圆中一小山，抵站。有水草无柴。

初七日，百里站大平川，出门向南行，过大岭，又一大海子，由海北向东行，

---

① 哈沙：哈萨克族人。19世纪前半叶，哈萨克族三次从新疆流入西藏。此处指藏北游牧民。

② 格子：似为改则县。

再过岭，抵站。有水草无柴。

初八日，百里站草场，出门向东南行六十里，南边一大海子，由海北向东行，又四十里抵站，有水草无柴。

初九日，停驻。

初十日，百一十站大河边，出门向东行，路极崎岖，过三大盐池，抵站。水草柴一并有之。

十一日，百二十里站大平川，出门向东北行，过一高山，上下三十余里，下坡向东行，又八十余里，抵站。有水草无柴。

十二日，百二十里站大石山下，出门向东行，过小山五架，抵站。有三石洞，其内宽敞，似乎经人住过。是晚，大雪平地二三尺深。有水草无柴。

十三日，停驻。阻雪故也。

十四日，八十里站平川，出门向东南行，地皆草场，抵站。有水草无柴。

十五日，百三十里站，小雪山下，出门向东行，皆雪地。前出大海子，由冰上经过，抵站。无柴草水，以冰咽食。

十六日，百里站栽叶卡[①]。出门向东行，由雪进至雪山下，抵站。牧羊人四五家，有水草无柴。

十七日，停驻。

十八日，百三十里站小雪山下，出门向南行，进河沟，两岸高山，六十里上大冰山，又七十里抵站。有水无柴草。是日冻倒马二匹，驴、骆驼各三头。

十九日，二百十里站大雪山下，出门时方黎明，忽来哈沙三十余人，骑马荷枪，阻我去路。法员吕推对天施炮，将哈沙惊退，即向南行。由雪地直前，越雪山十余架，百三十里至小河边小憩。连夜向东南又八十里，抵站，柴水草均无。

二十日，八十站草场，出门向南行，日已过午。由雪地前进，抵站。有水草无柴。

二十一日，百二十里站草场，出门向东南，过小雪山五架，再过大雪山，抵站。有水草无柴。

二十二日，百里站南州沧海[②]边，出门向东南行，过大雪山二架，抵站。有水草无柴。

二十三日，百二十里站曾拉[③]，出门向东行，过草山十余个，出海角草场，抵

---

① 栽叶卡：茶卡，盐湖。
② 南州沧海：李默德写作 pamcho。应为班戈县巴木错。
③ 曾拉：李默德写作 zamna，言距纳木错有五英里，并言为申扎宗管辖。

站。有水草无柴。

二十四日，停驻。自此以后至十一月初一日，始克起行，原是日黎明，突来番兵六七十名，骑马荷枪，询其来意，据称现闻西人游历至此，特来阻挡，此后如再前进，即以兵戈相接。吕推无法，只得就此假住。彼即函致驻藏办事大臣，请为派员接洽。

十一月初二日，又来番兵四五百名，驻此堵截。

初四日，办事大臣派来营务处瑞安，带领守备千把四员及大喇嘛番目兵丁三百余人，彼即拜会吕推，将总理衙门护照及各公文交阅。

初五日，吕推回谒，由是彼此往来，日相争论。一则非竟旅西藏不可，一则非即请出境不能，直至十八日始行互相议定，吕推等不再进藏，移住拉卡雀①度岁，俟明春天暖即出西宁，所需食物，准其派人赴藏采买。

十二月初一日，入藏采买九十里站店。是日润藩等率同夫役、番目、通事出门向南行，由雪地抵站，其地有店房民屋。

初二日，八十里站大石叶卡，出门向南行，一路直进，抵站。

初三日，九十里站曾维拉，出门向南行，一直抵站。

初四日，八十里站藏城②，出门向南行。抵藏站北门外，其地多石少土，四围高山环列，势极雄峻，平坂林木亦茂，街道民房备集，不甚华饰。是夕，因传进见驻藏办事大臣，推与润藩答对皆无舛错。二更后始回寓所。

初五日并七、八等日，备物买齐。初八日下午，同通事一干往游布达拉山。是即藏王大喇嘛所居地也。大喇嘛系西方所谓活佛也者，谒见时，伊惟点头而已，外无他事。是夕，驻藏大臣促令回往，未获少留藉访名胜，甚以为恨。查此系前藏，由此至后藏，计程九百一十五里。由此至赴成□③大道，拉里地方，计程十站，一千零七十里；再由拉里至察木多，计程十五站，一千五百一十里；由察木多至巴塘，计程十四站，一千四百三十五里；由巴塘至里塘，计程六站，五百四十五里；由里塘至打箭炉，计程八站，六百八十五里；由打箭炉至成都省内，计程十一站，九百七十里，但此道未经走过，不过得之耳闻而已。

以前所记，系由于阗到前藏之日记，以后所记，系由前藏达西宁之日记。

初九日，共雇驮子三十五个，运载各物就道。

初十、十一、十二等日，仍由曾维拉、大石叶及去时初站各处返到曾拉。

---

① 拉卡雀：即那克曲，那曲。

② 藏城：即拉萨。

③ 原文如此，推前后文应为“成都”。

十三日，由曾拉雇定民马二十匹，牦牛四十头，预备由此启程。

十四日，七十里站角拉普，出门由曾拉向东北行，抵站。有水草无柴。

十五日，九十里站度力刹，出门向东北行，抵站。人民十数家，有水草无柴。

十六、十七二日，停驻，风雪阻行也。

十八日，八十里站喇吗沧光，出门向东行抵站，人民十余家，有水草无柴。

十九日，百一十里站哈乃淖，出门向东北行，沿途皆草场，抵站。有水草无柴。

二十日，八十里站拉卡雀可力更，出门向东行，抵站。人民四五家，有水草无柴。

二十一日，七十里站拉卡雀，出门向东行过三小山，抵站。前临大河，水半冻。喇嘛大寺一所，人民百余家，房屋四五十宅。

二十二日，就卡雀地方赁定民房一所，以备度岁。因住至二十年二月初一日始启程东下。

二十年二月初一日，四十里站草场，出门向北行，上下二十一人，并由大喇嘛另派番目二名、番丁四名护送，抵站。有水草无柴。先是正月初六日遣缠夫四名，请由番目派番保送过大当山，走班怕，出龙台，穿布库落可回新疆罗布淖尔，买来牦牛四十五头、马八匹、羊四十只，预备作用，至是始由拉卡雀向东进发也。

初二日，六十里站错木拉①，出门向北行，抵站。居民四五家，均系游牧为生，有水草无柴。

初三、初四两日，停驻，连下大雪阻行也。

初五日，五十站大当双角，出门向东北行，抵站。有水草无柴，人民亦无多数。

初六日，七十里站棚东道，出门向东北行，过大雪山，抵站。人民无多，有水草无柴。

初七日，二十里站良监②，出门向北行，抵站。依大冰山，有水草无柴。由良监北出大冰山，系经蒙古出西宁大道。番民云："此山春冬异常寒冷，非至夏秋，不通行人。"

初八日，五十里站大河边，出门向东行，进河口高山两岸，中夹冰沟，抵站。水草柴均无。

初九日，八十里站河边，出门向东仍由冰沟内行，抵站。有草而无柴水。

初十日，百里站黄州，出门向东行，七十里出冰沟，上河岸转北，又三十里八

---

① 错木拉：也写作卓木拉、绰马拉，即今错莫绒。
② 良监：应为囊谦。

大平川，抵站。人民十余家，是处即玉树交界处，有水草无柴。

——《藏游日记》，题润藩撰。转引自《川藏游踪汇编》，吴丰培辑，四川民族出版社 1985 年版，第 495—503 页。

光绪二十年［甲午］七月戊子（1894 年 8 月 14 日）

又谕（军机大臣）等：总理各国事务衙门奏法国游历士吕推行抵西宁被番屯枪伤，捆投通天河淹毙，先将筹办情形具奏一折。吕推被伤身死，前经杨昌濬电达总理衙门。据称通天河距西宁二十余里，业经该衙门电令迅饬地方官寻觅尸身拿办正凶。嗣复接杨昌濬复称“通天河系四川地界，值此炎天，寻觅尸身尤为不易”等语。通天河距四川窎远，去西宁仅二十余里，吕推系在西宁地方身死，自应仍由该处寻觅。著杨昌濬、奎顺迅速遴派妥员，会同地方官沿途寻获吕推尸身，并缉拿正凶，按律惩办。此事关系中外交涉，必应迅筹了结，免生枝节，该督等务须妥速办理，毋稍迁延。原折均著钞给阅看。将此各谕令知之。

寻陕甘总督杨昌濬等奏：“吕推由西藏赴青海，取道野番，因拉番马被戕，现在查办各情形。”下所司知之。

——《清实录藏族史料》（第九集），顾祖成、王观容等编，西藏人民出版社 1982 年版，第 4551—4555 页。

芮哈特游历情形

（1898 年）

一、人物简介

凌苏珊·芮哈特（Susie C. Rijnhart，1868—1908 年），是在美国旧金山一个地方教会的资助下，进入中国西藏的首位北美传教士。1895 年，她与丈夫佩特鲁斯·芮哈特先在甘青地区传教，后在前往拉萨途中被藏方驱逐，返途中丈夫失踪、幼子病亡，她本人经结古（今青海玉树）逃出。1905 年 10 月，芮哈特与原为内地会传教士的马雅在打箭炉结为夫妇。1906 年 12 月，芮哈特从基督会辞职。1907 年返回加拿大故乡定居，1908 年 2 月 7 日病逝。

她将自己于 1895—1898 年的经历著为《与西藏人同居记》（*With the Tibetan in the Tent and Temple*）。书中记述了她与丈夫在甘青地区传教、行医、学习藏语、与藏族人共同生活、前往拉萨受阻、丈夫失踪、幼子病亡、逃往打箭炉后受内地会帮助等非同寻常的经历。该书于 1901 年在芝加哥、纽约、伦敦、爱丁堡等欧美各地出版，同年在北美就发行到第三版。1923 年之前该书还被译为德文在德国出版。民国时期的学者王绶将其译为《与西藏人同居记》，1931 年由商务印书馆出版。

二、游历概况

凌苏珊·芮哈特翻越唐古拉山口即遇到阻拦，趁守备不严，夜里拔营逃跑，继续前进。被追到后，她被“护送”来到那曲卡面晤堪布，仍不许其前进。之后芮哈特沿查吾拉山口离开。

三、文献原文

越过当拉山

吾侪被官厅之侦探报告于官厅——吾侪之逃逸——土人备价购置福音若干册——吾侪被押送至"本市保"（即大官员之意）之幕中

自当拉山之北麓至当拉山之绝顶，须行数日之久。自其山顶下行，第一日之坡度甚陡，其后数日之坡度尚缓。人畜行于其上，颇为容易。天气晴朗而和暖，于8月25日之夜间，降霜寸余，燃料因之尽湿。晚餐后即就寝。次晨不吃早饭，即启程前进。至中途，唐巴塞（狗名）逐获一大兔。复循当土河之河道前进。行约半小时，抵当土河之彼岸，为西藏人之幕处。复行四小时，而抵其西岸，当过河之时，曾见有二人随吾侪之后，均带武器，各跨骏马，紧随于后，旋即过河而去。因伊等未曾与吾侪谈话，故吾侪疑为侦察吾侪之行动者。此地之形势颇低，燃薪亦多，天气暖和，故吾侪欲乘此做面包若干，以备行粮。吾侪在此食大米饭与兔肉。兔子为唐巴塞所获，令吾侪感谢不止也。

前述附近幕中之西藏人，虽曾见吾侪经过，但未与之谋面，因恐惹起误会起见，故于伊等较远之地休息。夜间不幸一马暴病而死，翌日因缺一马，故芮、瑞二人互换，共骑一马。行约三小时后，于一美丽之山坡，过马巡八人，各佩枪、剑等武器，观其形状与沿途所见之普通西藏人大异。伊等均污秽不洁，各着羊皮长袍，以带束之甚高，坐于马上，赤膊露于外面。中有将其发梳为髻辫，上系各种象牙环或银环。亦有于面部悬戴大锁者，如此装饰，足以表示伊等野蛮之性。均嗜鼻烟，污秽不堪，鼻烟粘于鼻孔与上唇之间。吾侪骑马前进，伊等亦趋前问吾侪，作简单之问话。如"君等有出售之货物乎""君等将何处去"等问话。少顷，又有两人自山谷中出，亦加入其队中。此二人之服饰并无奇特，但亦不洁。伊等互相将情形重复商议一次，其中即有两人驱马前行，顷刻之间不知所去。此二人确为前去报告其首领也，吾侪确信伊等为囊克土克[①]政府之侦探。囊克土克地方政府职责，即为检查与禁止外人入其内部。自此以后，芮哈特、瑞哈木与余均极注意此事，因吾侪之言语为西藏人所不解者，故不免有被拒绝入境之虑。但吾侪互相商议之后，决定竭力前进，绝不休息，直至疲极为止。是日之行程非常困乏，而瑞哈木尤甚，因伊拒不骑马，不欲令其主人芮哈特步行也。当吾侪走进一河岸时，有侦探中之一人谓吾侪，令吾侪于河岸上张幕，以待其二伙伴自囊克土克返归后，得其地方政府至许可后方可前进。芮

① 囊克土克：即那曲。

哈特于是告之曰："吾侪将往谒见尔之长官。"按吾侪沿途之经验，以为至其主要官员之处与其商议办法，较之与不负责之人为容易。但是否如此，现在尚不可预测也。

当吾侪于沙克土河[1]上搁浅，故即就其岸上张幕度夜。幕地与西藏人之棕色牦幕相距约百码之遥，伊等颇和气，常至吾侪幕中烤火，并与瑞哈木谈笑。芮哈特因不欲使其知吾侪之内幕，故不欲与之直接相谈，一切谈话皆由瑞哈木居中传达，吾侪亦不出外与之相见。伊等谓瑞哈木曰："从来未有外国人经过其境，伊等亦不能令吾侪经过。"但伊等之计划未能成为事实，吾侪于夜间乘其熟睡之时，默将行李收拾妥当，将幕卸起，乘夜月光而逃。是夜，月色皎白，虽可免于陷入深坎，但因路上为草所覆，不免将马陷于泥中，以致不能骑马。暗溯康木隆拉之河渠而上，河渠之内满生小树，不能前进。又沿河渠下行，复为大石所横阻，过此渐平稳。及行抵一美丽之平原，见一小山，山麓满张以幕，山上青草，十分美丽。又有清溪流出，河渠为美丽之小石所成。忽遇一人，衣美丽之布作氆氇，其装饰之华丽，足表示其为一富翁也。此人驱马至吾侪之前，以极友谊之态度谓吾侪曰："此河名曰札布楚[2]河，其地名曰札布。"指其幕，请吾侪至其幕之附近休息，并欲与吾侪交换物件。伊共有五幕，故吾侪绕路约五百码之遥，而抵其幕之侧。札布地方共有幕约一百五十余座，其领袖之幕位于吾侪幕之西，其地纳贡于拉萨之中国钦差大臣。吾侪初抵此时，见草上之霜甚厚，地亦潮湿，故稍等其干后方张幕。方吾侪夜间待护卫，伊等急趋而至，趋至吾侪幕前，下马卧于幕前之地上，狂笑不已，谓吾侪逃遁，应受痛责。瑞哈木面上亦显笑容。因吾侪回想夜间暗自逃走，亦甚可笑也。此地之居民，虽不解其中之内容，但亦均强为符合其同族之人，以作快乐之意，盖恐将其国人之特性暴露也。

吾侪于此小住一日，与其居民相处尚称和谐。吾侪因缺乏肉与新鲜之牛乳，故与伊等作交换货物之事甚多，此为吾侪第一次在西藏人处买羊腿肉也。吾侪在苦苦淖尔[3]时，西藏人恒以全羊求售，不以羊之一部出售。此地最有用之物件，即为"五彩哈达"与红色之宽布，红布用以做领或绿靴口与妇人头饰之用。吾侪与伊等交换丹噶尔靴子数双，瑞哈木亦购一祈祷轮，此物为银片与石所做成。

此类之人，非只污秽，且腥臭异常，永不涤面。但时牵其马，至河之深处，使马入水中，只留其头部于水面外，为其马洗澡，使马之身体清洁。而自己却如此污秽，盖只知水对于其马为有利益之物，而不知水对于人类亦有同样之利益，此等矛

① 沙克土河：索曲河。
② 札布楚：似为今则布查卡。
③ 苦苦淖尔：即青海湖。

盾之事实，真令吾侪大惑莫解。

西藏妇女之服饰，各地大同小异，而头部之装饰则各地悬殊特甚。甲处之妇女，衣有袖之长袍；而乙处之妇女，则衣无袖之背心。此地之妇女，最可注意者，即其奇异之头部装饰。吾侪曾于书中，得悉妇女有以黑色之胶质物画其面，以为美观……此地之妇女虽不以黑画面，但特意将头作此奇形之装饰，其目的亦与以黑画面相同。面前悬挂无数之首饰，以披其面，又梳小辫若干，垂于面前。中分为两部，各结为网状，梳于两侧。若伊不欲使人见其真面目时，则垂下其发网，先之以一侧，继之以他侧。辫子各以纽子扣于二头，其眼睛自其发辫间灼灼可见，但不易使人见其真面目。故一般青年之美丽妇女或处女，观之甚为好笑。伊等身穿氆氇，头部如上述之装饰，姗姗而来，喇嘛或素不相识之人，均可趋至其面前，以手揭起其发辫观看之，伊等对于此等举动，不但不拒绝，并有时给以一笑。有一美丽之妇人，年约三十五岁，携一木桶之牛乳，至吾侪之幕中求售，索价三倍于常价，吾侪亦还以寻常低三倍之价，伊将木桶置于地上，与吾侪作普通之谈话，座谈约一小时之久，然后兴起告辞，始察觉牛奶均漏去。吾侪均大笑，笑其索价太高，以致全行漏去，伊亦大笑，携其空木桶而去。此妇人不时至吾侪之幕中，围炉与吾侪谈笑，因伊等之幕位于河之彼岸，故伊等回家之时，须坐于河边之地上，将其布靴脱去，携其衣服与物件，徒步跨过此石底之河。伊等时常喜笑快乐。来与吾侪座谈之男子，概皆西藏人，伊等皆极急欲与吾侪交换物件，其智识甚为幼稚。识字之人甚稀，其中有至吾侪处购买西藏福音者，吾侪游历于西藏人群之中，从未有购买福音者。今远近之居民，欲以银子购置福音，殊为奇事，无数之葛雷米克氏之福音卡片，分散于西藏人中。余回想当日与友谊之居民相处，心中异常快慰。余记得基督与其门徒约曰："吾之言语……除非我自己欲自行废去，是决不能取消的。"上帝之福音第一次宣传于西藏人之中，但将来之效果如何，实为吾侪所不可预测之事也。

札布之居民，对于扎什伦布之班禅喇嘛之信仰，较之达赖喇嘛为尤深，此地之进香者，恒至班禅、喇嘛处进香礼拜，故途中往扎什伦布者较之往拉萨者为多。此地之居民，劝吾侪取道于扎什伦布，并云不久将有喇嘛至日喀则，并劝吾侪与伊等潜行。但因吾侪曾语护者，将往谒见囊克土克之领袖，今若背约不往，恐更惹若辈之疑猜，起较大之纷纠。且料去扎什伦布之路之障碍，未必比去拉萨为小，故决不从其议。于此地交换物件时，吾侪第一次见西藏之银币，其名曰"长克"，为一银片，划为八份，每份代表一单位，八银片值中国银一两，卢比（东印度之银币）于此地亦可通行，此地之土人每人有一美丽之皮夹，以线绳系之，内盛银币。

翌日，吾侪前行，由三兵士尾随。途中大遭暴风雨，芮哈特先生与瑞哈木均步行，中途遇骑马者数人，拦阻去路，询问吾侪购马与否。吾忆及哈克与葛贝特一氏，于其途中遇数人询问购置马鞍否，其情形适相同。伊等并非卖马，实侦探也。中有一人，背上插艳红之雨伞，于中华大帝国之边陲地，表示中国人之文化，但其形式稍有不同而已矣。

吾侪于途中积极前进，忽被一美丽之湖名查木拉[①]所阻。此湖位于数小山之后，不易被人所窥见。吾侪息于岸上，风景甚佳，沿途所遭之苦顿消。此余自爱子夭折后心旷神怡之第一次也。天何不假吾爱子以日，使与吾共享此美丽之景，以度其快乐活泼之婴年。美丽清解之泉水，自路旁之石缝中涌出，吾侪于土人之幕之附近张幕。邻幕居民甚为和气，赠瑞哈木以炊薪，并交换“哈达”。吾侪幕之附近，有吾侪护卫之张幕一座，现在追踪吾侪者只有二人而已。翌晨行约三小时之久，在一山后，忽遇有四十余人，久已张幕于道侧，以待吾侪。并有马匹若干，吾侪之马见之，直奔入其群中。瑞哈木急趋而逐之，而实则入于武装兵士之群众中而不得出。于是芮哈特亦趋入，群众围之。首由一衣美丽之氆氇，并手执祷祝轮之人，邀芮哈特至其幕中饮茶叙话，其余之人亦作同样之请。吾侪知此为阻拦吾侪之辞，芮哈特笑谓伊等曰，吾侪须照料吾侪之马匹与行李，少俟必于此处张幕休息，乃笑而去。伊等则曰，伊等之领袖将来此与吾侪相晤。芮哈特答之曰，吾侪应往谒领袖，或于途中晤谈。此时，吾侪之心思与举动，均集中于免去误会之一点。芮哈特取其一人之祈祷轮传于他人，颇引起若辈之敬意，盖芮哈特知其中之奥秘。如此举动，使伊等知芮哈特为知礼之人，故伊等对于芮哈特甚敬谨。双方均以敬礼相遇，于是吾侪始得走出。当吾侪离伊等之时，伊等均甚和气有礼。虽然吾侪脱此兵士之留难，但走近囊克土克之时，复恐遇如是之事实，前行未久，忽有一人趋过吾侪之前，前去报告其领袖，外洲人或英国人（此地之西藏人以英国人名各种外国人）已越过其防线，或者伊将受其领袖之命令，不准留拦吾侪，亦未可知。前行不远，又有数人骑马追来，以极和平之口吻，拦阻吾侪之去路，此时适遇有雹雨来侵，使马不能站立，并打面甚痛，吾侪皆转脸以避之。随从均下马，以其外衣披于头上，藏马腹之下以蔽之。及经过察木拉海之平原，见有许多骆驼与牦牛围于四周皆山之黑幕，吾侪知其为囊克土克。囊克土克为西藏要邑之一，直辖于拉萨，抵此之后，即察觉其有警备之事。天气傍晚忽降大雪，不得前进，不得已于未入囊克土克村之前，即选择幕地张幕。邻幕之人，似曾相识，亦来吾侪幕中烤火，并谓吾侪，须在此稍留，不得他移。因翌晨将有二官员来访，芮哈特谓吾侪须早起，早餐后即预备启程。若此时官员不能

① 查木拉：应为绰马拉，即错莫绒湖。

至时，吾侪须徐徐前进，以遇伊等于途中，实与伊等来访无异。盖吾侪急于行路，不能在此久候也。

囊克土克

囊克土克之政府——被官厅严厉之检查——与“本市保”（即大官员之意）之商议——令吾侪返中国内地——吾侪之判断

吾侪之幕位于囊克土克之边界，囊克土克村位于查木拉海之南岸，属于拉萨区，村中有土碛和砖所建之平房六十余座，但其居民均住于黑色之幕中，皆属游牧之生活也。附近有一村名曰查不代尼[①]，内有一大喇嘛寺，寺内喇嘛若干，不得而知。囊克土克以一喇嘛掌管之，此喇嘛为达赖喇嘛之代表，每三年更换一次……凡事皆由拉萨之代表决定。虽此等衣服华丽之康巴，对吾侪可施行禁止前进之威权，但吾侪深信，彼非能确实阻止吾侪前进者。囊克土克之官员，其职位甚高，决不能由其住所来见穷苦如吾侪者。前日因路程劳动过度，夜间十分疲乏。日光照于吾侪之幕上颇暖，草上之雪霜，如钻石挂于其上。瑞哈木知吾侪，于是日欲往谒本布[②]，故自幕外喊吾侪起床，并告知吾侪附近又张起许多帐幕。吾侪自幕望之，见已竖起一美丽之白幕，又有一较小白幕，正在起竖之时。吾侪之茶方沸，有随吾侪行者护卫三人来曰：官已至，在附近之幕中等候，请吾侪去相谈。时约上午十时，见囊克土克之官骑一栗色马，衣服华美，金玉辉煌，随从亦众，自一黑幕中出。跨马至其办公之幕中，少顷即有人来请。余亦欲偕往，吾侪互相商议之下，决定吾侪二人偕瑞哈木同往。于是吾侪更换最好之衣服，亦各骑马，驰往极华美之白幕而去，谒见囊克土克之大官。

吾侪被人领导至一大而白之幕，此幕上饰以深蓝色之花样，为余第一次所见如是美观之幕也。当走进此幕时，有数康巴衣深红色之氆氇，其形容似较洁净，足穿红皮靴，向前迎接。并有马夫数人，将吾侪所乘之马匹牵去管理之。吾侪迎入幕中，幕中之陈列甚为美丽，门之两侧，各铺席子与毯子，幕之后铺华美之土耳其毯子。幕内之首座高约数寸，座以羊毛成之，上铺席与毯，囊克土克之官坐于其上。其左侧坐一副首领……首领为一年轻喇嘛，年约三十五岁，面容颇佳，身着极华美之中国绸衣服。坐于其左侧者，为一年老人，头发苍白，左耳上带一大金耳环，其衣服亦为中国绸，甚华丽，头戴小帽。

---

① 查不代尼：即孝登寺。

② 本布：头人、领导。

其仆邀吾侪坐于官之面前，吾侪之座前置一极美丽之桌，入座后，有一聪明之年轻康巴向吾侪索茶碗。吾侪自外衣内掏出与之，伊自官之茶壶内为吾侪倒茶，表示尊敬之意，吾侪送伊布一块，上织三佛像，伊受之，其面目间表示吾侪知其风俗之意。伊对吾侪云，从前概无外国人自此经过，故亦不令吾侪再向前进，入西藏之内部，并令吾侪循原路回中国内地。芮哈特谓吾侪非英国人，乃是荷兰人，吾侪亦非游历，乃是路过。吾侪与西藏人相处有年，不欲遵命，再返内地。此官似有所思，答曰，伊实无权禁止吾侪前进，但吾侪若必欲前进时，则伊犯断头之罪。自来官吏欲使人服从其意旨时，常以此语恫吓之。芮哈特知其意，乃笑而谓之曰："圣书内有禁止人类残害生灵之规定，虽一蚤一蝨亦不轻易伤害之，为何达赖喇嘛不愿此禁例，而竟杀人，作此残暴无比之事乎。"此年轻之领袖闻之，顾谓其左右曰："此外国人与昔日所见之英国人决不相同，堪称极奇之事，吾侪知其风俗，知其言语，衣其衣服，而并读其圣书。"领袖复谓吾侪曰，若吾侪必欲前进时，伊应备文呈报其较高级之长官，高级长官将与吾侪相遇，并有权力阻止吾侪前进。吾侪又谓之曰，吾侪确无瞻仰圣城之欲望，但只愿如丹噶尔[①]之拉萨官之所云，当走近圣城时，将眼遮蔽，或能尽一日之力，得入此圣城。而于其中可按吾侪之愿住居若干时日。吾侪此时并无必能入进圣城与瞻仰达赖喇嘛之五图之金殿之预备之欲望。吾侪与官经过长时间之接洽。按礼吾侪之碗中，复酌以新茶，于是吾侪乃告辞而去。此次接洽，甚无结果，但吾侪极力拒绝循原途返内地之意，芮哈特并坚决表示，宁死亦不再返回内地。

返幕后，即有数人送来米面各一袋，砖茶两块，并一皮袋内装乳油四磅，尚有一函云，此等物为伊亲手送赠吾侪之礼物，俟羊群归家，当再送来大肥羊一只。吾侪受礼，并请来人代谢其首领，即托其带去装潢美丽之福音一册与"哈达"一块，作为报答之礼物。此福音被其收纳，吾侪之心甚为满足。因想倘有机会得再至其幕中，一观其对于此册圣经之效用，伊能否将此书中之意旨，宣传于所统治之民众中。天气将暮，忽有兵一队，于吾侪百尺之地驻扎，少顷又有兵一队，驻于对面，此即官吏防止吾侪逃走之表示也。是夜因有此多数之兵士，为吾侪之护卫，当必无失窃之忧，故无须为马钉蹄铁，以防盗窃，心中不胜感谢。其实吾侪毫无逃走之意，只有感谢官兵之护卫而已。

吾侪之幕位于平原，其地势较之四周为低，若遇暴雨，必遭水患，加以附近乏水，人马均感不便，故翌晨决定迁移。次日早起，收拾行装，卸幕预备迁移。领袖幕中人观此，颇现纷扰之状，及吾侪将行李与幕移至一清溪之旁，伊等始悉吾侪乃

---

① 丹噶尔：今青海省湟源县。

为迁移，并非启程，始各安心。是晨天气清朗，幕内安置妥当后，余即坐于山麓，享受和暖之阳光，前面有无数黑色之幕，后面即为拉萨政府官吏之居所。吾侪在此新幕地上，将二幕张起，并铺陈毯子，预备久住，以候同伴。幕竖起后，忽有从属数人来曰，其长官见吾侪迁至较佳之地，心中十分欢喜，因旧幕甚低，不宜居住，但其长官希望吾侪未返中国内地之前，不欲再有迁移之举，并云此长官之意亦即为其长官之命令也。四周之居民，似受其长官之命，不与吾侪交通，因无人至吾侪幕中与吾侪交换货物与谈论也。但时有官吏幕中之人至吾侪之处，视察吾侪之行动，此时吾侪实在最严重之监视中。吾侪寻思，若再南进，当受同样之待遇。吾侪游历之目的，在于与人民接触，考查其人民之需要与缺点，并非纯为游历而来，若南进之人民，亦受其领袖之命令，而以不交通之方法抵制吾侪，则吾侪之目的难于实现，于是吾侪乃作第二次之拜访，以要求其许可。但吾侪此次拜访，见伊等对待吾侪不若上次之隆重，此或为吾侪之心理作用，亦未可知。吾侪之茶自不同之壶中倒出，芮哈特曾记得喇嘛之习惯，当伊说一人速死时，茶中常置以草乌头（植物之名）以助之。虽然如此，但吾侪亦略饮之。吾侪要求于此过冬之事，完全失败。但领袖只许吾侪循角兰木[①]（即捷路之意）至打箭炉。吾侪求以新马更换吾侪之乏马，但伊云途中以牦牛为佳，双方未能同意，乃告辞而归。领袖亦不允许瑞哈木回家，必须吾三人同返内地。瑞哈木为西藏人，其家为拉达克。吾侪回幕，互相商议，决定再不去见领袖，在此暂住，静待伊等来访，以达吾侪所要求之目的，决不从其意见。此时吾侪与马匹均享受极快慰而安适之休息。

次日高爷来访，并征求去打箭炉途中之设备与意见，高爷为领袖之秘书，为一西藏化之内地人。吾侪答以须有识途之护送三人，吾侪之乏马须更换新马，并须另外给马两匹，因吾侪于途中已数月之久，马匹应受长久之休息。伊等将吾侪互商之结果报告于其长官。翌日与吾侪换马四匹，并另给马二匹。领袖随即邀吾侪至其幕中谈话。伊谓吾侪曰，伊知世界上有数外洲国家？旋以指计之曰：如英格兰、伦敦、巴黎、法兰斯、意大利、与天主教等国为其中之最著者。噫以　方最高之长官，其见闻与智识当高出于其民众之上，而其对于世界之大势，尚且如此，其民众之智识当可不言而喻矣。民众如此绝无受教育之机会，其需要基督教之教育与主义也，当可知之。当吾侪预备吾侪之姓名、履历与籍贯以作其报告拉萨之材料时，忽有数人入幕，各携物置于吾侪之前，计有大米一袋，面粉一袋，糌粑一大袋，砖茶一块，与乳油数磅，并云此物备吾侪途中之用。并有肥羊两只，将于日落时送来，吾侪谢

---

① 角兰木：也可写作甲拉木、嘎拉母，汉路之意。清朝川藏官道主路。

之。因吾侪之食物已甚充足，只受其羊与乳油而已。伊遂又送来乳油一大块。及吾侪启程之后，始知此领袖对于吾侪亦十分优遇，绝非其拉萨高级长官之意。彼所拒绝吾侪者，惟在此久居与前进耳。

吾侪向领袖声明，若护送者预备妥当，吾侪欲于翌日启程。故于夜间即与瑞哈木分家，按照吾侪之合同，若吾侪被人强迫归内地时，伊须归家，不再随从。吾侪给以银子四十两六钱五分（丹噶尔之重量）、一小手铳、弹药筒、马与鞍子，并给以充分之食物。伊计划第一日与吾侪同行，然后分离。伊去札布，再向扎什伦布去，但领袖绝对不许其请。吾侪去后，拟仍留伊于囊克土克，又不许其直接回家。或令伊与吾侪同行半月，及行抵大兴寺后，再偕护送者返囊克土克，然后再去拉达克。诚如此，则瑞哈木往返须费一月之路程，实为无意识之举。但领袖虽如此命令，而瑞哈木则仍坚持其原来之计划。

于结队旅行之途中

与新护送者自囊克土克启程——与吾侪最后之友人分离——瑞哈木去拉达克——搁浅于桑楚河之急流中——读福音圣书——纪念之一日

由囊克土克至内地，共有三条大路。第一条为长路，经柴达木至丹噶尔，为昔日西藏人至北京纳贡取道于此，吾侪至囊克土克亦取是道。昔日由柴达木至丹噶尔尚有一路名东路，哈克与各贝特二氏之旅行即取道于此。第二路为经结古多[①]、黑里巴与达尔等地而至打箭炉，名曰北路。第三路为经察木多与巴塘等地而至打箭炉，名曰茶路。但有时旅行家自拉萨至内地，常不经囊克土克而直接至察木多，此即为现拉萨纳贡之道。此外至结古多者尚有二路，至察木多之南部者亦有一路，此数路均于□朱地方与上述之第三路相合，为其直接与方便起见，吾侪希望取第三路以至打箭炉。但领袖欲吾侪取道于结古多，吾侪以为无论何道与吾侪无大关系，因吾侪计划将于途中度冬也。吾侪虽然允许偕三护送者启程，但未与晤面之前，并未作启程之准备。九月六号上午十一时，护者始至吾侪之幕前，伊等各骑一小马，并另有一马，负以食物与茶壶等用具，伊亦有两羊，将于途中与吾侪之二羊宰而食之。当吾侪预备行装、大众围观之时，尼尔巴亦至。尼尔巴为领袖之差人，叮嘱此护者应负之责任，与吾侪所希望于护者之事，并须送吾侪至大兴寺（伊等名之曰札喜拉布工巴），得该寺方丈许可，在其寺内度冬，然后护者方可返家。若未能得大兴寺方丈之许可时，护者须送吾侪至结古多，及抵结古多后，吾侪须给护者回家之粮食。若

① 结古多：今青海省玉树市结古镇。

护者侍候殷勤，并须酌给小费，凡此种种条件，经双方认可后，尼尔巴始将护者三人介绍于吾侪。此最老者为医生，亦即为三人中之头目，并负其他二人之责任，此三人经尼尔巴介绍之后，立刻帮助吾侪收拾行装，预备启程。此时吾侪只是指挥伊等之动作，而无须亲自为之。伊等之动作甚快，不久即预备妥当，领袖亦出外与吾侪告别，并站于大雪之中，望吾侪远去之后，方回其幕中。

吾侪之旅行队，计有吾侪与所乘之新马、三护者、七运行李之马与二羊。瑞哈木独自一人骑马行，以免使人误为伊亦偕吾侪返内地。吾侪路线之方向，初向东，及行四小时半之久，复向北，过查尔土河，流向南方。夜宿于查木拉海东岸，平坦而清静，有幕散处其上，护者曾至其幕中索火与炊薪。

此三护者，均着羊皮长袍，并各有氇氇衣一件，以防雨雹之侵扰。医生为一四十余岁之人，瘦而矮，发下垂与肩齐，胸前有一铜匣，满充药料，背一铃，头戴大帽，以木架张布所成，并以红带系于领下。其能力甚佳，行动敏捷，口里时时喃喃诵经，目常注意于地上之特别石子，以作伊之药料，并请求吾侪指示以医药之真诠。他二护者年纪较轻，均二十岁左右，一人似甚穷苦，但极愿助人做事，人颇和蔼。虽当工作极苦之时，亦时常欢喜快慰，故吾侪名之曰“好人”。其他一人，衣服较佳，但不肯做事，吾侪名之曰“懒人”。及与此“懒人”同行数日后，觉其性质实不愧称为“懒人”，伊不但懒，且污秽不洁，其食物亦不洁，盛肉之盘永远不洗。此三护者各携枪与刀。是夜吾侪之心尚称安适。亦即为瑞哈木与吾侪相处之最后一日，吾侪对之不胜悲痛，互商将来之行程。瑞哈木并劝三护者，在途中为吾侪尽职，并商定伊无须绕道，可直接回家，故伊与吾侪分别，径向日喀则而去。

翌晨早起，茶点之后，吾侪即又不快，内心之伤感，实不能以文字形容之，只能与吾友最后握手时静聆其告别之辞。只见其含泪两眶，拉马向吾侪行最后之礼而去。瑞哈木别吾侪向查木拉海前进，至札布等候同伴，然后再去日喀则，因恐于途中被劫也。瑞哈木为吾侪最忠实可靠之人，自伊入吾侪北方之住宅后，伊之行为莫不令吾侪欣慰。殇儿查尔斯尤喜之，计自柴达木至此，二仆逃逸，查尔斯夭折，瑞哈木与吾侪一路含辛茹苦，又曾为殇儿预备棺墓，共吾悲伤。伊实在为吾侪最后之良友，吾侪均不忍见其他往。黑面而忠实之瑞哈木乎，吾侪视汝为最可宝贵之珠玉，愿上帝佑汝常在，永为基督之信徒。吾侪望其转过山坡，摇手与吾侪作别，随即不见其形影矣。伊是否能平安抵其家乡，殊为疑问，但吾侪极端希望其能如愿以偿，得与其亲朋聚谈，伊离家已久，其亲朋尚不知其犹在人间，伊果安抵故里，其亲友之疑念自释。

吾侪现在与瑞哈木背道而行，所有行人未有能适吾意者。自丹噶尔启程以迄于今，吾侪之原队只剩狗唐巴塞与老马三匹。吾侪此时随不相识之护者而入异乡。已将吾侪之生命交于天父之手，吾侪为天父之工作而来，但愿天父以其旨意而行之。

途中过极大之商人队，以牦牛自察木多运茶，而入西藏之内部。其队之大有一千五百至两千头牦牛，商人之衣服颇为华丽，所乘之马亦皆俊良。脚户中有妇人与幼女。又于喀尔马古穆布穆之山麓，经过一拉萨商人队之幕地，此队约有牦牛二千头之多，全山几被牦牛所占。所张之白幕，竟成为一极大之村落。吾侪于其群众中经过，见伊等各衣氆氇，头部之装饰亦各不同。或拴大狗，或驱马匹，吾侪于其群众之中，徐徐登此高山。忽遇暴雨，电光四射，并带冰雹，吾侪不能前进，只能稍停以避之。俄见吾侪之“好人”与其马与羊卷为一块仆于地上，余之发针亦刺余头作痛，吾侪以为伊等必被电杀，但少顷伊与马与羊均站起。询以仆地理由，伊云因为惧电而仆，以致伊与羊亦受其累。夜间吾侪张幕休息，有一护者至附近之幕求薪，见有匪八人携武器与游牧人民相持于幕中内。故吾侪将马之蹄铁钉上，以备匪人夜间来侵。吾侪遂作此预备，但伊等是夜并未来相扰。

九月九日，为此行两星期内最堪纪念之日，因是日遇极险之河，并于数日之后又复遇匪。是日天朗气清，日暖风和，吾侪越小山而入一谷中，循谷而进。路旁草上之水珠，日光射之，如草上挂珠。前进抵杂楚[①]河，此河与当土河相会，杂楚河虽小，但当土河之水甚深，故水流甚急，渡之颇有危险之像。吾侪之护者细察河岸，见岸之他边，尚有小径之痕迹，决定此二河数日前必为分离之二河流，但现在则已合为一。吾侪循当土河之岸下行，见其水于狭窄之处，急流汹涌，河内并有大石，马行其中，甚为不易。石与河水之间原有行路，但现在河水高涨，不得而见。“医生”欲冲过此二河，但芮哈特不以为然。乃渡过大石，一观其水之究竟，后复返回，谓吾侪曰，吾侪所循之路确为正路，但因河水高涨，使马越过此石，实为极困难之事。现在应将马驱于水中，使其泅水而过，直达彼岸之平地，但仍觉此事颇为危险。吾侪之马匹，甚不可靠，伊乃骑其马以试之。伊去一长索系其马，伊则登石路牵马不使过此急流，结果试验成功，人与马均安抵彼岸。

芮哈特登彼岸后复返，报告其试验之结果。少顷困难之处已过，此时吾侪虽未过河，但已达一地，此地为最易搁浅之地。“医生”与其二护者，均言大河之水聚于狭渠，若欲渡过，实为不可能之事。但此时进退无路，伊则稳坐于马上，亦不知能否安抵彼岸。吾侪之马亦驱入水中，吾侪之心理亦与其心理相同。余之马随于“医生”马后，于离岸数步之地，拒不前进，直至芮哈特将负行李之马抵彼岸后，始将

① 杂楚：似为今下秋曲。

余之马牵过。伊驱吾侪之羊，“医生”驱其自己之羊，吾侪驱马过此急流。马匹竭力渡河，几至颠覆。吾侪与途中所遇之河甚多，要以此河为最困难，所幸平安渡过。吾侪即稍事休息，饮茶以待衣服干燥。马渡河后，即在地上吃草，甚为快慰。偶未注意，忽见二马复返过河，又有二马随之，芮哈特乃急起，复入此急流中，将伊等牵回。吾侪经过如此困难之境，但自护者观之，竟仍态度消闲，似若无事者，真令人大惑莫解也。

越一高山，名曰“沙老查尔造”，与山之腰际张幕，自幕处可望见“桑克的”雪山。九月十一日又升一山，继又登一较高之山，名曰“王马拉”，顶上有雪，下山之时，复遇风雪，故一无所见，形如黑暗世界，幸未遗失何物。前行不远，为包尼土河①。此河似应置于地图之上（因皇家地理学会未曾将此河绘入图内）。遂于一旅行队之附近张幕，是夜邻幕被人窃去马八匹。吾侪在此未能得薪煮茶。九月十二日，抵桑克楚②河一大支流，吾侪渡过此支流，随其主干而进。此河位于吾侪之右，遇牦牛之旅行队一部，于此搁浅，知此为一大河。吾侪坐于地上以观之。第一牦牛走至河边，不肯前进，后面之牦牛如蜂而至。脚户高喊，以石击牦牛前进。复将其大狗数只驱水，于是有一牦牛亦急入水中，其后之牦牛随之。当伊等渡过河之极深处，则站立不动，使牦牛身上之冷水流去，以日光照之。伊等所携之茶，潜否不计也。或站于一地，久候以待后者至，乃使前进。牦牛之行，非常迟缓，吾侪之旅行队中，无此蠢物，可幸之至。伊等渡河至应速渡之处，反格外缓慢，拥挤于一狭小之地上，亦不顾及所负之物之碎湿，及最后之牦牛渡过，立于岸上，喊呼投石之脚夫，亦均渡过。吾侪将靴与袜脱去以免为水所湿，骑于马上将脚高举，平安渡过。天即雨雪，不易见路。前进益远，见有黑幕若干，吾侪亦于其附近之地张幕。此地离札克土河不远，于此可得牛乳酪与薪等物甚易。

余因身体不适，不良于行者数日，虽护者不欲休息，而吾侪仍驻足于此，以瞻其美丽之风景。翌晨雨雪甚深，见有妇人幼童视察其羊牛之群，均着靴与长袍，靴已破旧，手缩于袖内，表示畏寒。设有人教以纺羊毛与织呢布之法，当不致受此冷冻。余经详细考察，多数之人与儿童，皆不能奈此冷冻，伊等亦不思所以补救之法，是诚束手以待毙也。

此一幕地位于登尼格河之岸，距此不远即为登尼格高巴③。但于此处尚不能望见其形影。附近数幕，内居喇嘛数人，即来自登尼格寺者。伊等和悦可亲，送来牛乳

① 包尼土河：似为今本曲。
② 桑克楚：似为索曲。
③ 登尼格高巴：似为丁俄贡苯寺，又称登嘎寺，位于今聂荣县查当乡登嘎村西北西热达尊山山腰。

等物，并警告吾侪以后数日之行程土匪甚多，须极注意防御之。吾侪亦赠以福音数册，伊等亦极喜之，与“医生”及芮哈特等共诵之。有一尼姑，光其头，无西藏妇人之装饰，亦取福音一册，但不能读。“医生”在此曾医一人，护者留羊一只于此，以备返时之肉用。此地强盗甚多，翌日吾侪闻数人被杀，牦牛与货物均被抢去。旋又遇商人五十余人结为一队，如此大队之旅行，亦表示其畏匪抢劫也。循达乌楚[①]河前进，经过甚大一平原。九月十五日，于沙漠之地上张幕。

——《与西藏人同居记》，［美］芮哈特著，王绶译，商务印书馆 1931 年版，第 117—136 页。

① 达乌楚：似为当木曲，位于聂荣县当木江乡。

崔比科夫游历情形

(1900 年)

一、人物简介

崔比科夫，全名贡博扎布·采别科维奇·崔比科夫（Gombojab Tsebekovitch Tsybikoff，1873—1930 年），俄国蒙藏学家、地理学家、探险家，布里雅特人。1899 年至 1902 年，崔比科夫在中国西藏进行了一次秘密“考察”。1899 年 10 月，崔比科夫来到库伦（今蒙古国首都乌兰巴托）；12 月 7 日，身着袈裟，装扮成去西藏朝圣的一名布里雅特喇嘛，随一伙蒙古商人从库伦出发，前往西藏。1900 年 2 月 14 日，抵青海塔尔寺，他在此等候前去拉萨的朝圣者的两个月里，考察了塔尔寺和拉卜楞寺。5 月 7 日，他们一行 70 人从塔尔寺顺青海湖南岸向西行抵东科尔寺。5 月 12 日，朝圣者增至 150 人，离开东科尔寺南行，越唐古拉山。8 月 1 日到那曲。在那曲，他险些被查出是俄国人，通过“布施”了五两银子给那曲堪布，蒙混过关，并于 1900 年 8 月 16 日到达拉萨。崔比科夫在拉萨站住脚后，在西藏内地秘密进行了 13 个月的“考察”，从前藏陆路西行到后藏日喀则，从江孜回到拉萨，再从拉萨水路南去泽当，然后陆行返拉萨。他以行步测量距离，绘制示意图，拍摄照片，测量气温。“考察”中记有约 400 页“随笔”——《旅途日记》，偷摄到“独一无二”的相片近百张，这些相片大部分发表于他的著作《佛教香客在西藏圣地》中。最后，他携带 333 部有关西藏宗教、哲学、历史、医学和语文的藏文典籍回俄，并因此次“考察”获得俄地理学会特制高级金质奖章，奖章上刻有“奖励西藏之行的辉煌成就”。

二、游历概况

那曲是崔比科夫来往皆经过的重要一站。其间，因其“俄国人身份”，他向那曲堪布交纳了 5 两白银后才获准继续前行。他对藏北民兵驻守北部边界防止外人进藏的相关史实做了记录，并与藏北民兵之间就“偷马事件”进行了富有当地特色的谈判。而其回程中被小偷跟踪并屡次发生驮马丢失事件，读来让人忍俊不禁，透出藏北牧民与旅行者之间的那种处于法律边缘的现实互动关系。

三、文献原文

7月15日。接近丹拉山口（即唐古拉山口——译者注）。在丹拉山口的北麓我们遇到了居民，他们是我自奈奇日山口以来首次遇到的居民。这些居民是耶格赖人，属于果洛部落。他们有将近80顶黑帐篷。男人们带着妇女和孩子跑到路上，好奇地观察着我们这支过往的驮队。

丹拉山口石头不少，相对高度不高，虽然丹拉山口的海拔，经普里热瓦尔斯基测定为16 700英尺——这已是众所周知的了。当然，这样的海拔高度也成为此地空气极其稀薄的原因所在。……朝圣者在走近这个山口时惊恐不安，总是千方百计地努力请求这里的土地神发发慈悲。出于对这位土地神的尊敬，人们一般都不用这个山口的名字——丹拉来称呼它，而必定要称它为乌巴希海勒汉，也即仁慈的乌巴希，乌巴希的意思是“受过戒的在家人”。丹拉山口的鄂博，由一堆石头和各种各样的其他布施物品组成，例如牦牛角、尸骨、破布和哈达等，其规模远比其他山口的鄂博规模大得多。朝圣者在从这个鄂博的旁边经过时，一定要举行焚香等仪式。走了25里路，我们在离丹拉山口不远的地方宿了营。今天，有一只在山野间游荡的母绵羊跑到我们的公绵羊群中来了，显然它是从前的香客丢失了的。当我们停下宿营时，一位蒙古喇嘛表示他对这只母绵羊拥有所有权，因为是他最先看到了这只羊。他想把这只母绵羊杀掉。但是有一位虔诚的安多佛教徒用一两银子买下了这只羊，他在羊脖子上系上了用各种颜色的布条做成的采塔尔（护身符），重新把羊赶到了山中。

7月16日。沿丹拉山口的沟沟壑壑行进了25里。在今天的路途中我们捡到了一只虚弱不堪的骆驼和一只看院的小狗，它们都无人看管。下了整整一天雨，傍晚雨又变成了雪，这使我们在17日这天又在原地休息了一天。

7月18日。因为在翻越多石的丹拉山口时许多马匹的腿瘸了，故此只走了15里。3天前我们捡到的那峰骆驼，休息的那天留给了一位安多人照顾，他希望能继续领着骆驼赶路，但是今天骆驼完全拒绝站立，只是悲哀地吼着。安多人遗憾地取下盖在它身上的露布，把它抛弃了。小狗加入我的帐篷里，跟着我们驮队一直走到拉萨。

7月19日。行程25里后，停于桑曲河边。可以看到不远处搭有西藏守军的帐篷，士兵是从当地居民中招募的。我还从未见到过西藏的士兵。早在二月份我在塔尔寺时就听说，东科尔的西藏商人首领，派出了 12 个人骑马前往拉萨，去报告俄国人——也即科兹洛夫[①]考察队的到来，以及他们想前往西藏的打算。

因此西藏政府命令当地居民，防守边界时要特别机警，一俟俄国人出现，就立即向那曲报告，再由那曲报往拉萨。我们刚一宿下营，西藏士兵就跑到我们这儿询问我们是些什么人，还顺便随身带了点酥油出售。可以用藏币、汉族的布匹来交换他们的酥油，但他们最喜欢的则是汉族的白酒。如果他们发现谁有汉族白酒，就会死死缠住这个人，坚决要求他出售。那些希望赚钱的人，可以很好地敲诈一下这帮粗野的贪杯之人，但是这种交易一般来讲值不了几个钱。

7 月 20 日。翻越了布姆茨泽（十万山峰）山岭，行程 30 里后宿于这座山岭的南边。

7 月 21 日，行程 35 里后，到达一个被称为那曲宗拉[②]的地方。这是块开阔的平原，平原的西南端有一小湖。从蒙古来的朝圣者，到了那曲宗拉都会宿于自己熟人的黑帐篷里，那些熟人或者是他们从前来这儿时认识的，或者是通过曾经来过这儿的人介绍新认识的。

7 月 22 日。驮队分成了许多个小群体，每一群体都前往自己熟人的帐篷去了。我随着活佛司库切绍伊到他的熟人那儿。走了近 20 里，在他熟人的帐篷边停了下来。打算过一个月后就返回的香客，都把归途中所需的牲畜和剩下的食品等东西留在这儿。一些人采购了些瘦马，是为了让它们留在这儿休息，以便在回去的路上使用。那些希望长时间待在拉萨的人会以极便宜的价格把自己的牲畜出售给那帮迅速赶到那曲宗拉的采购商。

7 月 23 日。我们驮队的首领切绍伊想敲诈我一下。我也知道他的这个意图，但出于迫不得已，只好满足了他的愿望，因为我不懂当地的办事习惯，只得忍痛这么做了；否则，就将不会被允许进入达赖喇嘛的首府，并得由此打道回家。

切绍伊耍了点小聪明，一开始他说，在我们驮队的蒙古人中传播着一条流言，说是在抵达那曲宗拉的布里雅特人[③]中有一位俄国派头的俗人，显而易见，这是在影射我。为此，他建议，为了不至于使这个流言耽误全体布里雅特人，应该通过他，向那曲的堪布送点礼物，哪怕是 5 两白银也好。他继续建议，由我们中间出两个人去堪布那儿向堪布做自我介绍，其作用就相当于显示一下我们的特征。他本人可去

① 科兹洛夫：1899 年，科兹洛夫受俄地理协会支持，率领“西藏考察队”进行“考察”，并在青海玉树屡次与当地藏军发生冲突。至囊谦土司所管的扎曲渡口时受到阻拦，转而前去昌都，再次蛮横冲关，制造了“琐图血案”，后又在雀儿山地区制造了一起血案，其“考察”过程可谓蛮横残暴、罪行累累。

② 那曲宗拉：错莫绒附近。

③ 布里雅特人：又称布里亚特蒙古人，生活于贝加尔湖湖畔。

向堪布禀告此事。

我和一位真正的布里雅特喇嘛乔伊恩奇若尔阿尤希耶夫去了堪布那里。之所以要去，是因为我担心会由于这些小的事情而发生令人不快的变故。活佛司库切绍伊，作为堪布的老熟人，把我俩留在了院子里，先去了堪布那儿。堪布住在两层楼的藏式房子里，房子的大门外挂着惩罚犯人用的鞭子。这条鞭子由八分之五丈长的棍子和棍子上缠着的皮绳构成。皮绳的下端或多或少都会打几个大疙瘩，正是这些大疙瘩在抽打时会引起人的剧烈疼痛。这种鞭子与我所描述过的塔尔寺的鞭子一模一样。我们待在院子里的时候，从楼房的低层走出了几个年轻人，好奇地打量着我们。切绍伊与堪布经过长时间的交谈后，把我们叫到了二层楼的堪布房中。我们踏着楼房外的石头阶梯，走进了堪布的房间，看见有一位普通的中年藏族喇嘛坐在窗户的右边，他就是本地牧民的统治者——那曲堪布。窗户的左边坐着位老态龙钟的俗人，一支竹笔插在他的头发里。他的面前放着些书写用具，随后就知道了，他是位秘书。

堪布稍稍向我俩点了一下头表示问候，继续和司库交谈。看来，他一点也不想再搭理我俩了。随后，切绍伊司库与我俩一块走了出来，吩咐我俩回宿营地去，因为堪布命令所有要继续赶路的人都到他的寺院来，每一顶帐篷交两个藏币的税。我俩回到了自己的宿营地。

7月24日。走了约莫10里，来到了一所名为那曲贡巴（口语中叫戈戈姆巴）的小寺院，这就是那曲堪布的府邸，位于那曲河以北10里处。这儿僧俗混居，严格点说，还不能叫作寺院，尽管其中有两座经堂。这里作为附近藏族牧民的行政管理中心，又被称为那曲宗，宗里有两名地位平等的统治者：一名是僧人（堪布），一名是俗人（南索）。

我们把宿营地安在了离那曲贡巴寺以西约400丈远的地方，位于德烈曲河左岸。德烈曲河是那曲河左面的支流，离那曲河约有七八里。我们的帐篷并没有受到专门的检查。附带说一下，堪布及其随员（俗官病了）来到了那曲贡巴寺和我们宿营地之间的草地上，表示愿意买我们的马匹或骡子。香客们让他看了看牲口，但他出的价太低，以至于一笔交易也未做成。晚上，活佛司库切绍伊来找我，要我交出五两银子，这好像是堪布要求交的。据切绍伊说，不然的话，堪布会把我留下，并向拉萨派出信使去打听一下有关事项再作处理，虽说我对切绍伊的这种狂妄行为感到气愤，但是不得不委曲求全，因为我牢记着这样一句谚语“勉强维持的和睦总比真正吵起来要好”。

7月26日。渡过德烈曲河，离开那曲贡巴寺8里之后我们抵达了那曲河。我们只能停在河的左岸，因为河的水位特别高，根本不可能渡过。为了等待水位下落，我们在这儿一直待到了26日。

7月27日。我们顺利地渡过了那曲河，虽然水位已到了马鞍处，而且矮小的骡子还得负载着驮子泅水而过。渡过河后，道路在一条山岗上延伸，通向西南方向。这天行程30里后宿营。

7月28日。天亮以前启程上路。走了近30里，停下，以便吃午饭、喂马。所有的香客都热切希望早一点到达拉萨。除了一般的渴望能早一点到达这漫长且令人疲惫不堪的路途的最终目的地外，还有一个经济上的考虑也促使人们希望能早一点抵达拉萨，这就是：拉萨的商人都力求采购最先抵达的骡子和马匹，因为其中的大多数商人都订了合同，要把一定数量的马匹和骡子运往印度。由于商人们不知道从安多会来多少匹骡子，所以在购买最先抵达的骡子时便互相竞争，从而把价格哄抬得相当高。但是，如果他们看到供过于求，就会开始压价。知道拉萨购买商这个习惯的旅行者，为了最先到达拉萨，互相之间也展开竞争。因此，今天我们第一次打破了通常的旅行习惯：在日落之前给牲畜加的驮子，走了近35里后停在了桑雄的官方草场站。我们把马放出去吃饲料，自己躺下睡觉，没有生火，因为这个草场指定只供给官方的牲畜，禁止旁人使用。白雪皑皑的萨木坦冈札山①就在右面。

7月29日。偷偷地让牲畜吃了官方牧场的饲料之后，我们明白，在天亮以前应当离开这儿，于是就付诸了行动。随后走了近20里，稍稍向右转，渡过了一条不知叫什么名字的小河，又过了一条名叫拉曲的小河，接着越了乔格拉②山岭。在翻山道路的西面并排矗立着八座佛塔，今天这八座佛塔早已是破败不堪了。蒙古人根据这些塔把我们今天的宿营地称为奈曼苏布勒加（八座佛塔）。今天的行程约30里。乔格拉山岭是野驴分布区的南界，我最初碰到野驴的地区是青海湖。当时，正是青海湖野驴发情的高潮期。较为强壮的公驴，战胜并赶走了自己的竞争对手后，就把母驴向一块集中，以使它们成为一群。公驴的令人厌恶的吼声在四周回荡着。

7月30日。继续行程的20里后，向南拐入了一条峡之中。在峡的出口处盖着一间小屋，小屋里装着个10万“玛尼”的经筒。随后翻越了双重的拉尼山口，夜宿于拉尼山口南面的峡里。今天走了近30里。

——《佛教香客在圣地西藏》，［俄］崔比科夫著，王献军译，西藏人民出版社1993年版，第57—62页。

---

① 萨木坦冈札山：即古路镇桑丹康桑雪山。

② 乔格拉：即久孜拉，位于藏北八塔以北。

忙碌和谈判是长时间的，这是因为蒙古人喜欢将谈判拖延到不论是哪一位沉着的人都失去忍耐力为止。这之后，我与库勒卢克人和台吉纳尔人（柴达木地区的北左旗和西前旗的蒙古人——译者注）签订合同。库勒卢克人的首领叫索纳姆基亚（副王公），台吉纳尔人的首领是宰桑诺姆僧格。台吉纳尔人大约有 10 名，他们提供给我们的驮畜供我从那曲宗到柴达木的哈奇日尔这段路上使用，价格是每匹驮畜 6 两 5 钱藏币（合俄国货币约 7 卢布 14 戈比）。合同是 1901 年 8 月 27 日签订的，钱也缴了，因为根据合同，得预先将钱全数付清。我们抵达那曲宗的那一天，这些脚夫的马匹应在那曲宗等着我们，我们抵达那曲宗的确切日子尚无法断定，但是我们说妥了，我们将和库勒卢克人（以索纳姆基亚为首的）一起抵达。从拉萨到那曲这段路，我们应雇与我们同路去那曲的藏族人的驮畜，因为要在拉萨找到受雇的驮畜是非常困难的，更准确地说，甚至于不可能的，这是由于大多数拉萨居民缺乏牲畜的缘故。

9 月 2 日。那帮台吉纳尔人动身了。他们的头领僧格顺便来了我这儿一趟，说他将会待在那曲他的驮畜那里等候我们，还要好好照料驮畜，因为不能特别信赖照看他们驮畜的那些藏族人。按照当地的习惯，我可以扣他们当中的一个人作为人质，因为我已经付给了他们钱。但是我认为他的话是诚实可靠的，所以没扣人质，这就导致了我可悲的结局。

我一直在寻找顺路去那曲的驮畜，倒霉的是，直到 9 月 10 日之前仍未找到。9 月 10 日这天，我雇到了两位达木人（达木蒙古人）的驮畜。价格是每匹驮畜 4 个藏币，可雇到他们住的达木，也即只能到那曲路途的一半。库勒卢克人雇用了其他到波姆多曲的驮畜，他们为雇到的驮畜签订了与我签订的同样的合同。

末了，我们于 9 月 10 日给雇到的 16 头牦牛驮畜装上驮子，而自己开始步行……

9 月 17 日。抵达我们脚夫的大本营。这两个脚夫是邻居。老脚夫住在黑帐篷里，年轻的脚夫住在一顶蒙古包里。我们把帐篷搭在黑帐篷边上，黑帐篷的主人非常殷勤地用新鲜奶、酸奶和其他乳制品招待了我们。达木的蒙古人，免纳西藏的赋税和劳役，处于住在拉萨的清朝驻藏大臣的直接管辖之下。因此处在自治制度下的达木蒙古人相对自由一些，而且还富裕得很。他们饲养着许许多多的牦牛，比较富裕的人和众多粗壮高大的女人们，用奶制成非常为蒙古人喜爱的饮料——马奶子。在我们住地的旁边坐落着一幢黏土小屋，小屋围着道白院墙，叫作“卡勒巴”。小屋里住着 5 个藏族僧侣，他们为本地居民从事宗教祭祀活动，包括为死者安魂祈祷。……

第二天——18 日，又在这里停了一天。我们和老脚夫签订了新合同，由他把我们送到那曲宗。年轻的那位脚夫拒绝继续上路，他另找了一个年轻人替代自己。他们出的价格是每一个驮子交 4 个藏币（合 80 戈比），我们本人每骑一头温驯的牦牛要向他们支付相当于一个驮子的价钱。

9 月 19 日。约莫在午后两点动身上的路。我们骑着牦牛，牦牛没有任何笼头，也没有任何穿过牦牛鼻子的小绳索。从前的那些牦牛和其他新加入的驮载牦牛一起，由步行的脚夫赶着上了路。我们在骑牦牛的同时，还不得不屡次遭受那些与我们并排而行的牦牛用犄角抵架的危险。只有当人们习惯于骑最有经验的、最强壮的牦牛时，才能保证免受其身边牦牛的陷害。我们依然骑着牦牛以代替徒步旅行，尽管颇不舒服，可对我们大家来说却是令人高兴的，这是因为本地地势普遍高，不习惯在这种地势上行路的人步行会异常艰难。如果稍作努力跑起来，或加快步伐行走的时间长了点，就立刻会出现气短和呼吸吃力、困难的状况。这一天行程不长，夜宿于当地割干草的居民们所搭设的帐篷附近。他们用一种类似于月牙状的别致的大刀割着几乎已经枯萎了的草。这种大镰刀刀柄长约 1.5 尺，割草人是站着割的。割下的干草，堆在他们自己搭的帐篷边上，随后捆成驮子驮在牦牛身上运回家去。总的说来，由于没有耙子，大镰刀又是未经改进的，并且这儿的草少，所以要在这里割到很多干草是不可能的。

9 月 20 日。从我们业已熟悉的八座佛塔边走过，越了乔格拉山口（或叫乔格茨泽拉），乔格拉山口的两边都不是很高，夜宿于一条流速颇疾的山中小溪边。小溪从萨姆坦纳尔[①]流向西南方，人们对我说，它就是波姆多曲河的主要支流——拉曲河的源头。本地居民隶属于热振寺。

9 月 21 日。我们所走的道路处在左岸山麓下的孙尚平原。平原上的小溪向着西南方流淌着。路上遇到了官方驿站搭设的黑帐篷和驿站的禁牧牧场。流速疾、溪底石头极多的小溪常把道路切断。总之，一路之上的石头非常之多。我们就在一条这样的小溪边过了夜。

9 月 22 日。根据昨晚与脚大约好的，黎明之前很早便起了床，喝足了茶后，动身上了路。拂晓以前走得很顺利，随着黎明的渐渐到来，开始下起了大雹子形状的雪花，直扑我们的面颊。……我们迷了路，只能摸索着前进，既不知道方向，也不知道地点，就这样翻过了几座小山丘，渡过了两条湍急的小河。到了中午，天空放晴了，洁白的雪花对人的眼睛产生的影响是不愉快的。但是不久雪花就开始融化了。过了一阵，我们看见我们是在两条道路之间走着的，方向尚不失为正确。我们在一

① 萨姆坦纳尔：桑丹康桑加下的沟谷。

条流向孙尚平原的小河边宿了营。

9月23日。下了大雪。白天，雪就开始融化了。沿着山丘走了一段路途之后住下过了夜。

9月24日。穿过了许多低矮的山丘①——这些山丘是德烈曲（红河）水系与雅鲁藏布江水系的分水岭。之后我们进入了牧草茂盛的那曲河右岸平原。夜宿于草原之上。

9月25日。蹚过了那曲河。那曲河水位不高，脚夫们脱掉裤子，将自己衣服的前襟高高撩起，步行就过了河。又翻过了那曲河左岸的几座山岭，之后在当地居民的黑帐篷边过了夜。

9月26日。最终到达了我们议定好的那曲宗。快到那曲宗的时候，我们就了解到，台吉纳尔人在其到达那曲宗后的第二天就来到了他们的马匹所在地，匆匆忙忙地赶着他们的马匹回其故乡去了。被他们赶走的马匹中有10匹我们已经付过了租金，他们不知用这10匹马运送什么样的蒙古人去了。我们来到了一个藏族人住的帐篷里，我们的脚夫把他们的马匹留在了这里。……那曲的牦牛一头值八九两藏币，因而得花中国白银6.7—7.5两。这样的牦牛需要买上12头，然而命运一开始就为我们设置了一步步的障碍。10月1日夜里，当做好了一切上路的准备时，我们库勒卢克脚夫的四匹良马被人偷走了。这几个脚夫是彻底地无依靠了。他们痛苦地来找我，唉声叹气地讲述道，事情发生了意外的变化，使他们失去了履行合同的可能性。我只得又补买了四头牦牛。为了储备牦牛，我决定派一位布里雅特喇嘛和一位来自柴达木巴伦扎萨克旗的蒙古人带上一个驮子一起去塔尔寺。这是两个大胆的人，有四匹马，拿定主意就他们俩人穿过荒无人烟的地区。

10月2日。他们俩与我们道了别。我让这位布里雅特人送一封信，或者更准确地说是向西宁大臣控告台吉纳尔人的欺骗行为。这天，我们让牦牛和马匹驮上我们的东西后，动身上了路。这一天过得平平安安，夜里我们是在离开那曲宗后遇到的第一个山口过的夜。这天夜里一位老者的一匹马被人偷走了，这位老者是我们的脚夫之一。

10月3日。我们的驮队分成了两部分。一部分人认为骑自己的马可靠，走到了前面；而我们这部分人则为缓缓行走的牦牛所耽搁，只得落到了后面。和第一部分人一块走的有个人叫沙布里，他带着我的两个驮子。他把其中的一个驮子放到了他买来的牦牛上，托付给了自己的同伴，而把另外一个驮子放到了自己的马上。可是

① 山丘：至香茂乡与古路镇之间的朗录拉岭。

这部分人刚过第一个山口，沙布里就悄悄溜掉了。他把我的驮子抛到了路边，还把他的一匹疲惫不堪的瘦马拴到了我的驮子上——这匹马驮着它还未能走上两天的路程。我对这个新的欺诈行为感到愤怒，于是迫使脚夫的首领——索纳姆基亚和我一块去追赶沙布里。他同意了。晚上，我们就在布姆茨泽山口的台原处追上了沙布里。沙布里找不到辩护的理由，但是他疾病缠身的老母亲开始和我们交涉起来。她痛哭流涕地恳求我不要夺去她剩下的一匹稍微有点耐力的马，因为她有病，骑上这匹马她才能勉勉强强走到柴达木，她想把自己这把老骨头掩埋到柴达木。她的话对我起了作用，我没有实施自己夺去沙布里剩下的 3 匹马中力气最大的那匹马的意图。只好取走了他的一匹劣马，不过这匹马看起来很有精神，似乎能把我的驮子运到柴达木。

10 月 4 日。稍微向后走了一点，就迎上了我们的驮畜。我们是在边界士兵的黑帐附近迎上驮畜的。随着寒季的到来，士兵们从其位于桑曲河的夏日大本营里搬进了山中。晚上，我们驮队中的柴达木人在边界军官的畜群中发现了一匹棕红色的母马，他们认出这匹马就是他们在前一段路上被人偷走的。他们立刻就派了 3 个人去兵营，指着那匹为他们所认出来的马，要求军官交出它。军官说，这匹母马是他从一个当地藏族人手中买来的，这个藏族人住的地方离这儿有一天的路程。军官允诺要派一个人去找这位藏族人，因为他买这匹马花了 6 两藏币，不拿到这笔钱他是不可能退还这匹母马的。

10 月 5 日。今天夜里，我们驮队中一名察哈尔人的一匹马又被偷走了。他想整夜喂马，所以从晚上起就没有拴马，而是让马待在帐篷中间——就像其他人所做的那样，而且留了长长的一段绳索在帐篷后面，他自己躺在帐篷边上。我手里握着支来复枪，在我那些包装起来的书堆边睡下了。夜里，察哈尔人叫醒了我，说听到离我们宿营地不远还有嘈杂之声。我很快站了起来，抓起来复枪，朝他所指的方向走去。夜漆黑一片，但正在向地平线下降落的月牙儿仍然使我看到在小山丘上有个人，正牵着匹马。我向这个人的方向迅速开了两枪，枪声在寂静的黑夜之中引起了巨大的回声，小偷消失在山丘后面，我们听到了疾速远去的马蹄声。

当我确信我的射击没有效果时，便回到帐篷，大家都站了起来，围住察哈尔人——察哈尔人正绝望地讲述着他唯一的马被偷走了的情形。

新发生的凶恶的偷窃事件，毫无疑问，就是那些卫兵们干的。我们决定，早上无论如何也要达到要回母马的目的。我们决定，尽量设法吓一下士兵军官。因此我们事先把我们的驮子打发走了。原地留了 8 个人，带着用以乘骑的马匹。驮队里的人随身携带的所有长矛和枪支都留了下来。共有两支长矛、8 支枪，8 支枪中有 5 支是欧洲制造的（有一支根本不能射击）。这些可怕的武器是摆出来做样子看的，我们派出了两个人，命令军官立即把我们的母马牵来。但是他没有把母马牵来，而是派来了两个士兵。这两个士兵用柔和的语句请求我们不要欺侮他们，因为母马确实是用6两藏币买来的。他们说，虽然这是千真万确的，但因为它是赃物，所以军官只求我们付四两藏币就行了。我们断然拒绝为母马支付任何费用，坚决表示，如果还不把母马牵来的话，我们就自己去畜群里把它抓出来。他俩返回去，把我们的话报告给了他们的军官。大概，是我们愤怒的情绪，更主要的可能是令唐古特人和藏族人感到非常害怕的那5支欧洲枪对士兵们起了作用。他们马上就把母马送了来，但是仍然请求至少要付2两藏币。看到恫吓起了作用，我们当然是不会付这笔钱的；相反，我们说，要不是赶路的紧迫性妨碍了我们，那我们就会把事情进一步追究下去，并强迫他们的军官为其偷盗行为缴纳罚金。

我们对取得的结果表示满意，便追赶我们那支正在桑曲河左面的山丘上宿营的驮队去了。从这里的小山丘上能看见许多当地牧民的黑帐篷。这里发生了牦牛瘟病，牧场上到处堆放的是死去的牲畜的尸体和活不了多长时间的牲畜。晚上，我们看见15位骑马人，他们身着盛装，配备着长矛、枪支和马刀，赶着牦牛。

我们感到困惑不解，准备迎接着这些向我们走来的陌生客人。当他们离我们还有相当一段距离的时候，从他们中间迎面走出了两个人。从对他俩的探询中我们了解到，他们是当地的居民，是去解决与邻人的纷争的，被赶着的牦羊就是他们胜诉后获取的。我们和他们马上开始做起了交易，我的同伴用两匹马外加一点白银从他们手中换取了4头牦牛。

10月6日。在一条发源于丹拉山口的小河隘口处过的夜。

10月7日。在离丹拉山口不远的地方过的夜。我们尚未到达丹拉山口。已经有两天没有见到居民了，可是今天夜里又有人从我们的宿营地偷走了3匹马。蒙古族人是一种怪人，他们始终知道会有小偷来偷马的危险，然而并不愿意在夜里把马匹圈住不放，而是放任它们去吃饲料，自己去加以看守。可是，或许是一路之上的疲劳，或许是他们天生的嗜睡，要彻夜不眠他们是做不到的。看守的人一开始是坐上一会，但是过上一两个小时就睡熟了。唐古特小偷非常了解蒙古族人的这一特点，夜里就是从蒙古族人的手底下把牲畜偷走也不会受到制裁。

10月8日。早上，开始分析足迹。原来小偷是尾随我们而至的。夜里，他们把自己的马留在不远的地方，步行走近在地上吃草的、被绊住腿的马匹，冷静地把马抓住。一开始是按着马的髻头牵住马，随后骑上其中的两匹，领上第三匹。当骑到他们自己的马那儿，他们就把偷来的马放开自由自在地走，他们从后面赶上往家走。

没法子，只有帮助丢了马的人，拿上他们的驮子放到我们的备用的牦牛背上，他们本人则步行。

10月9日。翻越了丹拉山口。今天正好在丹拉山口上碰到了两位来自那曲的唐古特牧民。他们赶着约莫有10头牦牛，牦牛身上驮的是野牦牛肉。他们自己骑着马。他们这是去北面的那座山脉打猎打来的，并大获成功。索纳姆基亚刚一看到他们，就开始劝说我向他们发起攻击，夺取他们的全部财产，把他们本人带上，待我们沿着荒无人烟之地走上四五个行程后再把他们放回去。虽说我对唐古特人非常怨恨，袭击他们毫无疑问也是会获成功的，但我的手仍然不能把别丹式步枪的枪口对准我面前的两位无辜的猎人。在荒无人烟的地方觊觎别人的财产是本地的风俗，这仅仅是因为一方比另一方要强，找不到我身上存在的这种怜悯之心，更谈不上对之加以采纳了。我们没有采取任何敌对行为，将两位猎人从我身边放了过去。今天休息的时候，不得不把两匹极度虚弱的马匹留下，因为它们甚至于拒绝驮东西跟着驮队一起行走。其中的一匹就是沙布里在路上留下用来驮我的驮子的。由于寒季的临近和缺少饲料，这两匹马面临的必然是死亡。抛弃掉这两匹马，考虑到今后的路途，我们感到更加艰难了。展现在我们面前的是人烟稀少、河流与山脉纵横交错的道路，从这一直到柴达木，都是这样的道路。

——同上，第308—319页。

斯文·赫定游历情形

（1901—1907 年）

一、人物简介

斯文·赫定（Sven Hedin，1865—1952 年），瑞典人，著名探险家。一生的旅行中，两项成绩使赫定名满天下：一个是发现楼兰古城；一个是填补地图上西藏的大片空白。

二、游历概况

斯文·赫定进入藏北共有两次。第一次是 1901 年前往藏北探险考察，从新疆阿尔金山地区进入羌塘，在错那湖被西藏地方政府阻拦，转而经扎加藏布、色林错进入阿里。第二次是 1906—1907 年，斯文·赫定从克什米尔进入西藏西部，途经那仓，在昂孜错被那仓宗宗本阻拦，考察当惹雍错未果，转而进入日喀则，并见到了九世班禅。其旅行中对藏北的湖泊进行了多次地质测量，并于 1907 年在那仓经历了日食天文现象。

三、文献原文

8 月 4 日，我们行上到拉萨的大道，我们一再从游牧人的帐幕和畜群旁边走过，碰见大的旅行队，也看见有真言砖的石碑。我们在一条有四间黑帐幕的游牧人村落附近过夜，有个年轻的西藏人来访我们。

5 日我们走了 34 公里，从助尼克湖[①]——“黑湖”旁边行过，在那里看见许多帐幕和畜群，最后我们到了十二间帐幕的一块平地上。我们在这里搭开第 53 号驻地，离大本营达 270 公里。

---

① 助尼克湖：今那曲安多错那湖。

被捕

天黑时，三个西藏人到我们的帐幕来。西勒彼喇嘛和沙都尔迎着他们。他们交谈了很久，当我的两个同伴转回时，我们的前途显然是很阴暗的样子。一个西藏人用统治者的声调讲及，三天前从北方来了一个猎牦牛的使者，他看见一大队人马向拉萨走来。

“你们属于这个旅行队吗?”他问道，“说实话吧！想着你是一个喇嘛呀!”

西勒彼喇嘛战栗起来了，他承认了一切，只是未把我供出来。但沙都尔却证明，这西藏的头目说了好几次“瑞典皮林”——瑞典的欧洲人。大概是替米里克或札斯里克的香客从访问中得知我的国籍，虽然他们对瑞典一点印象也没有。他们只对于中国、英属印度和俄国才有一点虽则不怎么明白的概念。沙都尔以为，西勒彼喇嘛泄露了我们的真相。但我却不能分担他的疑虑。即使他是对的，现在一切都忘记和宽恕了。最后头目说道：“你们明天得留在这里!”

我们坐了很久，谈论我们的前途。这一整夜我们驻地的周围都燃着篝火。

天刚亮，就有三个西藏人到我们的帐幕里来。我总是戴上一副蓝色的蒙古眼镜的。他们要看我的眼睛，当他们看见这双眼睛同他们自己的一样黑时，都很惊愕。他们检视我们枪械的请求我也痛快地答应了。在这课程之后，他们退回放马的地方去。

过了一会，有一位灰头发的老喇嘛和别的三个人来找我们。老者关于大营问了许多话，并告诉我们，已经派快差到那克柱①康巴·博波②那里去了。在没有回信之前，我们都是俘虏。

这天的第二件事更为“阴霾”。在一处离我们几百米之遥的帐幕驻地上聚集了53名骑兵，穿着红的、黑的或灰的袍子，戴着白色的高帽或红头巾，武装着戈矛、短刀和飘着缨子的长叉。他们下了马，就在雨中一堆火边商议着。过后他们又跨上了马。7个在到那克柱的路上向东驰，两个在到拉萨的大道上向南驰。其余的人则在凶野的喝阵声掩护下直驱我们的帐幕，并将武器在头上乱晃。

西勒彼喇嘛确切相信，真是到了我们有数的最后几分钟了。因此我们握住装好子弹的枪，立在帐幕前面。西藏人像雪崩般地冲来，他们的马蹄在湿地上啪啪地响。当他们的前锋已经冲到我们跟前时，却又分开两队开走，绕着大弯再转回他们的出发点。

① 那克柱：即那曲。
② 康巴·博波：王鸣野的译本《从叶尔羌到藏北》中译为堪布波播。应为那曲宗僧官。

在他们上演了一两次这种战术之后，他们下马打靶子。他们显然是要镇压我们。最后他们向西北驰去了。我问自己，他们是不是要袭击大营。

整天都有人来拜访我，都给我们带点小礼物来，肉、乳或酸乳，又都不要钱。下暴雨的时候，我们帐幕里有 4 个汉子，挤着坐，就像青鱼似的。但是，等到水正向帐幕流进时，我把他们赶出去，在帐幕的周围掘一道沟。晚上我们看见周围有 37 堆篝火，在雨幕中透着微光。

第二天出现了新的侦探。一个送我们一袋牦牛粪和一对风琴。到拉萨还有 5 天路程，他说但快马的信差只须一天。我们所驻扎的山谷叫作札罗克。我们 7 只牲口被带走了，大概为了阻止我们逃走。到处逡巡着骑马的人，只身的或成群的。有时候聚集许多武装者，就好像下了动员令似的。我们三个人便处在这种暴力之下，我们是被捕了，正在这伟大的冒险中间被捕了。

8 月 8 日早晨，有 5 个人来拜访我们，并赠我们一只羊。康巴・博波御驾亲临的消息传来了！西勒彼喇嘛害怕这位首领会认识他。他讲到一位蒙古喇嘛受了惩罚不得不用祈祷的方式走过从乌尔加（到拉萨整段路，他得用自己的脑袋测量路径）。他走了 6 年才到。西勒彼喇嘛想着，他会有同样的遭遇的。

只要我们离开帐幕 50 步，就有侦探观察我们。平奴苏像是侦探头的样子。他把帐幕扎在离我们很近的地方，整点钟地坐在我们那里同我们一块儿吃饭。

下午，7 个西藏人正在野外的火旁边给我们搭伴的时候，东方浮起来一群马队正对着我们奔来。这是康巴・博波的翻译官，他虽则说蒙古话比我差的多，大体上却是一个有趣的家伙。他审问我们，尤其着重大营方面的情形——他们显然以为，这是俄国几千名哥萨克骑兵的侵略，据翻译官告诉我们，达赖喇嘛每天接到关于我们的消息。我用气愤的声调问他，他们怎会敢于逮捕俄国沙皇治下的布尔耶特的和平香客呢！“你们的人民夜里偷去我们的马，而你们却把毫无损害于你们的我们当作强盗对待！”翻译官做出一种犹豫的面孔，却回答道，凡无正式护照的人都不得通过到拉萨的道路。

8 月 9 日的清晨，一切都登场了。这片地挤满了骑马的人和驮东西的牲口，离我们不远有一个幕村。为着我们这三个可怜的香客却费这样的大事！一大间帐幕显着白色和蓝色的条纹，只有首领才住这样高贵的地方。

翻译官带着一群马队行近我们的帐幕，他告诉我，康巴・博波到了，在等候我们吃饭。一切都已经备妥了。我们每人都要得到一方“哈地克”，一条白色方格绸的长带，是表示欢迎的礼物。珍奇的菜品已经摆上了，其中就有煮熟的一只全羊。我则作拒绝的答复：

“有礼貌的人总是先拜访他所要宴请的人的。如果康巴·博波有求于我们呢，那他可以到我们这里来。我们同他却没什么要做的事。我们所要知道的只是到拉萨的路径是否让我们走这件事。要不放行，则康巴·博波自己应当担负以后的责任。”

翻译官踌躇起来了。他在我们这里坐到了两点钟，恳求我们赴宴。

“如果你们不到，我会被革职的!”他哀诉着。

他坐在马上还游说了一番之后，只得走开了。

两点钟过去了，但见一串67名骑兵从新的幕村向我们这里奔来。他们穿着深蓝色和赭色的衣服，腰悬宝剑，剑鞘是银打的，嵌着珊瑚和玉石，挂着护身符和花圈，身边银质的饰物作响——真是一幅漂亮的图画。康巴·博波走在队伍中间，骑着一匹乳白色驴子。他身量很小，面色苍白，约在40岁光景，有一双攒在一块的眼睛，在黄绸宽袖的衣服上面穿着一身红袍和红披肩，足踏绿色缎靴，头戴一顶中国式的蓝小帽。

他在我帐幕前下马，他的仆人把一张地毯铺在地上，上面并放着枕褥。他同行的一位大官——南素喇嘛坐在这上面。

我请这两位先生到我的帐幕里来，他们各人就坐在一只面口袋上。

康巴·博波恭而有礼地对待我们，虽然我们想诓骗他，拒绝他的宴请，而且处在他的势力范围内。审问又重新开始了，秘书把我的一切答话录下。我要求继续前进，先到圣都，然后折回大营，康巴·博波用手掌做着割脑袋[①]的神气，答道：

“不成！不要再往拉萨再走一步！这将要你们——以至于我的脑袋的。我照我的责任做事，我每天都接到达赖喇嘛的命令。”

他丝毫不肯让步。他没有一瞬间丧失自制力。他很威严，同时又很和蔼。当我们谈到被盗的两匹马时，他笑着说道：“你们可以从我那里得到两匹别的马。在到你们大营的归途中将有一队护卫一直陪你们到我的省界，他们也会领到粮食、牦牛以及你们需要的一切。一切只听候你们的吩咐，但你们却不可再往南一步。”

那时候决不允许欧洲人到拉萨去。蒲尔斯瓦尔士基[②]、拜发罗特[③]、笛林斯[④]、罗克黑尔[⑤]、里特勒达尔[⑥]都碰到了同样的硬壁。两年之后，库尔重爵士派遣他的英

① 用手掌做着割脑袋：藏族语气尤为强烈的一个辅助动作，常用于发誓。
② 蒲尔斯瓦尔士基：即普里热瓦尔斯基。
③ 拜发罗特：即邦瓦洛特。
④ 笛林斯：清代写作吕推。
⑤ 罗克黑尔：即柔克义。
⑥ 里特勒达尔：也译作利特戴尔、李特达乐（1851—1928年），西方著名的动物标本收集专家，被誉为19世纪的狩猎专家。1893年由土耳其伊斯坦布尔出发，经中亚进入中国新疆，至和阗、且末，折向南进入西藏，最后在距拉萨以北43里被阻拦，折向西，横贯藏北。

属印度军队到中国拉萨去。他用武力打开到这座圣都的南路，阵亡了 2 000 名西藏人。这就叫作战争。但西藏人所要求的只是可以过着和平的生活。当西藏人现在在康巴·博波的指挥下诓骗我时，他们所用的也是强力，但不是武力，他们贯彻了意志，但不让他们的手染着血腥。他们反而用最可气的态度来对待我。我自己呢，也就以使冒险的旅行到了顶点为满足了，非等到我碰着完全不可克服的障碍时，我是绝不退让的。最后，当康巴·博波转回他的帐幕时，我告诉他我已经打算明天出发到我的大营去。

第二天清早，我跨上马，单身驰到康巴·博波的帐幕去——这使沙都尔和西勒彼喇嘛很惶恐。我还没走到半路呢，就有 20 名骑兵围着我，要我下马。在我们等待了一会子之后，康巴·博波同着他的侍从出现了。地毯和枕褥铺上了，我们便坐在中间谈话。我用开玩笑的口吻问他，如果我们两人一块驰到拉萨去，将发生什么结果呢。他笑了，摇着脑袋说，要是达赖喇嘛允许我去的话，那他是很高兴同我搭伴旅行的。

“那我们就派一个使者到达赖喇嘛那里请示好了。我情愿等一两天呀。”

“不，”他坚决地回答，“这样一问我立刻就要被撤职的。”

康巴·博波随即皱着眉头，指着我说：“Sahib！[①]”

我问他，他是否相信一个英国人可以从印度往北来，而俄国的和布尔耶特的哥萨克兵可以在他部下做事呢，我还向他解释瑞典国的位置。

现在赔偿被盗的两匹马牵来了。是两匹坏马，我表示不愿意要。于是又牵了两匹大致不差的来，而我也就表示满意了。

最后我问康巴·博波，他为什么带了 67 名兵士来，我们才只三人，现在我简直是单身的呀，他是不是害怕我。

“不，完全不是的，我还得到拉萨方面的命令，把你们当作我们的上宾对待呢。”

后来我们又上了马，康巴·博波和他的部属们陪我到我的帐幕来。我把我们的兵器给他看。他则给我派定卫队，共计两名军官、14 名兵士和 6 名照料西藏人行李的夫役。他们为自己带了 10 只羊，康巴·博波送我们 6 只羊、肥肉、面粉、淡的和酸的乳，还有干酪等物。我们随即成为好友而分手了。

我们就像一群囚犯输送队似的。西藏人前后左右围着我们走。我们驻扎时，他们就把两间帐幕张在我们旁边，并担任夜警。我们整夜睡，无须顾虑我们的牲口。他们对于约尔巴斯有一种异样的恐惧，所以我们时常不得不把它绑起来。随从中有

---

① Sahib：该词汇在印度流行，指欧洲人尤其是英国人。

两个是喇嘛，毫不间断地在转他们的“祈祷之磨”，口里喃着真言。

他们在第二天旅程上正在日中就憩下喝茶。他们用短剑从草地上铲起三块土，排成三角形，把茶罐放在这上面，烧起火来。他们的早餐是煮熟的羊肉、糌粑和茶。我们护从的外表非常有意思：他们头上缠着辫子，围着头巾，右臂和肩膀上是光的，因为他们的皮袍有一半从背脊上垂下。他们的马头上都有铃圈，在山谷中响得很热闹。

在我们渡过了沙珠藏布河之后——河水已大落——卫队向我们告别了，又剩我们自己了。我们现在感到孤独起来了，夜里又得自己警戒。

一日，马林吉奔上一座山岗，狂吠着。我们驰到那里去，望见一只熊正在挖掘一个土拨鼠穴。它这样忙着它的工作，直到我们行得很近时，它才觉察到我们。它放弃了鼠穴，踱着跑了。两只狗都在追逐它，可是等到它们赶上它时，它调转身来抵抗。接着就是一场热闹的跳舞，直跳到双方都疲倦了才止。

8 月 2 日，我们离大营不远了。我们在一道山谷里听见枪声，并望见两个骑马的人。这是西肯和图都白，他们出来替全队猎取肉食。当他们看见是我们时，喜欢得简直要哭。

我们同他们一块儿到驻地去，那里的一切都很安适。齐诺夫早就带领后卫队到达了，只损失两只骆驼和两匹马。我觉得我好像回到文明区域来了似的。我首先用木桶洗一个热水澡，不得不更换许多次水，我自从 25 天以来就没洗过澡呀！随后，脱了衣服躺在干洁的床铺上，真个痛快！况且还有几个人用一根笛，一个庙里用的铜铃，我的音乐箱和两个凑趣的鼓演奏音乐呢。我们虽则未到拉萨，我们却尝到了前所未有的冒险逸趣！

武力阻挠

我的计划是现在就横过中国西藏到印度任何地点去。我决定带领全队向南进行，直到不可超越的“雷池”为止，然后向西到拉达克去，准备最后越过克什米尔和喜马拉雅到达恒河沿岸较暖的地方。

路程很艰难。我们必得越过各种巍巍的山头以及险恶的泥泞地带。许多马都倒毙了。有个仆人——克里雄的加尔彼特害着病，需要骑马。此地当有野物，哥萨克兵可以替我们猎取肉类。他们让被射死的一只野羊和一只羚羊照奔跑时的样子冻硬，所以它们的神气就像活着的一样。狗也很热心打猎。有一次，所有 7 只狗都去追逐一只可怜的兔子。约尔达斯捉住了它，但当它正想撕食时，约尔巴斯却来抢去它的战利品。

人们早晚总得拦住我们去路的，这是十分明显的事。西藏人已经知信了，也就加紧了警觉。9 月 1 日，出发后一个星期我们就已经同游牧人接触了。从一座山头望到南面的平地就像用墨点过的一样，这便是在那里吃草的马、牦牛和上千只羊。沙都尔和西勒彼喇嘛驰到一间帐幕旁边，问他们是否肯卖乳和肉。居民却回答，禁止他们卖东西给我们。沙都尔生了气，扬起他的马鞭，这吓怕了的西藏人就卖给他们所要的东西。他们把三个人带到我们的驻地里来，受了茶和面包的款待。当他们要转去的时候，他们吓得急忙上马，赶快跑开，就好像后面有恶魔追来似的。

9 月 3 日，我们左边浮起 6 名，右边浮起 7 名武装奇兵，都戴着白色的高帽，他们隔着相当的距离跟着队伍后面走。我们看见许多帐幕，向几间里面探望了一下，妇女们把头发结成许多小辫，背上垂着用珊瑚、绿玉和银币装饰着的红带子。

我们这次在下游很远的地方到达沙珠藏布河，在我们最后一次渡过的地点之西。河水在这里唯一的深槽中流着。西藏人坐在河岸上，在等待着一幕有趣的观赏。当我们把折艇并合一块，我同于得克测量深度，而队伍则在岸上驻扎时，他们颇有点惶恐了。第二天早晨一个头目带着他的队伍昂然到我们这里来，说道：

“我们奉命阻止你们再向南行。”

“好吧，就来阻止我们吧。”

“我们打发使者到拉萨去了。如果你们再向这方面前进，那我们就要掉脑袋的。”

“这在你们也许是很对的呀。”

“一切游牧人都被禁止卖给你们东西。”

“我们带着我们要用的东西，我们有的是枪械。”

旅行队现在沿着沙珠藏布河西行，于得克与我则乘船顺路走了两天路，直达大河流入大盐湖西林助①的地点。西藏人在岸上跟着我们走，有时候发出凶野的喊声。我们在河口附近同队伍会合，行上驻地去。哥萨克兵强迫一间帐幕的居民卖给我们四只羊。

当我们于 9 月 7 日沿湖继续进行时，有 63 名骑兵在我们后面追踪着。后几天我们先是顺着西林湖的西岸，然后顺着一座很靠南的淡水湖的北岸走。西藏人愈聚愈多，又好像动员了整族人的样子。头目们天天都来恳求我们拐到拉达克方面去，或者等待拉萨的裁可。但我们并不理会。我想画一张这两道湖的地图，态度非常镇静。淡水湖叫作那克崇②助，配着它那峻峭的岩岸、港湾、岛屿，以及色蓝而澄清的水异

① 西林助：色林错，西藏第一大湖泊。

② 那克崇：即纳克仓、那仓。

常秀丽。

加尔彼特的病加重了，这可怜的人只得躺在一只骆驼上行进。我们间些时就休息一下看视他。当我们行进一个幕村的东岸时，他要一杯水饮，再下一站他便死了。尸首夜里停在一间帐幕内，穆斯林担任着看护死者的工作。罗西·模拉在墓地前致殡词，颂扬死者忠诚的一生，别的人则在替死者祷告。墓丘上竖立一座黑色的墓碑，上面写着碑铭。他的帐幕以及衣鞋等物都焚化了。下葬时，西藏人隔着相当的距离观看。后来，他们对于我们为着一个死者都费了这样大的事，表示很惊异的样子。……

我们又回到日常的事务，回到前途茫茫的新的一天了。我们继续南行。西藏人的队伍愈是增加，我们在一片广阔的平地上望见几间黑色的和两间蓝白色的帐幕。一队骑兵向我们奔来，围绕我们，请我们站住，因为我们所在地那克崇的两个首领驾临了，他们接到拉萨的圣谕。我因而驻扎在离他们幕村 150 步的地方。我们最大的帐幕用和阗的地毯装饰起来当作会客厅。

不久以后，两位省长[①]骑着马来了，穿着华丽的红袍，头上戴着安上官章的中国式帽。我走出去迎接他们。他们下了马，谦恭和蔼地问候着，便踏进帐幕里来。品味高的一个叫作哈拉齐·蔡琳，是一个无须拖着辫子的老头，别的一个叫作容都克·蔡琳[②]。现在开始的舌战打到了三点钟。哈拉齐·蔡琳起头说：

“您曾经只带两个同伴想从南路驰到拉萨去，却被挡住了，由康巴·博波护送出了那克珠[③]的境界。现在您又到那克崇来了，但这条路也不让您再进一步的。”

“你们不能阻止我。”我回答。

“我们能够的，我们有几百万军队。”

“这算不得什么！我也有武器呢。”

“要不是要了您的脑袋，就是要了我们的。要是我们放您通过，那我们将没脑袋了。这样，我们不如首先同您打一战。”

“你们用不着担心我们的脑袋，你们是够不到的。有史大的力量帮助我们，我们有可怕的武器呢。我们打算继续向南走。”

“如果您有眼睛的话，请您明日看看我们怎样把您的队伍往回赶吧。”他愤恨地喊出。

---

① 指朗茹宗和那仓的首领，并非现代意义上的省政府领导。

② 哈拉齐·蔡琳和容都克·蔡琳在《从叶尔羌到藏北》译本里分别译作拉热次仁和云杜克次仁，并说分别是朗茹宗、那仓的首领。

③ 那克珠：那曲。

“如果你们有眼睛呢，在我们明天往南走时，就请注意吧，”我格外安静地回答，“但要准备好你们的枪呀，因为你们耳朵周围要乱叫的，等不到你们上好子弹，你们所有人都要鼻尖向下地躺下了。”

“不不，不要流血吧，”他们哀求着，“如果您从你们来的道路回去，那您将得到夫役、粮食、牲口以及您所要的一切。”

“说吧，哈拉齐·蔡琳！你们真的相信我这样发疯再回到北面的荒野去吗？我已经在那里损失了我的一半牲口呢！无论如何，我现在决不到那里去。”

“好吧，”他回答，“我们并不向您放枪，我们只使您走不成。”

“然则你们要怎样安排呢?”

“用20名兵士拦阻您的每个骑马人和每只骆驼，我们将您的牲口挡住，直至它们站不起来倒下为止。我们奉着拉萨的特别命令呀!”

“给我看看。”我说，因为现在我完全明白我们再不能前进了。

“那就请看吧。”他回答，并取出文件。上面注明的日期是“铁牛年六月二十一日”，有一段叙述蒙古香客关于我们的旅行大队的报告，用下面的话结尾：

“务宜急速派人到南鲁①和那克崇去，使官员人等一体知悉，凡我管辖所及之处，不许欧人从那克林以及内地南行。务须通告一切大小头目，严防那克崇边境，尤宜逐段严密布防。令欧洲人至经典之国遍视一切，此事之至不当者。彼等在汝二人所辖境域中毫无可寻之物。设彼等以必须经行为言，宜当不令彼等南行。设若彼等仍在南行中，则汝等罪当授首。强制彼等折回彼等所从来之道，是为至要!”

这诏书里面也提到西勒彼喇嘛的名字，这两位首领便申斥了他几句，因为他给我们“引路”。他却愤懑地提出质问，他们有什么权利谴责中国籍的喇嘛。当着争辩得很激烈的时候，我拿大音乐箱放在两造之间。西藏人愣住了好大半天，一声也不响。

晚上我回拜他们，在哈拉齐·蔡琳的大帐幕里饮茶，这里设置着小地毯、枕褥、矮桌子和一张有神像、油灯和供品的祭坛。大家都很融洽，我们直谈到半夜。

以后几天，我同库杜克泛舟天宫般的圆湖那克崇助②上。我们划进如画的峡湾里面，两边是峻峭的岩岸，大鹫在上面盘旋。在岸坡上牧畜的游牧人看见我们在水面浮过，简直吓到了——他们一生从未见过船呢——急忙把他们的牲口往里面赶。我们在西北岸再同队伍会合，驰往札尔古特湖③的东岸。这湖配上它的山丘、岛屿和峡

① 南鲁：可译为纳木茹，即朗茹宗。
② 那克崇助：旅行者名为那仓错，标注其为色林错西南的一个小湖。根据描述和地理位置应为今错鄂湖。
③ 札尔古特湖：《从叶尔羌到藏北》译本里指其在色林错之西，应为今恰归错。

港也很优美。半路死了驮加尔彼特的骆驼，在他长眠了之后，迷信的穆斯林觉得这是很自然的事。

我们扎在札尔古特湖湖滨的驻地异常雄伟。我们有 5 间帐幕，西藏人则有 25 间，他们的队伍现在增长到 500 人。岸上挤满了骑马者、行人、马、牦牛和羊，红缨在兵士们的叉枪上飘荡。为了欢迎我，他们还表演剑术和马术——真是壮观的一幕，那时的太阳正照在彩色斑斓的衣服和晶亮的武器上。我们互相宴请。哈拉齐·蔡琳送我两匹马，指定 10 只牦牛给我用。在到拉达克的全程，经常给我预备下一般多的牦牛。我送这两位宗本表、手枪、刀以及别的小物件，我们成了最好的朋友。

9 月 20 日，我让柯泰库鲁把我划到湖里。我们已经走了好大一截路，突然爆发了一次真正的西暴风。湖波高耸，这一叶轻舟被很大的力量冲回湖岸。当波峰把我们举起时，我们便看见帐幕，但在浪谷中连我们行近了的全部湖岸都消失了。波涛呼号着，好像在下一瞬间就要把我们扔到岸头，把船碰得粉碎的样子。西藏人黑压压地站满了湖岸，准备看翻船。但是两个哥萨克兵却预备下了！他们脱了衣服跳进水里，柯泰库鲁也跳到船外，这些强壮的臂膀便抬着我和折艇冲过飞溅的浪涛上了干地。西藏人惊骇得目瞪口呆。

晚上暴风停止了，我又能够点着灯笼做些测探工作。当我们转来的时候，从湖上眺望，岸滨简直像一幅工笔画画的城市似的。月光投在驻地上，欢乐的谈笑声、弦索声从帐幕里传出。

第二天，我同库柱克再次泛舟湖上，队伍则到这长形湖的西角去。札尔古特湖中有一小岩岛，我们向这里开去。队伍和我们守护者——西藏人在岸上画成一条黑色的长线，他们在北岸向西走。

起了一阵微风，风力渐大，我们拼命划着，因为要紧是达到小岛。我们使尽了力才背着风登上岛的东岸，把折艇拉上，开始漫游岛上。

“我们把船拴好了吗?”我问库柱克。

“我想拴好了吧。”他很慌忙地回答。

“要是冲走了呢? 我们有三天的粮食。但以后呢? 船要是灌满了水，沉了，而别人又到不了我们这里。我们固然有的是湖水可饮，但我们没有打鸟的枪。”

“那我们设法捉鱼好了。”库柱克提议。

“是的，可是到湖冻冰时，还有三个月的工夫呀。”

“我们找到充分的燃料，牦牛显然冬天在这里游牧。”

“我们得用石头造一间房，我们就在这里面度过秋天。”

“不错，我们还可以在岩头上燃起烽火，使寻找我们的人看得见。”

“不要再说废话了！快去看看艇还在不在那里吧。”

在库柱克确定了折艇很安稳之后，我们就在小岛的西岸闲步，这里的波浪在大石墩间激成喷发的浪花。我们回到艇边来，生火、煮茶和吃饭。我们就躺在这里，倾听着在岩壁间呼号着的暴风声。天逐渐黑了，月儿升上。

“要是风弱了，我们就在夜里继续西航。”

但暴风仍然不断地震荡。我们躺下睡觉。太阳清澈地升起时，暴风还是那样激烈。我们在岛上漫游，收集燃料。我整点钟坐在西岸边滨，听着浪涛的歌声，幻想着。我在岛的最高点别了太阳，我们又坐在火旁边，等待着。

夜里暴风突然停息，我们离了岸，向西面第二座小岩岛航去。我们点上灯笼，艇在狂波中摇曳着。最后我们上了岛岸，拉上折艇，躺下睡觉。

第二天早晨，又起了一阵激烈的软风，我们等待着。等到风稍停了一点，我们就撑出去。但还没走多远，又突发了一阵新的暴风，再把我们冲到岸来。下午风软了一点，我们重新尝试一次。现在我们前面便是最广大的水面，湖最深处，测锤落到 48 公尺。太阳在薄云中沉下，但在西南方一座山峰上却升起一道黑墙。我们两个人划着。新的暴风已经向我们冲下。我们就像中世纪的船奴似的逆风划船。浪头高举，浪花射入舟中。西南面耸着很高的山壁，我们打算到那里去避风。折艇的一半已经灌满了水。

“准备好你的救生圈吧，库柱克，我有了我的。”

我们被浪花打得透湿。最后我们到了前山的附近，我们把筋肉紧张到极度，最后一瞬间终于到了目的地。我们累个半死，倒在岸上。我手上起了很大的水泡。我们在一堆小火旁边布置晚饭，随之深沉地睡着了。

第二天早晨，我们最后一块面包也吃完了。我们在湖的西部航行。因为看不见我们一个人，我们便驶进一条很短的河汊里，由此通进另一座湖——亚当湖[①]。我们在它那晶明的水上还未走得好远，第三次暴风又把我们扔到岸上。折艇在浪涛的冲击中涨满了水，但我们已经湿到不得不在岸上脱下衣服让风吹干的程度了。我正在想到一间临近的游牧人的帐幕里去时，库柱克喊道：“蔡当合、于得克驰到了。”几分钟之后，他们到了我们跟前。他们围绕札尔古特湖和亚当湖寻找我们，他们没发现我们的足迹，已在害怕我们溺死了。他们在这次弋巡中碰见了许多西藏的侦察队，在到拉萨的大道上设立了 8 间警备棚。我后来才知道，这两位首领猜疑我在使用一种战略，怕我骑上在岸上准备好的马偷跑到拉萨去。

---

① 亚当湖：与恰归错相连，也作阿达错，即今之吴如错。

在我出去的这几天里又死掉了一只骆驼和一个西藏人。我们在到驻地的路上从他的尸体旁边驰过。

哈拉齐·蔡琳和容都克·蔡琳对我的回来很欢喜，并请我吃饭。

第二天早晨，我们便分路了。我得到一队奉命陪我西行的护卫，两位宗本则折回去了。当我看他们带着盛大的扈从走掉时，我绝预料不到哈拉齐·蔡琳在我亚细亚之游的下一个节目中会扮演那样重要的一个角色。

——《亚洲腹地旅行记》，[瑞典] 斯文·赫定著，李述礼译，上海书店 1984 年版，第 385—405 页。

前往波格藏藏布①

11 月 22 日这天，我们顺着原来走的那条路又稍稍地往前走了一段。之后展现在我面前的路是错综复杂的，这条路由 50 条平行的小道组成，这些蛛网似的小路都是由贩盐商队的羊群或挖金矿的牦牛队踩出来的。但无论如何，路已经是容易辨认的有人迹的路了。在将要到达凯贝葱古的村庄时，陪同我们的新朋友羌巴人要转回家去了。我们开始朝东南偏南方向，顶着猛烈的西南风暴出发。暴烈迅疾的阵风从地面上刮起尘土和沙子，令人窒息。我备受折磨，用双手遮挡都无济于事。我甚至怀疑我们是否能活着走到下一个宿营地。我们的眼睛充血、流泪，眼泪淌在脸颊上，灰尘落在上面，寒风又使它结成了冰。嘴唇肿了起来，开裂，流血，手指甲周围的皮肤全都龟裂。所有的手指尖上都在流血。

终于到达了宿营地，但是损失极为惨重，死了的牲畜比活着的多。宿营地上点火十分困难，但是一旦点燃则烈焰熊熊，火舌乱蹿，在四周旋转的旋风中飞扬个不停。剩下的六头骡子向火堆走拢来，寻求温暖。童都普·索南想把它们赶开，但我阻止了他。让这些可怜的冻僵了的生灵待在这里吧！幸存者越少，越需要更加精心地照料它们。带来的大麦和玉米都快吃完了，大米只剩下一袋。

在这样恶劣天气下的夜晚，人是多么向往一个温暖的床。帐篷外的风在呼啸怒吼，好像军事竞赛时载着大炮的炮车从光溜的石头路上驶过。突然，一阵狂风刮了进来。狂风从草丛间掠过，带着呼啸，然后旋向远方，紧接着又是一阵。阵阵暴风冲向山峦，发出瀑布般的巨响，仿佛一定要把我们的帐篷卷走，卷到前面的旋涡。这时我也想跟着飓风，让它把我从羌塘永远地刮走！

编号为 77 号的宿营地被安置在一条小溪旁，小溪已冻成一条大的冰带。在火堆

---

① 波格藏藏布：即今尼玛县波仓藏布。

旁，我们遇到了两个裹着红头巾的陌生人，头巾中盘绕着一绺圆形的头发结，他们的耳朵上缀着像象牙似的耳环，有银制的带有人像的盒子[①]。翻毛大衣上饰有红色和绿色的丝边。他们佩戴着弯刀，弯刀装在镶银的刀鞘中，刀鞘外壳上饰有许多低劣的珊瑚和绿松石。他们的脚上穿着的是新的彩色毡靴，肩上扛着滑膛枪。他们自称是从那克楚[②]来朝圣的香客。但无论如何我的拉达克人认为他们一定是前来侦察我们的探子。如果我们对他们表现出善意的姿态，他们可能只向我们提出是否有东西可卖的问询；不然的话，他们就有可能抢走我们的马匹。这会儿工夫，他们表现得非常有礼貌，并且承诺明天早晨再来，给我们带来一些牦牛和羊，如果愿意收购，他们就有可能把牛羊都卖给我们。

第二天早晨，两位香客又转回到我们的宿营地。这时，我早早就醒来了，听见他们到来，于是走出帐篷去看双方的贸易。原来这个野地里竟然出现了一个集市！这简直就像法师的魔杖点化出的一样。太阳还没有完全升上山顶，空气阴沉而寒冷，火堆上冒着浓浓的白烟，环绕在人马之间。在集市上，我看见了 6 头仅有木鞍子的高大牦牛。西藏人穿着色彩绚丽的服装，腰间挂着弯刀、小刀及护身符之类的饰物叮当作响。他们向我热情地打着手势，用一连串美好的语言极力称赞几头正在咕噜咕噜作响的牦牛，意思是它们可能有特殊品质。我买下了那 6 头牦牛、两包砖茶，一包波坦产的烟叶，还有一皮囊酥油。两个香客把我付给他们的银币装在金属盒子里，挂在他们的身上，叮当作响，骑上马，很快消失在山谷中。贸易之后，我们又费了许多体力，登上一座不高的山门。在山梁上能俯视我的第 77 号宿营地。这里是一片开阔的景象，朝南方向，一道宽阔的大山谷将交错纵横的山脉侧峰劈开，形成一片壮丽的风景。在山口上面待了不久，雪花就从天而降了。由于下雪，我们不得不快速下山。我骑马往下走，到了平地上，全身已经冻僵了。这时，我们旅行队中的一个人向后指着刚刚经过的山口叫我看。山口的雪里闪出三个骑手的黑色影子，他们箭一般地飞驰下山，很快追上了我们。他们的黑马鼻子里呼哧呼哧地喷着热气，发出阵阵鼻声。骑手们肩带上挂着枪，弯刀系在腰带上，紫红色的斗篷被卷了起来放在身后的马鞍上，他们身上穿的羊皮袄已被营火黑烟和油污染成了黑色。他们中一个很粗鲁的人用鲁莽而短促的语言喊道：

“你们是谁?”

“香客。”

---

① 带有人像的盒子：藏语称为噶乌。一般用银和铜制成的小盒，内放小佛像、药丸，用以祈佛保佑、护身避邪。

② 那克楚：即那曲。

“你们从哪里来?”

“从拉达克来。”

“到哪里去?”

“唐格拉攸穆错[①]去。”

问完之后，他们便策马追赶我的大队去了。大旅行队已在岩石脚下扎了营。太阳西沉后不一会儿，他们又向西面策马去，我有一种极不舒服的感觉，一定会有不祥的事要发生了。我有一种被人欺骗的感觉。看起来，前天碰到的那两个人毫无疑问是一对侦探。在这样的情势之下，我们驻扎在第 78 号宿营地。天气阴沉，与我的心情一样，我们在等待着不祥的命运。这里找不到牧草，只有冰，燃料也奇缺。乌云笼着天空，山上下着雪，从西北吹来的狂风在每个角落里呼啸着。

接下来的行程中，我们翻越了无数令人厌倦不堪的小山峦。路上可以见到野生动物四处活动的足迹，牛群和羊群的足迹遍地都是。在这里没有人来阻拦我们，也没有任何值得怀疑的情况，所以我们都比较平静。12 月 6 日，我们的宿营地选择在高度为 4 767 米的地方。我们带来的米和面粉都吃光了，留下的一点只供我吃，所以每天早晨和晚上我都可以吃到新烤的面饼，而其他人则大量地吃羊肉。侥幸的是童都普·宗南猎获了 6 只肥羊。回来时，我看见 6 个人正朝我们的营地走来。他们的领头者自称是本地区的戈瓦（首领），他说他必须考虑我们的问题，对他的上级那克仓[②]地区的长官负责。当我坚持要继续前进时，这位首领却变得非常有礼和友好。他提出要与我们同行两天，这就意味着他要把我们一行置于他的控制之下。他保证说，他们与我们保持一定的距离，只有到了夜里，才像猫头鹰似的与我们住在一起。这天晚上，他把他的首领帐篷支在我们的旁边，他的帐篷是一顶上部绿下部白的漂亮帐篷。

我们沿着波格藏藏布东行，走得很快，只用了 5 天半的行军。12 月 7 日，那些人便消失在我们的视野中了。但是，在帕特波地区，他们又从一处很窄的横亘山谷中出现。我们经常吃惊地发现，山间的小溪流向改变得十分突然。有一次我在驻地旁看到一个相对来讲比较温暖的泉，泉水旁有一段不长但很宽的支流，罗伯特在这里钩上了鱼。这个美味丰富了我们单调的饮食，很受欢迎。

12 月 12 日这天，我们离开波格藏藏布，然后朝东南方向出发。这一地区看起来十分空寂，荒无人烟，而且也没有骑手们突然从山谷中出现，挡住我们的去路。朝

---

① 唐格拉攸穆错：今称为当惹雍错。著名的本教圣湖，与达果雪山一起构成重要的圣地，曾是中象雄的中心地区。

② 那克仓：即那仓，旧时设有申扎宗。

着稍远的地方，我们遇到了两顶帐篷，主人告诉我们如果我们想去唐格拉攸穆错的话，那我们就走错了路。此时，我们的人却探到了一条狭窄、无人、荒僻的山谷，那里的风在呼啸，吹得石崖发出轰隆的声响。拉布桑走近我，给我带来令人不安的消息：前面有12个带枪的人，他们聚集起来要拦路抢劫。我并没有进一步问他其他问题，只是在沉默中骑马到达宿营地。过去的几个月的经历不断在我脑海中闪现，到目前为止，我已经走过了辉煌而又无畏的旅程，但这对于我的重大计划来讲却只是一个序曲。从目前情况来看，我的计划也有化成蓝色薄雾，像营火的烟雾一样消失的危险。有了人迹，这就标志着我们已经距离那片鲜为人知的禁区不远了。我能让计划成为泡影吗？

高原上的圣诞节

事后才知道拉布桑的消息不但使他自己虚惊一场，而且把我也几乎蒙蔽了。原来那12个带枪的人是虚构的，只有三个非常普通的西藏人。穆罕默德·艾沙把他们领进了我的帐篷，我请他们围着火堆坐下来。后来证明其中的一个人是头领，他穿着一件血红色的羊皮袄，头戴一顶砖红色的狐狸皮帽。我问他是谁。

“我叫卡尔玛·坦丁，从唐雍来。”他回答说。

对他很快地道出来龙去脉，我感到特别吃惊。一般的西藏人对自报姓名感到很羞涩。

“你为什么到我的帐篷这里来，卡尔玛·坦丁，是你的上级派你到这儿来的吗？”

“不是的，但是零星的谣言在这一带已经传了很长时间了。”

接着他给我们讲述了他听到的谣言，讲完后就走了。不久他又带着另外几名西藏人，骑着马前来我这儿。其中两位是妇女。她们围着火坐下来，并盯着我，我也看着她们。年长一些的妇女穿着一件细羊毛皮，前额上挂着一个珊瑚坠和一枚从拉萨弄来的银圆；另一位年轻一些的妇女穿得和她差不多，戴着一顶很大的羊羔皮帽子，只能看到她的面容的很少的一部分，但是很脏，这简直令人难以置信。这些人的体格非常健壮，身材也很好。这一点，从他们坐下来时就看得十分楚。他们都将右膀露出衣袖，坦露出赤裸的胸膛。

第二天，我们离开了诚实的卡尔玛·坦丁。“在那克仓的边境上，你将遇见一位年长的人，他的名字叫查布嘎·纳木格雅尔，你会知道他和我一样好。”这是他临别时留下的一句话。

我们继续踏上东去的冬季旅程，并在纳卡地区一带露天宿营。罗伯特身体不好已有一段时间了，现在他又发高烧。索南·策林患着一种奇怪的高山病，也十分痛苦。这种高山病的病症是全身浮肿，皮肤呈现铅青色。另外的两个人情况也不太好，所以装药的箱子渐渐空起来了。只有老古法鲁身体仍然很健康。他担负着两个人的工作，他从列城买来的寿衣当然还没有派上用场。他那大把的白胡须在烟熏火燎之下变得发黄，冻伤的双手像铁爪一样又黑又硬。我们在第 90 号宿营地停留了两天，目的是让这些病号得以适当的休息。

12 月 20 日，我们骑马沿着一条与波格藏藏布平行的山谷而行，在一个名叫昆隆的地方扎营。这个地方位于山谷横断面的出口处。我们在一处干了的泉边刚刚支起帐篷，突然看到三个带枪的骑手。他们的身后还有黑压压的一群人马，看起来他们像是一群士兵。但又是一场虚惊。一会儿我便得知，他们只是农民，是到那克仓去用盐交换干肉和青稞的。夜里，西风狂暴而且迅疾，它巨大的力量把我的帐篷都吹翻了。我们费了很大的力气才固定住。破晓时分，我被一阵响声惊醒，响声激烈得像排炮一般。固定帐篷的一根粗绳被吹断了。一阵碎石和粗沙像下雨一样，打在飘向空中的我的住所上。

“这场风暴会持续多久?”我问我们的向导。

“六个月。”他回答道。

12 月 24 日，当我醒来时，发现一位托钵喇嘛坐在我的帐篷前诵经，他手持法轮，不停地旋转。法轮用黄铜片包裹，另外还装饰着珊瑚、贝壳、流苏和其他的饰物。他一边转着法轮，一边诵经。这位老人一生中可能漫游了许多地方。但当我邀请他和我们一起走，为我们的圣诞节诵经时，他却拒绝了。那天晚上，我的帐篷中间竖起了一只箱子，箱子上插了许多我们一直保存起来的蜡烛。最长的蜡烛插在箱子中间，短的依次排在各个角上。这就是我们的圣诞树。当所有的蜡烛点亮时，我将帐篷口的门帘子掀起来。一阵惊异之后，拉达克人唱起一曲调子悠扬的歌曲，气氛反倒凄凉起来。帐篷外传来的狼嚎般的风声，令人更加伤感。拉达克人用笛子来伴奏，一口金属深锅被当作鼓来敲。烛光微弱的帐篷被银色的月光照得一片明亮，在月光中我看见旅伴们那诙谐的样了。他们跟着金属锅敲出的节奏，跳起了他们的民族舞。

蜡烛的光亮越来越微弱，而高挂在天空的猎户座却越发明亮地照进敞开的帐篷。放置在角上的蜡烛头早都熄灭了，只有中间位置上的两支还在继续亮着。不久，它们也燃尽了，我们在荒野里的圣诞之歌也到了尾声。从我们的圣诞宿营地出发，我们向南走过了两个山口。见到的牧民都对我们很友好，向我们出售羊、酥油和牛奶。

几头从列城带来的牦牛和残留下来的队员十分需要彻底的休息，所以我决定在昂孜错[①]旁休息四天。我想，这样长的休息时间，必须以什么方式利用起来。如果湖上的冰冻得结实的话，我们便可到湖中去钻个洞测量一下。这样的安排，会冒整个旅行队被分开的危险。但我不能在四天的时间中无所事事。所以，我决定还是冒一下险，我们带了六名拉达克人和够吃十天的粮食，准备走向湖中。我的同伴带上了罗伯特那顶小帐篷，但我打算睡在渡船中，因为带上渡船一方面可以当作冰橇，在冰上拉着滑行；另一方面在必要时又可以用来救生，万一我们在薄冰上掉下水，渡船就比帐篷有用。

12 月 29 日下午，我骑马走下坡来，临近昂孜错。我们在这个盐湖的旁边支起第 98 号宿营地。第二天，渡船被拉到冰上，由六个人推着向前进发。但这样做十分费力，有很多麻烦。所以我们拆掉钉在船舷两边的锌板，把它们绑在一起，像雪橇前部的两块滑板一样，安装在唯一的交通工具的下面。锌板形成一个合适的角度，并且拴上一根拖绳。经过这样一番改装，这只船变得令人惊异地轻便，只须要轻轻一推，便可自行滑行，毫不费力地把冰上的盐壳推开，并带着一种悦耳的声音，在起伏不定的冰面上滑动。

在至少有十七八厘米厚的冰面上滑行，当然没有什么危险。到一个适当位置之后，我们花了一刻钟的时间，用斧头、撬棍在冰上凿开了 8 个洞，进行水深的测量。这个湖的最深处不到 10 米。第二天，我们很早就上了岸，岸上有 19 匹马正在草地上吃草，另外还有一个年轻人牧放着 500 只羊。他看到我便像受了惊的兔子，跳起来匆忙逃跑。对这种行为我并没有感到奇怪。看到 10 个大块头的人，像魔王似的悄悄从湖上走过，他肯定会惊慌不已。因为这个湖上从来没有过人类的足迹。我的那些拉达克人围坐在一个大火堆旁，吹着他们的笛子唱歌。寒冷而平静的月光倾泻在这片旷寂的湖滨。我们在这陌生的地方度过了一生中最特殊的一夜。这一夜是 1906 年的最后一夜，地点是我们的第 100 号宿营地。

被赶回来

1907 年 1 月 4 日是不愉快、不吉祥的一天。中午时分，伊斯拉木·阿洪出现在我们面前。他几乎累得半死。他从 1 月 2 日早晨离开总部，即在湖边上上下下地寻找我们。他带着罗伯特写给我的一封信，信中告诉我一群带枪的人带着那克仓地方长官的命令前来阻挡我们前进。现在，真正的麻烦出现了。这一次不再是虚惊，几

---

① 昂孜错：位于尼玛县，为咸水湖。

个月来一直困扰着我们的紧张情绪到此时便达到了最高点，昂孜错可能成了我的这次旅行的转折点。我好像已经听到了大门的关闭声。

两天后，我们正在测量，穆罕默德·艾沙和其他两个人向我们跑来。他们个个跑得大汗淋漓、喘不过气来。

“有什么消息?”我问道。

他们带来的消息是有25个西藏人在我们的帐篷周围也支起了帐篷，并强迫我们的人卸下畜背上的驮子。他们正在湖边上设立指挥部，并且命令我们的人驻扎在原地不许动，任何地方都不准去，他们的头领三天之内会赶到这里前来处理。他们以为佩林人（西藏人对欧洲人的称呼）是在湖里捞取黄金。

我们继续测量，又找到了一个最深处，为27.4米。1月7日下午1时，有人骑着我的马出现在我们面前，要我回去。当我走进穆罕默德·艾沙的帐篷时，西藏人的代表们已经站在我面前了。他们弯腰行礼，尽可能地伸长他们的舌头。在这种情形下，西藏本土的这种行礼方式在我看起来十分滑稽可笑。

1月9日的黄昏，又有两名骑马的西藏人来到了我的帐篷外，他们向我宣布，因为头领没有按时赶到这里，请求我的原谅。头领是一位老人，在路上遇到了狂烈的风暴，所以只能慢慢行走。但他保证一定在12日的晚上到达这里。我们的耐心又一次经受了考验。到11日时，一小队骑兵在山峦上出现，然后是一队骑马的普通人跟在后边，其中一人弯腰坐在马上，他穿一件红色的巴什里克（一种内衣），羊皮袄紧紧地裹在身上，我们被告知：“这就是哈拉杰·策林①。”他的随从都带着枪，枪上装饰着红缨。他们看起来很饥饿，迅速地进入他们的帐篷。之后，我们便再也没有听到他们的任何声息。

第二天早晨，哈拉杰·策林走进我的帐篷，炫示性地穿一身清朝的官服，戴着清朝的官帽，帽子上面饰着一根花翎和一枚白色的朝珠，他的靴子上镶着丝绒边，鞋跟很高，是白色的。宽大的丝质大袍上围着一个水獭皮的短领。左耳上戴着一个纯金镶绿松石的大耳环。他进来时，我走上前去向他表示敬意。我们立即互相认识，并且热情地互致问候，几乎拥抱在一起。我拉着他的手，把他引向具有最高尊贵意义的座位，我挨着他盘腿坐在我的床上。作为翻译，穆罕默德·艾沙穿着节日盛装，头上缠着很高的织锦头巾，仪态庄重。哈拉杰·策林的指令清楚而不容置疑，即便是用再好的语气，也不能改变他的命令。也就是说，决不容许我通过那克仓到日喀

---

① 哈拉杰·策林：应为申扎宗的宗本。在斯文·赫定第一次游历藏北时，就曾与他打过交道，并被他护送出境，因此这是两人第二次相见。

则去。

下午 3 点时，由罗伯特和穆罕默德·艾沙陪我到哈拉杰·策林的帐篷去做回访。他的帐篷很大，被装饰得非常漂亮。帐内四周放着成袋的米、糌粑和几只宰好的整羊。所有的迹象都表明这位老人准备要在这里长住。枪和枪托、信号、弯刀和刺刀、鞍具和马笼头以及马鞍等等，把这座帐篷点缀得可以入画，但战争气氛却很浓。帐篷里不长的边道上铺着厚厚的褥子，上面又有拉萨式的小地毯，褥子的后面还有靠垫。我被邀请坐在哈拉杰·策林旁边的座位上，一张红漆的小方桌放在我们面前，在我们的右侧，设有一个小佛坛，上面有镀金的佛像和高斯（一种里面装有佛像的小盒子），它可以在旅行中用一根红色的绳索从中间悬挂起来。佛坛的前面，有一个装着酥油的闪亮的黄铜酥油灯，油绳在灯的中间发出火光。

一名侍从用铜盘端上中国的瓷茶杯，茶杯上有银质的盖子。另外一名侍从向漂亮的茶壶里放入一种混着酥油的浓茶，这种茶现在我已很习惯了。哈拉杰·策林后来赞扬过我的英式茶。我们的对话进行得很平静，双方没有争吵，就像在我的帐篷进行的一样，但谈判仍无任何进展。哈拉杰·策林说："我决不能让你到唐格拉攸穆错去，那是圣湖。况且，我们的防卫人员已在那儿布置好了。"

"那么，向东的路也被禁止吗?"

"是的，整个地区都不准你通过。"

首领不肯替我转达我给江孜的大主管奥康纳[①]的信，而且也不给我们出售需要继续旅行的马，但他并不阻止我派我的两个人步行去那儿。因此，我命令队员中的罗伯·达斯和宜都普·加尔森前去。他们在这天夜里接到命令，第二天天刚亮便出发了，开始了他们冒险的旅程。

潜入禁地

1 月 13 日，太阳刚刚升起时，哈拉杰·策林派随从前来报告说，他要到我的营帐来访问。

"赫定·沙黑布，"他落座后说道，"我们两个人谁都没有工夫在这儿逗留几星期或几个月。我们的意见是，你最好朝南走，然后进入南布良（指扎什伦布）地区。我请求你最好后天早上出发。"

听了这话，我大为不安起来。我感觉到，我绝对不能放弃这次机会。在昂孜错

① 奥康纳：英国第二次侵略西藏后，在江孜设立商务局。奥康纳便是第一任英国驻江孜商务委员。

地区和日喀则之间，在藏布[1]的北边，向东部部分伸展出一大片空白的土地，这个地区没有欧洲人，也没有印度学者测量过。如果我能横穿过这片土地，这便是独一无二的旅行了，我的努力就不会半途而废。现在，无论如何，我不能把这个计划暴露出来，不能流露出一丝一毫的兴奋情绪。所以，我深思熟虑地、平静地回答道：

“好吧，后天我将向南出发，假如你能为我提供马匹的话。”

谈话当中，我偶然提到了我打算向西行的计划。这样的走法就有可能绕唐格拉攸穆错，做一次短程旅行。这个提议看来十分唐突和缺乏明智，惹得哈拉杰·策林生气了。他喊道：

“去唐格拉攸穆错圣湖？绝对不行！那湖是圣湖。你的访问会给我们带来更多的不幸。我不能允许，但也不强迫你。我可以恳求你，你以你的名义发誓你不去唐格拉攸穆错圣湖。”

就这样，我又失去了访问圣湖的机会。我的直率使我感到懊悔不已。不一会，我又找到了能使自己欣慰的理由。我想如果强行前去访问圣湖，他们肯定会把我从湖边逮捕起来。

这一天，虽然在我们的编年史上是值得大书特书的一天，但是到了 14 日这一天却发生了更有趣的事。在过去的几个月里，我们生活得极为单调，但是这些天来，每天都有令人惊讶的事情发生。我在我的帐篷附近用三脚架支起了测高的仪器，手边放着天文钟、气压表及温度计，极方便地在操作着。我在那里站着工作了整整三个小时，观察这一天发生的日食。空气的温度下降得很快，地球表面上有微风吹过，太阳明亮的圆球十分之九变成了黑暗的阴影。几个西藏人走进穆罕默德·艾沙的帐篷，忙着要卖马给我们。当奇怪的暗影投下时，他们摇着头回到自己的帐篷去了。拉达克人坐在他们的帐篷里的火堆旁，低声诵念着祷词。乌鸦全部悄无声息，也不飞动。一只老鹰在十分接近地面的空中盘旋。羊群自动地回来了，就像它们每天晚上回圈一样，小狗们也停止了它们的嬉戏，静静地在帐篷里，躺在我的床上。只有马继续吃草，对天突然变暗毫不在乎。四周是一片奇怪的寂静。

不一会，一弯镰刀形的太阳又出现在黑暗中，它一点一点地变圆、变大，天空也慢慢变亮起来。羊群站在原地犹豫了一阵，然后便慢慢走到草地上去了，狗又开始戏耍起来。西藏人一个接一个地从他们的帐篷内伸出头来。乌鸦抖动着身体，呱呱地叫着飞向山谷那边。拉达克人的祈祷声听不到了，生来就高飞的鹰瑟瑟地抖动着翅膀，飞向太阳。这时，太阳已重新闪耀着它那耀眼的光芒。

---

① 藏布：指雅鲁藏布江。

接着，年老的头领又来访问我们。他给我们送来砖茶、香烟和一块布。另外还带来一个令我沮丧的消息：这一地区出现了强盗，他的军队正与那伙强盗作战。

“我们追逐他们，逮住他们，将他们的头砍掉。”他说。

晚些时候，我去访问哈拉杰·策林，看到他正坐在漆桌前喝茶，吸着他那长杆的中国烟袋。

“为什么刚才的天那么黑?”我问他，“那准是唐格拉攸穆错的神灵生你的气了，因为你不许我们去那里访问。”

“不，当然不是。一只大狗在天空闲逛，经常把太阳藏起来，但你不要有任何担心，狗会走开的。”

“很好!”我说着，并且想着再做一次没有把握的尝试，想给他解释这个天文现象。我让罗伯特举起他的茶杯，表示太阳，我拿两枚卢比分别代表地球和月亮，地球和月亮沿着它们的轨迹运行。哈拉杰·策林专注地听，不住地赞成地点着头，但最后他说出他对此解释的看法。这个解释对我们很有利，但对西藏人却不适宜。

这时候，帐篷的门帘被掀起，拉布桑喘着气走进来，朝我叫道：

“送信的人到这儿了!”

穆罕默德·艾沙和罗伯特像脚下着火似的，一下跳了起来，喊道：“我们要走了。”

我仍然坐着不动，将双脚紧贴着地尽量不显出我因激动而发抖。

“怎么回事?”哈拉杰·策林问道，他对这一阵骚动感到吃惊。

“我有了从塔齐[①]喇嘛（即九世班禅大师——译者注）那里来的信。”我很冷静地答道。现在该轮到哈拉杰·策林吃惊了，他看起来呈现出慌乱的情绪。他友好地把手搭在我的肩上，笑着对我说：“赫定·沙黑布，这个消息也许对我更重要，如果昨天我没有同意你的要求，我现在接受了。”

这时，我再也忍不住激动。向哈拉杰·策林告辞后，我匆忙向我的帐篷走去，先看这些信件是从什么地方来的。当邮件打开时，我的兴奋之情达到了极点。那一夜，旅行队的其他人一直没有看到我，我躺在床上，读着信件。帐外，拉达克人围着营火唱歌、跳舞。

——《失踪雪域750天》，［瑞典］斯文·赫定著，包菁平译，新疆人民出版社2000年版，第43—58页。

---

① 塔齐：即大师的音译。

致外部电请禁阻英员背约擅进内地

（正月初四日）

十二月初七日（1907 年 1 月 21 日），据纳尔仓头目[①]禀称：英营官亚班克丁[②]及翻译打毕朗、通事麻玛阿萨[③]，其余拉达克人 28 名、骡马驮牛 27 只，由堆里至纳尔仓，劝阻弗恤，请示办理等情。当经谕饬商上，转饬纳尔仓头目，勿准过境。去后，旋据禀覆：该英官等已由纳尔仓折回。兹于正月初三日（1907 年 2 月 15 日）据班禅专差禀称：亚班克丁由拉达克绕道格尔、纳尔仓等处，于十二月二十七日（1907 年 2 月 9 日）到后藏，声称要见班禅。可否接见等语。当经谕令班禅援约，劝谕出境，以免生事。未审该英员能否听从，难保不再往他处。查英官擅进属内地来往，倏而无常，在我难任保护之责，且恐他国人效尤，亦难禁阻，请英廷饬下印政府饬禁，嗣后勿再越入藏属内地，以重睦谊，而杜他国口实。棠支。

——《清季筹藏奏牍·第一册张荫棠奏牍（卷一）》，吴丰培辑，国立北平研究院史学研究会，1938 年，第 29 页。

---

① 纳尔仓头目：即前后与斯文·赫定打过两次交道的申扎宗宗本哈拉杰·策林。

② 英营官亚班克丁：宗本称其为沙黑布（Sahib），指欧洲人特别是英国人，而不清楚其实是瑞典人，故而称为英国营官。亚班克丁实为“斯文·赫定”从英语翻译成藏语转译成汉语的写法。

③ 通事麻玛阿萨：联络人员，多次为外国人进藏带路，能讲印度语、突厥语、藏语等。他作为商队领队在当时中亚旅行中小有名气。

莱斯顿夫妇游历情形

(1904—1905 年)

一、人物简介

莱斯顿伯爵(Count de Lesdain),英国人。1904—1905 年,其与年仅 19 岁的夫人策划新婚之旅,从北京出发,经内蒙古、陕西、甘肃、青海,翻越昆仑山进入西藏,最后南下印度。

二、游历概况

莱斯顿伯爵夫妇一行十几人大约从今天青藏公路一带翻越唐古拉山,经过安多、纳木错进入南木林。

三、文献原文

让我们惊讶的是,在关口的另一边,我们发现了一个又长又缓的山坡,有很多小河从这里流过。山顶光秃秃的,但随着我们继续下行,逐渐变成了一个繁茂的草场。我们晚上六点左右到达这里,历经一天的艰难旅程后,我们已经精疲力竭,感觉迟钝而麻木。我们希望在这片丰茂的草场上找到野牦牛为食,但我们的希望落空了。没有任何动物嬉戏的痕迹,9 月 2 日这天,我们只好饿着肚子继续向西南方向行进。

这场旅行的性质,以及我们渴望捕杀一头牦牛的心愿,促使我们在一天之内行走了 20 英里。但是我们没有遇到任何好运,只能继续忍饥挨饿。

由于不能继续前行,我就注意到,我有确实的事实证明附近有一群牦牛。因此,我决定在我们扎营的地方再歇息一天,以便出去搜寻它们。

我沿着众多山谷的其中一条继续往下走,动物足迹逐渐增多,200 码内就看见 30 头野兽在安静地吃草。正好在我射击范围之内,于是我开枪射向其中很大的一头,而其他的就都逃走了。回到营地，我告诉他们当地有很多野兽，还把新鲜兽肉分给每一个人。那些做梦都渴望猎捕野兽的男人们，一听说就欢呼雀跃起来，其中四个立刻带着刀子离开了营地，渴望能够把牦牛切成一块块的牛排。其他人也劈开我们的最后一批箱子烧了，他们甚至将一切对于我们今后的行程来说不很必要的东西都拿来给烧了。

我们终于可以休息一下，吃点东西了，为了得到猎物，我们还是能够忍受这一天的。很多人都处在极端疲劳、情绪低落中。在这最后几天，由于我们缺乏食物和睡眠，情况变得愈发糟糕。一天的休息根本不够。想让这些人彻底休息一下，至少需要一到两个星期，而我们是无法抽出这么多时间的。

我知道，我们必须靠近湖区北部藏族人的第一个居住点才可以。因为如果我不立刻向南走的话，拉萨政权听说我们的行动后，就定会阻止我们，毕竟到现在为止这些人还没有意识到我们的旅行目的，何况，他们曾经就一直阻止所有来到中国西藏和中亚探险的探险家们。

接下去两天，我们沿着一条河流继续向南旅行。我希望这条河流可以流进中部的湖泊之一。蜿蜒曲折的河岸至少是我们径直穿行路程的两倍。

这里的生命迹象越来越多。一路上，我们穿过很多逐渐明显的足迹，还有其他旅行队留下的炉灶。

有一次，我们甚至在一个营地旁发现一种烤炉，是匆忙中用方形泥块建成的那种。炉子里的火焰一直都在燃烧着，因为风从来就没有真正吹灭过里面的火苗。不久，我们听到了响亮的犬吠声，它们在热烈欢迎我们的到来，接着，我们就看见几只健壮凶猛的西藏猛犬从一个土丘后面飞奔出来，迅速扑向我们的旅行队。土丘上喂养着一群温驯的牦牛和小马驹。叫声就是这些狗发出来的，它们是为了吸引主人的注意才这样做的。西藏猛犬的主人们一个接一个从牦牛毛制成的黑色帐篷里走出来，慢慢地走近我们。其中一位喇嘛对我们说了几句中国话，看起来他对于我们的答复很满意。我们告诉他，我们是前往印度的商人，但不幸的是，我们几乎把所有的货物都丢在了泥潭里，现在变得几乎一贫如洗。接着，他们就给我们提供了牛奶和黄油。由于我们已经很久没有享受过这种奢侈的待遇了，都没有仔细检查这些营养品就疯狂吃了起来。

这些人都比较爱好和平，也都比较友善。所以看起来，我们的前途也还比较好。拉萨政权对于我们的行动没有发出任何命令，他们也没有看见我们来的路上有什么，虽然他们很惊讶我们没有沿着通常的车队路线行进。而我们只能尽量解释说，我们迷路了。

但是，傍晚时分，三个男人——其中一位是穿着黄色僧袍的喇嘛——骑着马驹以一种中等速度向南奔驰过来。很显然，他们只是训诫那些放我们前行的士兵，以此来减少自己的责任。而这些士兵就驻扎在安多索纳克附近，据我们的新邻居介绍，距离这里也非常近。

当天晚上什么事情也没有发生，但我依然保持高度警惕。因为我担心牲畜们会在这个漆黑之夜被人偷走。尽管它们已经精疲力竭，但没有它们，我们也将寸步难行。

翌日清早，我们离开了这个西藏小营地，沿河道继续前进。一路上几乎没有任何阻碍。这是一个很难过的日子，因为下了一场大雨，我们不得不经常蹚水过河。河水一般三四英尺深。我们的情况在深夜时分变得难以想象。雨水和溪流已经将我们整个浸透了，而温度也只是稍微在冰点之上。

对我们的处境我们一点也不敢掉以轻心，因为透过雨幕什么也看不到，不过，我们还是注意到峡谷已经变宽了。

早晨，我们在马匹的嘶叫声中惊醒。显然，这些马匹被骑得太久了。我们跑出帐篷一看，10 个西藏士兵从毛发蓬松的战马背上跳下来，他们正向我们的帐篷走过来，肩上或是手臂里都挎着长长的来复枪。当然，我的手下都没有看见外面在发生什么，而我的第一个动作也就是立刻把他们踢醒。要不是我们也很担心的话，我们当时一定会讥笑这些手下看见全副武装的西藏人时脸上流露出来的表情。

我们起先以为我们的行程已被注意，想到现处于精疲力竭之中，我真是有点担心从这里到克什米尔的下一段旅行能否继续。

但士兵一到我们营地，就友善地跟我们行礼问好。其中一位会说汉语，这样接下来我们就有了一次愉快的谈话。面对一个衣着考究的西藏人，外国人必须使用各种解释性的手势才能将交谈继续下去。开始时我们被连珠炮似的提问，诸如我们是谁，何时来的，要去哪里。我的回答方式让大家都很满意，接着我也提出了一些问题。慢慢地，我发现他们其实是在执行一位地方长官的命令，这位长官的事务就是守卫这一条我们进入湖区的关口。考虑到我们是商人，他并没有阻止我们前进的意思，这样一个小时的谈话之后，他就祝福我们能够旅行快乐了。离开之前，我们用 1 两银子从这位长官手里买了 1 磅面粉——在西藏，这是一个非常高的价格。毕竟，每个人都必须以某种方式生存下去。

我们一身轻松地出发了。拉萨政权并没有阻止我们，可能他们一点儿都不了解我们的行动。我们再次为在北京获得去新疆的通行证而庆贺，我们也庆贺没有泄露进入西藏禁区的目的。士兵和他们的首领显然都不再怀疑了，他们显然也不愿意再把一些关于我们的信息送到拉萨。我们很快就出发了，希望任何可能禁止我们前行的命令发出之前，能够穿越这个危险地带。而我们的希望与打算，也因为一件事情的发生得到了证实。

安多索纳克地区，就是我们现在进入的地区，完全不同于我们刚刚经过的那些岩石、山谷地带。铺展在眼前的是一望无际的绿色草原，遍地可见的牲畜和帐篷，还有游荡在青山绿草之间的牧马人。冉冉炊烟从帐篷里升起。这种充满生机和相对富有的景象对于刚刚穿越荒原地带的我们来说，简直就是人性的伟大释放。沿途，我们只遇到了一个朝圣的队伍和一群猎捕牦牛的人。

这一天，我们共计看到60个散布各处的黑色帐篷，有时也搭在一起，但通常彼此之间都相隔很远。西藏高原上的文明，显然更倾向于小团体组织，仅仅包括每一个家庭就足够了，而不是更大的集合体。

中国人管这些藏民叫“黑色帐篷”，因为他们的居所就是这种永远不会改变的颜色……当我们经过他们的帐篷没有进去时，也还能得到他们的行礼。只有一次我们激怒了一位老喇嘛，因为我们想把旅行队带到他的那些牲口夜晚歇宿的地方。这可真是严重冒犯了他们的信仰。此后，我们就警惕没再犯同样的错误。有时候，也会有骑马的年轻人从我们经过的帐篷里奔出来，一直跟着我们走好几英里。这些大孩子其实没有任何敌意，他们看见一支旅行队从附近通过，很自然地就激起了心中的好奇。

一连两天的旅行之后，我们仍然还看得见安多索纳克地区，虽然我们已经把它甩在我们的后边。第二天傍晚时分，我们来到一片山区，但只看见几座小山，和我们此后见到的山脉完全不同，此后见到的都是那种连绵不绝、极富规则的山脉。

我们的好几个伙计都患了同一种怪症。他们的脚和腿逐渐变硬变肿，后来汉人的皮肤能够变红的地方都变红了。这种罕见现象前后持续了两天，病人也并没有感染别的碰过他们的人。起先，我以为是海拔升高的缘故，但当我记起来有一次我们到过更高的地方时，我就打消了这种想法。后来，我猜想可能是虫子噬咬导致的血中毒，但讨教当地居民之后，他们似乎并没有见过这种病症。更让我们惊讶的是这种肿胀并不疼痛，也不影响我们的行程。

9月8日，我们到达彭错①。邻近地带人口都相当稠密，但并不像安多索纳克地区那么密集。我们友好地同当地几位藏民交往，他们看见我们的六分仪和一个个人造水平仪也并不感到惊讶。

① 彭错：位于班戈县。似为今崩错。

事实上，其中一位说，他曾经亲眼看见一个欧洲人拿着纬度计进行测量，但这位欧洲人被西藏地方政府阻拦在我们所在地方稍微偏南的某处。这个人的讲述让我判断出那位旅行者就是斯文·赫定博士。我们从这个友善的西藏人手中买了 2 磅黄油、两头绵羊、13 码中国亚麻布，现在我们手里还有一点亚麻布，是那种很普通的蓝布。但在西藏，最便宜的原料都是很贵重的，显然这和当地缺乏地域之间的沟通有关。

西藏的这个地区人口都很稠密，而且也很富有，至少这里是水草丰茂。当地并没有耕地，唯一住有居民的地方也都喂养着牛群。夜晚，这里很冷，但不下雨的白天也让人感觉很舒适，原因就在于我们现在位于 2 500 英尺的高度上。我们现在正处在西藏高原的温带地区。

9 月 9 日，我们和西藏人告别，他们很热诚地帮助我们打包，把货物装到骡子身上，这也给了他们偷窃各种小东西的机会。我们把小张安置在最后一头骆驼上。虽然我们尽量细心照顾他，给他吃药，但他那精疲力竭的状态每小时都在恶化着。

我们径直向南翻过两个山顶，穿越一条山谷——斯文·赫定就是在这里被受阻数日，犹如囚犯一般。我想，这里一定有一个固定的小警察局，因为我们看见两个戴着藏帽的士兵走过来，这种帽子很像中世纪炼金术士们戴的那种。当他们看见我们并不像那种较大的探险家时，就只问了我们一些问题。我们坚信不久就可以看见印度平原了。但我们还得走很长一段路，而且腾格里诺尔附近地区的名声也不太好。奥尔良王子①和里特戴尔②都曾经在这里受阻。

终于走出小山一样的迷宫了，它实在给我们添了很多麻烦，始终让我们不断地迂回曲折，却没有一点儿刺激。现在，我们可以看见托戈错展现在我们面前，闪烁着蓝色光芒。这真是一片漂亮的水域，像瑞士湖。湖中心有一个岩石岛，有很多白色海鸥在上面飞翔。

虽然地图上已经有标注，我还是不太相信托戈错和彭错之间有什么联系。后者位于南部，海拔大约比前者低 90 英尺。

彭错比托戈错大很多，但显然正在慢慢地消失着，就像很久以前湖水留下的标记所证明的一样。这些标记在靠近湖岸的地方依然清晰可辨。这两个湖曾一度相连，但现在它们被一条山脊给分开了。两处的湖水都是咸的，但彭错中有一处温泉从北岸的一块岩石中喷涌而出。彭错周围都是高山，附近几乎没有水草，这显然是缺乏

① 奥尔良王子：也叫亨利·奥尔良王子，法国探险家，与邦瓦洛特一起于 1889 年进入中国藏北。
② 里特戴尔：英国探险家，1895 年从新疆阿尔金山进入羌塘，经色林错向拉萨，中途被阻，转向西行。

淡水的缘故，也说明西藏人很少能够在这里见到水草。

我们在距离一个哨所较近的地方安营扎寨，里面住着两个西藏人。他们并没有离开哨所，只是直接用汉语询问我们是否是西宁大喇嘛的追随者——这个喇嘛几天前才跟着一支队伍从这里走过。当我们回答说是的时候，他们就祝福我们好运，重新回到自己的屋里去了。

现在，一件令人悲伤的事情发生了。它给我们成功的旅程蒙上了阴影。我们发现小张死了，已经僵硬。他是在午夜 11 点被一个起夜的人发现的，当时这个人被绊倒在他的身体上。于是，这个人叫醒了我，我出来后，确定小张死于心脏病。

旅行队的赶驼人逐渐聚集在一起，他们都很同情小张，但没有人愿意碰小张的尸体，我只能用一张卷曲的软床单把尸体裹进去，并用很严肃的措辞命令手下把尸体抬到极其野蛮荒芜、乱石遍布的地方去掩埋。我希望西藏人不要注意到这一块新近才翻过的地方，希望这块坟地不会遭到骚扰——如果西藏人有机会，他们一定会偷走死者手上的戒指、身上的衣服。我们用了很长时间来挖掘坟墓。这真是一件非常艰难的工作，因为地面整个冻结了，而且我们也不希望太引人注目。快到凌晨三点的时候，所有工作完成了，小张永远躺在了远离故土兰州的异乡。

跟我们在一块的这几个月内，小张脾气一直都很差。即使是每一次犯错之后都要遭遇同样的惩罚，他也总是不住地撒谎、不住地偷窃。在兰州附近的时候，我就曾经想解雇他，但因为其他人的恳求我才动了恻隐之心。后来，又因为他从一个传教士手里拿到一封推荐信，我才决定仍然把他留下来。我几乎不能相信他就这样简单地死了。但事实就是这样。

他已经是队伍里第二个死去的人了，这一次又严重挫伤了其他人的士气。为此，第二天，我不得不用左轮手枪逼着他们上路。

一整天都没有人说话。他们做事的时候就拿一只眼睛看着我，希望能够抓住任何一个机会去石头后面睡觉或是死于饥饿，对他们来说，似乎这两者都比跟着我的命运更好。

我们用两天时间穿过彭错，之后又继续沿着南一西南方向前进，如果我的估计正确的话，我们正沿着可以把我们带到大湖北岸中间地带的方向行去。我们以一种舒缓的速度前进，一小时也就 2 英里多一点。途中，骡子的不幸状态让我们不得不停下几次。这里的沼泽地越来越多，但沼泽地附近都是绵延不断、大片大片的绿草地，草地上放养着成群的牲畜。虽然我们通常是从当地居民帐篷外几码的地方通过，但似乎根本没有人表示出任何的惊讶或是向我们提问题。

9 月 13 日，腾格里诺尔所有的富丽堂皇都铺展在了我们的前方。这是一幅辉煌的图景。绵延100英里长的山脉，从深蓝色的湖面之后升起。山峦边缘是冰雪覆盖的地面。高高的山峰投影在平静透明的湖水中，山峰最高处至少不低于25 000英尺。这些神奇的高度形成了一道壮丽的轮廓，比瑞士湖所拥有的还要壮丽。或许再过半个世纪，旅游者们会从印度中部飞到这里，用腾格里诺尔的水来洗净自己的心灵。世界变化的速度如此迅速，即使是有这种进步也不会让人吃惊。只是16 000英尺的高度是很多人无法忍受的，对于健康而言也很有害。

纳木错北部地区生机蓬勃。那里聚集着很多圆形的小帐篷。帐篷里面，喇嘛们总是夜以继日地焚烧着各种香料。经过一天漫长的闻不到任何人体混合气味的旅行之后，闻到这种香味感觉真是很奇特。

他们使用的香料植物大量生长在湖岸边。出售香料是这里仅有的一项产业。这种植物能够散发出一种非常罕见的香气，气味可以一直升到小灌木那么高。

我们不得不让旅行队连续休息两天，人畜都太累了，虽然我妻子给他们讲述了一个关于勇气和耐力的故事，我还是不希望过度损伤她的精力。何况这些日子都还比较和平安静。有西藏人出来看我们，他们卖给我们一些绵羊，还向我们介绍我们所需要的、有关村子的各种信息。他们也告诉我们，没有哪一个拉萨士兵愿意脱掉他那带遮檐的帽子行礼。

标注纳木错的地图上有一个错误，就是在西北部印上了一组小岛。随着我们继续前行，我们可以确定这些小岛并不存在。但这里也有舌头大的一块土地，同陆地上的一组岩石联系在一起，比地面稍高一些，但这地面在较远的地方就看不见了。

从北部湖岸的中间地带绕湖走到西南端并不容易。地面足够坚硬，水草足够丰茂，但是我们必须蹚过几条流进湖里的小河才可以。但河床里净是泥泞，部分地区还有流沙。在一片白色的石灰石沙面上，有一条很特殊的河流过，我们费尽力气才从里面救出牲畜，它们现在实在太虚弱了，没人帮助根本无法克服这种困难。

9月17日是一个充满事故的日子。我们在早晨离开纳木错后，就径直奔向南方，准备翻越一系列的山脉和规则成线的山谷，但它们彼此相距太近，我们根本就不能看到之外的地方。这让那一群懒惰的人非常满意，他们不止一次溜出我的视野之外。其中一位，辛，尤其显示了他在逃避我的警惕和监视方面的能力与智力。

正午时分，我让他们短暂休息几分钟，当时，我看见辛舒展开身体进入了梦乡。而当旅行队再次出发时，他走了几步竟开始跛行。几分钟之后，他就向我请示说，他要停下来稍微修理一下他那只伤脚的靴子。我答应了，耐心等待他回来，他在那里大呼小叫，说靴子裹住了他的脚，实在让人好笑。但随着时间的流逝，我的耐心也随之流逝，就命令大家继续向前，把辛一个人丢在后面。他要立刻跟上来才可以。

但我们再也没有见过他。诗诗，我们最忠诚的看家狗也跟他在一起，我真是害怕丢了这条狗，这种遗憾比丢掉那个人还要多。诗诗经常在我们熟睡时为我们放哨，向我们发出警告。在这样一个人口稠密的地方，更是不能没有它。

辛失踪后不久，我们另一个伙计仲也落在了后面，表面上他是要去寻找一只因为筋疲力尽落在后面的骡子。而当我以最快速度赶回去阻止仲时，另一位赶驼人，即仲的堂兄塔仲，一个品性极端恶劣的家伙也不顾我妻子的命令，擅自从旅行队前面离开去寻找丢失的人。当然他们都迷路了，因为小山之间太像了，而当我筋疲力尽赶回来时，发现我们只剩下了三个伙计。情形一点也不乐观。这时，我看见了我们那头驮着弹药桶的骡子回来了。当时，仲就是因为它落下的。不过，这头骡子身上的银两都丢失了。找到仲后，我就命令他继续向前，但我也不得不再次把他丢在后面，因为我要在队伍前面带路。他允诺说会立刻赶上，听起来那么真诚，我就把那一箱非常珍贵的火药桶交给他保管了，当然还有更珍贵的银子。

如果当天晚上西藏人进攻我们的话，我们可能毫无反抗就从这个世界上消失了。为此，当天夜里我们都尽可能保持清醒。

太阳一升起来，我就出去寻找丢失的人。我希望，他们在野外度过这么一个寒冷的夜晚之后，能够得个教训，毕竟野外既没有食物，还可能有狼或是熊袭击。我想，当我看见了他们气馁的脸庞和伸出来祈祷的双手时，无论我们以怎样的速度前进，他们都不会再有自杀或是宁愿饿死的想法了。

不过，仍然没有辛的踪迹。18 日，我们等了他整整一天，这个可怜的家伙一直没有出现。不得已，我们只能丢下他任由命运安排了。如果我们决定返回去继续寻找的话，整个旅行队都会暴动。

第二天，我们不得不穿过一些关口，虽然它们在一场大雪中冻住了。这样，正午时分，看到诗诗回来就是一件非常不可思议的事情。当时，我们突然听到一阵快乐的狗吠声，接着，诗诗就和我们在一起了，简直难以形容它当时的快乐。这真是一件神奇的杰作，它竟然能够翻过雪山、蹚过溪水一直跟着我们，不过由此也可看出这只小狗的睿智和机敏。诗诗脖子周围有一些咬碎的细绳子，这证明了我们对辛的担心。他已经冻死在寒冷的夜里了。于是，诗诗就咬断绳子，自己跑来跟上了我们。如今，就在我们快要到达目的地的时候，精疲力竭带走了我们的三个牺牲者。可是，我们距离雅鲁藏布江——西藏南部的大动脉——毕竟还有十天路程。根据这里的地貌特征以及当地人提供的信息判断，我们不可能径直穿过河流，尤其是现在我们精疲力竭的时候。山里的小路总是错综复杂，难以行进，而且会经常出现障碍物。这样，我们就只能沿着一条看起来流向雅鲁藏布江的溪流行进。

沿着一条叫作商曲[①]的河流，我们下行了好几日。这条河流在慢慢变宽，河岸也逐渐出现了一点文明的特征。帐篷变大了，人们看起来更富有，女人的衣服也多了一些装饰品和珠宝饰品。但成功与富有并没有让这里的人比贫穷地区更友好。有一天，我们要买一匹马，就向一个帐篷走去。但里边的人都恐惧地逃到山里去了，只在帐篷角落处还留有一位失明的老妇人。于是，我们在门槛处留下一只银制鞋子，拿走了所需要的一切。还有一天，我们被一支小小的马队拦住了，队伍里有一个军官、三个士兵，他们说我们不能溯河下行，因为前面的道路已经被一块陡峭的岩石给挡住了。这位军官非常友好，第二天，他给我们带来几头温驯的牦牛，这样我们就带着几头牦牛顺利地蹚过那条河。河流确实相当深。我们接受了他的建议，而且不得不承认，他确实是对的。

处处都是令我们惊讶和喜悦的灌木丛，有时都有几英尺高。还有温驯的牦牛群，白的、黑的、灰的。它们就在我们下行的路上，身上驮着黄油和干肉。一路上，只有极少的人愿意和我们说话，似乎越往前走，怀疑我们的就越多，如果我暂不说这是一种敌意的话。我们现在接近的地区，明显能够感觉到当年前往拉萨的英国探险家们留下的影响。作为欧洲人，我们在这里比在中部湖区，更为人们所注意、所憎恨。

然而，直到纳木岭[②]要塞，也没有重要事情发生，倒是在一个平头的锥形小山顶部，突然之间显露了所有的力量与圣洁。

——《从北京到锡金——穿越鄂尔多斯、戈壁滩和西藏之旅》，[英] 莱斯顿著，王启龙、冯玲译，西藏人民出版社 2003 年版，第 191—203 页。

① 商曲：即今南木林湘河。
② 纳木岭：即今南木林县。

布克游历情形

（1905—1907 年）

一、人物简介

布克为哈萨克族，原居新疆。

二、游历概况

1905—1950 年，哈萨克族有两次大规模从新疆进入青海又流入藏北，本书所辑内容为其第一次入藏[①]。1905 年，布克一众百余人进入朗茹边界，念其迁徙流离，驻藏大臣、西藏地方政府允许其在达木捻充地方暂牧，前后有两年。其间首领布克病故。后经驻藏大臣向皇帝奏议，由达木总固山达护送出境，并由新疆委员接收带回。

三、文献原文

十二月二十四日（1905 年 1 月 20 日）……北路探兵前藏额外马朝阳的等已回交界处，大雪封山，达木兵、番兵均有驻扎。所来回匪哈萨克流民耳（哈拉乌苏营官明日来禀，已派兵），男女并裹番民约在一千余人，明春开冻，似大宜防范也。……

——《有泰日记》，有泰著，康欣平整理，凤凰出版社 2018 年版，第 514 页。

五月初一日……旋至洋务局，约诸委员商酌，番官面禀，哈萨克逃来男女二百余人，并驼只，已到藏地，拟派汉官、番官、达木八旗官前往阻拦。恩惠臣来，达

① 第二次为 1940 年，在青海西北部的爱力斯汗、扎依甫率众 3 000 多人从唐古拉山口进入西藏。西藏当局要其缴械、献马后才准入藏。他们先缴部分枪支和马匹以迷惑对方，然后用火力掩护，使其大部入藏，到达安多以后，便向西行，直奔狮泉河，最后进入克什米尔。

木拟就地派往，免得此处前去多费周折。……

——同上，第 550 页。

六月二十七日……接到王世昌来禀，前路果是哈萨克逃人，讯明头目名布克，有男女百数余，现无所归，将公事令委员等看之，交李海山转商于噶伦，应如何抚之，再听回音。……

六月二十九日……接达木八旗来禀，查北路哈萨克逃民布克等，与前王世昌所禀大略相同。……

光绪三十一年岁次乙巳秋七月初一日……化臣、海山来回哈萨克抚恤事，竟所见皆同，汇款事亦颇尽心，甚为如意可喜之至。……

七月初四日……至外院遇化臣，据云缠头官[①]丁乾三来接济哈萨克米粮，已由番官发票有十余驮，明日可走。……

——同上，第 565 页。

七月二十五日……化臣午后接朗茹出差，王世昌绘藏北一图，颇有用，余留之以备看。……

——同上，第 572 页。

十月初六日……午后会噶勒丹池巴……哈萨克安置，请饬噶厦觅达木番家分界水土多处，接达拉汉地住户番民须接济一切等语。……

——同上，第 593 页。

十一月二十二日……午后惠臣、少韩、鹤孙、竹君、化臣、海山同来，因哈萨克逃民布克解到，在粮署询问，其贼滑万分，并无实话，拟再讯之。……

——同上，第 603 页。

十二月二十四日……饭后，布克来谢恩，赏其百金，买粮米活其九十余人，其相颇好，身材极大，惟穿靴似洋人又不似洋人，看着甚笨。伊戴三品花翎帽子，然无辫子，颇可笑。传话亦甚难，汉话须成番话，番话又成蒙古话，伊方懂得。……

——同上，第 612 页。

① 缠头官：指回族官员。

(1906 年）五月十四日……化臣来回哈萨克口粮，赶紧交丁乡约备齐，再派人解往。……

——同上，第 651 页。

迨至光绪三十一年夏间，据哈拉乌苏营官报称："朗茹边界有外来逃荒之民，男女老幼约计百数，毡房二十余顶，骆驼牛羊为数无多。人有饥色，颇形穷困，口操蒙古语音，意欲进藏。刻尚未至礼佛之期，恐非蒙古之人，或者即是哈萨克。该哈尚属安静，极称驯顺，且其暴露于野，绝粮已久，击之不忍心，逐之无所归。现经堵截在边，未敢放行，究应如何之处，由商上禀请核办。"前来。奴才即由藏派委弁兵带领通事驰赴边界查探。旋据该弁等来禀，查明外来之人确系哈萨克，头目名布克，余众百人上下，均属疲惫已极。据称失业流亡，穷无所归，刻来西藏边界，饥寒交迫，冻馁难堪，拒敌官兵之事，坚不承认。奴才复饬将头目布克押解来藏，派员再三研讯，该头目仍只供逃亡之罪，不敢认劫营伤兵，且称初来二百余人，途中死亡大半，现仅存男女老幼九十余人，不得已投奔来此，求一生路。惟祈垂念哈众困苦，进退失据，可否奏明大皇帝恩施格外，将来仍归阿尔泰山原牧，不敢在藏逗留，愿将防身军械鸟枪十余杆、刀二把一并呈缴，并出具切实甘结。等情。

——《西藏奏议川藏奏底》，吴彦勤校注，上海古籍出版社 2012 年版，第 158 页。

哈萨克流民启程归牧折

（光绪三十三年七月十四日）

奏为哈萨克由藏归牧，交付新疆委员接收及派官兵护送启程，恭折具陈，仰祈圣鉴事：

窃查新疆前收哈萨克流民有哈目布克一股，男女大小九十余人，由屈莽山[①]一带窜入西藏边境，穷蹙难堪。经前大臣有泰将该哈暂行安插在捻充[②]地方，奏恳天恩，宥其既往，予以自新，饬下新疆抚臣派员招回，仍归阿尔泰山原牧。钦奉朱批："著照所请，即由锡恒、联魁、有泰妥速办理。钦此！"钦遵。仰见朝廷抚绥流民，法外施仁，曷胜钦感！

前由有泰咨会新疆巡抚请速派员前来，接收去后，旋即卸事，移交奴才接办。

① 屈蟒山：即祁曼塔格山。位于新疆、青海交界地带。
② 捻充：通过汉语发音推测，与宁冲相近。

查哈萨克流民自光绪三十一年五月入藏以来，迄今两年之久。迭据达木协领等禀称：哈众在捻充地方，人尚驯顺，并未滋事。惟其头目布克于去年九月因病身故。该头目前在新疆不服驱收，滋事酿命，是为罪魁。现已伏宴诛，余众俱称安静，专候启程归牧。兹准新疆抚臣联魁咨来委候补参将欧阳福来藏收哈，该委员于三月初九日行抵西藏，应即由藏派弁引同委员前往捻充交收，以便起解。惟此次哈民来藏，当流离之余，饥寒所迫，艰苦已极。仰我振济，始得全活，刻下遣收归牧，万里长途，尤难谋食。当即酌办两月口粮，以资食用，又发纹银二百两，以备中途购办食粮，并将哈萨克前次缴存之枪刀，应行发还，一并饬交差弁随同委员欧阳福运赴捻充地方，将哈萨克男女大小丁口逐一点交接收。粮食路费，分别散给。复饬达木总固山达选派明白晓事之佐领一员、精壮兵丁二十名，邦同护送押解出藏以资照料。一面电咨西宁大臣转饬所属，先期予备，候达木官兵送至宁藏交界之通天河地方，即交西宁官弁兵役接替转解，以期周妥，而免疏虞。并请由西宁备办口粮接济给哈众，则不致有沿途缺食之虞。

兹据达木总固山达具报：所有哈萨克流民，已于六月十八日由捻充随同委员启程，均遵约束，堪以上纾宸廑。至振恤款目，容俟详造清册，报部请销。

所有哈萨克由藏归牧，交付新疆委员接收及派官兵护送启程各缘由，理合恭折具陈，伏乞圣鉴。谨奏。

朱批："知道了。钦此。"

——《联豫驻藏奏稿》，吴丰培主编，西藏人民出版社 1979 年版，第 37 页。

布鲁克游历情形

（1907 年）

一、人物简介

布鲁克（Brooke，1880—1908 年），出生于英国约克郡，英国皇家地理学会会员、前陆军中尉。1906 年 8 月 1 日，从上海出发至西宁，完成穿越西藏的旅行；1907 年 10 月，返回上海。1907 年 11 月，又从上海启程游历川西和西藏东部；1908 年，在四川彝族地区被杀。

二、游历概况

布鲁克翻越唐古拉山来到那曲卡，受到那曲宗本的阻拦，不得不原路返回。

三、文献原文

海拔 16 700 英尺高的冬布尔山口[①]，下午 4 点扎营休息。虽然这是西宁到拉萨最高的山口，但探险队几乎没有遇到什么困难，在山口顶上，探险队看见了常见的敖包，或叫石堆。石堆中间插着竿儿，竿头挂着经幡。由于常年被风吹打，许多一直挂着的经幡都破烂了。

山口顶上相当平坦。在山口南面，在离顶上还有一段距离的地方，布鲁克先生发现有温泉从冻土里涌出来。他们还抓到几条小鱼，和在巴拉木柴达木抓到的完全一样。冬布尔山系的构造与环绕柴达木的山系类似，即是说，在红砂岩下是一层坚硬的石英结晶体，只是多了几个看得见的火山口，它们那锯齿状的轮廓甚至比倾斜的砂岩渲染出更多的荒凉。

在海拔大约 16 000 英尺高的地方，探险队看到了第一顶藏民的帐篷——藏包，

① 冬布尔山口：位于今青海玉树藏族自治州的冬布里山脉，在唐古拉山脉以北。

它扎在一个隐蔽处。探险队继续前进几英里，看到的藏包更多，还看见几百只羊和牦牛正在坡上吃草。

当地居民穿得破破烂烂，邋里邋遢，乱发垂下后背，女人瘦小，男人身高不过5英尺6英寸。他们属于埃纥拉部落，终年生活在海拔14 000到16 000英尺高的地方，这也许就是他们身材矮小的原因。据说，他们是强盗土匪，但布鲁克先生却发现他所遇到的埃纥拉人十分平静地从事着自己的放牧工作。在该地直接往南的地方，他发现许多花岗岩，里面含有大量水晶石，有几英尺长。凹型巨砾石使他想起苏格兰的一些地方。

布鲁克先生有一匹老马终于倒下了，不得不留在路上，把它托付给一名藏民照料。这位藏民答应，如果这匹马能活下来，就为他照料。

4月10日，探险队到达那格曲卡①山谷，发现当地居民非常友善。抢匪在当地游荡，据说他们来自位于东面有六程远的地方，使一支蒙古人商队损失了40匹马。

探险队在一个令人赏心悦目、水草丰美的地方宿营时，有一名上了年纪的喇嘛来拜访布鲁克先生，警告他说，如果他继续朝南走两天，他可以在那里的寺庙停下来；但是，如果他喜欢，可以派一名向导给他，由该向导负责沿着一直穿越班禅大师管辖之地，把他带到江孜，班禅喇嘛对英国人很友好。布鲁克先生担心，这个老人企图欺骗他，坚持一直到那格曲卡寺②。

第二天，探险队继续前进，到达由拉萨直接管辖的边界，在那里宿营。晚上，一些人骑着马，拥着两名穿戴体面的藏民，来到探险队的营地。他们在靠近布鲁克先生帐篷的地方下了马，把两张新疆产的地毯铺在地上，然后坐下来。布鲁克先生走了过去，但未被邀请同他们坐在一起。于是，布鲁克先生邀请他们进他的帐篷。虽然他们拒绝了布鲁克先生，但他们招呼他坐下，于是他就坐下。他们询问布鲁克先生要到哪里去，他回答说要到印度。接着，他得知，那两名体面的来客是拉萨政府的代表，其中一名是喇嘛，另一名是宗本，两人都来自那格曲卡寺。

宗本的表情看上去令人感到愉快。他戴着一幅美丽的、镶嵌在金子里面的绿宝石耳环，耳环大约有4英寸长。他的头发从中间分开，一根清洁的辫子把前额的头发收拢来。他的辫子整洁地盘在头顶上。他还头戴一顶皮制官帽，披着蓝色丝绸头巾，脚穿丝绒靴子。总的说来，其穿着同清朝官员非常类似。

坐在布鲁克先生对面的喇嘛则一脸冷漠。他的一双小眼睛看上去非常锐利、冷

① 那格曲卡：即那曲卡。
② 那格曲卡寺：即那曲镇孝登寺。

酷。他的头剃得光光的。他穿着一件长袍，非常精致。的确，他的级别比宗本高。

在那一僧一俗两名官员的旁边，站着一位身材高大的藏民。他的脸色看上去好像是首席护卫。他披着一件用豹皮镶边的宽大的蓝色斗篷。

宗本和喇嘛声称，由于布鲁克先生所走的道路通向拉萨，探险队在未得到“圣城”准许之前，不能再往前走。

他们离开时，答应布鲁克先生说，第二天早上给他一个明确的意见，这意味着他们将在那格曲卡寺讨论探险队的问题。在友好告别之后，他们离开探险队营地。

布鲁克先生怎样往回走

一进入西藏这块陌生的土地，布鲁克先生就经历了政府官员来访的正式场合。当天晚上（即探险队 1908 年 4 月 12 日到达当地的晚上），布鲁克先生回访那两名官员，送给他们每人一件礼物。一人得到一块廉价的手表，另一人得到一张宁夏地毯。手表引起了小小的嫉妒，因为两人都想要。

到第二天上午 10 点钟，探险队还没有得到关于前进方向的答复，布鲁克先生派翻译到那格曲卡寺去查看是什么原因耽搁了。翻译回来后，也没有带回答复。于是，布鲁克先生下令给骆驼驮上行李往前走。但是，一群藏民马上过来给卸下行李。当即，布鲁克先生决定亲自到寺庙里去查清那名喇嘛和宗本为什么不按照诺言，为什么连一个字也不答复。他得知，他们正等一个蒙古王爷来共同仔细商量。主人相当有礼貌，请他这位外国来客坐下。正谈话间，一个身材高大的人物来到。他胡须浓黑，双眼锐利，鼻略微有点鹰钩。他进门时，所有藏民都鞠躬。从他的举止和表情上可以看出，他不仅是掌权人物，而且意志坚定，说一不二。

布鲁克先生提起前一天的话题，得到的回答仍然是“再等等”。他带着这句话，失望地告别。下午 3 点钟，那名喇嘛和宗本来到探险队，带来了礼物：酥油、面粉和米。布鲁克先生声称，如果不给他一个明确的答复，他决不接受这些礼物。两名官员回答说：“不能往南到拉萨，只能往西到江孜。”看到他们最强调这一点，布鲁克先生同意了。

从纳赤来的老向导告别回去。他得到了 65 两银子和 1 头骆驼的报酬。由于有一个仆人跟他一起回去，所以探险队只剩下上海仆人、西宁来的伙夫和布鲁克先生本人。

探险队刚刚准备动身时，来了一支队伍。这支队伍是从西宁来的，任务是护送两个清朝官员[①]到拉萨去，有 100 头骆驼和 50 个骑手。他们就在探险队附近扎营，由于向导害怕和他们一起走而带来麻烦，提出要等到两个官员过去了才走，因此布鲁克先生的人马那天就没有动身。次日早上，中国内地队伍拔营动身，布鲁克探险队则稍晚一些。向导带着他的队伍绕了一截难走的路，还丢了一头骆驼。接着，他们进入一个人烟稠密的地区。在这儿，他们立即被小股骑兵跟上了。

这是一片宽阔的谷地，水草丰茂，大群大群牛羊在吃草。走了大约 30 里（40 到 50 英里之间），布鲁克先生和他的人发现他们自己被大约 100 名西藏骑兵围住。他们骑着的战马毛长，健壮，个子矮小。他们围着布鲁克探险队的营地扎营，但是态度相当温和。

次日清晨，布鲁克先生开始要给骆驼驮上行李的时候，两名藏兵走上前来，声称他们来自那格曲卡寺，在拉萨没有下令之前，探险队不能前进。布鲁克先生没有在意他们的声称，继续驮上行李。这时，几个骑兵抓住伙夫色勒尔的手臂，把他吓坏了，他坐下来，不再帮忙驮行李。布鲁克先生只好谨慎地决定停止前进。

等了六天时间，我想一定是大活佛给这些藏民发来了无线电报，告诉布鲁克先生，他必须向后转，沿着来路返回。

看起来，布鲁克先生进了死胡同，骑虎难下。探险队寡不敌众，抗拒只有死路一条。此时，他后悔当初没有听从老喇嘛的劝告，要不就应该在朝廷的人马跟上来以前就赶快动身，不要给他们赶上。

除了体面地服从和以后再另图良策以外再无其他办法。但是，一想到不得不赶着这些瘦弱、疲惫不堪的骆驼穿越这块不毛之地，我们的心情十分沉重，前景暗淡。布鲁克先生感到最伤心的，莫过于他很久以来期望到达雅鲁藏布江源头的憧憬看来已经化为泡影，而自己已经为此目的克服了许多困难。使布鲁克先生稍微感到一点安慰的是，来自那格曲卡的藏族向导说，由于已经得到他 25 两银子的订金，因而会忠于他。

一支由 16 个人组成的马队“护送”布鲁克先生翻过唐古拉山口，然后离开他返回那格曲卡。继续往北走了一天之后，他折向西边，希望能够绕过这块把守起来的区域再次向南前进。但是走了 200 里路时，他再次被拦住了。

——《青藏康区的冒险生涯》，［英］福格森著，张文武译，西藏人民出版社 2003 年版，第 33—39 页。

---

① 两个清朝官员：1907 年 4 月中下旬，布鲁克在那曲遇见由 100 头骆驼和 50 个骑手护送的两名清朝官员。联豫《哈萨克流民启程归牧折》中记载，新疆候补参将欧阳福来藏收哈，该委员于光绪三十三年三月初九日行抵西藏。光绪三十三年三月初九日即为 1907 年 4 月 21 日。由此推测布鲁克所见官员应为新疆候补参将欧阳福一行。

张荫棠为阻止英人违约入藏并请咨各省勿再发游历西藏护照事致外务部电

光绪三十三年（1907年）二月二十八日

据喀喇乌苏番官禀称：有英人帕沃洛克，随带翻译人等，驼马十余匹，于正月三十日至喀喇乌苏，持有甘陕巡抚、西宁大臣护照，经该管营官劝阻始折回后藏，恐由朗错赴江孜等语。查前后藏内地照约不准外人游历，今英人故为尝试，应请咨各省疆臣，嗣后勿发西藏游历护照，并饬川、滇、甘肃、新疆、西宁、青海边界官，遵照防范，以杜藉口。棠感。

——《清季筹藏奏牍·第一辑张荫棠奏牍（卷三）》，吴丰培辑，国立北平研究院史学研究会，1938年，第2页。

陈渠珍游历情形

（1909—1911 年）

一、人物简介

陈渠珍（1882—1952 年），号玉鍪，祖籍江西，后迁入湘西凤凰。16 岁入沅水校经堂读书，1906 年毕业于湖南武备学堂，任职于湖南新军。曾加入同盟会。1907 年秋，赴武昌投奔湖广总督赵尔巽，被转荐到成都川边大臣赵尔丰处，任新军六十五标队官（相当于连长），驻防藏蜀要冲百丈驿。1909 年 7 月，陈渠珍所属部队奉命进藏，因素有胆略，被任命为一标三营管带，参加恩达、江达、工布等平叛战斗，后又远征波密叛军。驻藏期间，同当地藏民、官员和喇嘛来往密切，还与藏族少女西原结婚。1911 年武昌起义爆发后，进藏川军变乱，陈渠珍弃职东归，偕湖南同乡士兵及亲信 115 人走藏北、青海回中原，途中迷路，断粮数月，仅 11 人生还兰州。不久，西原染天花病逝。后长期担任湘西地方长官，人称湘西王。1949 年，率部起义；1950 年，亲手将所著《艽野尘梦》一书赠予贺龙，后贺龙将此书转赠十八军作为进藏参考资料。

二、游历概况

1909 年，陈渠珍随川军进藏，途经三十九族地区。1911 年，陈渠珍弃职东归，出藏时选择嘉黎、那曲、青海路线。至那曲时，与尾随藏兵发生冲突后，进入唐古拉山以北无人区。

三、文献原文

三十九族[①]，纵横千余里，人口数十万，相传为年羹尧征西藏时遗留三十九人之

① 任乃强注：三十九族，藏族人称此地人为“霍尔”。藏族人称异族为“霍尔”，相当于汉族称少数民族为“胡”。这里的“霍尔”应指蒙古族人，霍尔三十九族是蒙古族的三十九个部落，于宋末元初时自青海迁居于此。此地盛产冬虫夏草，也是本教的核心传播区之一。此地在今天属于西藏丁青县、巴青县、索县一带。陈渠珍文中推测此地人为年羹尧或文成、金城两公主之苗裔，皆为传说，不足为信，可视为“小说家言”。

苗裔。但以时间计之，人口生殖，决不如是之繁。意者，唐时吐蕃极盛，文成、金城两公主，先后下嫁，其汉人遗下之种族欤？彼族与藏番，积不相能。惟对汉人则极为亲善，故尔丰为钟部选定此路[①]，免乌拉缺乏也。

三十九族在昌都西北，气候高寒，较类乌齐尤甚。重峦叠嶂，峻极于天，弥望白雪，灿如银堆，平地亦雪深尺许。尝询一喇嘛，此地何时降雪。喇嘛曰："此间七八月高山凝雪，九十月半山铺雪，冬腊月平地雪深尺许矣。按时而至，不待降落。至山巅之雪，皆亘古不化者。"雪山且多出产。如动物则有雪蛆、雪猪，植物则有雪蒿，矿物则有雪晶，皆稀有之珍品也。

由恩达北行月余，始抵拉里，已腊月二十八日矣，拉里为川藏驿道，旧设有汛官，隶川边，后又设有军粮府。因而居住汉人甚多，异地相逢，备觉亲昵。晤军粮府邓君，谈甚欢。邓君设酒馔为余洗尘，备极丰盛，皆近五十余日中得未曾有者。细问番情，知其大队已过五日矣。惟统兵堪布尚未至。有云其已由南路绕道回藏矣。未知确否。席散辞归，奉钟颖令，速开江达待命。余因准备乌拉，须迟一日方能出发。

是日夜半接协部通知：番兵退至江达后，其先头一部二千余人，在距拉萨七十里之乌斯江固守。又一部约三千人，已退入工布。其统兵堪布，尚在后。令余至江达后，严行戒备云云。余因情势紧张，复催军粮府，务于明日午前将乌拉传齐，以便后日起行。

除夕将近，预购酒肉，遍赏士兵，又备酒食，约各官长早餐。餐毕，清查乌拉犹未全，余甚焦急，亲往军粮府催之。至，则见大厅内数十番人，箕踞坐地上，邓君偕番官立其前。余知其有事，略一周旋，亦立厅上观之。但见番官手持番佛，向众喃喃语甚久，即以番佛一一置众头上。每至一人，则一问一答。一书记秉笔记之，良久始毕。众散去。邓君乃邀余入座，笑谓余曰："顷间之事，君知乎?"余问故，邓君曰："顷即为乌拉事，因各番目以大军通过，供应太多，牛又疲甚，咸诿不肯缴。乃商之番官，集各头目而诘之，仍狡辩。番人极信佛，遂令其顶佛盟誓，则不敢匿报矣。今幸誓毕，总其数，犹较原派多二百余匹。亦神道设教意耳。"余甚佩邓君操术之神，且知番人信佛，视西人之奉耶教尤有过之无不及也。

余自军粮府归，时已不早，即偕营部职员共饮度岁，仿内地吃年饭例也。食甫毕，闻后方枪声甚急。正询问间，复队一传令兵来报："番兵进袭，于队官已率队前

---

① 《赵尔丰川边奏牍》中言："川军拟由三十九族假道前进，因路平坦且近，而三十九族尚为我属，以便支应。"钟部为钟颖所部。

往矣。”余方集合部队。又据报：“番兵已退，于队官受伤阵亡矣。”余甚讶之。后又捕一番兵至，余细询之，始知即恩达统兵堪布也。堪布自恩达脱逃后，即弃军逃走，至是始出，欲绕道回藏。昨闻余驻此，急欲来见，殊哨兵误会开枪。余以堪布为统兵要人，不宜纵之去，急遣人召至。又得知于队官闻警率队出，遥见番人，即散开，乱枪齐发，于犹驱马指挥，马闻枪惊逸，直冲出散兵线，为士兵乱枪误毙，殊可怜也。于学生出身，未经实战，一闻警报，即张皇失措，勿怪尔丰之轻视学生也。移时，堪布至，余殷勤招待之，并密报至藏。又至后队料理于队官装殓事，至晚方毕，余亦疲极就寝矣。

次日黎明前即起，赁屋安厝于队官灵榇，复率队致祭毕。即约堪布一同出发，行两日，至凝多塘，为元旦日……

——《艽野尘梦》，陈渠珍著，西藏人民出版社 2009 年版，第 56—61 页。

由凝多改道北进，沿途居民甚多，帐房相望于道。每帐房牛羊数百成群。小山起伏，道路平夷，接近沙漠。时大雪纷飞，寒冷特甚。幸官兵乘马，日行七八十里，尚不觉苦耳。兴武以哥老会之力，颇能约束士兵。途中秋毫无犯，所至尚能相安。余每宿一地，即召地方耆老，询问青海道路。佥以此路往来人少，多不熟习，仅能知其概略，与孟林所言相同。行七日，即至哈喇乌苏。

哈喇乌苏有河流，导源于卫藏布喀集达喀噶诸池，东流会索克河。番人呼黑为哈，呼山为喇或腊，呼河为乌苏。布喀诸池，水皆黑，又多流沙，其《禹贡》所云“流沙黑水”欤？二流来会，群山鼎峙，故以义名其水，即以水名其地。旧为达赖食采地，设有营官治理之。赋税所入，悉归私囊，而唐古忒政府不能过问。其地北为黑番，南为三十九族。西藏区域，到此为止。青藏游牧，至此则止。盖蒙古、青海、新疆、关陇入藏之总会处也。

余将抵哈喇乌苏时，遥见大平原中，有人户六七百家，市井殷繁，俨然一巨镇也。又有大喇嘛寺一所，华丽庄严。余窃喜此地人户繁盛，可以休息，补充粮食，再赋长征。殊行渐近，见有番兵数百人，持刀枪夹道而立，阵势森严。余甚异之，乃停止队伍，遣舌人前往探询，并告知来意。良久，偕一喇嘛至，挥令我军速去，不许停留。时日色西沉，又无帐篷。计无复之，力白假道之意，往复磋商至再，方许一宿即行。指小屋三间栖止。番兵愈来愈众，四面围绕，禁止出入。复与磋商，乃许夫役四人出外取汲。然牛马饿不得食，聊以糌粑饲之。又出重价购糌粑一百包。彻夜戒备。

天明，知不可留，乃收拾启程。幸昨夜取水士兵，觅得一老喇嘛为向导，遂携之行。行约十余里，忽见番骑千余人，张两翼踵至。余行则行，余止则止。众愤甚，请战。余止之曰："既已通过，何必轻起衅端，妨我行进也。"又行十余里，番骑踵行如故。余乃择地停止，番骑亦停止。因聚众谋之曰："番人果有异图，昨夜何以不发。今我既前进，何以又复踵追。然番人狡诈难测，意者，我军猝至，调兵未齐，且惧我械利，故隐忍未发耳。今晨大兵毕集，始悉众来追。但相随二十余里，又未逼近者。是必别有企图，欲乘夜袭我。我不及时击破之，一入黑夜，四面包围，则吾侪无噍类矣。"遂决计先发以制之。

余乃分部队为三队，兴武率一队攻其前，余自率一队攻其左，余一队守护行李辎重，兼为后应。时右侧大平原中，帐房甚多，番骑皆下马入帐房中休息。兴武直前攻入。番众出，倚矮墙迎战。我军且战且进，逼进墙边。番众仍顽强抵抗。余乃绕出番兵左侧猛攻之。番众不支，始上马奔逃。我两路猛追，乱枪扫射，番人纷纷落死。追逐三里许，番骑去远。不敢深追，始收队回。番兵死伤三百余人，我军均无伤亡。搜索帐房，已空无一人，惟余粮食甚多。余急驱驮牛至，尽量捆载。整旅急行，不敢久留。

行四十余里，天将暮，至一地，帐幕零落十余处，有小喇嘛寺一所，遂止宿焉。晤一老喇嘛，与之语，甚谨厚。余因叩以番人见拒之意。喇嘛曰："是必以君等为拉萨叛兵也。活佛前过哈喇乌苏时，曾封存宝物甚多。恐君等劫之，故调兵严防耳。"余曰："彼果防我，则我既去，又何必追踵至数十里。恐意尤不止此也。"喇嘛笑曰："是或有之。彼等见君等畏葸而去，或更得寸进尺，欲乘夜相图，亦未可知也。"又询前进道路，喇嘛曰："此去行三日，即入酱通沙漠①，无人烟也。"余复问："闻此去月余，即达甘肃，信否?"喇嘛曰："此路行人甚少，但闻程途甚远，非一月可能到。"余颇讶之。

归再细询向导喇嘛，喇嘛曰："我九岁入甘肃塔尔寺披剃，十八岁随商人入西藏。今磨牛重践，已五十年矣。前途茫茫，不能细忆。尤记曩随商人行，两月余方到哈喇乌苏。然尔时正值初夏，气候温和，旅行尚易。今则天寒地冻，行期恐难预定矣。"余闻之，爽然如失。但既已至此，官兵乘马行，较步行为速。至多亦不出两月，定可到达。复令兴武清算粮食。每人尚有糌粑一百三十斤，可供九十日之食。遂安心前进。从此行三日，均无人烟。仅第二日途次，见右侧山沟中，有帐房三四处。其余一带黄色，四顾荒寂而已。

第三日，至一处，天已不早。见山谷中有帐房十余处，因向其借住，坚拒不纳。

① 酱通沙漠：指羌塘无人区。

士兵强入，彼辈不许，竟持刀扑杀。士兵大怒，毙其一，余始逃去。余闻枪声，止之无及矣。因戒士兵后勿复尔，恐激怒番人，祸不浅矣。于是鸠居鹊巢，聊避风雪。翌晨出发，喇嘛曰："从此入酱通大沙漠矣。"弥望黄沙猎猎，风雪扑面，四野荒凉，草木不生。时见沙丘高一二丈，近在前面，倏而风起，卷沙腾空，隐约不可见。逾十余分钟，则空际尘沙，盘旋下降，又成小山。余等初颇惊骇。喇嘛曰："旋风甚缓，马行迅捷，可以趋避也。"沿途无水，取雪饮濯。

——同上，第 171—178 页。

李国柱游历情形

（1917年）

一、人物简介

李国柱，生平不可考，著有《藏游纪程——由新疆草地至西藏沿途各地势情形日记》，载《地学杂志》1918年第11—12期、1919年1—3期。

二、游历概况

"西藏以草路行人稀少、道路未详，将沿途经履各地、山势高低、河流深浅、道路险易、站口远近、水草有无、气候寒暑、物产多寡、人烟稀稠、人类区别、风气美恶，以及商旅状况并要隘处所，凡得之目见者，皆绘具草图，列说如左。"1917年1月，李国柱一行从乌鲁木齐启程至若羌县，由新疆与西藏界山昆仑山木孜塔格峰东侧入藏，走无人区，过雅根茶卡，渡扎加藏布，至纳木错，翻越那根拉经当雄至拉萨。

三、文献原文

查赴藏之道有二：一由东南大梧子进大屈蟒山[①]，经扎萨克地方，蒙语沙尔腾扎木，此路赴藏较远，五十余站，沿途无柴草，间有水不断，以野牛野马各兽粪捡而烧之。尤可畏者，有西藏生番，蒙语额鲁特，结党成群，持枪带刀逡巡于道，抢劫为生。无论蒙汉官商来往行人，遇之在道，必伤杀性命，抢掠一空而后已。加之山峦层叠，瘴气甚大，此路赴藏之畏途也。一由小屈蟒山，过快而信巴勒根地方，正南进克则勒卡布山口，蒙语名榆尔生扎木。此路赴藏较近，三十余站，途中水草不断，无柴以粪燃烧，亦有抢掠之害，然额鲁特欲来抢劫，因路遥远，山水阻隔，多

① 屈蟒山：即祁曼塔格山，柴达木盆地西南边缘，为新疆和青海的交界。

不前来。此路较为便善，是以此次拟由榆尔生扎木赴藏。小屈蟒山地属干燥，每日狂风吹沙，云雾蔽天，气候凛冽。小屈蟒山尚且如此，赴藏道中更可知矣，且行人往来每受风瘴之苦，因此休息二十余日矣。天气稍温，狂风稍息，方可启行。

……

（六月）七日。由塔克淖尔启程向南过山梁，约三十里沙滩，又约三十里至沙红山，蒙语沙红乌鲁。东西山梁横列，俨如长虹中一孤峰矗起其间，顶有积雪，两面山梁略低，俨如独立。东山麓为红石沙碛，西山麓为黑石沙碛。据唐古忒人云，西藏与新疆由此山分界，远瞭形势亦属天然，南望地势起伏，山梁纵横，有草无柴，旧有水淖，渗入土沙，山麓有雪。

八日。由沙红山启程向南行，山梁面平，约十里土坟缭绕，有水淖。约十五里向西南过山梁，向南进土沟，约五里，向东南行，约十五里过山梁，至无量淖尔。若向土沟道向南行约十里，出沟口转向东约十里，亦至无量淖尔。地势卑下，四顾皆山，绝无人烟，红土沙滩，一大水淖，东北、西南均有雪山，水淖发源由西南山麓，气候严寒。是日，雷声大作，云雾蔽天。向南行约十里，有一草滩，尽依水淖，无柴，休息一日。

十日。由无量淖尔启程向南，过水草滩、沙漠，有黑柴场子。约二十五里过沙河向东南行，约二十五里至布胡壕赖，地势多山，中一水淖，多野牛、野马、野熊各兽，草盛。翌日，风雪交作，休息一日。

十二日。由布胡壕赖启程向南，顺淖边行，上土山，面平滩，约三十里，至麻尼布里克，地势周围是山，东南雪山，西南水淖，中有干河，雪水由东南流入水淖，有泉，有草，无柴，并无人烟。

十三日。由麻里布里克启程向南，过干河，上山梁，面平，有水淖，草缺，气候严寒，乍阴乍晴，约三十里，下山梁，地势多乱山，中一沙滩，西北水淖。向南行约三十里至南乱山，野葱并草均有，有黑柴场子，泉水长流。

十四日。由长流泉启程向南，过泉水进乱山，向西转向东，水沟行，水浅盘旋，顺沟而上，约十五里有水沟二，一向东南，一向东。向东南水沟行约五里，又水沟二，一向东南，一向南。向南水沟行，上山梁，与东南沟会，向东南行约十里有一河，水小向西流。又行五里转向南行，一小平原，周围是山，约二十里至山梁，有雪水，有草，无柴。若由长流泉启程向南过山梁转向东南行，向南过山，向东南行，平原二道，至平原相会。

十五日。向南行，平原，约二十里进乱山，有渠水向西北流，约五里有二沟，一向南，一向东南。向东南沟，进乱山丛杂，渠水由西山发源，约五里向西南乱山进，向南上山梁，面平，高原是昆仑山之高原，蒙语呼铬鸿崖勒。约三十里许至察汗淖尔，草盛无柴，地属高原，一大水淖，西南雪山矗立，半空是昆仑山，气候严寒，瘴气剧烈，休息一日。

十七日。由察汗淖尔启程，向南行，沙漠高原，约三十里有水淖，又约行三十里至密及干格赖[1]。地势高原，山梁交错，西有雪山，西藏语密及干格赖，即谓昆仑山。有渠水，由西向东南流，一带山麓砂土纵横，树木不生，有草，绝无人烟。

十八日。由密及干格赖启程，向南过渠水，进山沟，约十五里，高原，向东行二十里转向南行，高原，四顾乱山。约四十里至盐池，唐古忒语曹旺布盐池，有泉，草盛，无柴，休息二日。

二十一日。由曹旺布盐池启程，向南过盐池，泥泞难行。冬日则可，若向南过盐池，约十五里向西南，转盐池，约三十里高原，约二十五里下山梁，至察汗乌苏，此路冬日可行。若夏日，向西南上山梁，过乱山，转盐池，有泉发源向东南流入池，约十里仍向南，顺池边行约三十里，高原山梁起伏，乱山缭绕，约二十五里至察汗乌苏。此二道会，水甚深，由西北乱山向东南流入盐池，有草，有黑柴场子。东通西藏拉仇[2]地方，居民来此运盐，唐古忒亦不时来此游牧打猎，额鲁特亦由此路前来抢劫。每至六七月间，草盛马肥，多出抢劫为生，加之唐古忒地方盗贼滋炽，行人全此一带必严加防范。

二十二日。由察汗乌苏启程，向南行，山梁起伏，有水淖，有干盐河，约五十里下山梁，一小高原，向西南行，约十五里，山梁横亘，邱坟孤出，有泉，有草，有黑柴场子，唐古忒语呼澡玛如地方。过山梁，地势平原，东北有大水淖，水咸，产盐，地属红土。

二十三日。由澡玛如地方启程，向南行，约二十里，山梁起伏。约五里，向东南行，约十五里，至盐池，蒙语达布生淖尔，唐古忒语叶根搽[3]盐池，有草有黑柴场子。山梁之间一大盐池，地形起伏，西有小泉，水甜可饮，东南各山梁间有盐池十三处，唐古忒来此运盐以供全藏之用。

二十四日。由叶根搽盐池启程，向南山梁行，约二十里至小高原，有泉向东流入池。又行二十里，山梁起伏。又行二十里，乱山间一大盐池，唐古忒语呼安得采克盐池[4]，有草，有黑柴场子，有泉由东流入池，唐古忒多来此池运盐，均以牦牛运

---

① 密及干格赖：一说为今木孜塔格峰，为昆仑山脉最高峰。一说为今安多与双湖之间的一座山峰。

② 拉仇：即那曲。

③ 叶根搽：也写作雅根错，位于双湖县雅曲乡，传统上为藏北牧民的重要采盐地之一。其中，桑雄阿巴部落牧民采盐去得最多的为雅根湖，在春末夏初之间往返一次约50天，在春季往返约60天。

④ 安得采克：采克今译为茶卡，盐湖之意。安得应为今双湖昂达尔错。

之，亦有羊运之，以小褡子内装食盐约十数斤，驮于羊背，逐放逐走，是为奇特。由盐池西南有通后藏之道，后藏别名扎什伦布。气候寒冷，乍阴乍晴，冰雹时作，休息二日。

二十七日。由安得采克盐池启程，向南行约十里过达坂，山峰层叠，一小高原，乱山纵横。向东南行约十里，进乱山，一河沟，向东南顺河沟行，有泉发源向东南流。约三十里，草缺无柴，乍然天阴，雷声大震，冰雹忽作，于是宿焉。

二十八日。由东南沟启程，向东山梁转向南行，约十里与东南沟会，水向东南乱山流入淖。过水上山梁有一水淖，进土沟，又上山梁，乱山交错约三十里。乱山间有泉涌出，泉边青草难供一骑之用。是日，天阴冰雹大作，遂宿焉。

二十九日。启程向南行，约五里许有东西水淖，有草。向东南上山梁，有小泉由南山发源，向北流入东水淖。山梁草盛，约行二十里，下山梁，一小平原，油然作云，冰雹继至。约五里，有泉，有草，有黑柴场子。

三十日。启程向正南行，约二十里过藏布[①]，河水甚深，河分数支，由东南乱山向西流。向西顺河转向西南，通当木拉满。河滨草盛，有黑柴场子，渐有人烟，东、西、南各山谷，唐古忒游牧居多。

七月一日。由藏布河启程，向东南行约五里许，过土山，面平，草盛，有各色野花。下山过小平原，四顾乱山，均有泉水，唐古忒游牧，多牦牛、羊。牦牛毛长而滑，肉乳可口；羊无尾，肉劣。唐古忒地方无骆驼，见骆驼为奇物，有怖惧之意。又向东南行约三十里，过拉隆山，山顶有唐古忒文字石碑，东山有石坟，中有两眼，即如鼻，像天然而成，唐古忒语拉隆斗地方，其处有游牧之家，有小泉由北向东南流入淖，有草，无柴。

二日。由拉隆斗启程，向东南行，地势四顾皆山，山梁、高原、水淖甚多。约四十里上山梁，泉源甚多。向东南行，面平，草盛，东有水淖。约十里下山梁，乱山间有泉向东流入淖，有草，有黑柴场子，乱山间游牧之家居多。

三日。由乱山小泉启程，向东南行经平原，四面环山，北有水淖，有游牧之家，约五十里至沛列[②]达坂，有小泉，有草，无柴，南山内唐古忒新建寺院工尚未竣。

四日。由沛列达坂启程，向东南上山嘴，面平，约十里下山嘴，进一山沟，泉水向北流，有游牧数家。向西南行约十里，向东南逾沛列达坂，山势峻峭，过径易行，山麓皆土碛，苏油草、栟草绿茵偏山，树木毫不生焉。乱峰叠嶂，下焉即入山

① 藏布：藏语大河之意，应指羌塘最大的内流河扎加藏布。
② 沛列：今班戈县百拉镇附近。

沟，有泉有草无柴。

五日。由沛列山沟启程，向东南又过达坂，一山沟，有泉有草，唐古忒人游牧。约十里出沟口，一大原野，四面皆山。西南水淖，东北草原，西北与藏布河会道。向南行，约四十里至当木拉满，草盛，有黑柴场子，淖边有沙葱，有一山坟，温泉发出即如水滚，似乎火山之坟也。温泉可以疗病，浴之即愈。东小水淖，由山坟发源，山坟之南有河，由南山内向西南流入淖，西南多山沟，唐古忒人居多。有唐古忒地方官居于南山沟内，名谓当木拉满①，地名亦为当木拉满，管理沙红山一带游牧居民，地方官系喇嘛，由前藏达赖喇嘛放出，有唐古忒兵三十余人，另一人带队以杜通新疆之口。由山坟向东南乱山可通拉萨，巡查来往行人，若由外者，无论何色人来，必派兵四出侦探检查，察有何消息，惟蒙古人不甚查验。

七月九日。由当木拉满山坟启程，向西南行，过河约十里进山沟，有河一道，是山坟以南之河，由当赖山间淖内发源，向西南流入淖沟内，游牧之居民多。又约十里至唐古忒地方官居处，地名当木拉满，山沟人烟甚多，沟内泉源泥泞，缺草，无柴，山麓皆土碛，树木不生，地势乱山，东南通拉萨，西南过山通扎什伦布，向东南通西宁。此沟赴前藏后藏必由之道。地方官居沟中央，势甚险要，乱山之间头头是道，他人多有不知者，地方官所居房屋石筑墙基。唐古忒之民务耕稼游牧，耕种之民，居土房石筑墙基；游牧之民，居帐房，随水草迁移。其人性情刚勇斗狠、残忍好杀。风俗，行则身带长刀，腰背长枪，以刁抢偷盗为主义，亲朋散居他处，不能自由来往，不敢擅入房屋，更不使他人入室，亲朋如有商议事件来至房门，约百步之外手持长刀呼之，相近持刀相迎，谈毕而去。语言与蒙古不同，衣装亦异，多穿氆氇，长领宽腰，束一腰带堆于后背，足穿五色长袜。男子全发多发辫，耳带大环。妇女多梳小辫，衣装与男子同，前后系一五色布，上缀珊瑚各玉物以为华饰，脸涂黑油以装容好，并有一夫多妻之陋俗，人奉佛教，多喇嘛，此当木拉满之风俗人情也。气候寒冷，盛夏之日非裘不可。当木拉满牧民均属游牧，无耕种之家，食粮由扎什伦布运来。各山沟中多野牛、野马、野熊、獭儿各兽。将骆驼留放此处，雇牦牛以赴拉萨。

七月十三日。由当木拉满山沟启程，经过地方官房门，向东行，上山梁，约十里进东南沟，有水向西北流，与当木拉满沟水会。向东南行，沟内有游牧之家。又

① 当木拉满：既是官名，又是地名，官居于土石建筑，达木次地方也归其管理。在清朝，达木八旗归属驻藏大臣直接管理。辛亥革命后，十三世达赖喇嘛将当木地方封给色拉寺，设立当雄宗，由色拉吉下属的阿巴扎仓、麦扎仓、杰扎仓各派一名喇嘛共三名僧官充任宗本。故文中称为当木拉满。其地被认为在今班戈县青龙一带。

行二十里，草缺，无柴，宿焉，于此休息一日。

十五日。启程向东南沟行约三十里，有泉，有草，无柴，唐古忒语斯层地方。若由东南沟向东沟行约二十里，向东过山梁约十里，至当赖山，山间一大水淖，向西流转向西北流至当木拉满，向北流入淖。向南过当赖山至拉澡居格玛海，与斯层道会。

十六日。由斯层启程向东南行，过山梁，梁约五里，四顾皆山，西一大海，东为草原，高山横亘其南，唐古忒语山名连尔根达坂，山势层叠，西南最高之峰插入云天，山巅积雪四时不化，唐古忒语此峰名念清汤格赖[①]，东有最高之峰，唐古忒语谓东峰名麻清本布赖，海名拉澡居格玛海，即腾格里海也。水尽依斯层，山边山嘴突入海中过往危险。向东南行，逾三山，山麓皆沙碛，有各色野花、各种药草，约十里至海边，有泉，草盛，无柴。查拉澡居格玛海，水深阔，名为神水，达赖佛每年祭祀一次。连尔根山内有庙一座，各处唐古忒多来此庙焚香敬神。浊污海水为害，洁净饮之可除百病，若转绕海水更为善功。然七八天不能转到，可知海水之长大也。

七月十七日。由海边启程向东转海水而行，约五里与当赖山道会，向南行约三十里过河。河源由东麻清本布赖山峰发出，向西流入拉澡居格玛海，有草，无柴。

十八日。由河边启程向南行，又过河，河源由连尔根达坂山内发，向北流转向西流入海，草盛。约二十里至达坂顶，过径易行，山势峻峭，峦峰巘嶂，山间泉水泻出，是河源也。有草，间有毒草，马食即毙，无柴。

十九日。由连尔根达坂[②]顶启程，向南过达坂。是日，云横山岭，大雨盆作，山从人面起云，傍马头生之谓也。山麓沙碛纵横，瘴气更大，下达坂向南山峡行，两边高山立峙，山间泉水泻出，成一大河向南奔流。峡中多巨石，道路不平，约四十里出峡口，一大山沟，南有达木次山横峙，名曰达木拉达坂。南北各山谷，泉水泻出，河流交错，地多泉源，汇聚大河，名曰达木河。向西流转向东南流至拉萨，地名达木次蒙古，草盛，无柴。东北沙尔腾扎木道会，西通后藏，人烟稠密，均居土房，用牦牛粪筑外墙，以备烧用、随时填补，俨如村落。达木次有地方头目，归当木拉满管理，皆游牧之家。查达木次之民原蒙古种，移居此地，历有年所，归属达赖治下，语言与蒙古不同，人情、风俗、衣装均与唐古忒现混合，是以达木次之民谓之达木次蒙古。查由达木次赴拉萨之道有六：一拉仇道，为大道，即沙尔腾扎木道向东南，过达木拉达坂进阿那登沟；二由木拉村向南过达木拉达坂，此路达坂甚

① 念清汤格赖：即念青唐古拉。
② 连尔根达坂：现写作那根拉。

多，二道至陇豆藏沟会；三扬马江道，此路向西南行，多巨石，过一达坂顺洋灞津河至拉萨；四顺达木河至达木次下游，向西南过一达坂至伦斗宗；五向南过达木拉达坂，至陇豆藏沟，过澎涛河进达木林沟；六顺达木河至达木次下游向东南进陇豆藏沟，过乔克拉达坂进达木林沟，此二道会。今拟由此处另雇牦牛赴拉萨，休息一日。

二十一日。由达木次启程向南行，地多水，河流交错，过达木河，水甚深，渡口浅，约二十里至木拉村，即达木拉山沟，草盛，无柴。

二十二日。由木拉村启程向南山沟进，过达木拉达坂，山麓皆土，草盛，山势峻峭，重峦叠嶂，下达坂进山峡，有游牧之家……

——《藏游纪程——由新疆草地至西藏沿途各地势情形日记》，李国柱著，新疆官报局印，1918 年 2 月，第 8—19 页。

朱绣游历情形

（1919 年）

一、人物简介

朱绣（1884—1928 年），字锦屏，青海湟源人，民国初年活跃于青海政界，在当地兴办教育，启发新知，颇有成效，为近代青海知识界、政界的著名人物。朱绣与西宁道尹黎丹相识后，成为道尹公府随员。1915—1916 年，朱绣以西宁道属参议会议员身份，赴兰州、洛阳、北京、南京、上海等地参观考察。归后不久，执教于宁海蒙番学堂，与周希武等合力革新学制，改定学校教程。1919 年，黎丹以朱绣“素怀经营边陲之愿望，且能言善辩，可为出使之材”，遂保荐其为代表入藏。1920 年，由藏归来，马麒升任其为镇守使署顾问。著有《西藏六十年》《海藏纪行》和《拉萨见闻录》等。1928 年，朱绣、周希武等人计划前往兰州，接洽国民军入青事宜。7 月 25 日，从西宁出发，行至老鸦峡莲花台时，遭遇伏击，中弹身亡。

二、游历概况

民国初期，中央政府曾多次派人入藏联络，均为英人所阻。一战结束后，英方一再催促中方交涉藏边划界等问题。适逢五四爱国运动爆发，全国范围内形成反对出卖国家领土和权益的爱国热潮，强大的舆论压力迫使北洋政府拒绝与英国续议藏约的要求，并试图与西藏地方改善关系。正是在这样的背景下，1919—1920 年，甘肃督军公署咨议李仲莲，参事朱绣、古浪仓和拉布坚贡组成甘肃代表团，入藏联络，为沟通汉藏关系和维持边藏和平做出了一定贡献。

朱绣由湟源县启程，逾日月山、渡黄河，翻越巴颜喀拉山，于 8 月 21 日抵达拉布寺，9 月 2 日抵达结古镇。10 月 27 日，抵达车东错湖边，管理三十九族的西藏僧官堪穷派一位名叫却结的头人前来迎接代表团。随后，代表团随同前来迎接的地方头人，于 10 月 28 日翻越当拉岭进入西藏地界。行经三十九族地方、巴青，于 11 月

10 日抵达那曲卡。

三、文献原文

二十七日，雪。早八时二十分，由呼鲁东启程，风雪交加，寒不可当。向南行过洛得藏欠坡，渡恰布喀力曲之冰桥（发源恰布喀力沟脑向西北流入车东曲），复过一小坡，至那毛沟。渡那曲（发源于那毛力拉之南麓，在当拉岭之东南向西北流至那车松多，与车典曲会）南行，过那群坡二十五里，住于车东错之滨。

车东错周约四十余丈，夏日水声如鼓，番人又名车东错那东。

今日约克书三十九族之堪群章那[①]（唐古忒四品总理三十九族事务）派来一番目，名却结者，前来迎接，声称渠等前奉达赖喇嘛之命，言甘肃派来委员四员，随带跟人五十余名，至三十九族境时，沿途供给乌拉，妥为护送等语。余自入格吉族[②]之后，天气严寒，沿途无草，以致至瘦如柴，将有倒毙之势，正处于困难之境，忽蒙达赖优待，不独为余之幸，亦国家之光也。

二十八日，晴。早九时，由车东错启程，昨夜狂风达旦，今朝愈甚。适值大雪之后，寒气尤烈，华氏寒暑表已降至零下三十二度矣。向南行，渡车典曲（发源于当沙买拉东南谷中，向西北流，与那曲汇，入当木曲）之冰桥，过沙你俄什力麻，水已冻干。自此入山沟，依山腹而上，沟中湖泊星罗，水位皆咸。时寒风如刀，刺面欲血，眼睫生水，气不能出，服重裘如衣葛，乘马则四肢欲僵，步行则瘴疠填胸，行路难之叹，当于斯为极也。十里余，始达当沙买拉之巅，下山沿山腹而行，石路崚嶒，冰雪滑澾，雪峰叠嶂，寒辉射人，山谷之阳，乱泉汇成一河，水量颇大，即当沙你麻曲之源也。出山峡，至札车火麻，木勒昂曲自东来，喀木洛曲自西来，注于当沙你麻曲，名曰查你俄治松多，三十五里，住于年木达，粪缺无草。

自公茂日附近，至当拉岭一带，茫茫大滩，一望无极。周四百余里，皆为泥淖沮洳之地，不易行也。

当拉岭（番名当沙买拉）之西，有大山蜿蜒，屏障于玉树西南境者，番名奢午拉[③]，地图所谓唐古拉大山是也。本昆仑之南干，与喀喇昆仑并行，为后藏新疆之界线。车迤入前藏，与青海分界，横贯于仲壩、格吉、拉休、迭达诸族之间。崇山峻岭，千岩万壑，入川边东南迤于金沙江之西，澜沧江之东，至云南境，为云岭山脉，即金沙江与澜沧江之分水岭也。地学家又有横断山脉之称，盖亚东山脉皆自西而东，

① 堪群章那：也译作堪穷扎囊，第一任三十九族总管，四品僧官，1916 年上任。
② 格吉族：属杂多县，部落名。
③ 奢午拉：即今聂荣查吾拉。

独此自北而南，为无数之纵谷，故以横断称之。

奢午拉自当拉岭又分出二支：一支东迤入仲壩、格吉之南，至昂欠之西境，山谷纵横，为杂曲与鄂木曲之分水岭；一支东南迤入藏边纳克书三十九族，复岭沓嶂，为纳克书与玉树之界线，即澜沧江与潞江之分水岭也。

二十九日，晴。早八时二十分，由年达木启程，向南行，出峡口，至包隆云西山之麓，你曲之滨，暖泉出焉，番名包隆查念，深约三尺，状如鼎沸，热气蒸腾，水草作嫩绿色，其水流如河内，附近二里许无冰。余欲跃入泉中，以濯数月之尘垢，复以气候过寒而止。此处南山横障，东西成川，拉曲河自东来（发源于俄布得沟），至拉才松多，与你曲会，名曰拉曲。自此渡河，向西行，南山之麓尽属高岗，路甚平坦，寸草不生，端木得曲与先作曲自南来（二曲皆发源于南山谷中），注入拉曲（拉曲自此向西，流经光云西入连曲）。旋至连云渡，连曲[①]之冰桥，向西行，杂云曲自南来，注于连曲。三十八里宿于光云。

光云，为纳克书霍尔，即抗错亥族（番名霍尔吉卡族，吉卡者，三十九族之总名也）。所属居民，八十余户，分为四小部落，散处于山谷之间，如遇差徭，则相互推诿，既不属藏，又不归甘，盖二十五族与三十九族之逋逃薮也。

三十日，雪。早十一时，由光云冒雪启程，沿连曲之南岸，向西行，渡隆群曲之冰桥（发源南山之谷，向北流注连曲），十五里，过曲仲沟口，清流激湍，两岸无水，盖暖泉也。向北渡连曲，宽三丈余，深及马腹，由北岸登高岗，二十里至连曲之滨，于札索瓦力当歇焉。

是晚，宿连曲之滨，长夜漫漫，水声滔滔，忧心悄悄，寒风习习，辗转不寐，愁绪萦怀，孤灯如豆，三星在天。余自出塞以来，野栖露宿，蟾圆已三度矣。道路梗塞，鱼燕鲜通，未知青岛问题转机与否，南北和谈解决与否，当此国势危如累卵之秋，朝夕变幻，神鬼难测，此三月以来之景况，尚不知现状何如也。

余年来视家庭如客店，以逆旅作故乡，未效负米之子路[②]，常学绝裾之温峤[③]。今者游子远征，慈母情牵，值此气候严寒之际，不免依闾而望，其苦况为何如也。

冬月初一日，晴。早八时，由札索瓦力当启程，下岗渡连曲，沿南山之麓，向西行，过山沟，复渡连曲，向北行入沟，光群曲自东北来，光宁曲自西北来，出沟注连曲，自此逾大坡，至一平滩山岩之下，工仓喇嘛之净房在焉，逾小山向西行三

---

① 连曲：位于巴青县，流经玛如乡，注入索曲。

② 子路负米：春秋时期，子路家境贫困，自己吃的是粗陋的饭菜，而从百里之外把米背给父母。后遂用负米表示在外奔波奉养父母。

③ 温峤绝裾：出自《世说新语》。西晋末，温峤去江南劝说司马睿即帝位。当时兵荒马乱，温峤之母崔氏担心儿子的安危，极力阻止。但温峤以国家大计为重，依然扯断母亲拉着的衣襟而去。

十五里，宿于巴欠[①]。

巴欠本宜他族[②]所属（即藏志之宁他克族），当青藏之要冲，为霍尔吉卡总理驻衙之所（霍尔吉卡者三十九族之总名），原有庐居者四十余户，商牧相兼，亦三十九族之繁盛地也。民国五年，西藏闻甘肃有进兵之说，遂勒令拆尽民房，催督催三十九族之民夫，自备食用星夜建筑营寨[③]，以作驻兵防甘之计，周约二百余丈，高一丈二尺，四角建碉楼四，辟东南二门。是役也，百姓死者甚众，大有秦皇筑长城之风焉。经此变更，一致庐居之民，无处栖止，不得已，遂散处于山谷之间。

营寨之西北隅，有哈卡力寺[④]，为最古老之禅院也。形势颇狭，居喇嘛一，僧徒五十余名。北山沟中有罗福寺[⑤]，寺僧百余名，喇嘛已故。

哈卡力寺之西，有最大黑牦幕一座，长七丈余，宽约四丈，为诸僧诵经之地。每年阴历十月二十五日，值宗喀巴佛诞之辰，哈卡及罗福二寺之僧，齐集黑幕中，诵经五日，远近番民礼拜者甚众，商贾亦咸集焉。

三十九族，本吐蕃之支裔，与玉树二十五族同种，居黑水之上游，西至沙克河为界，东北与当沙买拉毗连。昔为青海蒙古降服，自清初削平罗卜藏丹津之后，渐次招抚。雍正九年，暂归驻藏大臣管辖，载在贡马之列，后由理藩院奏派夷情部，管理征收民刑事宜。辛亥之变，驻藏大臣联豫组织勤王军于拉萨，迨后陆军哗溃，大起战端，藏民……驱逐华官出境，故三十九族之夷情部郎，亦随惊涛骇浪而俱逝矣。

民国三年，西藏派堪群章那一员（唐古特四品官），总理三十九族事务，并派营官二员，以资弹压，将百户百长等一律改为丁琫[⑥]。

三十九族出产品，以羊毛为大宗，每年贩运于拉萨及昌都一带。堪群章那每牛驮征银六钱，盐每驮征银一钱五分；各种皮张，税率无定额，情在任磕索而已。此

① 巴欠：即巴青，位于今巴青县巴青乡。

② 宜他族：也写作益塔。

③ 霍尔营寨：《藏北文物普查》记为巴青宗遗址，位于今巴青县巴青乡嘎果村驻地。调查发现，现巴青乡政府所有机构及部分民宅均建在该遗址城墙内，遗址现仅残存四周的土坯墙及坯墙四角的碉楼遗迹，遗址占地面积约 31 152 平方米，长 236 米，宽 132 米，墙体厚度为 1.3 米，西碉楼遗址长 4.65 米，宽 4.2 米，高 3.44 米，四角的碉楼建筑方式及大小基本相同。据当地百姓介绍，残存的北城池遗址兴建于 1916 年（藏历火龙年），创建人为由噶厦政府选派的第一任霍尔基巧扎南。

④ 哈卡力寺：也写作阿喀寺，为霍尔王家寺，在今巴青县。

⑤ 罗福寺：也写作鲁布寺，位于今巴青县巴青乡扎嘎拉隆沟。鲁布意为“龙洞”，因该寺后山脚下的岩洞而得名。由十二代霍尔王赤加吉钦始建于乾隆十一年（1746 年），初建时兼修噶举和本教，后改为专宗本教。

⑥ 《藏北牧民》写道：1914 年，噶厦政府决定把驻藏大臣管辖的达木和三十九族交给“驱汉事件”中最卖力的色拉寺作为报答。达木八旗在民主改革前一直属于色拉寺，所以当雄宗又称为“达木色拉拉及宗”。但是被派往接管嘉德索格地区的以色拉寺一名堪布为首的十多个人中的大多数，在嘎热呷（在今丁青）地方，被冈嘎塔村不愿受制于噶厦政府的群众奋起怒杀。事件发生后，噶厦政府派代本扎西童和代本穷然镇压，在这一地区强行设置了“霍尔地区总管”——霍尔基巧。

外又征家畜税，马一匹，年征银一钱五分；牛六头，年征银一钱五分；羊三十头，年征银一钱五分。

民国六年，川藏开战[①]，堪群章那奉令，每族派出马兵一百名，以作后援，番民不愿，复令每名折缴银九两。八年夏，又令各族仍派马兵百名，严令自备枪马，候赴昌都，番民援六年之例缴银，藏官未准，且宣示抗违者杀无赦。

年来横征暴敛，每户年征贡马银四十两以上（原定每户年征贡马银八分，清末征至一钱有奇），兼之川藏开衅，军队往来，差徭甚繁，民怨沸腾，日思内附，恨不能与唐古特脱离关系，大有斯日曷丧、及汝偕亡之慨。其百长尕恰典打[②]及参旦等，详述暴虐情形时，泪声随下，且言汉官如不作主，我辈死难瞑目。呜呼！何为渊驱鱼者之多也。

三十九族东北气候过寒，尽属游牧。黑河北岸[③]一带，气候颇暖。如贡木[④]、拉什[⑤]、奔彭[⑥]、色尔查[⑦]、川木桑、上下冈鲁[⑧]等族，耕牧相杂，惟所垦不多，仅可供本族之食，盐皆仰给于玉树格吉族之阿云察哈，木料非由拉里、江达输入，不易得也。

三十九族之语言风俗，与玉树无异，惟男子多不披发，皆束一辫，上缀松石珊瑚之类，其少年豪富者，以牛尾续其发辫，作粗长形，满缀珊瑚松石蜜蜡，并系以银制之护身佛阁，以为美观。女则皆梳细辫，亦以珊瑚松石为饰。番酋见长官时，多行请安礼，亦有吐舌鞠躬者。

三十九族之番酋，为减轻担负起见，多有数族合为一族者，如冬主[⑨]、拉什、奔彭、毕鲁[⑩]、贡木、渣泠[⑪]六族合并为一，名曰俄雪如[⑫]。

十族合并为一，名曰霍尔郎康错亥族，此外尚有三五族联合为一者，因而名目

---

① 第一次川藏战争：1917 年，在英帝国主义的挑唆下，西藏地方与四川军阀发生的战争。西姆拉会议后，英帝国主义对西藏地方的支持转趋积极，借四川军阀与云南军阀混战期间，不断挑唆西藏上层亲英分子，于 1917 年 9 月挑起了第一次川藏战争。

② 尕恰典打：也写作噶嘉丹达，曾是霍尔王的内相。第二任霍尔基闵别上任时，噶嘉丹达带头与之作对；第三任霍尔基宇妥时期，其为霍尔基强佐大总官；第四任霍尔基噶雪巴时期，其密谋组织了一次大的反叛行动，后因泄密事败，好几位部落头人被杀，噶嘉丹达被关进噶厦监狱。

③ 黑河北岸：这里指今比如县怒江两岸。

④ 贡木：也写作果木休族、纳克书贡巴族。

⑤ 拉什：纳克书拉克什族，后称为热西部落，今比如县茶曲乡、达塘乡一带。

⑥ 奔彭：彭盼部落，今比如县香曲乡一带。

⑦ 色尔查：地域大致在巴青、比如、边坝、丁青四县交界处。

⑧ 上下冈鲁：也写作上岗噶鲁、下岗噶鲁，为丁青嘎堆、噶麦部落，位于今丁青县觉恩乡、沙贡乡一带。

⑨ 冬主：也写作达珠、达克鲁。据《西藏图考》载，驻牧盆索地方。

⑩ 毕鲁：即比如，在今比如县城所在地附近。

⑪ 渣泠：也写作查仁部落，在今比如县良曲乡一带。

⑫ 俄雪如：即那雪六部或纳克书六族。

歧异，今夕不同，盖有为而为之也。统计三十九族人民，约有六千余户，其生活程度，与玉树仿佛，近因藏官剥削过甚，民力耗矣。

三十九族旧有总百户名才文拉加札喜[①]者，嫉恶如仇，名望优美，阖族爱之，后被匪人所忌，串通侍从台拉暗杀之。迩时其子锁南尖错甫生三月，尚在襁褓之中，旋经三十九族之番酋起诉于驻藏大臣，派夷务部郎李某前来查办，仅诛其凶首台拉等三人，余皆逃匿。未几，夷务部郎归藏，更兼政体改革，此案至今未决。今锁南尖错[②]已十四岁矣，天资颖敏，不类群儿，三十九族之百户等，念才文拉加札喜之德，甚愿锁南尖错袭父职焉。

初二日，晴。在巴欠休息一日，并换乌拉。晚间，与荀小齐、马玉山诸友各寄一函，以报近日情形。

初三日，晴。乌拉来迟。早十时三十分，始由巴欠启程，向西行不数武，渡索曲（即索克河）。河宽十余丈，深约三尺，水清石底，过河上巴工却拉，山小而陡

---

① 总百户才文拉加札喜：指第十九代霍尔王次旺拉杰。《联豫驻藏奏稿》载："窃奴才前将汉属三十九族霍尔总百户策汪拉结札喜及三岁幼子被匪戕害同时毙命，凶犯逃逸，由藏派员前往查办，业经专折奏明在案。该委员李福林由藏取道小路前往，先经饬调代理总百户噶噜百户丹珍汪堆，鱼他百户洛布汪结各带土兵二百名，克期赴霍，并扎打柱百户鲁汪札瓜亦派土兵二百名，分布边隘以防窜扰。李福林于三月二十日行抵霍尔地方，访闻此案，系族民因事挟怨谋杀。遂即探明匪踪，督率众兵，认真搜捕，始将凶徒体纳札巴赃擦拉缴赃擦策巴竹拉阿柱策增锁如四喜夺热宜腮巴结九犯先后拿获到案，亲提严讯，据体纳札巴、赃擦拉缴、赃擦策巴供称，均系霍尔属民体纳札巴充当头目，在总百户手下当差。该犯前因公垫茶三十余驮，事后诉诸总百户求还代垫之款，总百户毫不在意，屡陈不理，因此怀恨思报。素知同事头目昂忍亦与总百户有隙，当赴伊家商量，即与昂忍约集赃擦拉缴赃擦策巴四人，当谋起意，致死泄忿。于去年十一月二十六日乘夜半人静，体纳札巴首先带领昂忍于之朗结拉达打拉及其仆噶陆麻米结等入内，将总百户及其幼子登时杀毙，并伤其妇，旋即因伤身死。又据竹拉阿柱策增锁如四喜夺热宜腮巴结六犯供称：均系霍尔属民，去年十一月二十五日体纳札巴约犯等跟随赴外，讨收账目，各许给工钱十余圆，遂即应允。定于次日半夜由昂忍家起身，行至约青夺地方始以其谋相告，犯等闻言求退，伊等惟恐走漏消息，胁令守望牵马，实系迫不得已，并无预谋情事。质讯再三，供证确凿。其头目昂忍与子朗结拉达打拉及其仆噶陆麻米结五犯于李福林未到之先，均已畏罪远扬。查霍尔总百户系三十九族首领之官，各族人民，悉归管辖，该犯等以部民谋杀本属长官致死一家三命，其凶暴惨毒，罪大恶极，自应分别首从，按律问拟。惟犯事在三十九族地方，该处距藏穹远，计程二十余站，霍尔民桀骜不驯，若构以律文，申详往返，又需时日。该处又无监狱，设有疏脱，关系匪轻，可否将为首之体纳札巴、赃擦拉缴、赃擦策巴三犯供认同谋造意，应即就地正法。其为从之竹拉阿柱策增锁如四喜夺热宜腮巴结六犯虽未下手加功，然均在场助势，讯系被逼胁从，情节较轻，自应减等治罪。拟请鞭责枷号，限满分别发交百户百长严加管束。各犯情罪，宣示全族，夷众心悦诚服。至在逃之昂忍等五犯，应请通饬协缉拿获，另结等情，禀请核示前来。奴才查霍尔地瘠民贫，人情犷悍，动以杀劫为事，结仇报复，致酿命案。此次总百户一家三命，被祸尤惨，其情可悯，盖因总百户策汪拉结札喜昔承斯职，年岁正少，族内公事，皆其头人代为料理，近虽自亲族务，而才本庸愚，不能制驭其下，头人跋扈，尾大难掉，致有谋杀之事。既经委员李福林拿获首从各犯，禀公讯明，均各供认不讳，案无遁饰，当即批饬，将同谋起意之首犯体纳札巴脏擦拉缴赃擦策巴即行正法，以昭炯戒而快人心。为从六犯照拟定罪，分别发落，以示惩处。其在逃之昂忍等五犯，业经通饬汉番，上紧缉捕，一俟获案，再行分别惩办，另案归结。至霍尔总百户一缺，向由各百户公举，闻已选保有人，俟禀报到日，再行循例办理。除将供招咨部外，所有霍尔总百户被戕一案，现将获犯讯明分别拟结缘由，理合恭折具陈，伏乞圣鉴。谨奏。朱批：该部知道。钦此。"

② 锁南尖错：当时写明"总百户策汪拉结札喜及三岁幼子被匪戕害同时毙命"。此处言及其子锁南尖错14岁，两处资料对应不上。猜测或为私生子或为其他原因，盖霍尔王被杀在当地衍生出的后续故事。

峻，下山更险。自此沿山腹而西行，过巴拉[①]，山势高峻，上下山约十余里。又过车鲁牙壑，仍由山腹而行，登田你垅甫之巅，下山向西南行，一望泉源，弥漫无际，至牙力昂，复由西山之胁上牙力，甫岭下坡，至垅能木昂，入彭他族[②]界。出沟渡邦曲[③]之冰桥（疑布曲之误），河宽八丈余，夏日水量甚大，故设绳桥，往来旅客，得宣渡之。过河至羊池，通大滩，四十五里，宿于东楞[④]。

今日山路崎岖，毫无平壤，盘旋曲折，冰雪滑甚，山谷中泉水乱发，细流不遑枚举，均向南流，注于布曲。

索曲发源于伊克诺莫浑巴什岭之索云绕巴什山，东南流二百余里，与布喀察汗两山流出之四水相会，经俄雪之东，至却索休多，受布曲水，又东南流，至巴欠之南，受连曲水，东流入喀木境，注于黑河。

布曲发源布克山之阳，名曰布云，向东南流，二百余里，至却索休多，注于索曲。

彭他族即藏志所谓彭他嘛族，无百户，有百长一员，属民八十余户，现任百长名却切吉，以藏官虐民之故，思汉甚切，此间番民，间有庐居者，惟不耕耳。

初四日。早八时，换乌拉，由东楞启程，向南行，入沟上东楞木拉，山势陡峭，层峦叠嶂，十里余始达其巅，下坡峻而尤险。出沟奇峰突出，巉岩林立，二小水自西来，会于开再松多，向东北流，注于布曲。自此向西南行，东西两山夹峙中间一片冰滩，人颠马仆，滑汰不堪，出峡向西行入山谷。盘旋曲折，登麦莫拉力干岭[⑤]（此处彭他族与俄雪分界），雪峰插天，寒辉射人，狂风一发，牛马回首。据番人云此处最冷，人畜至此，往往多有冻毙者。下岭向南行，经拉力干尕奢，至冶力麻大滩，渡光曲[⑥]（源出夏力光拉[⑦]之东南山麓，自此西北流注于沙曲河），沿西岸行，过小坡五十里，宿于麦毛克麻力喀[⑧]。

麦毛克麻力喀为六族（冬主、拉什、奔彭、毕鲁、贡木、渣冷）供差之地。年来川藏多事，乌拉浩繁，供给稍迟，鞭打立至，六族苦之，遂联合为一，名曰俄雪，共摊出毛牛四百头，黑帐房十顶，轮流值日，以备差徭。

---

① 巴拉：位于今巴青县与本塔乡之间的一处山口。民间传说巴拉是一座神山，也叫巴瓦占纳，当地著名人物噶嘉占纳是该神山的儿子。

② 彭他族：即本塔部落。

③ 邦曲：今本曲。

④ 东楞：位于今巴青县本塔乡，今八村所在地。

⑤ 麦莫拉力干岭：也叫麦莫拉根，位于本塔乡和比如县原布龙乡之间，被认为是当地的重要神山。山北部有狭长的峡谷麦莫森噶，还有麦莫溶洞，为一景。

⑥ 光曲：今比如县夏曲镇沿 317 国道有岗曲、江曲、白曲注入下秋曲。该处应为岗曲。

⑦ 夏力光拉：夏曲镇与扎拉乡之间的山岭，附近有夏日拉。

⑧ 克麻力喀：岗曲河畔，今夏曲镇克玛喀村一带。

初五日，雪。近日骑马疲乏，不能前行，昨日逾麦莫拉力干岭时，一海骝马被风所阻，遂毙于领畔，故于今日休息一日。

初六日，晴。早七时三十分钟，由俄雪换乌拉，向西行，渡错卜藏曲[①]之冰桥（源出错卜藏沮洳之地，向西北流入白洗曲[②]），过甲郎通大滩，逾拉跨文保曲（水颇小，向北流入白洗曲），至群明卓拉，过朝火松多（水小向北流入白洗曲），向西北行，经赛云，依南山之麓，三十五里于白洗曲（发源于白哈满白哈之麓，向西北流注沙曲）之南岸。格年曲（源出格你拉曲阳德之脑，水量颇大，注白洗曲）自南来，名曰格年多。

今日路途平坦，无高山峻岭之险，又幸天气和暖，终日无风，水草牛粪具备，为旅行以来最美之日也。

近两旬来之气候，华氏寒暖计早晚零度，午间零上十度或十五度，若遇风雪变化，则降至零下二十余度或三十余度矣。

初七日，晴，大风。早七时，由格年多启程，向西南行，过弹卜力大滩，至瓦勒歪缠木曲[③]（源出瓦勒脑，向西北流经宗克立麻入沙曲），东西两岸甚高，中间河流纵横，渡冰桥，经康那哈大滩，道路平坦，渡沙曲之冰桥（即沙克河，纳克书三十九族与达木蒙古此处分界），河流甚大，设绳桥二条，以济行人。至此登格达拉，巨石当途，状如虎蹲。下坡至沙义昂，又上一山，路颇平坦，为格达拉之支峰也。下山至若云，湖泊遍地，泉水乱流，向南行四十里，于落布强松多[④]歇焉。此地若云曲自北来，札克云曲自西来，两水相和，为落布强松多，向东南流入沙曲。

沙曲发源于喀尔占古叉岭之南，据拉萨东北七百余里，南流三百余里，会都回山之诸水，又东南流二百余里，库兰河自西来入之，又东南流，至那什阿正多入黑河。

初八日，阴，大风。早七时三十分，由若不强松多换乌拉启程，向西南行至杂肯昂，地处南北两山之间，路多平坦，惟巨石塞途，尤多湖泊，河流纵横，皆汇于札克云曲。四十里至札西东拉[⑤]，山不高而路平。下坡过东拉昂五十五里，至且力寇寇宿焉。

且力寇寇多湖泊之地，乱泉汇成一河，名尕里曲，向东南流，注黑河。

初九日，雪。昨夜风雪交加，今朝稍减。早八时，由且力寇寇启程，向西行至

---

① 错卜藏曲：今比如夏曲镇错布松曲。
② 白洗曲：今夏曲镇白曲。
③ 瓦勒歪缠木曲：夏曲镇瓦塘寺所临的一条河流。
④ 落布强松多：今色尼区达前乡一带。
⑤ 札西东拉：今达前乡扎日山口。

世力果马[①]下坡，旷野浩漠，一望无穷。十里余至且力休马，番名果马休马者，言陂陀之地也。湖泊如鳞，冰滩星罗，风雪大作，刺面欲血，向南行至杂曲松科，三十里宿于垅俄。

初十日，晴。早七时，由垅俄启程，向西南行，登巴雀拉[②]下山，陡而多石。十五里至工云，经巴雀山梁下坡，出工裕沟，两山对峙，中多沮洳。旋过陶果拉[③]，道路平坦，一小坡耳。自此向西南行至生业云，茫茫大滩，草不及寸，夏日有水，冬则涸矣。五十里至俄曲卡[④]歇焉。

俄曲卡本达木蒙古唵不多族所属之地，距黑水尚有十五里之遥，西通拉萨，东通玉树，南界川边，北达柴达木，当海藏之要冲，扼西藏之咽喉，往昔准噶尔由此路入藏，亦必争之地也。西藏设堪布一员、昂索一员（俗呼营官），管理三十九族[⑤]之蒙古征收税务，并盘查往来行人。凡有入境之人，不论番汉僧俗，先由堪布查验护照，请示拉萨，认可后，始准渡河。

凡羊毛入境时，每牛驮征银七钱五分；炉茶入境时，每牛驮征茶一包（值藏银二两四钱）；旅客不论多寡，每一锅叉，征银三钱。达赖禁止打猎，故于野牲皮不征云。

年来建筑房舍颇多，居民一百余家，商旅往来，暂有繁盛之象，惟差徭过重，民甚怨之。

俄曲卡有夏卜典[⑥]寺，建筑宏丽，寺僧三百余人，喇嘛已故。达查拉毛山[⑦]之麓，有觉摩寺一所，内有觉摩四十余人，即尼姑庵也。俄曲卡之东有咸湖（距俄曲百余里），番名爱里彭错，周三十余里，每岁至冬腊两月，湖水结冰之后，冰上生碱数寸，自远观之，一最大之雪海也（如遇风雪碱必融化）。唵木多[⑧]人取之盛于皮包，贩运于拉萨、川边、玉树，以作番人熬茶之需。湟源一带，呼为藏碱，以之洗垢，其功效与蓬灰同。达木蒙古居腾格里海之东，沙克河之西，角孜拉之北，番名江里得西，即达赖喇嘛所属下索之地也。本青海固始汗于五辈达赖时，带领蒙古官兵赴藏护卫，留驻五百三十八户，在达木地方驻牧。康熙五十九年，战平准噶尔之后，又留蒙古兵二千，均归颇罗鼐郡王管辖。迨颇罗鼐死，其子珠尔墨特袭职谋逆，被

① 世力果马：今色尼区孔玛乡一带。
② 巴雀拉：今写作巴乔拉。
③ 陶果拉：今写作托古拉。
④ 俄曲卡：那曲卡。
⑤ 三十九族：此处指那曲、安多一带。原书称呼羌日部落为达木三十九族。
⑥ 夏卜典：孝登寺。
⑦ 达查拉毛山：今写作塔恰拉姆。
⑧ 唵木多：安多。

驻藏大臣傅清诱斩之。从此蒙古兵均回达木游牧，始归驻藏大臣管辖。原设佐领八员，骁骑校八员，分为八族，道光以后，改为三十九族，今又并为七族矣。

自驻藏大臣出境之后，又归俄曲堪布营辖，统计三十九族之人口有二千余户，牧多耕少。

达木三十九族之蒙古，二百年来，已为番民同化。其语言风俗与纳克书族无异，欲得一未忘蒙古语言，盖亦鲜矣。

达木蒙古三十九族之名称，藏志未载，兹录于后：多马族，麦马族，札鲁族，苏和鲁族，色多族，雪呼切族，雪呼穹族，尕加族，以上八族现合并为一，名曰安木多族①。垅雪族，棉得洛族，棉洛族，唵周族，昂索洛族，素呼宁族，以上六族今并为一，名曰洛玛族②。垅雪族，阿陋族，加陋族，打沙族，打冷族，巴冷若族，以上六族合并为一，名曰江马族③。哆楞族，色尔康族，工丁宁族，札仓路族，若图呼族，加马路族，米赛里麻族，赛里唐昂族，以上八族现并为一，名格力巴族④。阿巴族，陀鲁族，马里云族，赛巴族，索力且族，山巴达子麻族，以上六族合并为一，名曰桑云族⑤。尔路欠族，意且族，意群族，布他族，得沙族，以上五族合并为一，名曰霍尔巴力他族⑥。

达木各族，所产羊毛最细，每百斤约值藏银十两之谱，每年运销于印度。

达木各族，气候过寒，寸木不生，建筑木料，皆由拉里运来，其价甚昂。长七尺径四寸之松木，值银一两五钱。

年来盗风甚炽，纳克书与达木蒙古之贼勾结为害，各族苦之。民国六年，由俄曲堪布会同堪群章那，派人哂缉拿获三十余人，分别惩办。有斩决者，有剜手刖足者，有割去膝盖骨者，有永远监禁者，有带小枷脚镣游行者，自此盗风颇息。

玉树娘磋族，有百户名山珍旺加者（一作桑住完加）。民国五年，因事被宁海巡防军驱逐出境，逃于纳克书之毕鲁族住牧（距俄曲百余里），年来勾结毕鲁、札麻尔、霍尔麦三族之匪人，抢劫旅客，窃盗各族之牛马，我若不设法招抚，恐藏民有所藉口矣。

十一日，晴，今日为九年元月一日。与俄曲堪布即昂索，并派驻湟源之贡麻尕琫会晤，详谈西藏各事。

---

① 安木多族：俗称安多八部，旧为黑河宗最大的部落。
② 洛玛族：即罗玛六部。那曲卡以南的六个部落。
③ 江马族：即强玛六部。那曲卡以北的六个部落。
④ 格力巴族：即格尔瓦八部。在那曲镇周围及孔玛一带。
⑤ 桑云族：即桑雄。旧称桑雄九部。
⑥ 霍尔巴力他族：即巴尔达。旧称巴尔达九部。

十二日，晴。休息一日，湟源商人由藏来者颇多，相见之下，畅谈胸怀。

十三日，晴。乌拉未齐，又休息一日。

十四日，晴。早九时三十分，由俄曲卡启程，向西南行，至科里清大滩，渡才曲[①]（源出阿卜周后札麻力，向东流入黑河），十五里至黑河之北岸，岸畔有玛尼墩及房屋一处。河宽十余丈，已结冰桥。过河入洛马界，茫茫大滩，白沙无垠，寸草不生，皆不毛之地也。过尔石太卜拉，路甚平坦，三十里至雀呼里，风寒似刀，寒不能当，遂寄宿于番民黑帐篷中。黑河番名俄曲，蒙古名哈喇乌苏，皆黑水谓也。源出前藏腾格里海之北，有巨泽曰布喀淖尔，在大流沙之东，广一百余里，其水东南流汇于厄尔济淖尔，广百余里。又东南流，汇于吉达淖尔，广亦百余里，又东南流，为哈喇淖尔，广百二十余里，其水色黑，即古雍望之嘉湖也。自此向东南流，受公噶巴噶山之哈喇河，裕克山之裕克河，又东折入达木蒙古，绕纳克书三十九族境沙克河，合布克河自西北来入之。又东北流，入川边境，折东南，索克河自西北来会，经索克宗之南境，名卫曲河。自此经洛隆宗之东，入怒夷界，为怒江。又南流至桑昂之东，鄂宜曲河自东北来注之，又南流，入云南丽江府界，曰潞江（潞即怒音之转也），南流经永昌府潞江安抚司境，由缅甸入南海[②]。

按蒙古语称黑为哈喇，水为乌苏，故清一统志《卫藏图志》，皆以潞江为禹贡之黑水。明人李元阳，著黑水辨云：澜沧、潞江，皆由吐蕃北来，盖与雍州相连，水势并汹涌，皆入南海。然潞江西南趋缅中，内外皆夷，其于梁州之境，若不相属。惟澜沧由西北向东南，徘徊于云南郡县之间，至交趾入海，今水内皆为汉人，水外皆为夷缅，则禹之所导于分别梁州界者，为澜沧足以当之。而唐樊绰又以丽江为禹贡之黑水，程大昌疑其源流狭小，不足以合雍、梁二州境域。又丽江源流在越南境，虽入南海，与雍、梁二境无当。至下流并不狭小，大昌所言，盖其在江发源之地耳。惟张机、黄贞元独指大金沙江（即雅鲁藏布江）为禹贡之黑水。张机曰：“禹贡三言黑水，当以导黑水至于三危，入于南海为正文。”文道提纲曰：“雅鲁藏布江，即大金沙江，疑即古之跋布川，或指为禹贡黑水，则太远矣。”清圣祖云：“禹贡导黑水至于三危，旧注以三危为山名，而不知其所在，朕今始考其实。三危者，尤中国之三省也：打箭炉之西，拉里城之东为喀木地；达赖喇嘛所属为卫地；班禅所属为藏地，合三地为三危耳。”夫澜、潞二江，仅涉喀木之境，惟雅鲁藏布江发源阿里，遍历后中前藏之地五千余里，折而南下，经缅甸国，又五六千里注于南海。首尾万余

① 才曲：今写作称曲，流经那曲镇，注入那曲河。
② 此段描述引自清代旧有记载，非原作者实地考察。

里，大小支流汇纳数百，水势浩瀚，无与为匹，实西藏徼外第一世流。然则禹贡黑水，舍此更无足以当之者。后儒拘于疆域，以去雍、梁二州太远为疑，不知西北诸湖，迄于流沙，皆统于雍州；西南诸夷，尽于南海，皆统于梁州。是以天文井鬼为梁州分野，而西羌、吐蕃、吐谷浑及西南徼外诸国，皆占焉。即如清时，西藏统于四川，驻藏文武关防，悉冠以四川二字，岂得谓川省疆域无此荒远哉。盖昆仑山脉，为江河发源之地，崇岗叠巘，路径不通，人迹罕至，是以诸水原委错乱，首尾混淆，异说纷起，讫无定论，如以导黑水至于三危之文义论，则清圣祖与张机之言，自可确切无疑，惟禹贡有岷山导江之文，后之论水，遂误以岷山为江源。殊不知岷山实在茂州，即今松潘北徼外，甘肃迭部之南境，其时并不知有金沙江也，又何必穷涉蜀、滇、青海之境，而寻其源耶。后人欲弛大禹绩，遂举羊膊铁豹之属，谽谺起伏西南走蛮箐者，皆谓岷山。《李庸益州记》《太平寰宇记》，皆引其说，犹之积石本在河关，后世嫌其台近，据段颖传，自张掖出塞二千余里，为大积石，转谓积石移于塞内，并浮于积石之文而不顾，诬之甚也。且禹之治水，欲谋民之安息也，塞外荒远，人迹罕至，禹何为而涉其境耶。历代使探河源未悉要领，至清圣祖而始得其详，而谓巴颜哈拉山之南北，皆有舟车劳顿之功，岂理也哉。总之，考古证今，未可拘文牵义，要为实事求是耳。

十五日，晴。早八时由雀呼里启程，过麻石滩，逾甘清拉入桑云族界，至霍尔特群科，因滩中泉水乱流，故得此名也。又过甘群拉渡加木曲卡（发源于本滩之乱泉，向南流入桑曲），四十里至麦多格那歇焉。今日道路平坦，惟无草耳。

十六日，阴，大风。早七时四十分，由麦多格那启程向南行，渡由曲（源出西山之乱泉向西北流入俄曲）至一最大之滩，番名郭瓦起莫，周约百余里。湖泊星罗，泉水汇于西北低洼之地，聚成一湖，周二十余里，名曰消毛错[①]。旋过贡毛曲里坎，逾即楞拉五十里至章茂（章茂者，谓极冷也），狂风卷地，不能支帐，遂寄宿于番民黑幕之中。今日道路平坦，多属不毛之地，顽石塞途，殊觉不易行耳。

章茂[②]之西，有一雪山，峻峰插天，数百里外，即能见之，番名散木田冈桑（散木田谓最灵之神，冈桑谓华屋也），积雪皑皑，终年不消，虽炎暑时，亦必大雪。章茂为拉萨大道，处散木田冈桑之麓，四时狂风，气候严寒。俄曲堪布以地居大道，为往来换乌拉之所，故勒派各族之民，输住一年，以供差遣，亦有久居者，谓能邀灵神之佑也。

① 消毛错：今色尼区香茂乡香茂错。
② 章茂：即香茂乡。

十七日，晴。早八时，由章茂启程，向南行，源泉混混，汇流城河，为桑曲发源之所（向东南流，纳东西二山之诸水，折而东北出峡，与热正曲会），十五里住于南官科力。

十八日，晴。早八时二十分，由南官科力启程，向南行，渡那隆章科力曲，及帕文布曲、巴垅曲。三河水量皆大（均发源于散木田冈桑，向东南与桑曲会），冰滩纵横，人颠马仆，自此沿邓那哈大黑山之麓，过牙什麻什二大滩，则登那哈拉布喀曲，由三峡奔腾而出（向东南流，与桑曲会），夏时水量甚大，涉者时有淹毙之患。渡河向西行，入热正寺界。

——《海藏纪行》（铅字本），朱绣著，《新青海》，1933 年第一卷第三期。转引自《新青海校勘影印全本》（一），青海人民出版社 2019 年版，第 351—360、472 页。

亨利·海登游历情形

（1922年）

一、人物简介

亨利·海登（Henry Hubert Hayden，1869—1923年），英国地质学家，曾经在印度担任过地质勘察部主任。其最早进入中国西藏是在1903年跟随英国库尔松伯爵派遣的“西藏访问团”出访拉萨，该团由荣赫鹏任团长。1922年，亨利·海登与其朋友西泽·考森（César Cosson）、一名印度勘探员和一些仆人由印度北部进入中国西藏。从1922年4月6日开始到当年9月9日结束，亨利·海登一行从亚东至江孜、拉萨、纳木错、申扎、尼玛到拉萨，历时5个多月，对西藏的湖泊、冰川、河流、动物、建筑以及社会生活做了大量的考察与记录。需要指出的是，亨利·海登第二次进藏考察，全程有西藏地方政府派出的武装人员护送和专人陪同。

二、游历概况

在拉萨停留将近半个月之后，5月10日，海登等人开始前往藏西北地区。在申扎盘桓了一段时间之后，6月底，考察团开始前往纳木错。一行人在途中首先经过了色林错，于7月初到达纳木错。其在藏北的路线为：当雄县羊八井镇—戈林拉山口（今当雄县羊八井北古仁拉山口）—纳木错南岸—文部—申扎—色林错—巴木错—纳木错东岸—旁多—拉萨。藏西北成为此次海登等人在西藏进行地质考察、狩猎、旅游的主要路线。

三、文献原文

大湖地区：拉萨到申扎

很明显，我们现在已经离开了拉萨。新的营地托噶加隆是在纳木如[①]地区。这只有一个小的长期营地，扎着两三个黑帐篷，周围围着一堵覆盖着草皮的墙，高约 1.2 米，用来挡风，这和绝大多数长期的帐篷都很相似。其余的营地，有为我们搭好的大小不等、形态各异的帐篷二三十个。我们的 50 匹矮种马也来了，可以换下羊八井的运输工具牦牛，让它们从这里返回。现在我们遇到的人多数是库索芒德龙[②]的佃农。在纳木如，库索芒德龙家族拥有很多的土地，他们用以货贷款的形式获得可观的收入，货物主要是羊毛、牛油、牦牛尾巴等物品。

这些人都是纳木如的土著居民，是不同于拉萨人的另一类型的藏民，绝大多数住在西藏南部地区。他们终年住在帐篷里，看起来更结实，面容较粗糙，皱纹比较多。这里的男男女女都穿着羊皮衣，皮衣里塞满了羊毛。女人不再戴三角形的拉萨式头巾，头发则梳成很多的小辫子披在背后，末尾装饰着绿宝石、琥珀、珊瑚珠子。男人们脑袋上很多地方都是光秃秃的，没有剪过的头发则集成一束，乱糟糟的，不用梳子梳，只结成一个缠着的盖儿，正好充当了一个皮帽子的角色。他们也留着通常只有西藏人才有的长辫子，单独一根，拖着几乎到了膝部，辫子上面缠着黑丝绸或细绳绕成的头饰。有的还把象牙戒指绕在辫子上，银色、黄铜色的魔力盒子附在末梢。工作、旅行时，他们通常把辫子绕在头上，防止挡路。团体里较重要的成员戴着帽子，最普通的类型是有一个很长、很细的桶状稻草小辫子，有很宽的镶边，整个用白棉布盖着。还有些人戴着皮帽子，另外还有些人戴着锥形的用毡布做成的帽子，这在中亚的蒙古人部落里尤其用得广泛。我们在湖周围遇到的一类人多数与所描述的相同，除了位于申扎和塘嘉错之间的纳藏[③]地区的西部外，这里更加明显地蒙古化了。在这里，我们也碰见一些蓄着长胡须的人，和无毛脸的典型西藏人相映成趣。在纳藏人中，我们很少看见女孩或妇女；好奇心有时诱引她们到我们的帐篷边来，但一旦她们看见自己正被注意，就会很快地逃走。她们的服装与男人相同，甚至连毡帽都一样，远处看，很难把她们辨认为女人。我们在很近时才看清那些女人比拉萨妇女漂亮，也不像拉萨妇女常做的那样用黑褐色的糨糊弄脏脸，从而保护自己的容貌。而西藏妇女为了保持她们的肤色，常用糨糊盖住脸颊和前额，也使得

① 纳木如：即朗茹。
② 库索芒德龙：原书称其为“西藏地方政府矿务总顾问”，负责旅行队的具体接待事宜。
③ 纳藏：也写作那仓。其地理范围以申扎、尼玛为主体部分，还包括双湖的一部分。

西藏底层社会中多了一群不干净的脸。

……

他们为我们杀了一只羊，我们也赠送给他们许多牛油和谷物，这些东西是我们离开时从低谷地区带来的，因为我们现在所在的村子海拔太高，无法种植庄稼，但塘嘉错湖边是个例外——这里是一个海拔 305 米①的温暖角落，是我们到过的西北方最远的地方。整个高原旅行，直到我们再度到拉萨旅行之前，我们没见到任何农业。作为回报的礼物，我们给了地方官员一罐果酱和一罐金色的果汁。

我们的旅程已经很长，古加·辛格直到晚上才到来，自从我们离开拉萨后，他就已经开始固定地每天绘制地图。我决定以后要缩短行程，以便他每天能够不用过度疲劳就能完成他的工作任务。因此第二天，我们没有像最初决定的那样去洛拉姆，而是安排在东若扎营。据证实，到这个地方的行程比较容易，只有 22.5 公里，比原先必须要走的路短了许多。我们的路线是朝西或西北方向穿越约 13 公里宽的平原，中途还不得不踩着矮种马的肚带通过一条河面宽阔、水流湍急的居曲河；河水很急，想不湿衣服就骑过河去是很难的。接着我们又越过一个较小的关口和另一条叫昂曲的小溪，进入一个宽阔的峡谷平原。这个平原一直向北延伸到我们在很远就能看见的纳木错岸边。平原西面被一群小山包围着，这儿，我们发现我们的帐篷扎在了一条清澈的小溪边。一路上，我们看见一些瞪羚，就想去抓住它们，因为考森随身带着他的来复枪，何况它们就在我们上面的一座山脊上。平原下面是成群的大动物，起初我们以为是西藏野驴，但通过我们的望远镜仔细观察之后，我们发现它们是羚羊，这是我们第一次看见它们。我们觉得，这比猎捕藏羚羊更令人兴奋，于是跳下马来准备猎捕。羚羊们沉浸在几英里远外飘浮的雾气中，我们不打算放弃在广大的西藏草原上抓住它们的渴望。但它们非常野蛮，当我们距它们 800 米左右时，它们又会向着远处的一座小山冲去，由于这里没有任何遮挡物，所以行动容易暴露，我们没有希望抓住它们，就只好放弃了，极不情愿地用藏羚羊来宽慰我们自己。看着我们第一次看见的羚羊却不能接近它们，我们只有干着急。……牧民们则很有计划地捕猎，他们中很多人都有猎枪，并为了等待野兽，而在暂住的地方用石头砌成小的避风处。他们的射击是一件艰苦的操作，因为他们只有很原始的火绳枪，当他们要出发猎捕时，他们必须制造他们自己的易燃物，能够点亮他们的铁制熔丝，然后再用火药粉装满盘子——在材料来源上就需要足够的耐心。

没有抓到羚羊，我们决定返回猎捕瞪羚，为了在行李到来把它们吓跑之前逮住

① 原文如此，应为 4 305 米。

几只，我们催着坐骑一阵快跑。穿过平原时，我在前面骑着，考森稍微落在后面。我听到“咔嗒”一声响时，转过脸只看见考森的马鼻子，马的前脚陷进了一个老鼠洞，落了下去。这并不是它的错，因为这个洞从地面上根本看不见，是拉果米斯兔的地下洞穴之一，这种动物就是西藏最有名的“无尾鼠”或“鼠兔”。从现在起，在穿越湖区的剩余的旅行中，我们开始更加了解这种小动物。地下几米处，平原被打洞的地方，都会形成诸如大名鼎鼎的鼹鼠走廊似的网络状家居。除了积满水的地方外，几乎每一平方米的平地里都有它们的存在。当一个人独自骑马时，活跃在平原上的将会是一群老鼠，它们将在我们前行的路上打下许多洞，然后坐在洞口看着我们，而当我们走近时，它们又会消失得无影无踪。与土拨鼠不同的是，它们不冬眠，整个冬季都在白天外出活动，尽可能地搜集干蔬菜碎片，再带回洞里。我们返回正路时，发现古加·辛格带着他的工作台正在山脊顶部。瞪羚再也看不到了，虽然我们沿着它们觅食的方向走了一段距离，我们却没再看到它们。我们的肉食第二天就要吃完了，找到一些野味是很重要的事情。因为，虽然附近有几个牧民的帐篷，他们的羊却只有皮和骨头，高原上没有牧草，现在依然是冬天的草根。其实即使是粗糙的干草都已经被吃到了根，没有什么地方长有新草的迹象。绵羊和山羊们吃的都是它们不得不用前脚刨着地面为自己挖掘的草根。

第二天我们安排了一段到洛拉姆的非常短的旅程，只有 6 公里。在洛拉姆这个牧民营地，我们在一个狭窄的石谷入口处一个隐蔽的地方找到两个黑色的帐篷。这可能是最后一天我们所看见的较为出名的三角地带，也是一直以来古加·辛格都在使用的地方。我一直希望能把别人远远地固定在前面，再给我们自己安排一个短程旅行能让我们整日地搞测量工作。当古加·辛格和我忙着安装测纬仪时，考森则要出去补充一下食品库。正午前，他带着一只长着金黄色毛发的瞪羚回来了，很显然，这是一只身体终年都很健壮的雄瞪羚。

……

第二天早晨我们离开营地时，天气格外晴朗，无云无风；像往常一样，寒气袭人，帐篷外的溪流也像我们到过的洛拉姆一样结成坚冰。只要没风，寒气就不会如此的刺骨。可是，我们到洛拉姆没多久时，就又像往常一样刮起了风，而且到下午时已经变成了飓风。自从上次离开拉萨，我们花了好几天的时间才来到这里。夜空很宁静，我又能够测纬度了。

从洛拉姆出发，我们继续前行，到了一个宿营的小山谷，山谷的两边是约 3.2 公里宽的平行向上的山脊，这儿到处是成群的绵羊和牦牛。我们沿着山谷又走了几公里，发现了一条向北流的小河，这是从前昂曲的支流，向西南流入纳木错湖。河的对岸是一个常使牛羊陷蹄的沼泽，但幸运的是只有 0.8 公里左右；它的旁边是一个缓坡，到处是老鼠洞，对于动物来说，几乎就像沼泽一样难行。最后，我们还是爬上了一个山坡，山坡的一面滑到扎有黑色帐篷平原的低矮关口，但牧草仍和去年的没什么分别。这是一个缺乏变化的地方，只是一系列山谷和山脊，海拔大约 4 876 米，山高 5 486—5 791 米。经过 6 小时的跋涉，我们到了永久露营地——羌尼。我们一点也看不到猎物的影子，这肯定与帐篷有关，西藏这个地方总是如此令人乏味。自从我们穿过了戈林拉后，就踏上了这片高原，只有砂岩和页岩与我们为伴，这些从火山里喷出来的东西与西藏的大部分石头不同——仿佛在表面上少了一些化石或矿石的风采。天气还是一样的糟糕，寒风刺骨，乌云密布。第二天上午仍是如此。过了一个平地我们就爬上了山脊（海拔 5 181 米），然后又下到一个一边是湖的平地上。湖边和小岛上都是饥饿的鸭子，有时也有很多的海鸥和燕鸥。我们过湖的时候，天气突然变了，下起了大雪。我们冻得瑟瑟发抖，这场暴风雪持续了一整天。晚上我们回到县里时，地上的雪有半英尺深。幸运的是，雪晚上就被打扫干净，第二天我们出发时也没再下。又经过两次无聊的行军我们到了依日，这是一块平地南面的一个大的牧民聚居地，这块平地是牧民们冬季经常出没的地方，不过现在只有两个帐篷。路上我们看到山顶上有野羊，考森试图接近它们，但它们在他开枪前就跑掉了。这是非常令人扫兴的，而想法了解它们是非常有趣的。

……

在依日，我们的帐篷刚搭好，暴风雪就来了。这次看来四个帐篷都挡不住；但它们竟然坚持到晚上 10 点。幸好当时风暴停了，我们也不必担心半夜里我们的帐篷会倒在我们身上。帐篷外积雪超过几英寸是很不安全的，因为重量会让竹竿承受不了，但可以大约每小时去除雪一次。我们不相信西藏仆人会这样在夜间为我们效劳，而大雪还在不停地下着，我们将很有可能一大早起来发现自己要在被雪压垮的废墟中挣扎。幸运的是，第二天非常好，整个乡村都覆盖着一层厚厚的雪。在我们离开宿营地时，我们发现了熊与我们营地擦肩而过的足迹。据说熊和狼都住在我们上面的那个山头上，而且古加·辛格在前天就已经在一个洞穴里发现了羊的骨头，它很有可能就是狼的洞穴了，但也有可能是熊的洞穴，因为棕熊也吃羊。当地人都说那儿有狮子、老虎、熊和狼，还有其他传说中凶残的怪物。在申扎，我们甚至被告知那里有住在天上的而不是山上的龙，它来到了人间，但幸运的是它很少来，因为它们只有在大地被雾笼罩时才能现身。

我们离开帐篷时，看见我们下方的平原上有 3 只羚羊，我们尝试了一两次去追赶它们，可惜当地没有一点能够让人隐蔽的地方，我们不能尽可能地接近它们。我们也看见了许多西藏野驴和藏羚羊，二者都很野蛮。所有这些动物都被当地牧民捕杀过，所以很难接近。

经过 40 公里的长途跋涉，我们穿过依日平原，翻过一条宽阔的山脉，进入了一个开阔的山谷，它将把我们带到阿钦宗果，那是小湖边一个固定的放牧营地。我们本打算在途中扎营的，但由于误解，没有做好安排也没买燃料，所以团队的其他成员都继续赶往阿钦宗果。很多官员及其众多随从绝大多数都没带帐篷，膳食要由当地居民提供，帐篷也得由他们提前准备好。而实际上我们这个团体——考森、古加·辛格、我本人和我们的仆人都是独立的，并且可以在我们喜欢的任何地方扎营，只要我们能够找到燃料。但这是不曾有过的，除非在牧民的宿营地或是在后来的宿营地，我们可以找到很多的牦牛粪。

由于没有得到计划变更的通知，我们仍期盼着在依日平原边的大山之间找到我们的帐篷，还花了大量的时间在路上进行狩猎运动和勘探地理概况。但走了很久，我们仍然没有发现帐篷标记。我们开始意识到有地方出错了。后来，我们遇到了两个来自阿钦宗果的人。为了找我们，他们已经走了 11—13 公里。由于没有向导给我们带路，我们找不到路可走，非常容易迷路。很长一段时间我们都是跟着我们运输东西的牲口的足迹走，而我们又可能会在什么时候失去它们。最终，我们很晚才到达宿营地，然而古加·辛格直到天黑也没有到，他原以为我们要在中途扎营并把他的仪器盘安在附近一个较高的山峰上。

我们的帐篷扎在一段绵长的山脚下，山脊逐渐地滑到一片湖中。岸边有一些悠闲自得的鹅和瞪羚。我们想吃肉了，考森就拿起他的步枪去猎捕瞪羚，但那里没有隐蔽物，并且瞪羚很野蛮。湖对面，一匹狼也在悄悄地靠近兽群。薄暮妨碍了考森的行动，所以他只用步枪射死了一只天鹅，而把其他捕猎活动留在了明天早上。

另一段 32 公里的长途跋涉把我们带到了纳藏地区的政府所在地申扎宗。离开曾经住过的湖边盆地，我们越过一个很低的隘口，向下走进一个 3—5 公里宽的峡谷平原，平原上一条河流蜿蜒曲折地顺势向西北方向流去。有时候分出几条支流，有时候又合为一体。我们估计蹚过的地方大概有 2.7 米宽，0.6 米深。水如此的平静清澈，雪还没开始融化。山谷左边厚重的积雪几乎占据了整个村庄；博学者南·辛格在 1873—1875 年的旅程中绘制的地图将这儿标为噶卡玛峰，这是一个长约 64 公里的横向山脉的最北端，是念青唐古拉山向西延伸的一个分支。虽然它并不是很高（6 400 米多一点），但在附近山谷中还是非常突出的。

我们前往申扎的道路顺着山谷的右侧，位于一个较低的石灰岩山脊边缘。现在我们正置身于一堆很奇特的大岩石当中。石灰石第一次出现在依日平原西部的山上，它们形成了坚硬的锯齿状山脊，偏低的斜坡覆盖了上面岩石落下来的碎块。在这些碎块中，有迄今为止还没在西藏发现的化石，虽然说起来通常这种化石都该在乌拉尔山脉和阿富汗。整个旅程中，地质勘探使我的工作愈发繁忙，而我们团队的主体已经走了很远。当我骑着马在山谷边绕时，听见了远方的一阵枪声迅疾划过，立马猜想是不是行李被传说中的“掐巴”[①] 抢了，据说他们可是游荡在羌塘以北很有名的强盗团伙，是过往西藏的旅人最大的恐怖。看上去也不可能，他们应该在远离南方的地方，并非紧靠地方行政总部。我带着望远镜，顺着道路继续往前走。看见 1.6 公里前面的运输人马的大队并没遭灾，我放下了一颗悬着的心。800 多米后，库索芒德龙和他的仆人正站在道路上迅速地向山脊上的什么东西开火。开始我看见的是 180 米外的一群瞪羚，但一阵持续的开火之后瞪羚并没受到影响。我向别的地方看了看，最终发现山脊上面，离他们至少 1 300 多米的地方，一头大棕熊正迅速地往山边奔去，最后消失在山顶。在它消失后仍持续了好长一段时间的轰击，我后来才明白开火是为了把熊赶走。除了魔鬼和“掐巴”之外，在西藏人眼里没有什么东西比熊更可怕了。甚至在他们刚看见它还远离 900 米时，其中就有四五个人会停下来站着疯狂射击，没有蹲伏或匍匐在地的，甚至没有试图瞄准或调节视角的。毫无疑问这都证明了结论是正确的，因为他们一定被熊给吓坏了，并且是如此的恐惧。令我厌恶的是，对我来说要跟着熊、接近并杀死它是徒劳无功的。通过望远镜的观察，我对熊有一个很好的了解：这是一只非常华丽的熊，比喜马拉雅山和西藏南部的棕熊还大，而且显然它们不是同一种类。由于每年的这种时候熊都要蜕毛，皮可能没有价值，但错过如此好的机会还是很令人失望的。它死了，可能也确实挽救了许多当地绵羊的性命。我难过地继续搜集化石，填满了口袋、背袋和马鞍袋。然后离开石灰岩的山脊沿着平原上的道路向申扎走去。路上，我看见五六只显而易见已被驯服的鹅，它们没有被步枪的响声所惊扰。河面上飞满了忙于觅食捕鱼的海鸥和燕鸥，大约有几百只。河岸上有许多涓涓细流。

早晨我们出发后我把考森丢在了后面。昨天傍晚前我们看见右边的山脊上有许多瞪羚，今天早上它们还在那儿。考森就带着他的仆人，要去看看能射些什么。路上我还看见其他一些瞪羚羊群和两群羚羊，全是公的。后者在山脊脚下，而考森爬到瞪羚羊后一半距离处时，就一直保持着同样的高度了，所以很不幸地没能看见它们。但他在晚我一小时到达申扎时，还是发现了 4 只瞪羚羊。他杀了这么多的生命，

① 掐巴：可译为昌巴。意为“强盗”。

他很难过。……第一次悄悄靠近一群瞪羊并杀死其中一只时，再杀更多的就顺理成章了，所以他又靠近了另一个大约180米外的瞪羊群，那是七八只小瞪羊，里面至少有一只是公的，几只母的。他做出抉择，要射击那只公羊，但它并没有马上倒下，而是又跑了一段距离之后消失了。当他赶过去寻找时，竟没发现公的，只有两只母羊。更远处有血迹，他跟着血迹，在45米外发现了公羊，它也死了。大多数“运动员”毫无疑问都能在同一时间内用一颗子弹射中两个动物，但一次要射中3只，那绝对是极其少见的。在那个距离内，用软头子弹必须在穿过前两只羊时丝毫没有碰到骨头才会如此。申扎的官员们不吃羊肉，因为他们最近收到了达赖喇嘛七年内不准捕杀猎物的命令，人们还告诉我们，达赖喇嘛还专门为此做过祷告，官员们因此害怕捕吃猎物，虽然这猎物并不是他们亲自杀的——尽管如此，幸运的是在处理这些羊肉时我们并没有遇到刁难。

大湖地区：纳藏

申扎位于一块大约8公里宽的平原中央，在距离几公里远的地方就可以看见了。在我们以前的想象中，那是一个有白色高大建筑物并带有围墙的村落。自从我们离开戈林拉山口下的羊八井以后，那是我们所看到的第一个村子，也是第一次看见房屋。在这样的地方能看见这样一个秀丽的村子我们感到惊讶。但是，当我们走近的时候，才发现跟往常一样，我们又被想象力误导了。进了村，只见稀稀拉拉地散落着四五十间用晒干了的砖坯子或草根泥筑成的房子。村子位于一块挡风的草地中央，非常荒凉，四周全是沼泽。要想进村，得找一个向导领着，沿弯弯曲曲的小道，绕过深不可测的泥潭。草地上随处可见露营的帐篷，成群野放着的牦牛、绵羊和山羊，除了牧草，别的就没什么了。又粗又硬的野草不是被割掉，就是被牲畜连根啃食了，光秃秃的，全然不见一点嫩草的踪迹。这里海拔太高，无法种粮食，所以没有什么农田，也不长灌木。实际上，正如考森所说的那样，连一根牙签那么大的树苗也长不出来。做房梁和天花板用的木头全是从南边的藏布大峡谷运来的，得走好多天的路。

到达时，宗本的两个办事员按照通常的礼节到村外迎接我们。他们说，两位宗本都不在家，一位去了日喀则，一位去了拉萨，很抱歉，不能前来迎接。我们被安排到宗本家的一间房子里，那是村里最好的房子了，但也仅有一间屋子和一间厨房，一个4.6米见方的小院落。院子外还有两间房，其中一间为拉康，即家庙，每户西藏人家都有，是用来供奉家神的。我们在申扎期间，房子的主人回来了，但为了不打扰我们，他自己住在家庙里。他是一位可敬又很讲礼节的老人，正患有严重的风湿病，幸好我们随身带有这方面的药，可以给他减轻一些痛苦。也像其他西藏官员一样，他已经放弃了乡里人的那种头饰，戴着一顶女式草帽，边宽顶高，在所有的装饰品中显得很突出。他好像对这顶帽子很是爱护，第二次我们从申扎路过的时候，他还戴着它照了一张相。

在申扎，我们想要掌握有关这个地区现有矿藏资源的全部材料，并为此着手准备下一步的旅行计划。我们得尽快地做出决定，因为送信人要提前去告知当地的牧民，让他们在预定扎营的地方收集好燃料。我们在申扎停留了 5 天的时间，使地方当局有充分的时间做好所有必要的安排。这五天的日程完全安排满了，我一直忙于我们的计划，不停地进行计算、测量，并在两个星空朗朗的夜晚进行了短暂的纬度观察。古加·辛格则忙于做他的水平桌，同时还帮着我进行三角计算和纬度观测。在我进行纬度观测时，考森也在忙着帮我记录，此外他也忙着干他自己的那一份工作，即准备食品。

我们到达申扎后两天，他已经越过平原，到了北边的石灰岩山，在那儿他发现了三只岩羊，都是公的，头长得不错，他捕获了其中最好的两只。这是他第一次捕获到岩羊，因此感到特别高兴。在我们离开的前一天，他又出去了，这次追踪的是羚羊，又一次凯旋，带回了两个上好的羚羊头颅。可惜的是，所有的动物都正处在换毛时期，猎获的兽皮都没有保存的价值。附近一带其他野生动物只有瞪羚，瞪羚的数量非常少，出没的地方距村子还有一段路程。到申扎后的第二天，我们准备好鱼钩，到河边去看看能不能钓到点鱼什么的。这儿鱼很多，大小都在 0.5 公斤左右。这样的鱼我们以前在德庆也曾钓到过，但特别招苍蝇。这次我们吸取上次的经验，决定只钓几只，以防万一不好吃。真遗憾，这次又让我大失所望，这儿的鱼跟德庆的一样令人作呕。

从村西头跨过大峡谷，那里山势险峻，山顶白雪覆盖，有几个比较理想的经纬观测点。我以一块小岩石的顶端（高度大约在 5 486 米）作为一个点，带上古加·辛格和他的水平桌，还有经纬仪，这是到达申扎后的第三天我自行设计的。我们先越过平原，然后爬上陡峭的山谷，在那儿还要经过一块表面平坦的大岩石，那是西藏人用来处置死者的地方。这儿的藏民处置死者的方法跟拉萨和在其他藏族地区一样……

要到山顶还得爬很长的一段路，山势很陡而且空气稀薄，这更增加了爬山的难度。在上山的途中，我看见了许多陷阱，这些都是为捕捉岩羊和熊而设的。我刚把经纬仪摆放好，就看见从申扎方向朝山嘴这边飞快地跑过来一只棕色的大动物。等靠近后看，原来是一只棕熊。最后，它从我们下边不过 73—82 码的地方经过。可惜我原本没想打猎，所以也没有随身带枪，考森倒是带了枪，不过这时他没在我身边，而是到平原的另一头去追岩羊去了。我的同伴们见了熊特别紧张，一边叫喊一边往山下滚石头，我想尽可能地靠近一些去看，所以让他们别把它给吓跑了。当它从我们的下边不远处跑过的时候，我仿佛还听到了它的喘息声，后来它还是让我们给吓着了，跌跌撞撞地翻过了离我们最近的一道山脊。我们在进入申扎时也见过这样的一只棕熊——也许就是同一只，这是我们在旅途中见到的仅有的两只棕熊，可惜我们一只也没有抓到。

在申扎平原上，鸟类是相当多的，偶尔还可以看见一对天鹅从头顶上飞过，但这种情况并不多见。婆罗门鸭到处都有，而且整天还能听到沙鲁斯鹤那种沙哑的叫声，这种鹤在这一带非常多。跟我们所到过的西藏的其他地方一样，这儿也能见到红嘴山鸦和大乌鸦。我们看见一对沙松鸡在村里的垃圾堆上孵卵，而且时不时还能听到其他的沙松鸡从头顶上飞过时发出的叫声。但总的来看，这种鸟是很稀少的。鸥、燕鸥和白头大鱼鹰随处可见，尤其是在河流汇入大湖的地方，那些地方看来也是钓鱼的最好去处。百灵鸟的种类和数量都很多，其中数量最多的要数云雀，但要到 6 月中旬才能听到它们的叫声。秃鹰、髯鹫、雀鹰和鸢也很常见。

到 5 月 29 号，我们已经完全做好了下一次行动的准备。这次我们将到文部[①]的神湖唐古拉错[②]（或称唐古拉雍）去，估计得往西走 10—12 天的时间。第二天我们便动身去南宗，那是申扎以西大约 24 公里的一个牧场。我们沿着山谷左边的小道跨过了一条名叫塔隆藏布的河流，这条河从东南端注入嘉令错[③]湖。在河的远处，可见古代的冰川遗迹从更远处的山上倾斜着向湖边延伸，我们要走的路从一块岩石山脊上的夹缝间穿过，距湖面大约 150 米。当我们通过夹缝时，宽阔的嘉令错湖尽收眼底，湖面正好处于一个长 4 公里、宽 6.4—13 公里的山谷之中。天色尚早，气候尽管在变，但眼前还算可以。在阳光下，湖面静静的，没有起风，两岸山脊上覆盖着的雪映照到湖中，迷人的绿松色水面上折射出白色的宽大条纹。

到中午的时候，天气骤变，好几公里的路都是在大雪中行进的。过了下午，整个山野又铺上了一层厚厚的雪，鹅毛大雪不停地下着，给我们第二天的旅行造成很大的威胁。我们在空旷的平原边上一个靠近山脚的地方扎营，这儿是放牧牦牛和绵羊的牧场。下午，天气稍有好转，我们试着走出帐篷，爬到后面的山脊上去，我去考察岩石，考森寻找猎物。但是半个小时以后，又刮起了暴风，狂风夹

① 文部：今尼玛县文布乡一带。
② 唐古拉错：或称唐古拉雍错，今写作当惹雍错。
③ 嘉令错：今写作格仁错。

着雪花和冰雹向我们袭来，我们只得又回到帐篷里，不过不是空手而归，考森打到了两只野兔。

从申扎到文部有两条大路（或者仅仅是羊肠小道）可走，一条路差不多紧贴着嘉令错湖的西南岸，快走到湖的北端时再往西拐，直达唐古拉错。实际上，南·辛格在返回时走的就是这条路。另外一条路，也就是我们走的这一条，正如我们已经记录的，沿湖的南岸走，然后穿越群山，实际上要往西一直走到一个叫旁巴错的小湖，从那儿拐向西北与另一条路会合。

从南宗开始要往上走一段大约 8 公里的路，爬上一个小山谷，然后再穿越另外两个山谷，山谷间有几道山梁，但不是很高。翻过第三道山梁以后，我们来到了一个盆地。这儿有一个叫作色拉错的小湖，湖长约 800 米、宽 400 米，湖上有燕鸥和鸥，但没有发现鹅和鸭。在这儿我又发现了海生动物的化石，主要是珊瑚虫，与我在去申扎的途中所搜集的那些化石很相似。步行 6 个小时以后，我们来到一块大约有 6 公里宽的冲积平原，一条名叫帕洛藏布的大河从南向北流，最后注入嘉令错湖。在到达营地之前又下起了雪和冰雹。我们想，帐篷大概又得给刮跑了，风实在太猛，雪持续不断地下了整个下午，直到夜里才停下来。所幸第二天上午以前天晴了，我们穿越平原的时候出了太阳，这是自从我们经过戈林拉后第一次出太阳，我们开始发现皮衣很烫。原野上铺满了大约有 15 厘米厚的雪，太阳照在雪上反射出炫目的光，非常刺眼，我们的脸很快就有一种灼热的感觉，不过值得安慰的是天气又转暖了。

在平原的尽头我们又见到了帕洛藏布江，在这儿，江水仍然很清澈，但相当小，顺着两条渠道流淌。每一条约 6—9 米宽、0.6 米深，与我们在两周以后顺另一条路沿嘉令错湖边回申扎时所看到的同一条江的另一段完全不同。小路在江的尽头直插一道小小的山谷，然后又缓缓地向山里延伸。我们在两天的时间里穿越了一连串的河谷、平原和山梁。除了偶然碰到的几个牧民的黑色帐篷外，几乎可以说是荒无人烟。与此形成鲜明对比的是，野生动物随处可见。在第二天的路途中，当我们从曲车里到贡觉时，看见了起码 100 来头瞪羚，全是母的，它们分五六头一群，散布在平原上。过了帕洛藏布，天气还不错，但好景不长，仅仅四五个小时以后，跟往常一样，下午又下起了暴雨，而且一直持续到第二天。在中午，或中午刚过一会儿，暴风雨夹着冰雹和雪就开始了，而且持续整个下午，但是通常在快到晚上时就停了。因此，我们只有赶在黎明前动身，才能在暴风雨到来之前到达宿营地。6 月 3 日，我们到达娘巴，这是一个两条河交汇处的冲积平原，河水向西流去，注入一个距离平原大约六公里名叫旁巴错的小湖。

现在我们脚下的路正沿着湖的北岸直插进山谷中，越过一道低矮的将南北两道河谷分隔开来的山梁，另有一条路可从嘉令错到文部。旁巴错是一个很小的湖，三面被低地环绕，北面是一堵大约几百码长的沙石崖壁，一直伸至湖边。我们还发现崖壁中间的洞穴里还住着当地的牧民。湖边的崖壁上站满了野鹅和婆罗门鸭。那是我们第一次看见那么多的野鹅，整个崖壁上起码有好几十只，看样子所有的野鹅都聚集在这儿了，因为水里和岸边的其他地方一只也没有。奇怪的是，我们在这一湖区看见的野鹅，要么在崖壁上，要么在靠近崖壁的地方，在没有崖壁的湖边从来没有看见过野鹅。因此，我们想，野鹅大概是把它们的巢筑在岩石中了，我们路过时没有发现野鹅的巢穴，也没有发现鹅蛋，主要是由于一方面气候恶劣，一方面时间紧迫，我们没有停下来仔细查看。湖的东岸有一群羚羊，大约 20 来只，多数是公的。我们蹑脚蹑手地向它们靠拢，但什么遮挡的东西都没有，根本不可能接近它们。它们像瞪羚那样在平原上拼命地奔跑，显出恐惧之状。跑了几百码以后，便停下来静静地吃草。它们一点一点地朝附近的山上移动，考森希望它们上山，这样一来，他就有可能接近它们了，所以他有意落在后面。我进到帐篷里，希望找点什么事来消磨整个下午的时光。几个小时以后，他终于回来了，还猎获了一只羚羊。他没有能把它们赶进山里去。它们在平原上奔跑，终于不知何故，也许是由于好奇，它们走到了距他 270 米远的地方，这正好在他的射程范围内。

从旁巴错，向导带着我们离开大路，越过一些小山，来到一个避风河谷的牧场营地（弥巴或门巴）。穿越高地时，我们可以看见在南面有一个小湖，而西边 10 公里远的地方还有一个更大一些的湖。那小湖叫马夹错[①]，斯文·赫定博士称之为“玛尔查尔”，而南·辛格则称之为“达如错”。此湖通过一条非常狭小的水道与旁巴错相连。由于水道非常狭小，所以人们都把它们看成是由一条河流连接起来的两个不同的湖，但是由于离得太远，我们无法看清是否有水从一个湖流向另一个湖。有这样的想法也是自然的，因为有一条相当大的河流注入旁巴错。南·辛格和斯文·赫定都是从距湖几公里远的地方经过的，一个路过湖的北边，一个路过湖的西边，都没有亲临湖畔，他们所画的草图也不一定准确。大湖往西就是昂孜错，斯文·赫定博士在这儿驻扎了几天，进行了探测；像这一地区所有的湖一样，这三个湖的范围也在缩小。毫无疑问，在过去它们是比现在大得多的一个湖的几个部分，其范围足以容纳它们现在所处的两个河谷。

我们从弥巴往北走，越过山梁上的一个关隘，山梁正好把这三个湖所处的盆地

---

① 马夹错：今写作马尔下错，位于今尼玛县卓瓦乡。

与宽阔的河谷分开，沿着河谷是通往嘉令错的北边一条路。从隘口那儿，路缓缓而下，进入河谷，河谷的北边就是格玛尔，为我们准备好的营地就在这儿。这是昂孜错往北几英里远的一个牧场。我们所走的路在这儿与南·辛格走过的路会合，现在要沿着与唐古拉错相反的方向往文部走。我们的北面是一座石灰岩山脉，大致呈东西走向，其侧翼略微向昂孜错所处的盆地倾斜。在山脚与湖的边缘之间是一片宽阔而平坦的草地，到处是危险的沼泽；平原上不时可以看见黑色的帐篷，一群群的牦牛和绵羊，野生动物也很多，有瞪羚和羚羊，但很野。

从格玛尔走大约 32 公里的路，到了沃根。我们沿着山脚的斜坡走，以避开湖边平坦处那些危险的沼泽。我们所走的路与斯文·赫定博士当年从北边南下到昂孜错时所经之路正好交错而过。

第二天，我们离开湖边，到拉沃山口下一个叫作曲固的高地河谷去扎营。路不算太远，我们很早就到达了目的地，于是决定沿路一直爬到山顶。我的目的是进行地质考察，考森则是为了寻找野羊。有人告诉过我们，这一带山上的确有许多这种动物。中午我们便离开了营地，在山谷里没有发现有什么猎物，我们便爬到了山顶。在这样的海拔高度——大约 5 791 米，登山是很艰难的，但是我们终于爬到了山顶。从这儿我们可以看见周围方圆好几英里的原野。在山谷和山顶，瞪羚都很多，但没有野羊的踪影，尽管在这样的山谷里，通常都有这样的动物活动。走了大约 3 个小时，我们发现比原来打算的走得远得多，回到营地时，我们都已疲惫不堪，夜色也很快降临了。我们曾以这样或那样的方式步行 10 来个小时，去体验 5 181 米以上高度上的那种痛苦，幸运的是，在最后的两三天里，天气好转，没有下雪。但是在格玛尔，我们经历了一次狂风，在暴风雨高潮时候，要不是六七条汉子紧紧地吊住每一个帐篷，帐篷恐怕就得让风给刮走了。接下来的两天，天气异常寒冷，但是风小了。

6 月 18 日，我们出发得很早，因为得走大约 40 公里的一段远路，到唐古拉错湖边上的文部去。在离开营地通过拉沃山口时，迎面刮来一阵刺骨的风。幸运的是，山口离营地只有大约 1.6 公里的路，而且是一个缓斜坡。过了山口，我们飞快地往山下跑，进入一个避风的峡谷。这儿还有野兔和雪鸡，充满了生气。穿过了另外一个小山谷以后，再爬一条 1 公里多的陡峭的山路，便是尼通拉。从这里往下看，浩瀚的湖面展现在我们眼前，就像一个巨大的内陆海。下山的路也很陡峭，走了大约 2.4 公里，来到了一块突出于湖面之上的台地，从这儿转向北走，沿着湖岸边直到文部。沿湖的路通常距离湖面好几百米高，一路上还经过了几块台地，台地上留下的痕迹表明这里原来曾经是湖岸。很难找到比唐古拉错湖上这些台地更完整的了，它们一层层地往上升，一层叠一层，直到距离湖面大约150米高的地方，表明了湖面相继收缩的各个阶段；至少有20个标记很明显的台地，最古老的大约相当于欧洲的冰河时期，因为沉积层最初是与地面平行的，而现在已经向水平面倾斜25—30度。这表明，自从沉积层形成以后，地壳已经发生了多次的运动。

我们骑着马沿湖边的山路走，天气晴朗，静静的，没有刮风，湖水瓦蓝瓦蓝的，清澈透明，肉眼都能看到水里很深的地方，甚至湖底的每一块鹅卵石。湖面上既没有野鹅也没有鸭子，只有六七只鸥和一些秋沙鸭在靠岸边的水面上静静地漂浮着，显然处于半睡的状态。这说明，尽管水含的盐分很重，但水里还是有鱼的。山坡上有很多野兔和雪鸡，雪鸡就像家鸡那么温驯，但现在打雪鸡为时已晚，因为大多数正处在繁殖期，尤其是在这儿，气候与尼通拉后边的旷野完全不一样。这几天天气暖和，日照充足，很少刮风，我们到了文部的当天就有人告诉我们，盆地一带气候格外温暖。正是由于这个原因，文部才成为一个永久性的村落，有好几间房子和不少耕地。一股清水从村后边积雪覆盖的山泉里流下来，通过灌溉渠导入湖岸边的平台，将平台变成了耕地。地里的大麦、豆类等农作物长势都很好，大麦的结穗已经将近0.3米高。这儿与申扎的荒芜形成了鲜明的对比，那儿现在还是严冬季节。文部这儿的海拔高度实际上要比申扎低304米，不仅种了庄稼，而且野花已经在岩石之间和旧湖沿岸的台地上开放，灌溉渠边的草根土上绽开着报春花。

有一个向导到渡口来接我们，他负责带我们到德庆。一条不知什么时候弄折了一条腿的狗跟在他后面，骨头倒是已经长到了一起，但腿弯曲了，没有用了。不过这对于那条小生命来说，似乎并不碍事，它用另外三条健全的腿一路上一瘸一拐地跟着我们。当我们从路旁一幢农舍经过时，屋里突然蹿出一条西藏大牧羊狗来，朝着我们狂吠，看见我们的小同伴——那条小狗，便扑上去拼命地撕咬。我们赶紧下马，拣起路边的石块，很快地把它赶走了，但它并没有走远，而是跑到一个它觉得安全的地方，伺机再次发起进攻。它待的地方正好可以躲闪飞来的石头，石头飞过的时候，它跟在后面，跑过去把它咬起来。战斗最后以我们的胜利而告终。考森扔过去的一块石头正好碰在它的头上，这次它哀号着逃回屋里找个安全的地方躲了起来。西藏的牧羊狗一般都很大，而且非常凶猛，通常养着看门狗，大多拴在房门或所有可以进入牧民营地的地方。如果主人不加管束的话，任何一个想靠近房子或营地而不带防身武器的陌生人是要吃尽苦头的。为此，四处巡游的乞丐总是要随身带一根大棍子。但是，主人们很少有把狗脖子上的链子松开的时候，几乎一直都是那么套着，这种管束方法使狗变得更加凶恶了。我们已经不止一次地受到攻击，那些狗向我们跑过来，还没等我们来得及用棍子或石头把它们赶跑，就已经蹿到我们的骡子后面了。我们发现了一个对付这种恶狗的办法，捡一块石头，瞄准一个脆弱的部位打去，一旦打中，它们便嗷嗷直叫，退回到一个安全的地方，在那儿不停地叫唤，直到看不见我们的踪影。大多数的西藏人都害怕这些看家狗，每当要到营地里去时，都得在很远的地方让主人把狗拴好，从不敢贸然进去。我们在路过牧民的营地时，通常也要这么做；女人们会走出帐篷，把狗按倒在地，坐在它的头上，一直等到我们安全通过为止。

9 月 6 日[①]，我们在这儿还第一次看见了蝴蝶，有几只还时不时地从我们帐篷边上飞过，停在刚刚绽开的花朵上。我们给贝雷少校抓了几只。他喜欢搜集蝴蝶标本，临行前给了我们一只网袋。这样，不管我们到哪儿去考察，都可以给他捎回标本。

我们在文部住了一天，参观了一些被废弃的淘金工地。我们又向当地人打听了有关野羊的情况，得到的回答是：这儿确实没有，要往前再走一天的路程才会发现。由于我们已经决定文部是我们这次旅行的最西极限，因此这一信息对于我们也就没有多大价值了，且不说还不一定可靠。但是，当地一位猎人告诉我们，这座山后边到处是岩羊。于是，我们参观废弃工地的时候，考森便带上他的枪前去捕猎，下午老早就回来了，还带回了两只岩羊。

天气终于转晴了，在文部这一天过得很痛快，如果说稍有什么不如意的话，那就是太热了一点。第二天要返回申扎时还有点恋恋不舍的感觉。我们顺原路一直走回到格玛尔，但是在回曲固途中，第一天所停留的地方与出来时有所不同。从曲固到玛尔孔，我们步行了很长一段路，运行李的马队走了 9 个小时。途中，我们跨过了昂孜错湖北边的一个分岔，现在已经干涸了，走到中间的时候，碰到了大麻烦，我们的骡子陷进了松软的湖床中，一直没过膝盖，有一段时间我都害怕它们再也出不来了。因为，前腿刚抽出来，再往前跨时，又陷进去了。这种湖床，有些是沼泽，有些是流沙，在西藏的中部和北部随处可见，到过这一地区的欧洲旅行家很少有不损失牲口的。所幸的是，我们的马匹没有从湖床里穿过，而是绕路沿着山脚走。天气不如在文部时那么好，因为我们现在又回到了海拔比那儿要高得多的地方，但与出来的时候相比，那可强多了。在曲固和玛尔孔的两个晚上，我都可以进行纬度观测，并把我们的手表拨正。在旅途中，我们的手表渐渐地走快了，现在已经快了将近一个小时，这一小时对我们来说是有好处的，因此我们一直没有把它改过来，这样我们就可以给自己攒出一点时间来。

---

① 原文如此，但前文所述 6 月 18 日，后文 6 月 27 日准备去纳木如，故 9 月 6 日应有误，应为 6 月 18 日至 27 日中某一天，但具体日期已不可考。

从玛尔孔开始，我们平均每天走大约 24 公里，途经格玛尔，到申扎去的两条路在这里会合。这一次我们选择了北面的那条路，我们顺着石灰岩山脚的斜坡处走，以避开右手边平原和山谷中那些危险的沼泽。有些斜坡路也并不是那么好走，地上布满了野兔打的洞穴，骡子和矮种马会陷进去。我们发现，无论在这种山坡上还是在充满沼泽的土质松软的平地，矮种马都比骡子好使。骡子的脚掌小，蹄子尖，整个蹄子很容易陷进土里，而矮种马的掌大，走起来没有什么困难。从各个方面考虑，在我们所走过和考察过的西藏各个地区，无论是作为运输工具还是作为坐骑，骡子都赶不上马，这是毫无疑问的。

又走了两程，分别走了大约 32 公里和 26 公里，我们又回到了嘉令错湖的岸边。所走过的地方地形地貌都差不多，两边都是斜坡，中间是平原和山谷。天气又变了，没有以前那么寒冷，但还是冻得让人打不起精神来，狂风夹着冰雹和冻雨，没有雪。当我们到达湖边的时候，下起了雨。湖岸比我们刚才穿越的高原地势要低得多，从那儿我们走下陡斜的山谷，来到湖边一个叫作马骨冲（或马亚）的地方。这地方很不错，我们就在这儿扎营。在最后的几天里，我们看见了许多羚羊和瞪羚，考森射死了一只羚羊，是一只公的，头长得很好，这是我们在玛尔孔和格玛尔之间发现的野生动物群之一。在高原上，藏野驴也很多，我们途经昂孜错的北岸时，就碰上了一大群。在我们宿营的湖边，没有发现可以捕猎的东西，只有一些羚羊；水面上有，我们还看见了几只秋沙鸭，但没有发现野鹅，也没有发现鸭子。最后几天，温暖气候使山野发生了显著的变化，到处都冒出了嫩草，报春花也含苞欲放；山鼠忙于啃吃嫩草芽，我们都快要走近了也不愿意躲开。下午，我们抓来几只放在近处观察，以此自娱自乐。每一个老鼠洞都有两三个出口，我们留下一个，把其余的堵上，在唯一的那个没有堵上的洞口放上一块毯子、系上一根绳，当老鼠出来觅食的时候，便用毯子把洞口给盖住。老鼠朝它的洞穴跑去，但发现洞口被堵住了，转身朝它所能找到的最近的一个洞穴跑去，立刻又被里面的老鼠赶了出来，转来转去，被弄得晕头转向，只好朝空旷的地方跑，这样我们抓起来就容易了。老鼠被抓住以后，它们看起来也并不是特别惊慌，我们可以很悠闲地进行观察。鼠兔这个名字对于它们来说有点名不副实，叫它们兔鼠倒可能更贴切一些，因为它们在很多方面都很像小兔子，没有什么特别像鼠的地方，而且在被抓住的时候，也没有一点咬人或自卫的意图，这一点与老鼠也不相像。通常，它们都是很警惕的，一有危险来临就立刻躲进洞穴里去，但绝大多数都会成为鹰和狐狸的腹中之物。

下午，刮起了一阵雷暴，到晚上便转为连雨，还夹着雪。第二天一大清早，天又晴朗了，但在我们动身的时候，附近的山头上又被黑压压的云层笼罩住了，乌云与水域几乎连成一片。这一程相对来说要短一些，只走了大约19公里，先沿着湖边走，然后进入帕洛藏布河谷。这条河我们上次到文部去时已经走过了，当时过的是上游32公里远的地方。这段河流与那儿大不相同，湍急的河水夹杂着泥沙，一起注入湖中。渡河时有些费劲，我们在沼泽和流沙里艰难地挣扎了将近1.6公里，才到达河谷对面的山上。途中，我们还经过了两个水洼，水洼里有好几窝婆罗门鸭，其中一窝有九只小鸭，很显然刚出壳几天的时间，这是我们第一次看见雏鸭。沿湖岸到处可见藏羚羊，大多数是母的，一般15—20只一群。山野的景色与两个多星期以前所看到的大不相同，现在山上已经长出了青草。我们的下一个宿营地是德纳（或迪纳），位于一片沼泽地的中央。在前往营地的途中，我们还经过一些牧场。营地周围的草地上布满了沼泽坑，连找一块干的地方扎帐篷都很困难。有些牧民在沼泽地中间的一小堆岩石下搭起他们的黑帐篷，我们便把帐篷紧挨着他们的扎下。那儿还有一幢房子，也许是一间茅草屋，现在已经被废弃了，据说曾经是一座寺庙，这条消息可能不准确。按南·辛格的记载："这幢房子是属于德奔的，他是日喀则的一位高级官员。"南·辛格50多年前路过这儿时，这幢房子毫无疑问是维护得很好的。南·辛格把帕洛藏布江称为"日库江"，这一名称显然是从地名"日喀"得来，德纳就在这一地区内。下午，下起了雨，还刮着狂风，幸运的是只持续了两三个小时。这儿，河面上浮满了鸥，沿岸还有不少鱼鹰，在营地附近的一个水洼里，我们发现了一对野鹅，我们还到处搜寻野鹅的巢穴，但没有找到。

又下了一晚上的雨。第二天早上，雨虽然停了，但天还是阴沉沉的。早上6点半钟，我们又上路了，越走天气越好。我们两天前就离开了湖滨，德纳就在山谷上边几英里远的地方，紧接着我们穿越一个伸进湖里面去的半岛，最后还是又返回到了水边。官方派来为我们服务的人提前走了，临行时告诉我们，下一段路程很短，还没有前一天所走的那么长。因此，我们希望在往下走到湖边的时候，就能找到营地。但是我们走了又走，还是没有看见宿营地的踪影。在走了比前一天还要多一小时路程的时候，一种恐惧感油然而生，那就是：我们错过营地了。正好行李紧随着我们，眼看一场大暴雨就要来临，所以，我们决定就在湖岸的台地上靠近一个小山泉的地方宿营。我们刚把帐篷搭好，送信的人就过来说，打前站的已经在前方3.2公里处把住地安顿好了。我们决定就地宿营，并派那些信使到主营地去拿一些燃料过来。我们的决定是明智的，大雨不久便倾盆而至，如果接着往前走的话，还没到达另一个营地就被浇透了。往回走大约3.2公里，就在我们从山上下到与湖面一样高的地方，我们经过了一个咸水湖，大约有1.6公里长，现在已经与大湖分开。在这儿，我们第一次也是仅有的一次看见出现在湖区的鸭，大约有200只，都浮在水面上。我们没有走到近处去进行观察，但看起来大多数是野鸭和红头潜鸭，也有些婆罗门鸭带着小鸭在水面上游弋，与其他鸭子保持很远的距离以防危险。紧挨着我们的营地有一块大约长 45 米、高 27 米的崖壁，一直延伸至水边，在崖壁的石缝里我们发现有蛋壳。我们认为，那是婆罗门鸭孵出小鸭后留下的，不少鸽子还在岩石上筑了巢。

站在崖壁顶上朝湖里看，我们发现有鱼到岸边水浅的地方觅食。考森捡起一块大石头朝鱼群砸去，砸得很准，那条最大的鱼被击中，并浮出了水面，但正好在那个时候起了大风，波浪把鱼卷到离岸边很远的湖面上，我们没法把它捞起来，看着它在水面上漂浮了一段时间，后来一只鱼鹰从空中俯冲而下，把它给叼走了。这儿的鱼看来与我们过去在小溪里钓的那种鱼不太一样，于是我准备好鱼竿，看看是否能钓上来一些。暴风雨可能迫使鱼待在水下，但我还是钓上了两条，都很小，每条不过一二两重，其中一条与申扎小溪里的鱼一样，另外一条黑斑更多，没有保留的价值，于是我又把它们都放回水里去了。晚上，来了一个邮差，给我们捎来了几封家信，几乎与此同时，狂风暴雨骤至，而且持续了一个多小时。现在看来我们已经彻底与雪绝缘，而只与雷雨暴风打交道了。第二天早上，我们出发得很早，大约上午 10 点半左右，便又回到了申扎。中途有一段路是沿着湖边走的，看见湖面上有一些鸭鹅，其中 8 只在靠近岸边的水面上漂浮着，在稍远一些的地方，靠近一块峭壁的水面上有十几只，峭壁上还站着一些。大宗本已经回来了，他依照通常的礼节，到离村子 3.2 公里左右的地方来迎接我们。跟上次一样，我们被安顿在另一个宗本的屋子里，那位老人正等着把我们接进去。整个下午的时间都被用来与一些当地人面谈，这些人是专门为我们搜集有关西藏矿产资源情报的，并为我们策划下一行程的路线。第二天，6 月 18 日[①]，洗衣服，并做总的休整，为定于次日开始的下一个行程做好准备。我们对宗本们做了回访，并赠送了一些帽子和听装食品作为礼物。上午，天气潮乎乎的，下午有些好转。晚上的前半段有充裕的时间好好休息一下，以便有精力进行纬度观察，这是我们一个多星期前离开玛尔孔后第一次做这项工作。

我们下一次的旅行比较短，只有几天的时间，以申扎作为基地。我们花了 3 天的时间沿着嘉令错的东北岸走，第一站是白钦，大约 24 公里的路程。途中，考森悄悄地走近了一群羚羊，一枪射中了两只，其中一只倒下死了，另一只肩膀受了伤，逃走了。我们顺着血迹往前追了很长一段时间，最后还是没找着，只好放弃了。幸运的是，那只羚羊伤得好像不是十分严重。我们在湖岸边一个山谷入口处宿营。晚

① 时间有误，应为 6 月 18 日到 27 日中某一天。

上，营地后边的山脊上站满了岩羊和藏羚羊，山坡上也到处都是牧群，5—20只聚成一堆。第二天的路程也比较短，还是沿着湖边走，花了四个多小时的时间，便到了阿洛克，这是一个牧场，边上有一条相当宽的河流。营地旁边的山上也站满了岩羊，我们爬上了一道高高的山梁，一方面为了活动一下，另一方面也是为了进行地质考察。我们发现了一群动物，有20来只，其中3只头长得不错，考森悄悄地绕到它们上边的岩石上，但是看不见最好的那几只。于是，他试着从下面的一道山梁靠近它们，但这样做还是只能看见那些小的。这时，他突然发现另外一群，10只左右，刚刚从山谷走过，这一群他看得清清楚楚，但如果去追赶，就可能把他自己正在设法接近的那些给吓跑了。于是，他又再次爬到岩石上，另想办法去接近它们，但无论如何还是看不见那几只大的；一些小的动物看见了他，发出了警报，于是全都跑了。当它们从他下面的山嘴上跑过的时候，他瞄准视线范围内最好的那一只开了一枪，打中了。这一只的头长得也很不错，但不是最好的，头长得最好的那三只在混乱中全都溜走了。

整个白天天气都很晴朗，但到半夜左右，刮起了一股强劲的大风。第二天早上我们动身去曲松迪时，还刮起了12级大风。这一段路需要走6个小时。跟平常一样，湖边的平原上和山脚下全是藏羚羊，其中有很多公的头型长得很好，但是我们没有开枪射杀，因为眼下我们还有足够的食物。有人说，这次在我们宿营的地方肯定会碰到很多野羊，结果藏羚羊和岩羊倒是见了不少，就是没有发现野羊的踪迹。当地一位老牧民告诉我们，那儿已经好多年没有野羊了，但在他的父辈时代，这种动物是很常见的。

我们的下一站是到甲错。最近的一条道是翻过山到康桑拉山口的西北面，但是向导说在山口的那一边有很多松软的草地，所以他带我们走另一条道。我们先沿着湖边走，然后登上河右岸的上方。这条河从嘉令错流向直孔错[①]。直孔错是一个小湖，与嘉令错同处于一个盆地，显然曾经是嘉令错湖的一部分。在那儿，我们沿着从直孔错湖流出的一条河走了几英里，然后转身上山，越过一道小山梁，不知不觉中来到了崎岖的石灰岩峭壁之间一个狭窄的山谷顶上。我们已经绕了很多路，走了将近六个半小时，而如果是走直路的话，只须要4个小时。我们的向导是那种典型的“最古老的当地居民”，多少有些年老糊涂，路上多半时间边走边睡。我们骑马走了四个半小时以后，他说我们刚走了一半的路程，而剩下的那一半只花了两个小时的时间。这是一种西藏人很普遍的特征，根据我们的向导估计，每一段路程

① 直孔错：今写作孜桂错，毗邻格仁错。

前半段所花时间总是相当于后半段的两倍。很难解释清楚为什么会这样，可能是刚刚启程的时候，人和马对环境都有一种新鲜感，因此所走的每一段路都比后半程的要长。我们发现，每一个西藏人，连官员在内，对时间和距离的概念都是含混不清的。

在前往甲错的途中，我们没发现有什么猎物。有人说这一带以前野羊很多，但现在已经灭绝了。这显然是事实，因为我们发现了两个雄性羊头骨，从犄角的情况来判断，死了起码十多年了。我们刚到达营地，暴风雨便如期而至。在下午，有几分钟的时间里，我们经历了前所未有的一次大风。这次大风真的把我们的帐篷给刮跑了，但找回来后发现并没有多大损坏。尽管气候不是太好，我们还是把下午的时间用来搜集化石，在我们营地附近的山坡上到处是有孔虫类和小型海洋生物体的化石，经过风化，都已经露出岩石，我们搜集了好几百种，都明显保存完好。

几天以后，虽然还下着暴雨，但天气暖和多了。山谷里长出了嫩绿的草，报春花、火绒草和虎耳草也绽开了花朵，到处充满着勃勃生机。花朵的开放看起来很是突然，好像是在一天之内开放出来的一样，这可能与夏天时间的短暂有关，植物的生长一旦开始，就必须非常迅速。

甲错是这一旅程的终点，第二天上午一大早，我们就动身返回曲松迪。一整夜的暴雨过后，上午天空乌云密布，但后来又转晴了。这次我们取近道前往康桑拉，我们尽量沿着石灰岩山的斜坡处走，避开山谷。途中还是没有看见野羊的踪迹，而羚羊倒是不少，在山上的一个洞穴里我们发现了 3 只公的，头长得很好，但很难接近，考森巧妙地悄悄绕到距离它们 55 米左右的地方，它们躺着的位置不便瞄准射击，除非它们站起来。幸运的是，其中的一只站了起来，考森立即朝它开枪，其余两只马上一跃而起，不知道响声是从哪儿发出来的，因此不知该往哪个方向跑，站在那儿一动不动。考森打死了两只里面较大的一只，那第三只惊慌地逃窜，在不到 90 米远的地方站住了，考森走过去查看被打死的那两只。

我一直在山梁上观看这一全过程，这时也同马匹一起走下山来。尽管跑掉的那一只距离步枪的射程范围没有多远，很容易打中，但所猎获的这两只已经足够我们目前食用了。我们把猎物放到向导和马夫的马背上，朝营地走去。到目前为止，所走过的路都很安全，我们开始怀疑所谓“危险地带”不过是一个神话。但当我们快到康桑拉的时候才知道，我们的矮种马不久便在没过跗关节的沼泽和流沙里踉踉跄跄地走了起来，这段险路大约有 800 米，我们在中途片刻也没有休息，终于安全地走到了对面。驮运行李的马匹又一次顺利躲开了险区，并在中午以前到达营地。下午刮起了暴风，晚上下了雨和冰雹。第二天我们启程返回阿洛克，随后的一天我们又兼程赶回了申扎。驮运行李的马匹到得稍晚一些。经过 12 个小时的跋涉，人畜都已疲惫不堪。在前往白钦的途中，我们碰上了邮差，他从拉萨给我们捎来了信件。他说一路上天气都很恶劣，刮着大风，而且特别冷，并抱怨自己也生了病，他看上去确实浮肿了，头、脖子、手和腿都肿得很厉害。我们留他在申扎住几天，但他坚持要在第二天赶回拉萨。几个星期后我们又见到了他，他看上去恢复得很不错。

大湖地区：纳木如

接下来的两天，即 6 月 26 日和 27 日，我们完全投入到下一个旅程——前往纳木如的准备工作当中。我们将先到色林错，从那儿往东和东南方向到达纳木错附近，然后回拉萨。我们让尼玛带着我们的帐篷和多余的行李先走。我们动身到加错格去时，他觉得不舒服，所以把他留下，等好了以后再赶上来。我们还给他留下了一听泻盐，想不到疗效很好，结果我们的药箱在整个地区都出名了。为此，我们常常被各种各样自称有病的人给堵住。大剂量泻盐治疗各种内部系统失调，而钾碱高锰酸盐和锌化软膏可治疗伤口和疮，这些配方看来都奇迹般地有效，使我们在申扎留下了医生的好名声。

6 月 28 日，我们一早就动身前往塔拉。这是我们前往纳木如的第一站。两位宗本骑着马与我们一起穿越平原，把我们送到半路。他们的对比很鲜明，那位大宗本骑着一匹很好的白骡子；而另一位宗本，我们那位戴着草帽的老朋友，则骑一匹难以形容的瘦小矮马，也就四尺来长，但是矮种马的寒酸相让它身上那副华丽的鞍具给盖住了一些。鞍子是包银的，两股兜带也挂有银质的圆片作为装饰，不过那匹马的尾巴下面可受罪了。他们在山脚下与我们道别了。翻越一段陡峭的山路，我们到达了迪格帕拉山顶上，山梁上的一条通道把申扎平原和永珠藏布的分水岭分隔开，永珠藏布江流经北面，注入汤穷错，这是色林错的一个分支，与色林错之间有一条狭长的水道连接。

过了迪格帕拉山口以后，不知不觉中我们来到了一条空旷的山谷，周围是石灰岩山和板岩山。每隔 1 公里左右就有一些黑色的帐篷，山上到处是山羊和绵羊，正在吃着植物的嫩芽。晚上，有人告诉我们，一年前有一位老牧民在几英里以外的东边山里闲逛的时候，发现了一个铁矿矿床。我们派一个人前去找那位牧民，让他第二天晚上带回一些矿石标本来。两天以后他才赶上我们，他背着一块铁，摇摇晃晃地走进我们的帐篷，声称他带回了整个矿床，事实也是如此，那是一块一百多磅重的陨铁，可能在山顶上躺了有好几个世纪了，陨石上全是孔，有些矿物组织已经从孔中脱漏出来了。我们把它带回了拉萨，希望能够得到许可，让我们带回印度去进行科学研究。但是，跟印度人一样，西藏人也把从天上掉下来的东西视为神圣之物，一刻也不愿与它分开，这样过一两代人以后，肯定失去其科研价值了。

6月29日，走了一段大约16公里的很短的路程，我们到达了永珠。沿途经过一道石灰岩峡谷，我们看见远处山坡上有许多母岩羊正在吃草。我们的营地设在一道高耸的石灰岩峭壁下面，数不清的鸟在峭壁上筑巢，一对秃鹰也把它们的窝搭在峭壁顶部突起的一块岩石上，窝里面有一只刚会飞的小秃鹰。为了能靠近观察，我们爬到了峭壁的顶上，但是鸟巢的位置选得太好，而且我们没有绳子，根本无法靠近。离这儿不远处，有三只刚刚离巢的幼鹰正站在岩石上尖叫着从它们父母那儿要吃的。它们刚刚会飞，但非常笨拙。峭壁上到处都是洞穴和裂缝，里面住着鸽子、渡鸦、红嘴山鸦、婆罗门鸭和一只大猫头鹰，更不用说不同种类的许多小鸟了。

下午，我们看见几只岩羊在我们营地对面的斜坡上吃草。爬上一道峭壁，我们走到了离它们只有270米左右的地方，估计只有一只公的，其余全是母的，那只公的看上去有两三岁，犄角和颜色都与众不同。我们正需要肉食，所以考森把它给射死了。我们走近一看，惊奇而失望地发现，原来那是一只老的母岩羊，可能再过一周就要下崽了。我们总是尽可能地避免射杀母兽，但又常常弄错，这主要是由母兽长着公兽犄角这种反常现象造成的。像平常一样，下午下起了雷暴雨，接着晚上又刮起了可怕的风，午夜以前根本无法入睡。我们又来到了一片开阔的旷野，这里有空旷的山谷、平原和低矮的小山。

当我们离开申扎，开始前往加错格的短程旅行时，派来给我们安排运输和供给的库索尼日姆巴先走了一步，到纳木如去为我们安排行程中的各个营地去了。我们发现驿站之间的距离都很短，但这很有好处，使我们有更多的时间来从事工作和运动。从永珠出发，我们沿着一个空旷的山谷走，然后越过一道山梁进入另一个山谷，顺山谷而下，到达一块平原。我们看见了几群羚羊，都很野。考森发现一只孤单的公羊正与一群母藏羚羊一起在路上方小山之间的一个小山谷里吃草，当它看见考森朝它走去，便跑开朝路这边下来了。我们驮行李的牲口沿路排成1公里多远的长队，它飞奔到距队伍90米以内的地方，放慢脚步，但仍继续往前，用脚跺着地，把头低下，不停地来回摇晃，向它的老朋友们——牦牛发起挑衅；但最后终于锐气大减，转身跟在运输队伍的后面走了大约800米，然后又朝山上跑去了。它又看见考森站在远处，便决定不顾一切地穿过山谷到远处的山梁上去。于是它鼓起勇气，抄近路从运行李的两匹矮种马之间穿插而过，很快便消失在群山之中。

我们的营地扎在一个叫鲁格塘的地方，这是一片平原上方的一个牧场，到处是绵羊、牦牛和马。几乎就在我们到达的同时，天气骤变，先是一阵强烈的雷雨风暴，还夹杂着冰雹；下午时分，下起了更大的暴雨；晚上刮起了一阵猛烈的大风。有一段时间我们还担心帐篷会给刮跑了，暴雨接连不断地下了一整夜。7 月 1 日早上，天色灰蒙蒙的，还刮着一股强劲而冰凉的西风。沿着山谷步行 4 个小时，便到达我们的下一站——色卓克（或色琼），它是花岗石山之间一个山谷的凹进处。在这儿我们居然看见了一幢房子，房子很小，这是事实，唯一的建筑材料是泥土，但毕竟还是一幢房子。它是仅有的一幢房子，但不是我们离开申扎后再一次往纳木错南部和念青唐古拉雪山山脊行进中看见的那种小庙。我们到达的时候，帐篷已经搭好，天气已经好转，我们找了个避风的角落，晒了一个小时的太阳。但中午以后不久，跟往常一样，又下起了雷雨和冰雹。下午雨停的时候，我们爬上了营地后边的花岗岩山。在山顶上，我们第一次看见了位于北面大约 32 公里以外的色林错，就像海一样。

色卓克的岩石上到处是野兔，我们猎获几只补充给养。快到傍晚的时候，暴雨又断断续续地下了起来，最后又是一整夜的连绵细雨，一直下到凌晨三点钟，让我们足足一夜没能入睡。我们刚想睡一会儿，当地藏民就开始轰赶马匹了。又是人喊马嘶，又是马铃声，觉是没法睡了，我们只好于黎明时候起床，动身到位于色林错南岸附近的下一个营地。顺着山谷走了一小段路，我们来到了一块平原上，湖泊就在平原的北边，平原长约 100 公里宽 80 公里，过去这一带肯定全在湖的范围内，但是持续不断的干燥导致这一广阔的水域分化成几个湖，而色林错是其中主要的。汤穷错可以看作是色林错西南面的一个分岔，但西边的旁各克错现在已经完全分离出去了，一些古老的台地把它与湖的主体分隔开来。色林错的正南面沼泽地上，散布着几个小湖，湖水里盐分都很重，而且相当一部分覆盖着一层盐。在我们经过时，色林错本身广阔的南湖湾也被一层盐覆盖着，而且结成了硬邦邦的盐块，从现在的湖岸线到很远的平原上，随处可见一堆堆的盐。这些盐堆看上去跟人工生产的一模一样，但是向导说这是天然盐。

步行 19 公里之后，我们抵达朗玛德托，营地设在一道窄小的红砂石山梁的北端，山梁高大约 15 米，南面离山体还有 30 公里远，像某种史前时期怪物的脊椎骨化石一样从山体突出，延伸到平原里面去。一条小溪从山泉流出，顺着山梁的脚下流淌，溪水清澈纯净。中午以后不久，我们便到达营地，正好躲过了猛烈的雷雨风暴。整个下午，暴风雨一阵接着一阵，中途间断过大约一小时，而雷声则几乎没停止过。幸运的是，我们处在雷雨暴风的边缘，中心地带是营地东南的山里面。暴风雨过后，傍晚紧接着又下起了倾盆大雨，持续了大约一个小时。夜里，天空布满了厚厚的乌云，除了半夜的一场阵雨而外，没有再下雨。破晓，刮起了一阵东风，天又阴又冷，我们庆幸将要离开又潮湿又让人难受的营地。早上 6 点钟，我们又上路了，经东北面越过平原。前一天我们不得不走过很多松软的草地，在发现我们所走的路是沿着距平原表面 3 米高的旧湖床以后，我们心里稍有些宽慰。道路在两个干涸了的湖泊盆地之间，就像一道巨大的铁路路堤一样，正好从平原上穿过，一直往前延伸，直到消失在我们的视线尽头。这只是我们所走过的几个类似的湖床之一。根据行程线路的需要，我们还从一个湖床走到另一个湖床，湖床大部分的地面砾石较多，非常坚固，但有时我们也不得不在松软的沙土里行走。步行大约 32 公里，我们抵达通曲，营地设在一条名叫布曲的江边，这条江从南面流过来，注入色林错湖的东南角。我们的上一个营地是一个非常不错的牧场，几个黑色的牧民帐篷点缀在山泉边的平地上，还有一群一群的绵羊、山羊以及很多牦牛。在前往通曲的途中，我们没有看见牧民的营地，路边也没有山泉，但野生动物却很多，途中我们碰到了很多藏野驴、羚羊和瞪羚。

在通曲，我们碰上了库索尼日姆巴，他是从申扎提前来给我们安排前往纳木如的旅程的。我们的下一程按那天早上刚刚收到的消息来确定，我们决定继续按目前的路线走到鲁姆布（或利姆布），还有两天的行程。这样一来可把地方官们的计划打乱了，他们原打算让我们走南边那条路的，并按这一打算做了安排。他们说要走到鲁姆布是根本不可能的，沿途荒无人烟，既无交通工具又无给养，甚至连燃料都不可能找到。据说在前往鲁姆布的途中有两处山泉，鲁姆布还有一处，于是我们决定碰碰运气，我们带上轻便的帐篷和足够四天的给养，并希望在一两处有山泉的地方能发现牦牛粪。我们让所有西藏官员们和他们所带的那一大群随从走南边那条路，只留下库索芒德龙陪伴考森和我。相对于我们所走的这条路来说，南边那条路所经过的山要多一些，更适合于进行地质考察，因此古加·辛格也随大部队走了。第四天傍晚，我们全部又在格布斯里—纳木如许多大牧场营地的中心地区会合了。

7 月 4 日上午一大早，我们分两路出发。我们这一路人很少，为了便于快速行进，我们轻装而行。我们往东北方向走，先穿过平原，然后翻越一些小山头，从那儿我们可以俯视位于路南边的旁各克错。湖四周的岸边覆盖着一层白色的盐，西边的水面上还结起了硬邦邦的盐块。旁各克错是一个硼砂湖，夏天有人在那开展一种小型工业。硼砂是湖岸泥土上一种风化的物质，人们把它从泥土里刮出来，放到大锅里蒸，通过蒸发把杂质摒弃，而获得结晶硼砂。在这种只有牦牛粪作燃料的荒野里，熬硼砂的工作显得冗长而又乏味。

跨过一道山梁，不知不觉来到了一个山间盆地，山上有一群群绵羊和山羊，这一下就拆穿了那位地方官员所说的“荒无人烟”的谎言。我们发现有两个黑帐篷所拥有的畜群比较多，这两个帐篷是“拉加帕”的，它们属于乞丐的社团（丐帮）。他们中的富有者迫不及待地想跟我们做买卖。而且还跟在我们后面可怜兮兮地乞求施舍，但是跟其他的富人一样，他们也是空手而归。我们跨过了一道山梁和一个山谷，山谷里原来有湖泊，现在已经干涸了。再爬上一道山梁，我们来到了一个小盐湖的岸边，湖水含盐太多，看上去有些发白，可能是因为有很多细小的盐晶体漂浮在上面的缘故。藏羚羊和羚羊正在湖岸边吃草，五六对婆罗门鸭正在湖岸附近深草丛中晒太阳、睡觉。由于头天晚上刚下过雨，白天刚开始的时候，天气很恶劣，后来渐渐有所好转。下午，没刮一丝风，太阳烤得人直觉得发烫。在靠近湖的地方，一股清泉从石灰岩峭壁下的石缝里汩汩地流出。在湖边的沙地上，有足够的青草可以喂马，还有一块平整的地可以给我们搭帐篷，地上还有不少去年留下来的牦牛，但是最近刚下的一场雨把其中的大多数给浸湿了，幸运的是我们随身带了几包干的燃料，由于用得很省，还可以用几天。我们营地后面的山坡就像一个花园一样。一朵小铃状的花已经从沙土里冒出来，在山野的衬托下显得格外地红，开在花梗上的花朵有几英寸高，有时一株植物上开有四五朵花，粉红色的叶子就像平铺在它们下面一样，由于植物长得很密，因此看上去色彩几乎连成一片。

傍晚，当我们坐在小湖岸边观察对岸的瞪羚和羚羊吃草的时候，看见了一只狐狸，在微弱的光线下它显得很大，因此我们把它当成狼了。尽管天色已经很晚，考森还是拿上枪跟在它后面。在四处徘徊了一阵以后，狐狸在靠近湖边的水沟里躺了下来。考森发现了它，但只能看见它的头和脖子，对于 183 米的距离来说，这个目标不算很大。但对于考森来说，显然是不成问题的，他一枪射穿狐狸的脖子，然后凯旋。这是我们第二次看见狐狸，第一次射杀。据说狼和狐狸都很多，但在一年中的这个时候，我们却很少看见。在秋季我们一天中能看见好几只，而在夏季则不然。为什么会这样谁也说不清楚，也许是因为下半年食物匮乏，动物不得不为生存而辛勤地觅食，因此变得更大胆些。天黑以后，下起了大暴雨，风正好从帐篷的门刮进来，雨连绵不断地下到晚上 8 点钟，然后又停了一整夜。

早上又要一大早动身，天上布满了乌云，还刮着暴风，但跟平常一样，在 9 点到 10 点之间，天气又好转了。这一站比较近，大约只有 24 公里，十点半钟我们就到了鲁姆布。途中首先翻越了一些低矮的山脊，然后走过一块平地，中间有大约 800 米的地段很松软、险恶。我们跨过了一条由东向西流的河，由于昨天刚下过雨，河水汹涌而且浑浊。河水从离我们左面几公里远的一条夹壁中流过，与注入色林错湖的一条大江——查克耶藏布江[①]汇合。这就是里托戴尔所说的沙曲。这儿一定是我们走的路与当年里托戴尔走的路线交叉的地方。当年从戈林拉的下方折返的时候，他取道北方，到达沙曲，然后向西，朝克什米尔进发。我们还有可能已经非常接近洛克希尔所抵达的最南端。当年他从北边过来，被纳木如人拦截并送往东边的中国内地。在地图上，他标出了一个叫艾琼的地方，我们肯定离那儿很近了，但是跟我们一起的人没有一个知道这个地名的。令人奇怪的是，在西藏，很难掌握有关地理方面的信息，即便是当地的牧民也常常不知道 30 公里以外的地名。有时，同一个地方就不止一个名称，因此常会弄混淆。我们准备从鲁姆布动身前往的那个地方叫格布斯里——我们是那么叫的。鲁姆布附近平原上的牧民——那儿确实是有牧民的——没有一个人听说过这个地方，尽管据说距离他们的宿营地只有两天的路程，但后来我们发现也不能全怪他们，因为即使是当地人也不知道自己所住的地方叫格布斯里，而叫它则里玛尔。格布斯里是南方人给取的一个地名，是把两个相毗邻的地名合在一起了。

自从离开拉萨以后，这是我们第一次碰到找水难的问题。鲁姆布靠近一个沙岩山脊的脚下，只有在下大雨之后才会出现小股溪流。早上我们到达时，有一股山泉从山上流下来，那是因为头天下了雨的缘故，但是到下午的时候就已经完全干涸了。幸运的是我们人比较少，我们在溪水流过的地方打几个眼，取来的水就完全可以满足我们饮水和煮饭的需要了。……我们离开拉萨的时候，有人告诉我们，在整个湖区我们都将会碰到用水难的问题。察绒夏本建议我们带上足够的威士忌，他甚至不惜走很远的路亲自给我们送来了好几瓶。这足以说明，拉萨的人对湖区是何等的缺乏了解。在我们所驻扎的每一个营地都有清甜的山泉和溪水。很多湖泊里的水可能含有盐分，但是山泉和溪流却很多。遭遇了那么多场雨雪，如果还说我们面临用水的危机，那实在是太令人吃惊了。

我们从鲁姆布向拉萨方向进发。前一夜，一场持续了 3 个小时的猛烈的暴风雨把所有的东西都给淋湿了，我们都很愿意早起动身。我们的表走到 6 点钟（实际上是 5 点钟）以前就上路了。我们途经一块平原，跟平常一样，很多地段泥土松软，充满了危险。走了 4 个小时多一点，我们穿越了平原，抵达查克曲，在那儿我们发现自己又处于相对文明的社会当中。我们受到一群五六十人的接待，他们是从格布斯里来接我们的，给我们带来了帐篷和给养。他们都是库索芒德龙家的佃户，在纳木如地区，他家拥有一大片牧场。

① 查克耶藏布江：今写作扎加藏布江。

我们的营地扎在一个小山谷里，旁边有一条小溪，不远处有两三个放牧人的营地。大约 3 公里远处，山谷上面的一道山梁上，一些藏羚羊正在那儿吃草。我们储存的肉已经吃完，尽管有人送给我们一只绵羊，但我们不想杀了它，因为绵羊还非常瘦，而且我们知道藏羚羊要比绵羊好。我们毫不费劲地悄悄绕到它们后面距离 137 米远的一道岩石岗上——啊呀！全是母的，于是我们没有去惊动它们。我们惊奇地发现在这些母藏羚羊身边还没有小羊羔，尽管现在已经是 7 月份第一个周的周末了。当地人说小羊羔要在两三个星期以后才会出生。这些藏羚羊几乎是我们所看见的最后一群了。在返回拉萨的途中，我们再没有发现什么猎物。在纳木如，我们所经过的所有地区都有很多牧场，山坡上和山谷里到处是绵羊和牦牛。我们有时也看见几头藏野驴，它们身边同样也没有小驴。我们离开藏羚羊的时候，下起了暴雨，在中午以前下暴雨，这也是我们首次碰到。我们现在正走在群山之间，在往北走的途中，每天都看见乌云从山顶飘过，但常常是在乌云飘到我们头顶上之前，雨已经下了好半天了。幸运的是，我们都能赶在暴风雨到来之前把帐篷搭好，把所有的行李搬进去，今天也不例外。

在一些低矮小山之间经过 4 个半小时无精打采的跋涉之后，我们抵达了格布斯里（则里玛尔）。这地方位于一块平原的边上，东北角有一片小湖泊。我们的宿营地就在一个潮湿的斜坡上，由于近来雨水很多，因此我们很难找到一块干的地方。在这儿我们碰到了库索芒德龙的弟弟，他与羊八井的宗本一起出去收租税去了。他拜访了我们，并给我们送来了一只绵羊、一些奶酪和黄油。过了一会儿，我带上一些蜡烛、巧克力和饼干前去回访。下午，邮差从拉萨来了，带来了两封家信以及察绒夏本赠送的一些马铃薯和可可茶。则里玛尔有好几百人，有一个由政府官员掌管的大型勘探营地。天黑以后，刮了一场非常猛的暴风。有一阵子，我们的帐篷好像差一点又要被刮走似的，幸运的是它们都挺住了。一个小时以后，风力减弱。夜里，天上布满了云，但没有下雨。风吹干了我们的帐篷，第二天早上出发时，营地很干爽，这种情况是好多天以来首次碰到的。走一小段路越过平原便到达纳格拉布。途中我们经过了一个小寺庙。我们又一次惊奇地看见一幢房子。我们的队伍又壮大了，古加·辛格和那位西藏官员在则里玛尔又重新加入我们的队伍里，一起朝着拉萨进发。在纳格拉布，我们终于碰上了一个晴朗的夜晚，这是我们离开申扎后第一次碰上这样的好天气，我可以进行纬度观测了。经纬仪常常使当地人产生很大的兴趣，他们相信是它帮助我找到藏在地底下的各种矿藏的，有人还传说我们用它在色林错湖底的泥土里找到了 4 颗大钻石。

7 月 19 日，晚上又没有暴风雨，我们在早上 6 点钟以前出发，帐篷也是干的。

出发时刮了一阵冰冷的西南风，但一会就减弱了，尽管太阳老是躲在云层后面，但天气还算不错。天渐渐地变暖和多了，头一天夜里 9 点钟的时候气温曾高达 40 华氏度。这一程我们走过了很多松软的沼泽地，但都顺利地过来了，没有出什么意外。就在我们抵达苏林普普（也称努克苏布）营地之前，我们翻越了一道很高的山脊，又看见了南面将近 160 公里远的念青唐古拉山，它就像一个巨人一般高耸于其他山脉之上。有人告诉我们，在这儿会看见很多羚羊，这纯粹是神话，但在我们营地上边山岗的岩石上倒是有好几窝雪鸡，在山坡的低处还有很多野兔。幼雪鸡已经长到七八成大，正是捕杀的大好时机，老雪鸡的肉通常很硬。在山顶的附近我们找到了两个土拨鼠洞，是一只棕熊最近刚挖出来的。在挖第一个洞时，大岩石把它给挡住了，它无法把石头给搬开；但在第二个洞，它扒开了石头和沙砾，洞周围留下的鲜血表明它已经把土拨鼠抓住并当场吃掉了，地上的血迹还很新鲜，显然是前一天才留下的，但四周找不到棕熊的踪迹，很可能已经到别的地方去了。

现在我们正处在跌宕起伏的山野之中，到处是高山和河谷，没有了以前常见的大块平原，牧场营地随处可见，漫山遍野是一群群的绵羊。我们的下一个营地在沼泽地边上的一个山谷里，那是一个放马的好去处。已经有两天没下雨了，但现在老天要把失去的时间弥补回来，下午时分，我们经历了入藏以来最恶劣的暴风雨。大雨倾盆而至，接着又是一阵猛烈的雷雨风暴。浑浊的泥流从我们营地上边的山脊上直泻而下，其中有一股正好从库索芒德龙的帐篷中间流过。我们都从帐篷里出来，冒着雨挖排水沟，想让溪流改道，但徒劳无功，我们都被水给淹了。整个下午暴雨都没有停，等到傍晚雨过天晴的时候，整个山野铺满了一层白白的冰雹，我们的营地也成了一堆烂泥。一股汹涌的山洪从我们对面的山上流下，早上还是涓涓细流的小河，现在成了奔腾咆哮的急流。直到第二天早上，河水依然还很汹涌而浑浊。离开这个营地后不久，我们便朝选定的一条大路走去。有 10 多条平行的路，我们所选的这条路往北走一个月左右可到达一个盐湖。走了不远，我们到达一个营地，一大群牦牛正在路边吃草。这些牦牛属于那些把盐运到拉萨去卖的盐贩子。路的东边是巴木错湖，与其他所有的湖一样，这个湖的四周也被旧湖岸所环绕，这些旧湖岸现在离水边已经一公里多了。我们看见的唯一的动物是母羚羊，在路边不远的地方躺着。我们在麦扎找到了我们的营地，设在一块平原的边上。离此 800 米远的地方有一个比水塘大一点的小湖泊，湖面浮满了婆罗门鸭，其中有很多雏鸭。营地后面的花岗岩山梁上到处是野兔。

……

下过一夜的雨之后，早上起来天上又布满了乌云，并刮着刺骨的寒风。我们还是沿着盐道（藏语称查拉姆）前进，这条道是头一天我们所选择的。这是一条很好走的路，先是经过一块布满沙砾的平原，然后翻越一些小山进入一个空旷的山谷。到处都是黑帐篷，山上牛羊成群，野生动物则消失得无影无踪。我们前一天所看见的那些牦牛一定是在夜里经过了我们的营地，因为我们在路上赶上了它们，它们分成三拨走，每拨大约80头，由两个人负责一拨。一些牛不断地掉队，停下来吃草，那两个赶牛的人不得不这个轰一下，那个赶一下，四处奔忙，常常为了赶拢一头掉队的牛要往回走36—46米。据说这些牦牛每天要走大约15公里，如果是这样，那些赶牛的人每天就得来回走将近48公里。我们在一片长满草的平原上扎营，周围全是牧民们的黑帐篷。整个下午都像暴风雨即将来临的样子，但只是顺山而过，直到天黑以后才下起雨来，猛烈的雷雨暴风一直持续到半夜。

第二天的行程比较长，走了将近48公里以后，我们抵达纳木错湖的东岸。途中我们经过了两个湖，龙觉克湖①和卡瓦湖，实际上是一个湖，中间有一条狭长的水道相连。在卡瓦湖的岸边有野鹅，每一对老鹅身边都带着通常都尚未长成的两只幼鹅。我们仍然顺着盐道走，路上挤满了牦牛，每拨50—200头。它们都是往北去运盐的。仅仅在龙觉克平原，我们起码就已经把二三千头甩到后面去了。每五六十头就有两个步行的人赶着，盐贩子自己则背着火绳枪骑在马背上。很轻松地通过一个大约400米长的山口以后，我们进入了纳木湖盆地，从山脊上往下看这个宽阔的内陆海，好像延伸至西边地平线似的一望无际。湖对岸的念青唐古拉山直插云霄，白云环绕于山巅。我们在达克里（或塔克）扎营，附近的小山谷里有一些黑帐篷，山谷口是湖的东岸。山谷里到处开满了花，有樱草、勿忘我、火绒草和紫巢菜。我们到达以后，帐篷还没有搭好，就下起雨来了。雨持续了整个下午，但是从拉萨到来的邮差令我们欢欣鼓舞，还有一封来自噶厦的信，他送来了一些面粉、米和250个鸡蛋。

我们希望第二天能早一点出发，但是我们的计划让马队给打乱了。他们是前天从麦扎出发后的途中被强迫来替我们运东西的，一直到远离雪山的达木都跟我们在一起，无论给钱不给钱，牲口的主人都不愿意把我们带过湖去。天黑以后，他们把马聚在一起往山上赶，过了好长一段时间，我们才注意到他们不在了。我们立刻派仆人前去追赶已经翻过山北面去了的马队。库索尼日姆巴的小男仆，大约12岁，骑上矮种马，单独去追从山谷侧面逃走的那三个。这表明他非常有勇气，但如果追上以后能把它们怎么样，这我们就很难预料了。后来，喇嘛尼日姆巴决定亲自前往，

① 龙觉克湖：应为今班戈县与尼玛县错龙确湖。

芒德龙跟他一起去。他骑上马，带上步枪和左轮手枪出发。我们睡了两个小时后他们也没有回来。上午一大早，他们终于回来了，已经顺着我们前一天经过的路走了大约 16 公里。他们把大多数的牦牛和马都赶了回来，但赶牲口的人都躲到山里去了，因此我们人手很缺，装载行李非常缓慢。我们不得不缩短行程，只越过纳木错东边的平原到达拉尔根拉①山谷下面，这个山口是念青唐古拉山脉通往达木的要道。途中我们超过了很多盐贩子，他们在路边扎营吃中午饭，把牦牛放出去吃草。这两天我们起码看见了 5 000 头牦牛。

除了平原上的几群藏野驴外我们再没有看见别的野生动物。令我们惊奇的是，都已经 7 月 14 日了，它们还没有下崽。就在我们快到达营地的时候，考森用他的步枪打中了一只胡兀鹫。它站在 9 多米远的地方，考森一枪射穿了它的胸脯。这是一个很好的标本，两翅展开正好将近 3 米。据说胡兀鹫在羊羔出生的季节具有很大的危害性，它们经常把小羊羔给叼走，可能还吃掉一定数量的野兔，但是估计它们主要靠吃动物尸体的腐肉为生。

下午，又下起了雨和冰雹，到夜间天气又晴朗了。第二天早上 5 点钟我们又上路了。到拉尔根拉山顶需要爬过一道山谷，路不算陡，但很长，我们花了一个小时一刻钟的时间才爬到山顶。这是 1894 年 M. 格雷纳尔德所到达的距离拉萨最近的一个点，当年他与杜特里尔·德·里恩斯分手后前往那曲以完成他最后一部分探险旅程的时候，为了弄清邦瓦洛特的考察是否与自己的相符，他陪同拉萨的官员们一起来到山口的脚下。在我们到达山顶之前的一个半小时左右，开始起雾，下起了蒙蒙细雨，并持续近两个小时。天气寒冷、潮湿，让人烦恼，我们跌跌撞撞地走了好几公里可恶的碎石路，等我们再一次下到植被生长的最高极限时，天气又转晴了，山谷变深了，小溪的窄沿上开满了各种各样的花：其中大朵的黄色樱草花几乎遍野都是，秆儿都有 0.6 米来高；此外，像大立金花、紫巢菜、勿忘我、紫红色的翠菊、黄毛茛等数量也不少。在岩石的低处长满了桧和杜鹃花，当我们离开山谷进入达木平原的时候，我们骑着马穿过一片长得像荆豆属植物一样的丛林，惊跑了几只野兔和两窝鹧鸪。此外，几乎每一片丛林里都有一群山鸟，公山鸟身上是黑的，嘴是黄的，而雌山鸟则像欧洲的山鸟一样，全身都是棕色的。

我们现在进入了一个与以前完全不同的山野，气候也完全不一样。我们脚下是一片广阔的平原，从东到西可能有 32 公里长，9.6—12.8 英里宽。牛羊和牧民的营地遍布原野。平原的边上还有几间房子点缀着，在一个避风的凹角处，我们甚至还

① 拉尔根拉：今写作那根拉。

看见了几棵柳树。走出山谷进入平原的时候，我们的向导迷了路。他不知道我们的营地在什么地方，便向路人打听，结果越走越远。有些说营地可能在西边的山里，另一些人则说在东边，有些则很肯定地说就在西边，于是我们决定按照他们所指的方向走，一直走了好几公里路，直到我们正好看见在远处我们走出山谷的地方驮行李的马队正从山脚走过。我们的向导选错路了，我们应该走的是左边而不是右边。我们的骡子疲惫不堪，由于走的是碎石路，腿也瘸了，我们花了两小时的时间才找到营地。大家都很疲劳饥饿，精神萎靡不振。

达木河谷是拉萨著名的大寺庙之一——色拉寺的属地。绝大多数大寺庙在别的地区都拥有自己的土地，它们从这些土地上征收赋税。色拉寺在达木有一个代办处，拥有一幢两层楼的新房子，他们收拾好最大的一个房间让我们住。我们情愿要楼上的房间，那儿光线充足，空气新鲜，只是小了一些。但是，我们被安顿到一楼，那儿又黑又嘈杂，靠近院子和厨房，散发出西藏酥油那种让外人难以接受的气味。酥油味浓是西藏人家里的一大缺憾，佛像前的佛龛里，酥油灯整天整夜地点着，整个屋子都充满了这种味道。在寺庙里，这样的灯数以百计，而且通风条件不好。

达木河谷是我们两个多月前离开拉萨以后所看到的最好的一片原野了。放牧的条件相当不错，但仍处于农业耕作的禁区范围内。平原和北面顺山势而下的小山谷里到处都有野兔，我正忙着对当地的地质进行考察，考森则忙于准备以后几天的肉食供应。在山坡上，鹧鸪也很多，在这儿我还看见了蛇，这是我在西藏所看见的唯一的蛇。这条蛇很小，大约只有 0.6 米长，可惜的是，它设法甩开了我，躲进岩石里去了。

晚上 9 点钟左右开始下起了雨，并连绵不断地持续了一整夜。早上 5 点钟我们起来的时候雨还在下，河谷附近的山完全笼罩在云雾之中，甚至连平原也几乎给罩住了。天气实在太差，是否动身，我们犹豫不决，但是我们已经捎话给拉萨的察绒夏本，告诉他我们将于 2 日到达，而且也已经收到了他邀请我们在到达的当天去他家吃午餐的信函。于是我们决定，不管是否下雨都要出发。我们在蒙蒙细雨中穿越了平原，骑了两个小时的马以后，进入一个通往兰叶拉山口的狭长的山谷，兰叶拉山口是达木河谷和吉曲河盆地的分水岭……

——《在西藏高原的狩猎与旅游：西藏地质探险日记》，［英］亨利·海登、西泽·考森著，周国炎、邵鸿译，中国社会科学出版社、四川民族出版社 2002 年版，第 120—195 页。

根敦群培游历情形

（1928 年）

一、人物简介

根敦群培（1903—1951 年），青海同仁人。25 岁前往拉萨，在哲蚌寺果芒扎仓鲁崩康村修习佛法。1934 年，应印度班智达热乎拉邀请前往印度。1946 年，返回西藏不久被捕。1951 年去世。著有《白史》《欲经》《智游列国漫记》《龙树〈中论〉奥义疏》《印度诸圣地朝圣指南》等。被誉为 20 世纪藏族的学术大师、启蒙思想家，是西藏人文主义和藏传佛教世俗化的先驱。

二、游历概况

根敦群培在拉卜楞寺度过了六年学经生涯后，1928 年 3 月 6 日与一支商队一道从青海塔尔寺启程，经青海湖、那曲，于 7 月到达拉萨。

三、文献原文

最艰难的路程眼看就要结束了，第十天，我们到达了一片开阔地，一望无垠，这就是寂静的羌塘沙漠，这片大沙漠辽阔无边，在红沙和砾石中看不见动物的踪迹，也听不见鸟鸣。沙漠上只有寒冷、白色、红色和岩石，陡峭的山峰环绕着这片沙漠。这里的气候十分寒冷，即使在夏季，沙漠地带也经常下雪。可是，羌塘的这些令人生畏的红沙比人还能说会道，红沙永恒的灵魂驻足于你的脑海，砾石在向你诉说着涅槃低语。在这里，沙漠的灵魂得到释放，并且实现了它自己的威严和崇高。

对于那些敢于冒险穿越羌塘的人来说，也并不是没有危险的。沙漠中流淌着裹着污泥而宽阔的黑色河流，水流汹涌湍急，必须骑马才能蹚过这些河流，还得冒沙动的危险。在这里，我们为穿越沙漠付出了代价，我们一行人当中有两个人从马背上坠下来，还没有等到我们赶到救援，他们就被红沙吞没了。

沙漠中的间歇温泉不时在喷发，我们发现了绿洲，便停下来歇息，可是，这里没有任何生命的迹象，尽管绿洲地带有供我们的驮畜吃的新鲜牧草，呈现出一片绿色，还有供我们所有旅行者饮用的清水，但是沙漠上依然死一般寂静。虽然我们的队伍浩浩荡荡，但是有时仍然感到有一种寂寞孤独的压抑。于是，我们便依靠自己天生的本领来壮胆和鼓劲：我们在沙漠中提高嗓门说话，一直说到深夜，然后才睡觉歇息。啊，星星！这是沙漠中的星星，在其他任何地方都没有这么大、这么明亮的星星。星光渗透到心底，照亮了每个旅行者的心，给人留下一种难以忘怀的印象。

经过了长达一个月的穿越沙漠的艰难跋涉之后，我们终于到达了黑河寺（可能是那曲的孝登寺——译者注）。紧邻该寺的地方坐落着一座与该寺同名的城镇（那曲镇），这座城镇较大，而且还有一个能够买到各种食品和生活用品的很好的集市，整座城镇充满生机。

这里是西藏的（北部）边界，我们在此待了近一个月，等待噶厦政府批准我们继续赶路。

在这里，我遭受了我的整个旅途中仅有的一次损失。在一个漆黑的夜晚，我的驮畜被强盗偷走了。后来，很快用其他驮骡替换上，这多亏我亲爱的母亲和姐姐的慷慨——当我从热贡家乡出发时，她们送了几匹驮骡给我随行，以防在旅途中遭遇不测。

这次漫长的旅行总算平安地结束了，我们幸运地到达了目的地拉萨。猴月（七月），我们进入了这座著名的城市。

——《我从青海到拉萨的旅程》，根敦群培著，杜永彬译。转引自《根敦群培文论精选》，中国藏学出版社 2012 年版，第 170—172 页。

黄慕松游历情形

（1934 年）

一、人物简介

黄慕松（1884—1937 年），名承恩，字慕松，广东梅县人。1904 年被选送到日本陆军士官学校学习，为早期同盟会会员。曾先后参加辛亥革命、北伐战争。后再次到日本陆军大学深造，并考察欧洲军事。1928 年国民政府成立后，他先后任参谋本部测绘总局局长、陆军大学代理校长等职。1931 年为国民党候补中央执行委员，任参谋本部次长。1933 年 6 月任新疆宣慰使，为盛世才所软禁，后返南京兼任陆军大学校长。十三世达赖喇嘛圆寂后，国民政府选任黄慕松为致祭专使并主持册封大典。1935 年 3 月 15 日任蒙藏委员会委员长，4 月 4 日被国民政府授予中将军衔，同年当选为中国国民党第五届中央执行委员。1937 年 3 月 20 日在广东去世。

二、游历概况

致祭专使黄慕松由四川进藏，路线基本参照清朝川藏官道，但经过丹达山时遇到大路桥断，一时不通，前不能进，后退费时，遂决定开辟新路，绕道今比如县白嘎乡那若沟夏那寺和羊秀乡普宗沟桑达寺，至今嘉黎县鸽群乡而行。此一绕道路线为民间小道，甚至是山间野道，不见其他行者记录。

三、文献原文

却让代本、次忍贡布如本来云，据报阿朗多[①]之毁桥，虽经督工加修，仍非四五

① 阿朗多：也写作阿兰多，位于今边坝县金岭乡与加贡乡之间，为川藏官道必经之路，山间谷地，河流交汇，桥梁通断，行路遂绝。《西藏图考》中言："夏日水涨多阻。"历史上也多次因水灾阻断官道。1885 年 6 月 9 日晚，阿兰多突发山洪，桥梁水毁。因该路段处于峡谷地带，巉岩渊壑，时值汛期，河水暴涨，地方头人禀云："一区之力，穷年累月，奋勉而为，亦无建成耐久桥梁之望。"而此时新任驻藏大臣文硕已在来昌都的路上，来年 3 月才至拉萨。文硕进藏便受到了这次川藏官道中断的影响。

日不能修复云。余已决定行新觅之路，免越一路贡山[①]，须多经数小山，闻尚较原路易行，惟地属苦寒，食宿艰苦，非所计也。

七月三十一日，晴雨雾不时，由查罗松多[②]抵哲多永错——六十里

昨日临陟高空，感冒风寒，头痛夜发，进药稍瘳，而疲劳未复。仍于五时起床，六时半乘轿出发，沿溪行，路甚狭，无桥梁，涉水五六次，既深且急，十时二十分至寄居山，打尖于东山根子，已行三十里矣。策卫登山，山虽不大，倾斜颇急，尤以近巅处较丹达山更险。乌拉落坡者二，头伤皮流血，幸未丧生，同人咸有戒心。余乃鼓勇前驱，由卫侍左右扶掖而上，幸坡长仅约百五十米突，且憩且行，幸达巅峰。同人及驱从等相继登（顶），稍定喘息，乘舆而下，时已午后一时矣。乃下山复越汤山[③]，坡不陡而甚长，乱石嶙峋，步步崎岖，如履刀山，加以积雪不融，冰坚而滑，天风如剪，肤体欠灵。沿途无树木，无民居，人迹所不至，鸟飞而忘群，共行三小时有半，始入坦途。此诚出发以来，第一次难行之道也。初招待者言，新路优于大路，余不之信，因大路修理以时，需款已钜，僻径何能顾及，惟断崖峭壁之奇险，或可幸免，今之果符所料。

抵哲多永错[④]已午后四时三十分，支帐露营，四山忽暝，而雷声大作，雪弹纷飞，内地时方暮夏，边区已入初冬，吾人踯躅荒寒，亦得请之避暑否乎。

槎拉喇嘛寺[⑤]为明日预定之宿地，其住持槎多吉及三十九族一部之头人加宗吞珠来迎，并献食物。各赏绸巾。该族系属汉人，原直属于驻藏大臣，故执礼极恭。边坝头人入告，查罗松多前四站，均归其照料，惟地方苦寒，能支差之民户不过数十家云。此岂余所不能知而不能谅者哉！闻顷间却让代本责当地四头人未遵令修路，又复供应不周，各鞭一百，能毋歉然。

（附考）三十九族与青海玉树二十五族皆当地之土著，盖即古之西羌民族也。其地尝为吐谷浑所据，唐时吐蕃灭吐谷浑，尽有其地，历宋元以迄明清，均为吐蕃所据，故其族受同化。明正德四年为蒙古部酋所据，沦为奴隶。清初，额鲁特固始汗自西北侵有其地，番民为蒙戕灭。至清时额鲁特犯边无已时，康熙三十六年讨平之，番民七十九族咸来归顺，始脱奴隶。所谓七十九族皆游牧小部落，分合无常，称为

---

① 路贡山：即鲁贡拉。为边坝至嘉黎间一大山。《西藏志》载："途长百余里，盛夏积雪不消，累有数仞深者。烟瘴甚盛，最为难行。"

② 查罗松多：今写作查拉松多，其地在今边坝县丹达山以西，地属于边坝县金岭乡。

③ 汤山：今写作汤目拉。为查拉松多至夏那寺所经的一个山口。

④ 哲多永错：也写作则多勇错，为一山间小湖泊，水流汇入靶曲。今属汤巴村。

⑤ 槎拉喇嘛寺：今比如县白嘎乡那若沟夏那寺，亦名强那登扎西林，属格鲁派。位于白嘎姐曲河支流靶曲河畔。

七十九族，盖就招抚之数也。其中四十族在当拉岭以北，归青海管辖，至今尚存二十五族，所谓玉树二十五族是也。当拉岭以南三十九族归西藏办事大臣管辖，藏民认羌人为汉人，故谓之甲得三十九族，其实非也。三十九族与西宁相连，原系百余族，揆归西宁管辖者数十族，以三十九族归驻藏大臣管理。宣统元年春，边务大臣赵尔丰驻德格时，三十九族遣人至德格投诚。是年冬赵诣察木多，该族复来请归边务大臣管理。赵已电奏在案，惟尚未于其地设官耳。

八月一日，晴，由哲多永错抵槎拉喇嘛寺——四十五里

本日路程，不复更经险道。六时半逆溪流而上，乘舆行平坝或山腹者约两小时，骑骡行河床者约一小时。惟河床乱石载道，仍不免崎岖耳。三十里至固荡打尖，继续前进。逾三尖水，有槎拉喇嘛寺僧支帐郊迎。余以该寺隔河在望，故未停舆，渡桥登山，径入该寺，时为正午十二时也。却让代本、次忍贡布如本，偕阖寺喇嘛及三十九族一部之头人百姓等，相率欢迎。

余对于寺僧及头人百姓等，分别赏以相片、银牌、茶叶等物，渠等于晚膳后陆续晋谒，并献食物，三十九族头人仍行跪拜礼。据称，藏政府于去岁曾派人点查其一部之民户，计八十三家，至合族之民户，当在千家以上云。此寺建于山巅，风景颇佳，有僧人八九十，附属民户六七家，惟气候较寒耳。

（附考）《卫藏通志》所载三十九族户口共四千八百八十九户，男女一万七千六百零六名。现时成四与一之比，盖其族历来亲汉，迭遭兵燹，受藏民之凌夷，人口骤加减少，可胜叹哉！

八月二日，晴，由槎拉喇嘛寺抵瓦日格巴——六十里

五时起身后，即据报告，前给高副官乘坐之白马，即在雅安时刘总指挥所赠者，系建都产，异常英俊，忽于昨夜腹胀，不及三小时而倒毙矣。当请槎拉呼图克图卜卦以占迹象，谓系山神所摄。而余终疑其中毒，或误食毒草，或他人见其英俊，毒之以奉山神，乃严令高副官查究，决定解剖查验，结果确有中毒嫌疑。第二步则须追究自毒抑毒矣。不胜惋惜之至。

晨六时半，出寺下山，舆行河床，路平坦，间有乱石。八时越一桥，登库油山[①]，童山濯濯，骑骡上坡，坡势不峻。九时半，抵伯布棍泽[②]打尖。大风，艰于

① 库油山：也作库油拉，在今那若巴布沟最里面。
② 伯布棍泽：位于今白嘎乡那若区域的巴布沟。棍泽意为“冬季牧场”。

炊，稽时甚久。稍息，续向瓦日山前进，舆而上，骑而下。渡溪，复越一小山，佚其名，山径不险而长。午后二时，入深谷，所谓瓦日格巴，译为谷底之意，即吾等支帐露营处也。

却让代本及次忍贡布如本先到招待一切。明日宿地之省他喇嘛寺[①]派僧来迎，赏以佛带。该寺为黑教，服色同黄教，而帽尚白，有呼图克图一，喇嘛四五十、附属民户六十余，隶于三十九族一部之胡宗本。其堪布及住持无固定，大事主于呼图克图，琐事由公推之管理员任之。夜雨，帐露，空气薄，呼吸窒，寒气压被，毛毯受体温蒸发，凝水珠，同人多头痛。

八月三日，晨雪午晴，由瓦日格巴抵省他喇嘛寺——四十里

夜雨未霁，晨雪又霏。冒严寒于六时半出发，伸冰手僵足，控小骡，登童青山[②]。大地漫漫，三冬景象，虽无雪夜访戴之雅，殊饶霸桥驴背之思，岂必诗人而后有诗意哉？山不高，坡势急，泥泞蹄滑，时虞颠蹶，历一小时，始达山巅。下坡倾斜较缓，且有卫侍牵扶。在西山根子打尖，山树稀小，居民仅见一家。又前行，一水横流，无舟楫桥梁，骑骡涉水而过，周穷山屹立当前，与童青山高度相等，倾斜相似，近巅尤险，时雨雪已停，日出较暖，本日越两山皆未乘轿，恤肩夫也。省他喇嘛寺僧少数迎于山麓，多数迎于小岗，余等抵寺下榻，已在午后二时半。

寺在高岗，附近大坝，河流萦绕，风景殊佳。其呼图克图登巴蒋作，率执事喇嘛僧来谒，并献食物，赏以银牌、绸巾、茶叶，据云三十九族共有黑教[③]喇嘛寺三十八所，亦有黄红教，黑教祖师为押米扎西杰村[④]，明永乐间生于丹巴，约与宗喀巴祖师同时。现已转世二十八代，其祖庙在后藏墨尔贡，常住僧仅数人云。

三十九族一部胡宗本之头人，派其侄浪拉及亲眷我珠来迎，赏以佛带各一，据称伊等奉派由蒙古来，所有国家之册封及任命状等，均敬谨保存，现多为牛厂生活，亦种青稞等，因有地利可图也。至全族户数，据西藏政府调查约有一万云。

此次北绕新道，由边坝所属之九个分县办差，嘉绪[⑤]其一也。其头人三名来谒，并献食物，赏以佛带、茶叶，该处喇嘛寺有僧百余，呼图克图昂翁巴觉年十九，习经别蚌寺，由其管家来谒，并献铜佛一、狐皮三，赏以银牌、相片、绸巾。

---

① 省他喇嘛寺：也写作桑达寺、桑达本贡，本教寺庙。位于姐曲河源其曲河东南岸。南宋淳熙十年（1183年）由贡迦·益西江参创建。

② 童青山：今写作打亲拉。位于夏那寺与桑达寺之间的山口。

③ 黑教：即本教。另外黄教为格鲁派，红教为宁玛派，花教为萨迦派，白教为噶举派。皆为俗称。

④ 押米扎西杰村：即桑达寺的创始人贡迦·益西江参。

⑤ 嘉绪：即嘉雪，亦写作嘉雪奔噶、吉树边卡，为今姐曲河流域白嘎乡一带。

八月四日，晴，驻省他喇嘛寺

却让代本谓牛马乌拉已惫不能行，拉里房屋亦不良，不便住宿，请余在此休息一日等语。余以乌拉虽惫，距拉里仅有三日之程；至于房屋之良否，向不计较，仍以照原定计划前进为宜。几经高副官往返磋商，始说明不能启行之故，由于乌拉征调不齐，不得已须耽延一日，可见与藏民交涉之曲折矣。

本日既休息于此，拟过拉里时即不再驻，即拉里应拍之电应于此间办完，乃电台架设后，将与交通部在德格新设之电台联络，在电政史上开一新纪元。当电贺骝先[①]、道藩两兄之伟绩，惟闻甘孜电台损毁未修复，玉树亦未叫通，未免美中不足耳。

护卫之藏兵，乘休息日沐栉，实属难能，惟守卫番兵，随意散坐于地，可以离岗他往，而悬枪于门，示以守卫之意。是岂如灵官之符箓欤，殊为奇异。

八月五日，晴雨不时，由省他喇嘛寺抵噶青桑多——四十里

晨六时半乘舆出发，沿河坝行。道平坦，越数小溪，无桥梁，须徒涉，稍不慎，即扑水中。两山林木茂盛，野花五色缤纷，殊悦心目。九时半，憩息平坝，稍进茶饮。三十九族胡宗本[②]壬清学杰来迎，谓该族分三十九本、九千余户，最大者为加如本，有八百余户。前清管理其族者，有四品官二，一在拉里，一为贺知朝[③]，现仅有贺知朝在北方，各本之品级为五品至六品，伊介乎二者之间，刻下不准着逊清衣冠，但其向汉之心，无异于昔云。

十时继续前进，乱石载道，大异初程，至十二时十分始达宿营地——噶青桑多。支帐露宿，气候酷寒，手足如冰，余之咳嗽昨已稍愈，今又发。胡宗本复偕其头人晋谒，并献食物，赏以银牌、绸巾、茶叶。

八月六日，晴雨不时，由噶青桑多抵锅青达[④]——四十五里

宿雨未已，六时半骑骡出发，即上加拉山[⑤]。坡势不急，乱石碍步，山无树，草不茂，无人烟，果是穷站气象。峰巅不高，一时即达，苦雾弥漫，雨雪交霏，严冬不过是。下坡更平缓，二十分钟至平地，又行四十分钟，打尖于西山根子，拉里之

---

① 骝先：朱家骅（1893—1963 年），字骝先，浙江人。

② 胡宗本：即霍尔宗本。此处宗本指霍尔三十九族下属部落头人。

③ 贺知朝：应为霍尔基巧的汉译。霍尔基巧意为“霍尔地区总管”。辛亥革命后，噶厦地方政府在霍尔三十九族地区设立霍尔基巧，取代清朝时期的管理体制，进行直接管理。官级为四品。

④ 锅青达：应为今嘉黎县鸽群乡附近。

⑤ 加拉山：也写作加拉松多。海拔 5 100 米。下山左手边至边坝甲贡乡，右手边至嘉黎县。

宗本及定本来迎，寒暄而去。十时续进，虽无崇坡峻坂，而山腹及河底之路，无不乱石嶙峋，且涉水多次，加之大雨如注，雪弹横飞，肩夫之苦可知。直至午后一时半，始抵宿地——锅青达，而支帐于河坝焉。本日骑骡将扑者屡，乘轿致倾者二次，心旌惴惴，皆未成患，可谓天幸。此次改行小道，原非预计，故路面皆欠修理耳。

接甘孜张团长电告，大金寺喇嘛因商议修复寺院事不谐，星夜逃去，并在松林口劫驮子多头，渡岗拖河而西，请余告知藏方，勿因此误会等语。当与各参议商议后，非正式告知却让代本矣。

拉里共辖四区，自加拉山至槎拉之北山麓止，每区民户四十至六十，在拉里本境者亦仅四十余户，本日宿住民户亦称是为辖区之一。其头人四名及帮同办差之拉里头人一名均来谒，并献牛腿一只，赏以茶叶。

八月七日，晴雨不时，由锅青达抵拉里——五十里

今日启行较连日早发十分钟，路平坦，或坝或岸，肩舆尚稳，惟溪流数处，均须徒涉，舆夫苦之。沿途草木萧疏，人烟不见，大坝甚多，其幅员皆足供飞行场之用。行四小时至一平坝，拉里官民僧俗相迎，设帐供茶。余传见各官民代表，并加抚慰，至十一时，策马续进，因仍须涉水，恤舆夫也。地形与风物，不殊来路。午后一时抵拉里，为一大坝，四周均有谷口，民户四十余。拉里喇嘛寺在山上，有呼图克图二，喇嘛四十。

前清于此间设一四品粮官。下有把总、外委及马兵四十一，泛兵二十八，土兵二十，通事五，规模颇大，粮官并兼管江达，今则衙属已无片瓦，仅余老塘兵鲁得胜一人来谒，赏佛带一，叩谢而去。代理拉里宗本子准[①]昂翁登则远迎数次，今复来谒，赏绸料、相片、银牌各一。居于北方之八勒，即管理三十九族之四品官贺知朝，名错巴儿巧仍戎惹母洞噶[②]，派管家格桑桑结来迎。当赏贺知朝二等纪念章一，管家绸料、银牌各一；拉里喇嘛寺有职喇嘛来谒，当赏住持绸带一；呼图克图贡曲登巴系马及贡曲登巴卓马银牌各一；相片一张赏寺，茶叶一驮赏僧。各民众乡长来谒，各赏绸带或茶叶。咱萨如胰[③]为汉属四区，其首领定本及乡长民众等来谒，定本赏以银牌、绸带各一；乡长赏以绸带一；民众赏以茶叶。该定本四代为官，辖户两百余，凡本日来谒者，均各献土产食物，为数不少。

---

① 子准：一般写作孜仲，指在拉萨哲蚌、色拉、甘丹等寺或其属寺取得僧籍，并在译仓附设的僧官学校受训合格，经达赖喇嘛批准委以官职者。

② 仍戎惹母洞噶：对照《藏北牧民》历任霍尔基巧略表，应为霍尔基巧第六任四品俗官宁木杜卡。

③ 咱萨如胰：也作杂萨如刁，意为“杂萨四个部落”。分别是德扣、唐托唐玛、桑巴和仓巴等四个部落。杂萨管辖的部落和户籍，在1916年以前隶属于纳雪部落，后来隶属于嘉黎宗。

却让代本又以乌拉准备不及，并设种种理由，请在此休息一日，情不可却，无以从之，但坚约此后之行止计划不得变更。盖其变化多端，实有预防之必要也。

（附考）拉里为昌都与西藏中通之咽喉，林拉一山为哈拉乌苏大道直通青海。自准噶尔车零敦多布侵占西藏，该地黑喇嘛附逆助谋，伪称河州喇嘛，迎师向导，阴遣番人截邀军粮。康熙五十八年，定西将军噶尔弼统领绿营官兵至拉里，预遣永宁副将岳钟琪提兵计擒黑喇嘛，言明附逆阴谋，截粮实情，旋即正法，另委喇嘛管理地方，复设粮务、把总各一员，历年驻藏官兵往来服役极为恭顺。其疆域东至夹贡塘界二百七十里，西至常多塘界二百四十里。

八月八日，晴，驻拉里

晨间乏俚，与诸同人闲叙。午，却让来，拉杂接谈，略记如下：……（四）咱萨如胰四区，为所谓汉人区，一在德锅，一在拉里之北山后，一在鲁贡山，一在邦打山之南侧；（五）拉里宗本为六品官，现由达赖之五品近臣代理，南至槎拉拉北麓云；（六）由此至拉萨途中，尚有四个宗本；（七）拉里尚有关帝庙，但其他衙署故址，则荡然无存。

黄昏，段通译自岗拖河东赶到，伊为却让多年舌人，群料在此休息，实专候之。带来李如苍君航空信一封，系得自德格，可谓巧事。盖航递不通拉萨，书面又仅中文，非段来之便，当然不能寄到也。余因休息，午睡未起，未接见段君。

八月九日，晴，由拉里抵阿咱喇嘛寺——四十里

七时十分登舆，循河岸逆流行。路广阔，两山濯濯。拉里代理宗本及官民僧俗要人，欢送于十里外之河坝，称谢而别。旋骑骡登帮打山之外山，坡势缓，九时十分至本山之北麓，有治公喇嘛寺[①]所属民户设帐供茶。十时续进，山径甚陡，幸作“之”字形，并砌有石墙，尚易登临。山巅之凹处狭窄异常，并是灰石质，不能停骖，乃令马匹先行，余乘舆而下。南面斜坡较长且急，但道路广阔，便于旋回。十一时，阿咱喇嘛寺之执事僧来迎。由山岗上眺见阿咱湖[②]，与工布湖[③]通流，传为莲花祖师之圣迹。坡尽处即见阿咱喇嘛寺。由却让代本及寺僧等迎入，今夜即借宿于此。

寺有僧六十余，其呼图克图在藏学经，由其管家及寺中堪布罗桑野那来谒，并

① 治公喇嘛寺：止贡寺，也作直贡寺。
② 阿咱湖；即阿扎湖，今写作江乃雍错。
③ 工布湖：巴松错。

献食物，赏以相片及绸带、茶叶等。治工喇嘛寺在此地附近，为红教，有呼图克图献瓦鲁珠及登则穷勒二人，辖民户数十，专供行署之茶尖及什物等差。该寺司薪及游牧头人来谒，并献食物，赏绸带及茶叶。

卫侍左震宇屡犯军纪，均予宽容，今日又私带姘妇，并窃同人之马供其驰骋，殊难再恕，决定请护队之如本次忍贡布设法递解至德格，交欧营长先行看管，俟余回京提办。

八月十日，晴雨不时，由阿咱喇嘛寺抵古立即沙湾塘——六十里

起床后，即将已革卫侍左震宇交藏兵队长先行解往拉里，由拉里宗本解往昌都，再由昌都解往德格。行署有此不幸事件，殊堪痛恨。

出发已逾七时，路在河岸，满地乱石，不如涉水沙行。不数里，阿咱、治公两寺喇嘛鹄立相送。由此沿阿咱湖前进，湖宽约五六百米，长约十数里，有相当深度，水碧如油，异常可爱，朱倭之湖远逊于此。湖近处通溪流，地名沙湾，为昔年驻藏大臣打尖处。余等今日以路程过近，改在铎拉打尖，惟自沙湾以上，沿溪行，乱石崎岖，举足维艰，以乘马颠蹶濒危，改乘舆，行极缓，至正午十二时，始达打尖地。驻息五十分钟，揽辔续进。越一坝，涉一河，往年此日，水量渊浤，不便徒涉，今竟不然，洵属幸运。而水流急溅，泻玉飞珠，仿佛将到康定时过瓦斯沟景象。午后三时至古立，当年驻藏大臣之行馆巍然犹存，已半就倾圮，不得不支帐于对面河坝而露宿焉。本日游踪所经，路面之崎岖，固无待言，加以冷风砭骨，山雨摧人，上不得于天时，下不得于地利，甚矣哉，蜀道之难也。

古立仍辖于拉里，故办乌拉差者为拉里属民，至其他差务，则由竹那村承之。竹那村为少加宗宗本所辖二村之一，民户六十，承差者仅四之一，且专办钦差大臣及昌都噶伦之差者。其四头人来谒，并献食物，赏佛带各一及茶叶四甑。据云承办此次差务，包括藏兵所用帐篷、马料、糌粑等，共需费银四平，即二百两。伊等所有帐篷，无此之多，多系租赁，中等者银六钱，上等者糌粑一斗云。本署人员所有食料、马料，均由自办，当差之汤打诸役，亦予厚赏，所资于差民者，惟有因携带之帐篷不足，借用若干而已，抚衷尚不至扰民，良足自慰耳。

此间生活甚昂贵，青稞一斗三十斤，需藏洋二元有奇，模子布袍料连缝工约需藏洋十元，普通人民每两年制一件，多自织自缝，羊皮长袍约需藏洋二十余元。鞋一对约需藏洋二元，最多每两年必一易；而每两月必换底。至于衬衣裤惟上等人用之。普通人每日三餐，早午为开水糌粑，少加奶油，晚间为麸面，少加酸菜或乳渣。平时罕食肉，为人佣工者每日糌粑一筒，但汉人之有技术者则较优。普通木匠除供

食外，每日一藏元，或加半；裁缝每日二藏元，铁工亦然。银匠则更贵。惟西康农民自耕自织，除购茶外，别无用款云。

——《使藏纪程》，黄慕松著，全国图书馆文献缩微复制中心，1991 年，第 188—211 页。

杨质夫游历情形

（1934 年）

一、人物简介

杨质夫（1906—1961 年），本名杨文，字质夫，青海省互助人县，藏语文翻译家、藏学家。1924 年考入西宁蒙番师范学校。1925 年参加西宁藏文研究社，继续深造藏文。1929 年担任蒙藏委员会翻译，并在国民党中央党务学校（中央政治学校）西康班教授藏文。1930 年冬，青海藏文研究社正式成立，杨质夫任教务部主任。1934 年夏，杨质夫作为西藏巡礼团团员前赴西藏。中华人民共和国成立后，杨质夫担任国立西宁师范学校校长。

二、游历概况

1934 年春，青海藏文研究社第二次社员大会在西宁召开。会议宣布，黎丹赴藏期间，陈显荣仕代埋社长，社员杨质夫、欧阳莺、王廷璋等九人加入西藏巡礼团随团长黎丹赴藏。在这次会议上，黎丹当众手书“海纳百川，有容乃大，壁立千仞，无欲则刚”与进藏学生共勉。6 月 23 日，年逾 60 岁的黎丹只携带两箱欲向西藏学者征求修订意见的《藏汉大辞典》原稿，率巡礼团一行十人，自西宁启程，以“黎委员”的身份沿唐蕃古道入藏。

三、文献原文

8 月 28 日　星期二　晴雨无常，晚大雨，住香迪

上午，将居住哈喇乌苏一带纳书克[①]等三十九族之族名、住地、头目、属民等列一详表，内包雍正时之原有调查及现在情形，以备分别参考，四小时始毕事。下午

① 纳书克：也写作那雪、那克书、纳克书。当时对霍尔三十九族亦称纳书克三十九族。

六时许，黑河堪布喜热卜丹增及昂索代表来此迎接本团，由尕本代表介绍，与黎师[①]互相慰问后，作如下之谈话：1. 奉西藏政府命令，谓中央有电，言青海省致祭达赖代表将至，故特来接迎；2. 贵团如携有中央或青海省府公文，须预先递藏；3. 贵团中除巡礼人员外，尚有其他分子否？4. 青商来藏前后不一，向例须于黑河聚齐后，一齐赴拉藏，且贵团情形须详细报告，故到黑河后须请住数日；5. 到黑河后，不必另搭帐篷，因来时已饬人收抢房间，到时可以安歇；6. 贵团如有应用人夫、驼骑之处，敝处均可照办，如须用引路之人，敝亦可派遣云云。黎师致感谢之意，一一答复如下：1. 本团与诸同行系一社会团体，拟赴藏巡礼求法，并非代表青省府而来；2. 本团纯以巡礼求法为目的，并无其他任何任务，故未携带公文；3. 尚有一二人系找黄专使者，均由青海结伴而来；4. 在黑河无论住多久，均可遵行；5. 承为预备房舍，实不敢当，至感；6. 本团与藏商同行，不乏熟悉路线之人，引导可不必派遣，沿途如有须用，当再为请求。谈毕，即兴辞而出。临别言渠须于明早赶往黑河，请贵团与藏商后来，云云。去后大雨极猛，为向来所未见，继续一小时，褥被大半透湿，后，又继续倾盆大雨，迄午夜未止。

8 月 29 日　星期三　雨　香迪至嘉本鄂罗，计程 30 里

……

8 月 30 日　星期四　晴阴下雨无常　嘉本鄂罗至囊欠，计程 27 里

……

8 月 31 日　星期五　晴　下午小雨　囊欠至豆隆，计程 30 里

……

9 月 1 日　星期六　上午阴雨，下午稍晴　豆隆至巴鲁，计程 40 里

……

① 黎师：黎丹（1873—1938 年），字雨民，号无我，湘潭人。清末官宁州知州，辛亥后任甘肃省西宁道尹。1920 年西宁藏文研究社成立之后，黎丹便着手准备《藏汉大辞典》的编纂工作。1929 年青海建省后担任青海省政府委员。1933 年 12 月十三世达赖喇嘛圆寂后，国民政府一方面派国民政府参谋本部次长黄慕松率团入藏致祭，另一方面令黎丹以国民党中央监察委员、青海藏文化研究社社长的名义，进藏开展巡礼活动。

9月2日　星期日　雨　巴鲁至纳曲喀[①]，计程21里

昨夜大雨数次，迄今晨黎明始稍住，帐内铺盖尽被沾湿。晨六时发巴鲁，南行，旋稍西南偏，四里许，过一河，河水宽而大，自东面谷中西流于巴鲁滩西南，南折入哈喇乌苏。据言，其河名崔曲[②]，其源即察仓河，由察仓苏木多东南流，绕错木喇湖[③]之东，复西南流至此云。过河稍前行，即上平坡。二里过小山，循山南小平谷南行，三里至一广滩，即崔曲河谷地也。其水自西北谷中流出，循西山根南流，六里，过小河，自东山西流入河。自此南行，纳曲卡镇已在目前。五里许至纳曲卡，镇北有河，自东山流来，名曰塞年河[④]。过河，纳曲堪布与昂索各派一人于此接迎，穿镇至南头一小院住，其屋据言系阿宗迈官人所有，因其主人住帐，故由曲所权房云。本日计行二十一里。院内只有小房两所[⑤]，黎师占一所，余与徐、欧、郑、王、张及两学生共占一所，管家及库房占一所，厨房占一所，刘、赵则住于他处。

自崔曲河渡至纳曲喀天雨未止。

到后昂索堪布相继而来谒黎师，馈酥油、糌粑、白菜、马料之属，并为余等馈以羊肉、酥油等物。下午，堪布亲将本团骡马、行具等详细登记后，特许将本团骡马与噶本所有骡马受同等待遇（向例，噶本骡马到纳曲喀时，专有一山放牧，其山自春季以来，即禁止民众放牧，至噶本走后，始开禁，本团之骡马亦特许与噶本一处放牧），且派五人帮助畜牧。本团仆人除管家及乌金旺欠、焦海星、阿旺嘉木错及黎师勤务两人外均皆携帐上山。

纳曲喀原名哈喇乌苏，汉人称为黑河，其实南距哈喇乌苏十余里之遥。其地当崔曲河及塞年河（小河名，庄东塞年川流来）合流之处，为西藏与川青贸易要冲，青海西宁、结古两地商人赴藏贸易者，无不以为必经之途。川康商人因避大水，故亦绕道至此，故为商旅聚集之所。且其地当夥尔三十九族[⑥]门户，哈拉乌苏以北之地，均可以此地安置，故在政治上亦属要地。其地设堪布一人，管理行政，昂索一人，管理刑罚、治安差事、钱量诸事，榷茶局一所，管理粮茶收税事项（其税率为十一）。庄有寺院二：一在镇中心，名曰夏卜颠（zhabs rten），僧舍六七十家，僧众三百余名；一在崔曲河东西岸，乃尼姑寺也，有尼姑十余名，镇内房子约九十余所，居民约三百余户，多业商，镇附近牧民黑帐不少。

---

① 纳曲喀：即那曲卡。
② 崔曲：今写作称曲。
③ 错木喇湖：今写作错莫绒。
④ 塞年河：今写作色尼河，流经那曲镇。
⑤ 原文如此，但联系上下文可知应为四所。
⑥ 夥尔三十九族：即霍尔二十九族。

9月3日 星期一 住

上午8时，黎师先往堪布、昂索二处回拜，余等亦随往谒。先往堪布处，由其随侍引见，其室为礼拜堂、卧室兼客房者也。小门在东门隅，门对面为堪布高座，依次两边均设座位，座前置短腿桌，西墙根设高桌，桌上橱内供佛像、经卷之属，桌上献各种供品，西北隅搁置零星物品。东面开窗两口，均镶以玻璃，窗外有小畦，内种白菜之属，见面时堪布在座兀坐，披黄衣，余等送以柿子、哈达。渠一一让座于其旁，命仆献茶，遂作如下之问答：黎委员随从共有几人？何处人居多？（共八人，以青海西宁附近人居多。）欲在西藏求法者几人，欲在藏久住否？（本团同人尽系为求法而来者，欲在藏多住数年，俟所学稍有所进，再到内地去，拟将内地未译经典译为汉文。）汝等现在能译否？佛经甚深奥，非经数年积学，不能悉其底蕴，翻译尤非易事。（吾等现正拟赴藏求学，将来能否翻译，尚视自己学力如何，总之吾等此次不少有此愿心。）现在赴藏求法之人，常见其学习数年，即行返家，其能刻苦自勉以竟全功者甚属寥寥，汝等将来能学以中等学问已属难得。（诚如尊言，现时众生业力太坏，人心距法甚远，故难免于此，吾人以十二分之热忱来此，将来拟竭尽心力从事求学，其结果如何，未可必也。）云云。毕即兴辞而出，堪布回赠哈达一条。后往昂索处，甫入门，则见皮鞭数条悬于门内，一望知其为执法者。昂索代表亲出迎接，入屋后，递送礼物如前，其居室与堪布居处略同，惟无高座，以其为俗人故也。奉茶后，略致迎接照拂之谢意。渠言，敝昂索本人现在拉萨，余不过为其侍从之一，今晨枉顾，实不敢当。余等将本地情形及昂索性质询问。据言，本地人家约三百户左右，房舍仅及百院，盖数家住一院者居多云。又言此地昂索每三年一人，敝昂索已住四年余。本年因此地人口牲畜死者甚多，报告犹未完毕，完毕后即有新昂索前来接替云。旋即兴辞返寓。其间，刘寿山参议来访，谈一小时许，言渠等插帐地在塞年川口，青海所来商人，均住彼处。距此仅二三里之遥，渠等牲畜尚未蒙点验云。旋即辞出，约余等于明日往其插帐处闻谈，余等唯唯。

下午与觉猛、允明、辉楼等参观夏卜颠寺院，归途为乞丐所缠，颇现窘状。

9月4日 星期二 晴 住

早饭后，往塞年川口访刘参议。其地当镇之正东，为玉树、西康商人西来之大路，距镇约三里之遥。至地，谈一小时许，因堪布亲在该处点查牲畜，故即辞归。同去者为近之、允明、辉楼、曹巽四人，均乘马来回。

下午，赴本镇各处游览参观商业。本处人虽多业商，然以小贩往各处黑帐者居多，本地商店较大者仅一家，名曰霞记匆康，小铺四家，摊商六七家，货物多为印度出品，日本货亦属不少，皮匹多系呢绒，食料多属茶糖，其他日用所需，无不具备，即手电筒、电泡之属，亦能卖出。

9 月 5 日　星期三　晴阴无常，午间小雨　住

……

9 月 6 日　星期四　上午大雨，午后转晴　住

下午，黎师率余与近之、山琴三人，赴堪布处摄影。至其处，于院中、屋内各摄一张，均系黎师与堪布合影。摄毕，黎师被邀入内，余等即返。堪布、昂索通知，谓西藏政府命令现尚未奉到，然吾等可于明、后日，随便启行。堪布昂索为本团拉牛差四十余头，经黎师再三辞谢，遂改为雇用，惟脚价颇廉。自此至彭多，每头仅藏银二两，已于本日下午四时先后出发。本团派仆人加样、华卜藏同往照料一切，本团同人定后日出发。

至此已四五日，除堪布、昂索及同行诸藏商外，少有接洽，盖恐引起疑惑也。连日求见甚者有两种人焉：一为附近各寺僧人，多为募化而来。黎师有求必应，每次数十两不等，皆悻悻以去。一为三十九族属民，多因诉冤而来，每声言其族原为加迭（犹言属汉族民），自辛亥以还，属于西藏，由西藏政府所派夥尔营官[①]统辖，二十年来，备受虐待压迫之苦，今年汉地长官前来于边地，我加迭民众如重见天日，喜出望外，云云。并示以前清时所颁执照公文等求见委员，一诉苦衷，黎师以避嫌故未便接近，多由余婉言安慰，并许渠等到藏后，当竭力相助。渠等虽即退去，然甚表不满足之情绪，亦无可如何事也。

9 月 7 日　星期五　晴阴下雨无常　住

商队定明晨启程西进，本团亦将偕同以去，惟青海回商迟至后日始能启行。本团有老马及疲乏骡子二十余匹，于今日贱价售去，计老马十三匹，计藏银一千两（合大洋 250 元），骡子十匹，计藏银两千两（合大洋 650 元整）。

① 夥尔营官：即霍尔基。1914 年噶厦政府派员接管三十九族，不愿受制的群众怒杀派来的堪布。1916 年噶厦派兵强行设置霍尔基。第一任霍尔基堪穷·扎囊到任后，首先严厉追查曾帮助流散川军的人和事，拆散了杀死堪布的冈如部落，对部落头人降职处理，重新制定差役乌拉制度，派驻藏军驻守。霍尔基的强硬和残暴统治一直受到各部落多种形式的反抗和斗争，他们对驻藏人臣时期的管辖充满眷恋之情。

9月8日　星期六　上午小雨，余时晴　纳曲卡至噶庆拉[①]山下，计程45里

……

9月9日　星期日　晴　噶庆拉山下至桑雄屈觉尔，计程55里

……

9月10日　星期一　晴　桑雄屈觉尔至桑雄贡科尔[②]，计程50里

……

9月11日　星期二　早阴，午晴，下午雨　桑雄贡科尔至那隆噶尔玛[③]，计程　里

……

9月12日　星期三　上午阴，午后大雨　那隆噶尔玛至拉尼，计程49里

……

——《入藏日记》，杨质夫著，吴均、程颐工整理，《中国藏学》2008年第3期。

---

① 噶庆拉：也写作噶沁巴山口。

② 桑雄贡科尔：今古露镇所在地果科村。

③ 那隆噶尔玛：也写作拉龙噶木，位于藏北八塔附近。

九世班禅灵柩回藏情形

（1940 年）

一、人物简介

九世班禅额尔德尼·曲吉尼玛（1883—1937 年），塔布人。随着与十三世达赖喇嘛关系恶化，1923 年，九世班禅额尔德尼被迫经那曲出走内地。其一生竭力维护祖国团结统一，积极投身抗日爱国运动，是西藏近代史上一位杰出的反帝爱国领袖人物。

二、回藏概况

十三世达赖喇嘛圆寂，为九世班禅返藏提供了契机，但因英国干涉藏事、与噶厦政府多有龃龉，班禅返藏途中受阻。九世班禅多年奔劳宣化于边塞，忧伤于藏事、国事，心力交瘁，1937 年 12 月圆寂于玉树。1941 年 2 月 4 日，九世班禅灵柩由玉树运到日喀则，在扎什伦布寺建宝塔供养。

三、文献原文

吴忠信为告护送班灵返藏路线并应否征询噶厦意见事致孔庆宗电

民国二十九年（1940 年）九月十八日

特急。拉萨。孔处长：

关于班灵回藏事，经赵专使咨询马主席意见，仍依本会原定计划办理。专使行署进驻湟源、大河坝间指挥一切；委玉树警备司令马绍武为行署参军，率领一部分职员暨骑兵一团，经囊谦、类乌齐护送班灵至黑水后，由藏方迎接西旋。此项办法是否妥善，所取路线有无征询藏方意见之必要，希酌夺办理，速复为盼。

忠〇。工。印。

（二史馆藏蒙藏委员会档案）

孔庆宗为护送班灵入藏路线征询噶厦恐难接受事复吴忠信电

民国二十九年（1940 年）九月二十一日

蒙藏委员会委员长吴均鉴：

……班灵回藏原定送至藏边，藏方已派觉伯代本率骑兵百余赴距玉树十余站青藏交界之嘉桑卡候迎。入嘉桑卡（嘉桑即类乌齐）经三十九族至黑河约二十日程，现系藏境。令派青海骑兵一团送至黑河，已逼近拉萨。噶厦看法恐与原议有出入，且将疑别有用意，征询意见似难接受。如中央决以兵力送至黑河，不顾藏方意见与波折，则可径以通知方式告知。若用和平磋商，则送达地点及员兵额数商洽结果颇难。实情如此，应如何办理，请电示遵。

职孔庆宗叩马。印。

（二史馆藏蒙藏委员会档案）

——《元以来西藏地方与中央政府关系档案史料汇编》（第六卷），中国藏学出版社 1994 年版，第 2803 页。

其他人物游历情形

一、柔克义游历情形

柔克义（William W. Rockhill，1853—1913 年），19 世纪末 20 世纪初美国著名外交官。曾在 1884—1888 年间担任美国驻华使馆秘书，1900—1901 年曾以美国总统特使身份来华签订《辛丑条约》，1905—1909 年间，担任美国驻清朝的最高外交代表——美国驻华公使馆公使。柔克义还是著名的探险家、汉学家和藏学家。柔克义在法国求学期间，受到古伯察《鞑靼西藏旅行记》的影响，开启了对雪域高原的憧憬，西藏因此也成为其探险的目标。1888 年，柔克义开始第一次青藏考察，自西宁出发，经青海湖北岸前往柴达木，再从柴达木到香日德，沿香日德河上行至黄河源头，自黄河源头至玉树结古多，沿治曲（金沙江）下行至甘孜境内。1891 年，柔克义开始第二次西藏考察，队员主要有叶先生、老汉、高八儿、班弟、杰朗和藏布。一行自西宁出发，经青海湖南岸共和盆地前往柴达木，再从格尔木穿越昆仑山口，经可可西里至藏北，在兹格塘错和纳木错之间受到阻拦后，改经聂荣、巴青、丁青、类乌齐向东至昌都，再从昌都经察雅、芒康、巴塘、理塘、雅江至打箭炉。

1892 年 6 月 26 日，柔克义经赤布张错翻越唐古拉山进入藏北，经扎加藏布、兹格塘错，来到朗茹地界。

7 月 9 日早晨，所有试图进入拉萨受阻的命运降临到柔克义身上。一群武装人员来到营地，向他宣布了噶厦政府不准外国人进藏、停止前进的郑重声明。头人在送了一只羊、牛奶、奶渣、酥油等食物后，便于下午在柔克义帐篷附近扎营，等候更高一级政府官员的到来。谈判只给了柔克义两个选项：回到扎加藏布北侧离开噶厦地方政府管辖区，或者等候进一步的许可经那曲卡返回内地。往前任何一步都是谈判官员所不能接受的，因此柔克义感慨“尽管离纳木错只有 20 公里，但我永远看不到这个湖了”。

7 月 13 日，柔克义在朗茹头人的护送下，怀着失望的心情离开营地，经安多错那地区，绕过那曲卡进入三十九族地区，之后朗茹头人离开。7 月 28 日，在今安多和聂荣交界，柔克义来到一座叫“Trashiling”的帐篷寺庙，其言有二百多本教僧人。并在这里遇到了霍尔三十九族一个部落的头人诺尔坚参，“这些第巴头人从中国政府获得一个元宝的年薪”。经过商量，柔克义和诺尔坚参以一个元宝的报酬达成了进入昌都地界第一站摩尔琼的协议。之后经桑荣，涉当曲，过钦果、那色曲、松多、本塔，逾巴拉小山，于 8 月 5 日到达今巴青乡。“河边离巴拉大约两英里远的地方，是些石头房子和大佛塔围聚而成的小村落，这里是第巴诺尔坚参的家乡，村子的名字叫作巴青。”“大约在索曲河谷上游 2 英里处，但是不在我们的视线之内，是一座拥有百名或者更多喇嘛的本教喇嘛寺庙。我注意到有大堆的原木放在河岸，是从索曲下游很远的地方由牦牛运来的，我想是用来修建或者维修寺庙的。”

8 月 6 日，一个外国人来到三十九族腹地还是一件稀奇的事情。米日的首领、他的儿子和兄弟以及无数的护卫闻信从山谷里下来，并在附近扎营。“他们是我见过的穿着最好的酋长，黑色的长袍，内衬羊羔皮，镶有水獭毛，梳好的头发披在肩上，额头修有刘海，佩戴大个珊瑚和玛瑙的项链。他们看起来像法国路易时代的贵族们。”三十九族人与柔克义就宗教、旅行等进行了交谈。之后，柔克义离开巴青，过策嘎、连曲、查哲隆，翻越马加拉，连涉察木曲、益曲、热玛曲，来到热玛农岗日。之后经雅安多、巴达松多进入今昌都。

柔克义在朗茹地界受阻后转向三十九族地区的路程，完全避开了噶厦管辖范围的那曲和索克，对他来说完全是在本教地区和驻藏大臣辖区的一次旅行，在该地也感受到了与格鲁派和西藏地方政府截然不同的政治氛围和社会心理。

——参考 William Woodville Rockhill，*Diary of a Journey through Mongolia and Tibet in 1891 and 1892*，Washington，Smithsonian Institution，1895。

二、威里壁游历情形

1896 年，英国驻印度兵团第十八轻骑兵上尉威里壁和马尔科姆中尉决定自西向东穿越中国羌塘无人区。从 5 月 10 日班公湖附近设立第一号营地开始，到 9 月 8 日在可可西里设立第 110 号营地，威里壁横穿羌塘无人区南部地区。

威里壁上尉和马尔科姆中尉的旅行完全是一次自然探险之旅，除了沿途景观、狩猎野生动物、旅行感慨的描述外，几乎没有地名相关信息以及与当地牧民打交道的经历。仅有两次具有人文价值的经历：一次是惊喜地遇到第一个人类活动痕迹——玛尼堆；一次是在长江源头区域遇到商队。摘录如下：

8 月 29 日。“是我们郑重宣告那三匹骡子最有用的时候，它们驮着重物，艰难却又最勇敢地从湿漉漉的泥土上穿过了几条遍布石头、充满危险的幽深河道。这时，我正好沿着山坡上地势较高的地方行走。由于我们都很喜欢野兔，我扛着猎枪对几只进行跟踪。非常偶然地，我遇到了第一个人类劳动的标记，发现了一座玛尼堆。玛尼堆就是由几块到几千块不等的石头组成的石堆，上面刻着神圣的话语，在藏族人居住的整个地区都很常见。这座特殊的玛尼堆包括边对边放在地上，形成三个平面的三块石头。在这三块石头上又放着第四块石头，石头上全部刻着文字。这是个重大发现，我一边向下方的马尔科姆和雇员呼喊，一边向他们挥手。不久，其中两人就急切地向我走来，知道了这个消息。”

9 月 6 日。“帐篷的确是白色的。而据我们所知，普通游牧者的帐篷却是黑色的。它是果洛部落或其他强盗部落的营帐吗？我们说，想必他们也有黑帐篷吧？它是来自新疆的旅行队吗？也许，它是其他某些像我们一样的旅行者的营地，但规模大得多吗？他们是一群新疆商人吗？然后，我们又想到新疆商人的帐篷是黑色的。我们不禁想到，住在里面的一定是一些欧洲人。不管他们可能是什么人，我们都决定不再浪费时间做无用的猜测，而是付诸行动。我们决定采取下面的措施：因为埃索藏语说得很好，而苏克尔·阿里对我们用处又最少，我们就派他俩带着步枪，涉过河流去对面侦察那座营地，以便弄清楚他们到底是什么人，如果可能的话，就带回些食物和有用的东西。我们则与萨扎德·米尔、拉索继续沿河前进，直抵营帐对面离它背后一英里的地方。接着，我们选择一个四面都是高岩，周围都生长着优质牧草的山谷作为搭帐篷的地方。河对面那些人是根本看不见这里的。这样，我们就为任何可能出现的紧急情况做好了充分准备。从我们所在的位置，我们可以监视他们的一举一动，但他们却看不见我们。当我们中的每个人轮流着爬到那座我们称之为城垛的岩顶观察的时候，其余的人通常忙于做与搭帐篷或露营有关的事。我们看见那两名雇员安全地涉过河流，看着他们离那块营地越来越近，直到夜幕降临，他们才从我们的视野中消失。”威里壁的担心最后被是商队的信息打消了。于是追赶商队结伴而行，进入长江源头区。

“商队的头领来自拉萨，是一位长得非常英俊的藏族人。他的身高一定有 6 英尺多，身材极好，肯定是我所见过的最高大的藏族人。营里的人总是以‘库梭克’称呼他。我想方设法打听他的真实姓名，结果都以失败告终。我怀疑商队中只有一两名成员知道，但他们并不敢透露。库梭克这一称呼原本只适用于活佛，但后来经过演变，它就仅仅是表示尊敬和友爱的称谓，不再具有任何宗教上的意义了。地位仅次于那位库梭克的，是与他同住一顶帐篷的另一位商人。除了这两人之外，还有无数小商人，其中一些人也许只拥有少到五六头牦牛。最后还有一名喇嘛或僧人。他们全部组成了一支声势浩大的商队。商队的牦牛近 1 500 头，与我们所估计的数目相近，有人告诉我们，一名牧人要看管 60 头牧牛，但我认为实际上还要更多些。商队中的每一个人，包括商人、牧人和厨师、仆人都骑着马，前进时与我们这支缩小了的可怜的小队伍形成了十分强烈的对比。

他们的日常事务部分如下：约在凌晨 4 点，那两位大商人的部下就会醒来，叫醒厨师，告诉他起床的时间到了，接着后者就高声呼喊，那声音听起来就像是‘走——走，走——走，走——走——呕——呕!’于是站岗的雇员就在营地各处发出回应。几分钟后，所有的人都已起床，人们一边拆除帐篷，一边为牦牛装货。这项工作在很短的时间内就令人难以置信地完成了，接下来就是为马装鞍。

从起床的命令下达开始，在不到一小时的时间之内，庞大的商队就上路了。

那 1 500 头牦牛被分成独立的队，排成直行前进，每队都由牲口所属的商人们指挥，.由他们手下的仆人和牧人维持秩序。这七队人马又分成两翼，一翼由四队人马组成，另一翼由剩下的三队人马组成。商队每天都按同样的次序前进，两翼一般相距很远，一翼在另一翼前边某个时候出发，但一切都管理得有条不紊，哪怕是最轻微的喧哗和骚乱也没有。从岗哨将整营人马唤醒，一直到出发的那刻，几乎听不见一点声音。曾有一位骑在马上的雇员对着一头难以控制的牦牛尖声叫喊，让它走入正确的位置，这在当时可能是很必要的。但在两天之后，就连这样的声音也听不到了。当藏族朋友们从我们的帐篷近处经过的时候，我们继续安睡如常。说来遗憾，我们一直没能目击他们到达营地，但我们的经历已足以让我们相信，一切都必定以像早晨出发时一样井然有序的方式进行。

到达一个新的营地时，每队都把拴牲口的尖木桩敲入土中，形成一个巨大的矩形。矩形的中央仔细地堆放着该队的行李。他们把每件行李从牲口背上抬下来后，并不解开，早晨只须把它再次放到牲口背上即可，因为每一件都已装得恰到好处，足以保持平衡，无须费事了。行李堆上搭着一个遮篷，仆人们就待在中间那些狭小而暖和的隐蔽处，将他们的寝具铺在那里。他们把鞍具从牦牛背上拿下放在行李附近，然后把牲口放出去吃草，同时分派一部分随员去照看它们。直到此时，他们才准备一天中的第一顿食物。在凉爽的早晨，牦牛正好可以舒舒服服地前进，为了节省时间，商队总是什么也不吃就出发了。此时厨师已烧燃了火，工作也已结束，食欲可以得到满足了。

我们没弄清楚那些次要的商人怎样向他们的雇员分发口粮，但我想他们的做法与那位库梭克是相同的。库梭克的做法如下：他向每一位雇员提供一条口袋，这条口袋可以装约 40 磅糌粑，即 20 天的口粮。在发放口粮的日子，厨师就为雇员把口袋装满，吃多吃少都是雇员的自由。他还可以按比例分到一定的黄油，但无论他怎么处理自己的食物，都要到下一个口粮发放日才能领取更多的口粮。开饭前，厨师先用一口大锅为每位雇员煮茶，当他准备就绪的时候，就发出一声特殊的叫喊，接着每位雇员都向火围拢过来，从自己的口袋中取出糌粑和黄油，也许还有少量乳、食糖或其他美味食品。然后，他们从绵羊皮袍那宽大的褶层中把碗取出，待厨师把茶盛满，就开始用餐了。当他们吃饱的时候，他们把碗舔得非常干净，然后再次放入长袍中，接着就取出烟袋抽烟了。此事一天要重复两次，通常一次发生在中午，另一次发生在下午 4 点 30 分左右。约在黄昏时分，牧人们把牦牛和矮种马赶入营地，这也是颇值一看的景象。一天，我用小型相机成功地拍了一张照片，但限于篇幅，我在此无法将它复制出来。最有趣的是观看为数很少的几名雇员如何机敏地控制一大群半野的牲口。所有的牧人都带着长长的弹弓，向落后的牲口投掷石块，投掷的距离达 70 码左右，其准确度和投掷的劲道都是非常惊人的。在帐篷中，短短几分钟就足以将鞍具调整好。每头牦牛都拴在适当的地方，为早晨提早出发做好了准备。如果一头牲口失踪了，雇员们会及时发现这一情况并向库梭克报告；但当我们与他们同行的时候，走失的牲口总是在天黑之前就被找回了。

关于这支商队，如果说还有什么更让我大惑不解的事，那就是那位库梭克对商队中所发生的每一件小事都无所不知。表面上他似乎对什么都不感兴趣。他很少走出帐篷，大部分时间似乎都在喝茶和祈祷。但没有什么事可以瞒着他发生，这的确使那些次要的商人和部下对他十分敬畏。无疑，他通过自己的私仆，一个其貌不扬的好事的小个子仔细了解了营中的所有小事。但即便如此，他那种表面上对所发生的事漠不关心而使下属保持着良好的秩序的方式，也是十分值得注意的。

另一件让我们相当惊奇的事，就是商队的每一个人都很有礼貌。在他们之中，如果说以前曾有人见过欧洲人的话，那也只是为数很少的几个，但奇怪的是我们没有受到任何出于好奇的无礼困扰。同样奇怪的是，这些藏族人对我们的财物非常尊重。当我们置身于这偏僻之地的时候，帐篷里的空间很小，我们习惯于把大量行李放在外面，令人高兴的是，我们发现这样做是绝对安全的。因为，尽管整队随员每天早晨都从我们的帐篷边经过，但我们的子弹、绳索、鞍具和帐篷桩等都十分安全地摆在那里，就像搁在帐篷里一样。关于这支特殊的商队及其管理，我已经说了很多，足见多年的经验已经造就了一个近乎完美的体系。”

——《穿越西藏无人区》，［英］威里璧著，李金希译，王启龙校，西藏人民出版社 2003 年版。

三、寺本婉雅游历情形

寺本婉雅（1872—1940 年），生于日本爱知县，1888 年 7 月毕业于京都府立中学，1895 年，入真宗大学第二部学习佛教，因立志入藏，临毕业前退学。1898 年 6 月，寺本婉雅受东本愿寺派遣，开始了他的入藏旅程。他在北京雍和宫从仁钦尼玛及沃赛嘉措学藏语后，1899 年，从重庆走陆路至成都，但到达巴塘未能进藏，只得从打箭炉返回。由川入藏活动中遭遇失败后，1900 年 8 月，他又以陆军翻译的身份再赴北京。抵京后，他把在北京西黄寺和资福院搜获的两套藏文《大藏经》运至日本。1903 年 2 月，他以日本外务省派遣的“西藏蒙古研究生”为名，潜入青海塔尔寺，在那里滞留了整整两年。1905 年，寺本婉雅从西宁进藏，绕过青海湖北向西藏行进。

1905 年 4 月 28 日，寺本婉雅到达那曲卡，略记有喇嘛官吏一名和俗官一名驻扎，户口六十余，为川青藏要道。5 月 3 日，从那曲启程，经桑雄、藏北八塔、羊拉进入拉萨，最后由江孜出境。1974 年，横地详原将寺本婉雅的《藏蒙旅日记》出版，呈现了寺本婉雅 1898—1909 年在西藏的亲身经历及所见所闻。

四、罗列赫游历情形

尤利·尼古拉耶维奇·罗列赫（George N. Roerich，1902—1960 年），苏联东方学家、语言学家、藏学家和旅行家，与根敦群培合作英译《青史》，著有《西藏绘画》（1925 年）、《现代藏族语音学》（1928 年）、《亚洲腹地游记》（1931 年）等。其在藏北的考察是在 1927 年 9 月至 1928 年 4 月，主要旅行经历记载在其著作《亚洲腹地游记》里，反映藏北的内容约有 170 页，约占全书的三分之一。

自 1927 年 9 月底进入唐古拉山区到 1928 年 4 月中旬进入萨嘎，罗列赫在藏北的游历长达 7 个月之久：从唐古拉山南北安多到那曲卡、朗茹宗、申扎宗、文布，罗列赫基本走遍了藏北中西部的主要地区；从对霍尔三十九族的民族志考察、萨如寺收集本教经典到发现申扎立石遗迹、石丘墓葬、文布城堡遗迹，罗列赫较为全面地了解了藏北历史人文风貌；从与那曲堪布、霍尔基巧、驻防军官等官方人员的反复谈判、深入交流到与各宗宗本、部落头人、寺庙僧人的密切往来，罗列赫对当地政治局势有着较为深刻的描述。其在藏北旅行时间之长久、收获之丰厚、反映之全面、研究之深刻、旅行之深入，是其他进入藏北的人士难以比拟的。由于该游记目前还没有中译本，这里根据英译本对其在藏北的游历情形进行简要的介绍。

1927 年 9 月 24 日，罗列赫从柴达木方向进入唐古拉北部山区的乌伦诺尔（藏语名桑佳佳拉木），这里是从柴达木方向与西宁方向进藏的一个会合口，即受到隶属那曲卡的民兵前哨问讯。交谈中，那曲卡的管理者正在换任，罗列赫受到礼貌对待并获允继续前进，当地还派出士兵前去那曲报信。之后，罗列赫一行穿越玛曲、长江上游的第曲，在一名当地霍尔人的带领下翻越唐古拉山。

10 月 6 日，罗列赫准备前往圣迪，一队霍尔人拦住了他们，要求前往圣迪安住一段时间，以便向驻扎在楚那克[①]的霍尔最高长官报告。虽然在乌伦诺尔已经向那曲方面报告，但霍尔人回答需要向霍尔最高管理者库索卡索巴[②]报告。库索卡索巴的身份等级和社会地位都要高于那曲的堪布和囊索。于是，在接下来的时间里，关于罗列赫旅行问题的具体答复就在那曲卡、霍尔基、拉萨等各方的来回往复中悬而不决。也因此，罗列赫在漫长的等待中进而与各类人物密切交往，并得到机会深入了解那曲、霍尔以及西藏地方政府。10 月 10 日，罗列赫翻越卡姆荣拉山口，前往楚那克拜访霍尔最高管理者。营地是一个由黑帐篷组成的游牧城市，首领的白色帐篷矗立在中间，四周环绕着草皮和土袋形成的墙。帐篷前竖立一根藏军的旗杆，穿着印度制服、说着汉语命令的士兵举着武器列队两侧。霍尔基巧的首领库索卡索巴是一个 24 岁的年轻人，坐在豹皮之上，着黄色丝绸外套，戴官式皮帽子，上面镶嵌着宝石，标志着其高等的军衔。库索卡索巴对旅行队比较友好，并告诉罗列赫，那曲方面拒绝旅行队过境，还需要等待拉萨噶伦们的回复。虽然他已经尽力说服那曲堪布，但那曲堪布是很固执的。而且发给他西藏护照的人在拉萨并没有什么地位。之后，这位霍尔首领启程回冬季驻地比如寺，留下该区域霍尔五部的头人索南多杰少校与旅行队在一起。这之后，旅行队接到了那曲方面的命令，在没有许可之前不得从楚那克前进。

10 月 21 日，头人索南多杰建议旅行队把营地搬到距离此地 4 英里的本教寺庙萨如贡[③]。罗列赫因为队伍人员健康状况并没有马上迁移。在这里，旅行队继续与那曲堪囊沟通，那曲方面收到礼物后回信说，他们没有写信给拉萨，是因为这个案子由霍尔基负责。拉萨方面因为各种原因也没有马上做出决定。那曲方面来信使说要退回礼物，因为他们无能为力，这个事情是霍尔基的事，与他们无关，并且透漏罗列赫有经朗茹、那仓出境的可能。夹在中间的头人索南多杰面对催促只能说“在收到政府的答复之前，无法允许你们进行更远”，而罗列赫一行也只有不断重复“如果我

① 楚那克：今聂荣县色庆乡达隆村一带。过去是一处重要的站点。

② 库索卡索巴：应为霍尔基第四任四品俗官噶雪巴。

③ 萨如贡：聂荣县夏日寺，位于今聂荣县色庆乡崩庆村西约 4 公里，始建于 1892 年。据说其寺址有过搬迁。

们中的一员死了或者病重谁来负责”来进行要挟。在没有任何进展的情况下，旅行队决定搬迁到萨如贡寺庙，因为那里可以避风。

11 月 17 日，旅行队到了萨如贡。在这里，罗列赫获得领头喇嘛的许可调查寺庙，并在寺庙藏经阁发现了本教“甘珠尔”和“丹珠尔”。在霍尔地区长时间的滞留中，罗列赫对藏北霍尔有了较为全面的了解。“在那曲北部地区的叫作努巴霍尔或者西部霍尔”，努巴霍尔部落范围的西界安多错那，居住着隶属于那曲卡的安多移民；北界长江上游，是不适宜居住的西藏羌塘高原；东边和东北，是接连西宁所属的囊谦。其在书中专辟“霍尔人和他们的地区”一章，从部落范围、自然地理、过往历史、部落组成、游牧管理、经济生产、税收贸易、武器装备、狩猎抢劫、衣食住行、男女分工、民兵组织、本教信仰、美术绘画、生活用具等方面进行了民族志描述。同时，他写到其滞留之地的五个霍尔部落是札玛尔、阿塔克买玛、阿塔克多米、孔玛惹、帕沃柔。札玛尔部落头人是一位本波，拥有第本的头衔，在五个部落中年高德厚。其间一位地方头人来访，向罗列赫诉说：“这个地区在 12 年前就被拉萨政府接管了。在驻藏大臣的治理下我们生活得非常幸福。但是现在正遭受西藏人征收的重税，他们让我们的人彻底陷于贫困。”

1928 年 1 月 4 日下午，那曲堪布来访。那曲堪布名叫郭芒噶本，中等身材，大约 60 岁，身着喇嘛服饰。早年在哲蚌寺郭芒扎仓学经，后游历北京、蒙古和西伯利亚，并在北京和西宁有过工作经历，懂汉语、蒙语。在谈判中，郭芒噶本同意罗列赫由那曲、朗茹、那仓、萨嘎前往锡金。1 月 19 日，罗列赫一行从萨如贡启程，经楚那克、塔桑拉、绰马拉，21 日晚到达那曲卡。那曲卡是西藏北部交通重镇。罗列赫记录了五条线路：第一条为大北线，蒙古利亚经柴达木至拉萨；第二条，西宁、那曲至拉萨；第三条，松潘厅经甲昆多、那曲至拉萨；第四条，打箭炉经昌都、那曲至拉萨；第五条，拉达克经阿里、那仓、朗茹、那曲至拉萨。在那曲期间，罗列赫赶上藏历年，参观了寺庙新年仪式、堪布的招待会。

3 月 4 日，罗列赫一行离开那曲。经桑雄、纳玛平错、拉玛什山口、娘兴错、萨迦、崩错到达朗茹宗。朗茹宗当地人称为查龙卡，由拉萨派来的一名东科尔和孜仲管理。宗里堆着大量羊毛和酥油。宗本是一个 30 岁左右的年轻人，是那曲地方长官的妻弟。屋内摆放唐卡佛像，墙上挂着火器和精美的藏刀。

3 月 18 日启程，经塔玛哈尔山口、那查拉、查瓦藏布、波曲藏布，于 3 月 22 日到达班公错附近，发现多仁立石阵（或称巨石纪念碑），立石阵位于班公错南大约 48 千米。23 日，前进路上又发现石头方阵围成的墓葬，进行了拍照和勘察。之后经果忙错、木纠藏布，路上再次发现多仁立石等遗迹，还捡到一个双头鹰的铜扣。3 月

28 日，到达申扎宗。申扎宗大约由 60 座草顶土坯房组成，宗本的房子位于中央，为二层建筑。

3 月 29 日启程，经格仁错、马尔下错、昂孜错，4 月 4 日到达当惹雍错和文部。之后经过达果藏布前往萨嘎。

——参考 George N. Roerich，“Trails to Inmost Asia：Five Years of Exploration with the Roerich Central Asian Expedition”，*Bulletin of the School of Orietnal and African Studies*. 1932，6（4）：1074－1079。

五、汉伯瑞·特雷西与考尔巴克游历情形

汉伯瑞·特雷西（Hanbury Tracy，1910—1971 年），英国探险家。曾经获得皇家地理学会勋章，表彰他在西藏东南部与罗纳德·考尔巴克［Ronald Kaulback，曾作为英国著名植物学家金敦·沃德（Kingdon Ward）的助手参与康藏地区的考察］一起工作，以及他在南美洲北部的旅行。1935 年至 1936 年，他与罗纳德·考尔巴克一起远赴中国西藏，目的是绘制西藏东南部的地图，并发现怒江的来源。1938—1939 年，汉伯瑞·特雷西和他的第一任妻子在委内瑞拉和哥伦比亚安第斯山脉进行了一次植物采集探险。第二次世界大战期间，先是在苏格兰卫队服役，后来在印度、缅甸和法属印度支那服役。1946—1947 年，他任职于新加坡外交部远东新闻部。

关于比如县腹地的旅行是在 1935 年至 1936 年。1935 年 5 月，他们从缅甸进入中国察隅，大体沿怒江经八宿、洛隆北上，并于 10 月 21 日到达硕般多。

在硕般多一带对怒江考察时，汉伯瑞·特雷西对汉路及硕般多进行了描述，同时还了解到怒江有嘉莫俄曲一称，并通过走访当地的一些高层人士确认了正确的拼写方式，认为嘉莫俄曲意为“流向汉地的清澈河流”。之后，他们渡过怒江进入丁青，来到了巴达松多。在这里，他们决定考察怒江的一个重要支流姐曲。12 月 4 日，他们来到今索县江达寺，之后进入姐曲流域，经沙丁、白嘎，于 1936 年第一天到达比如宗。

1935 年 12 月 16 日，汉伯瑞·特雷西从沙丁启程，沿甲曲河经彭塘向比如前进，并于 19 日达到白嘎，并在白嘎寺这座藏传佛教的寺庙里度过了圣诞节。他在书中描述道：“天气偏阴，吹着西南风，但却是一周来我们碰到的最温暖的早晨。我们已经开始认真地考虑圣诞节了，而且希望旅途中应该有些特别的东西，能够让我们在屋顶度过这场盛会。”

在迎接圣诞节的气氛里一路沿河而行，这位西方人甚至开始憧憬白嘎能够提供好于平常的住宿。在彭塘，汉伯瑞·特雷西和罗纳德·考尔巴克就开始正式互相赠

送圣诞卡片，特雷西得到了一个手绘的藏式小画，由一位喇嘛相赠的，他将那位喇嘛称为“西藏的圣诞老人”。

白嘎人烟稠密，地势开阔，环境良好。在圣诞节的氛围中来到白嘎让特雷西感到十分舒适和高兴。但是考尔巴克突然加重的牙痛，有些破坏氛围。在平安夜这晚，考尔巴克终于忍不住牙痛，自己动手拔掉了那颗牙齿。

圣诞节是在白嘎寺里度过的，这是一次特殊的旅行经历。特雷西感慨道：“白人经过 90 天的旅行，结果在佛教寺院里度过圣诞节，这的确是拥有美好节日盛会的一天。”他们准备了特意保留的几罐豌豆罐头、烤羊肉、罐装葡萄干布丁，更奢华的是还有一瓶朗姆酒，用一场丰盛的饮食庆祝圣诞日。考尔巴克弹奏一种叫巴拉莱卡的琴，《好国王温赛斯莱斯》(*Good King Wenceslas*) 的曲子在寺庙里回响。

过完圣诞节的 12 月 26 日，汉伯瑞·特雷西一行从白嘎启程，继续往甲曲上游行进。离开白嘎寺，行走不远，看见一个僧人站在冷杉枝烟火前，这里正在举行天葬仪式。在甲曲河有三条山谷相会的地方，汉伯瑞·特雷西一行选择中间一条山谷前进，并在藏达放牧点过夜。之后翻越塔木查拉山口进入比如。

从 1936 年 1 月 1 日到 16 日，他们对比如和江达之间的怒江河段进行了考察。这时，考察队的身份受到质疑，被认为是苏联人，因此在比如受阻。1936 年 2 月 23 日，恰逢藏历火鼠新年。汉伯瑞·特雷西受邀前往比如寺观看寺庙法会上演出的宗教舞蹈，经过一番沟通，被允许拍摄照片。书中写道，整个院落就像一个乡村集市，人们着盛装成群结队聚集在一起，或坐在演出圈的边缘。上了年纪的靠在寺庙墙根晒太阳，女人们带着害羞的表情聚在一起闲聊。同时，对法会舞蹈也做了简要描述。考察队在比如受阻四个月后，他们获准离开，之后沿原路返回，中止了继续考察怒江上游那曲的计划。

4 月 12 日，考察队一行离开比如，因为塔木查拉山口被大雪覆盖，便选择翻越临近的萨尔拉，之后来到甲曲河的支流苏曲，4 月 19 日，旅行队来到沙丁。

——参考 John Hanbury Tracy，*Black River of Tibet*. Frederick Muller Ltd，1938。

后 记

笔者专注藏北地区文史资料搜集研究数年间，在与研究者、那曲朋友们交流时，大家均深感相关文献匮乏。究其原因，一方面，关注度少、记载不多、资料零散、翻译不足；另一方面，对深藏于浩如烟海史料中的相关素材搜集整理不够。可以说，藏北相关资料不是没有，而是挖掘得不够充分。

文献搜集整理是非常基础的工作，是被认为“高人不愿做、低手做不来”的一项工作，也是非常枯燥的一项工作。事情很重要，对之感兴趣、投入其中就不觉得有多艰辛。对笔者这种不在科研序列之内又不自外于研究的人，将业余时间扑在上面，能为自己的闲散生活增添点趣味，能为相关研究人员做点前期工作，能为藏北研究做点事，反而觉得饶有兴致。

凭着十多年来对藏北的关注和对有关资料的搜集，在整理资料的念头刚起时，多多少少抱着“疏于记载、资料匮乏”的旧有印象。可是一旦开展起来、投入进去，便发现其实是自己浅薄无知。文献搜集整理的过程，于是成了由不知到知、由少到多、由此处到别处的过程。从古籍抄本、档案资料、旧版书籍到新近出版著述，从藏文史料、古人记述到西人游记，能获取的汉文或汉译素材滚雪球式的越滚越大、越搜越多。随着工作量的增加、难度的提高，刚开始的兴奋甚至有一段时间也被碰到的各种难题冲淡。尽管因条件所限，不能遍查各大图书馆馆藏，但靠着各种途径购入资料和朋友的帮助，靠着兴趣支撑，靠着亲友的理解和鼓励，工作还是有条不紊地推进。

经过一年多对资料的整理工作，笔者对所搜资料有了更进一步的了解，并对资料进行了分类。整体来看，资料分布在区域上、类别上都不是很均衡，内容也比较杂乱，为了便于清晰了解和避免重复交叉，初步将文献分为四类：一、藏北游历文献；二、嘉黎驿道文献；三、三十九族文献；四、藏北地理历史文献。考虑到历史变迁、地名流变，藏北历史地理知识较为冷门，同地、同人、同事记名翻译不一等，如果不对文献加以注释，不仅理解起来难度很大，也无法更好地发挥资料的应有价值，于是笔者在辑录的同时进行注释，以方便读者。注释工作本难，对藏北历史地理的注释更是如此，笔者根据资料积累和田野访问做了大量的工作。该书定稿前夕，我于2020年10月10日至10月21日，又来到那曲和比如县白嘎、羊秀，通过调查和访问，对一些具体路线进行实地考察，进一步完善了对历史人物行进路线的注释。

藏北游历、嘉黎驿站、三十九族、藏北地理历史四大部分本想同时推出，但限于能力和时间，便由易到难、由简到繁，分步分段进行。首先出版的是藏北游历文献辑注，主要辑注了54位游历者的汉、藏、英、日等文献资料，时间范围从唐朝到西藏和平解放前，行程遍及新疆、青海、四川和西藏阿里、日喀则、拉萨、昌都各个地区，游历范围包括今藏北的各个县域，记载内容多，信息量大，大多是当时社会状况的第一手资料，颇有文史价值和历史现场感，对今天的研究人员、文化人士、旅行者和其他对藏北感兴趣的读者都会有一定帮助。

让我备受感激和鼓舞的是，本书完成后，第一时间得到了那曲市政协领导和政协文史办主任嘎玛贡加的认可和支持，并将本书纳入那曲市文史资料年度出版计划。在此，对那曲市政协领导和政协文史办给予的大力支持表示由衷感谢，对他们扩大文史资料稿源和文史队伍的积极举措表示由衷赞赏，对他们奋发有为的干事创业精神、雷厉风行的工作作风表示由衷钦佩。同时，我还要特别感谢西藏自治区社科院白玛措博士、那曲市文旅局局长达桑阿米、西藏自治区艺术研究所所长霍尔努木、那曲民俗专家洛布扎西、西藏自治区文联副主席旦巴亚尔杰、西藏自治区艺术研究所桑吉东智博士、四川西昌学院曲木威古博士、那曲市政协文史办洛桑贡庆和比如县的朋友扎西顿珠、塔杰、扎西罗布，以及我的爱人达瓦拉姆女士，在翻译注释、体例规范、实地考察等各方面给予的热心帮助和细致指导。其中，白玛措博士在格式、体例、规范等方面给予了精心帮助。

1987年，我的硕士生导师张建世先生与格勒、刘一民、安才旦赴藏北实地调查，共同写就《藏北牧民》一书。因导师的鼓励和支持，我从硕士论文田野调查时就与那曲建立了学术联系，并一直延续至今。十多年里《藏北牧民》始终是我案头的必备书目。我的工作细微，尚不足以敬师恩，此书权当是向恩师做一个工作和学习的汇报。

文献搜集整理是在旅行者、著述者、翻译者、汇编者、出版者等前人的基础之上进行的，笔者的工作皆基于他们的丰硕成果，这里向他们表示由衷的敬意。辑注有不当之处，皆是辑者之误。祈盼广大读者对不足之处批评指正，以资改进。

赵书彬

2020年3月28日写于拉萨

2020年5月3日改于拉萨

2020年10月21日定稿于那曲